침묵의 지구

침묵의 지구

당신의 눈앞에서 펼쳐지는 가장 작은 종말들

데이브 굴슨 | 이한음 옮김

까치

SILENT EARTH : Averting the Insect Apocalypse

by Dave Goulson

Copyright © Dave Goulson 2021
All rights reserved.
Korean translation copyright © 2022 by Kachi Publishing Co., Ltd.
Korean translation rights arranged with PEW Literary Agency Limited through
EYA(Eric Yang Agency).

역자 이한음

서울대학교에서 생물학을 공부했으며, 저서로 『투명 인간과 가상 현실 좀 아는
아바타』 등이 있으며, 역서로 『바다』, 『생명이란 무엇인가』, 『유전자의 내밀한 역
사』, 『DNA : 유전자 혁명 이야기』, 『조상 이야기 : 생명의 기원을 찾아서』, 『암 : 만
병의 황제의 역사』, 『생명 : 40억 년의 비밀』, 『살아 있는 지구의 역사』, 『초파리를
알면 유전자가 보인다』 등이 있다.

편집, 교정_김미현(金美炫)

침묵의 지구 : 당신의 눈앞에서 펼쳐지는 가장 작은 종말들

저자 / 데이브 굴슨
역자 / 이한음
발행처 / 까치글방
발행인 / 박후영
주소 / 서울시 용산구 서빙고로 67, 파크타워 103동 1003호
전화 / 02 · 735 · 8998, 736 · 7768
팩시밀리 / 02 · 723 · 4591
홈페이지 / www.kachibooks.co.kr
전자우편 / kachibooks@gmail.com
등록번호 / 1-528
등록일 / 1977. 8. 5
초판 1쇄 발행일 / 2022. 11. 10

값 / 뒤표지에 쓰여 있음
ISBN 978-89-7291-783-0 03300

정신없게 만들고 때로 좌절을 불러일으키기도 하는
내 멋진 가족들,
특히 사랑하는 아내 라라에게

차례

서론

곤충과 함께하는 삶

나는 평생 곤충에 푹 빠진 채 살아왔다. 아주 어릴 때의 기억 중 하나는 다섯 살인가 여섯 살에 노란색과 검은색 줄무늬가 있는 애벌레를 발견한 것이다. 애벌레들은 학교 운동장 가장자리의 포장도로 틈새에서 자라는 잡초를 갉아먹고 있었다. 나는 조심스럽게 애벌레들을 모아서, 먹고 난 부스러기가 담긴 점심 도시락에 넣어 집으로 가져왔다. 그리고 부모님의 도움을 받아서 애벌레들이 좋아하는 잎을 따 모았다. 이윽고 애벌레들은 멋진 자주색과 검은색을 띤 나방으로 변신했다. 유럽에 사는 독자라면 이 나방이 진홍나방임을 짐작할 수도 있겠다. 이 변신은 나에게 마법처럼 보였다. 지금도 그렇다. 나는 푹 빠지고 말았다.

그후 나는 어찌어찌하여 어릴 때 취미로 하던 일을 생계 수단으로 삼기에 이르렀다. 10대에 나는 주말과 휴일마다 포충망을 들고 나비를 뒤쫓고, "꿀"로 나방을 꾀고, 덫으로 딱정벌레를 잡으면서 시간을 보냈다. 우편으로 색다른 나방의 알을 주문해서, 알에서 별난 무지갯빛 애벌레가 나와서 이윽고 눈부시고 커다란 나방이 되는 광경을 지켜보기도 했다. 긴 꼬리가 달린 인도의 초록색 산누에나방, 눈目처럼 생긴 눈꼴무늬를 가진 마다가스카르의 공작나방, 동남아시아에 사는 나방 가운데 가장 큰, 짙은 초콜릿 색깔의 아틀라스나방도 있었다. 옥스퍼드 대학교에 입학한 나는 당연하게도 생물학을 공부하기로 했고, 나중에는 옥스퍼드 동쪽 언덕에 자리한 조금 덜 알려진 옥스퍼드 브룩스 대학교에서 나비 생태학으로 박사 학위를 받았다. 그후에는 여러 기관에서 연구원으로 일했다. 먼저 옥스퍼드 대학교로 돌아가서 빗살수염벌레의 별난 짝짓기 습성을 연구했고, 이어서 옥스퍼드의 한 정부 연구소에서 바이러스를 작물에 살포하여 해충인 나방을 방제防除하는 방법을 연구했다. 나는 곤충을 죽이는 일을 좋아하지 않았기 때문에 방제 연구는 정말로 하기가 싫었다. 따라서 사우샘프턴 대학교 생물학과로부터 안정된 교수 자리를 제안받자 정말로 안도했다.

사우샘프턴 대학교에서 나는 뒤영벌을 연구하기 시작했다. 나에게는 가장 사랑스러운 곤충이었기 때문이다(그리고 연구 경쟁이 극심하다). 나의 관심사는 뒤영벌이 자신이 들를 꽃을 고르는 방법이었고, 5년을 연구한 끝에 그들이 최근에 방문한 다른 뒤영벌의 희미한 발 냄새를 맡고서 빈 꽃을 피한다는 사실을 밝혀냈다. 그렇게 그들의 어설퍼 보이는 봉제 곰 인형 같은 모습 안에 영리함이 숨어 있음을 알아차렸다. 그들은 이정표와 꽃밭의 위치를 기억하고 찾아가고, 정교한 꽃에 숨겨진 보물을 효율적으로 빨아들이고, 음모와 처형이 난무하는 복잡한 사회 군집 속에서 살아가는 곤충 세계의 지적인 거인이었다. 그들에 비하면, 내가 어릴 때 쫓아다니던 나비는 아름답기는 하지만 머리가 나쁜 동물처럼 보였다.

곤충을 연구하면서 나는 운 좋게도 파타고니아의 사막에서 뉴질랜드 피오르랜드의 빙하로 덮인 봉우리와 부탄의 숲이 우거진 습한 산맥에 이르기까지 전 세계를 여행할 수 있었다. 보르네오의 강둑 진흙에서 호랑나비들이 구름처럼 내려앉아서 무기물을 빨아먹는 모습도, 태국 습지에서 밤에 수천 마리의 반딧불이 서로 동시에 불빛을 깜박이는 광경도 지켜보았다. 서식스에 있는 집 텃밭에서는 배를 깔고 엎드린 채 메뚜기가 구애를 하고 경쟁자를 물리치고, 집게벌레가 새끼를 돌보고, 개미가 진딧물로부터 단물을 얻고, 가위벌이 나뭇잎을 잘라서 줄지어 집으로 날아가는 모습을 몇 시간씩 지켜보고는 했다.

그런 일들은 엄청나게 재미있었지만, 한편으로 이런 동물들이 줄어들고 있다는 사실이 늘 나의 머릿속을 떠나지 않았다. 내가 처음 학교 운동장에서 애벌레를 채집한 이래로 50년간 해마다 나비와 뒤영벌의 수가 감소했다. 세상을 돌아가게 하는 거의 모든 작은 동물들이 줄어들고 있었다. 하루하루 지날수록 개미도 벌도 하나둘 사라지면서 이런 흥미로우면서 아름다운 동물들이 자취를 감추고 있다. 추정값은 저마다 다르고 부정확하지만, 내가 다섯 살이던 해 이래로 곤충이 75퍼센트 이상 감소한 듯하다. 이에 대한 과학적 증거는 해가 갈수록 점점 많아지고 있다. 북아메리카에서 제왕나비 집단이 붕괴되고 있으며, 독일에서 숲과 풀밭의 곤충이 사라지는 중이고, 영국에서 뒤영벌과 꽃등에의 분포 범위가 계속해서 좁혀져온 듯하다고 말하는 연구 결과들이 계속 늘고 있다.

내가 태어나기 2년 전인 1963년, 레이철 카슨은 저서 『침묵의 봄 Silent Spring』에서 우리가 지구에 끔찍한 피해를 입히고 있다고 경고했다. 그녀는 지구가 얼마나 황폐해졌는지를 보면서 한탄했다. 인류는 목초지, 습지, 관목림, 열대우림처럼 곤충이 많이 사는 야생 서식지를 불도저로 밀거나 불 지르거나 쟁기질을 함으로써 대규모로 파괴해왔다. 오늘날에는 해마다 약 300만 톤의 농약이 전 세계 환경에 뿌려지면서 그녀가 강조한 농약과 비료의 문제는 훨씬 더 심각해지고 있다. 새로운 농약 중에는 카슨의 시대에 있던 것보다 곤충에게 수천 배 더 독성이 강한 약도 있다. 토질은 척박해졌고, 강은 탁해지고 화학 물질로 오염되었다. 카슨의 시대에는 알아차리지 못했던 현상인 기후 변화는 현재 가뜩이나 시달리는 우리의 지구를 더욱 위협하고 있다. 이런 변화는 모두 우리 시대에, 우리 눈앞에서 일어나고 있으며, 계속 가속되고 있다.

곤충의 감소는 이 작은 동물들을 사랑하며 그 자체로 존재 가치가 있다고 여기는 우리 같은 사람들에게도 무척 슬픈 일이지만, 인류의 삶도 위협한다. 우리의 작물을 수정시키고, 배설물과 낙엽과 사체를 재순환하게 만들고, 토질을 건강하게 유지하고, 해충을 방제하는 등의 온갖 일들에 곤충이 필요하기 때문이다. 조류, 어류, 양서류처럼 몸집이 더 큰 많은 동물들은 곤충을 먹이로 삼는다. 야생의 많은 꽃들은 꽃가루를 옮기기 위해서 곤충이 필요하다. 곤충이 적어질수록 우리 세상도 서서히 멈출 것이다. 곤충이 없다면 세상은 제 기능을 할수가 없다. 레이철 카슨이 말했듯이, "인류는 자연의 일부이며, 자연과의 전쟁은 필연적으로 자기 자신과의 전쟁이다."

지금 나는 사람들에게 곤충을 사랑하고 돌보자고, 아니 적어도 곤충이 온갖 중요한 일들을 하므로 그들을 존중하자고 설득하려고 애쓰면서 많은 시간을 보낸다. 물론 그것이 이 책을 쓴 이유이다. 나는 독자가 나처럼 곤충을 바라보기를 원한다. 곤충은 아름답고 놀랍고 때로 대단히 기이하며, 때로는 우리를 움찔하게 만들고 기분 나쁘게도 한다. 그러나 그들은 언제나 경이롭고 우리의 존중을 받아 마땅하다. 장담하는데, 일부 곤충의 독특한 습성, 한살이, 행동을 알면 여러분도 깜짝 놀랄 것이다. SF 소설 작가들의 상상력이 아주 밋밋해 보일 정도이다. 이 책에서는 곤충의 세계, 진화사, 중요성, 그들이 처한 온갖 위협을 살펴보면서, 장이 끝날 때마다 막간극으로 다양한 곤충의 이야기를 짧막하게 들려줄 것이다. 내가 좋아하는 곤충들의 삶을 짧게나마 살펴보는 시간이다.

기회의 시간이 점점 **줄어들고 있기는** 하지만, 그래도 조치를 취할 시간은 아직 남아 있다. 우리의 곤충들에게는 여러분의 도움이 필요하다. 대부분은 아직 멸종하지 않았고, 얼마간 공간만 마련해준다면 그들은 빠르게 회복될 것이다. 곤충은 빨리 번식할 수 있으니까. 곤충은 늘 우리와 함께 살고 있다. 우리의 텃밭에서, 공원에서, 농경지에서,

우리 발밑의 흙에서, 도시 포장도로의 갈라진 틈새에서 살고 있다. 따라서 누구든 얼마든지 곤충을 돌보는 일에 참여할 수 있고, 이 중요한 동물들이 사라지지 않도록 도울 수 있다. 지평선에 어른거리는 환경 문제들 중 상당수는 우리에게 무력감을 안겨줄지도 모른다. 그러나 곤충을 살리는 단순한 대책들은 누구나 실천할 수 있다.

나는 심대한 변화가 필요하다고 주장한다. 우리는 도로변, 철도변, 원형 교차로를 꽃들이 가득 피고 농약을 쓰지 않는 상호 연결된 서식지로 바꿈으로써 텃밭과 공원, 나아가 도시로 더 많은 곤충이 모여들도록 초대해야 한다. 또 음식물 쓰레기와 육류 소비를 줄임으로써 망가진 식량 공급 체계를 근본적으로 바꿀 필요가 있다. 그렇게 하면 생산성이 떨어지는 땅을 자연에 돌려줄 수 있을 것이다. 또한 헐벗은 드넓은 땅에 농약과 비료를 잔뜩 뿌려가면서 상업용 작물을 단일 경작하는 대신, 자연과 협력하면서 우리에게 좋은 식량을 생산하는 데에 초점을 맞춘 진정으로 지속 가능한 농사 방식을 개발해야 한다. 우리 모두는 다양한 방식으로 이런 변화가 추진되도록 도울 수 있다. 자신의 지역에서 유기농으로 생산된 제철 과일과 채소를 사 먹고, 스스로 길러 먹고, 환경 문제를 진지하게 생각하는 정치인에게 투표를 하고, 우리 행성을 더 잘 돌보는 일이 절박하다는 사실을 아이들에게 가르치는 일 등을 할 수 있다.

모든 공간이 야생화를 비롯한 꽃과 열매를 맺는 나무들로 가득하고, 지붕과 벽이 식물로 덮여 우리의 크고 작은 도시들이 온통 초록빛을 띠는 미래를 상상해보자. 아이들은 메뚜기의 찌르르 소리, 새의 노래, 뒤영벌의 윙윙거림, 화려하게 반짝이는 나비를 항상 접하면서 자랄 수 있을 것이다. 도시 주위로는 천적이 해충을 막고, 흙을 파는 수많은 토양 동물들이 토양의 건강과 탄소량을 유지하고, 다양한 야생 곤충이 꽃가루받이를 돕는, 건강한 과일과 채소를 생산하는 생물다양성이 높은 소규모 농장들이 있다. 좀더 떨어진 곳에는 새로운 야생 복원 사업들을 통해서 생긴 비버 댐 습지, 꽃들이 흐드러지게 핀 풀밭, 잠자리와 꽃등에가 나는 숲 등 온갖 생물들로 우글거리는 자연을 탐사할 기회가 있을 것이다. 환상적인 이야기처럼 들릴지도 모르지만, 우리 지구에는 우리 모두가 충족된 삶을 살아가고, 건강하게 잘 먹으면서 생명이 우글거리는 활기찬 녹지를 유지할 수 있을 만큼의 충분한 공간이 있다. 우리는 그저 자연과 분리된 존재로서가 아니라, 자연의 일부로서 살아가는 법을 배우기만 하면 된다. 그리고 그 첫 단계는 이 세계를 언제나 우리와 공유하는 작은 동물들인 곤충을 돌보는 것이다.

제1부

곤충이 중요한 이유

대다수의 사람들은 곤충을 별로 좋아하지 않는 듯하다. 사실, 이 말로는 부족하다. 많은 이들은 곤충을 혐오하거나 무서워하거나, 아니면 둘 다인 듯하다. 그들은 흔히 곤충을 "징그러운 벌레" 취급하고 질병을 옮기는 해충이라고 여긴다. 즉, 더러운 곳에 살면서 병을 옮기는 기분 나쁘면서 날쌔게 기어다니는 지저분한 동물이라고 본다. 점점 더 도시에 모여 살게 되면서 사람들은 성장기에 집파리, 모기, 바퀴 외에 다른 곤충을 접하지 못하고 있다. 그러니 곤충이 무섭다는 느낌을 불러일으킨다고 해도 놀랄 필요는 없다. 우리 대다수는 친숙하지 않은, 미지의 존재에 겁을 먹는다. 따라서 곤충이 우리의 생존에 대단히 중요하다는 사실을 인식하고 있는 사람은 드물며, 곤충이 대단히 아름답고 영리하고 매혹적이고 신비하고 경이로운 동물임을 이해하는 사람은 더욱 적다. 나는 사람들에게 곤충을 사랑하라고, 적어도 그들이 받아 마땅한 존중을 하라고 설득하는 일을 평생의 임무로 삼아왔다. 여기에서 나는 왜 어릴 때부터 모든 이들에게 이 작은 생물들을 소중히 하는 법을 가르쳐야 하는지, 그들이 왜 중요한지 그 이유를 설명하고 싶다.

제1장

곤충의 짧은 역사

출발점에서 시작해보자. 곤충은 아주아주 오래 전부터 있어왔다. 곤충의 조상은 약 5억 년 전 해저에서 진화했다. 그들은 겉뼈대에 관절로 연결된 다리를 가진 갑옷을 입은, 기이한 동물이었다. 오늘날 과학자들은 그들을 절지동물(관절 다리를 가진 동물이라는 뜻)이라고 부른다. 그 당시의 화석은 거의 남아 있지 않지만, 캐나다 로키 산맥에 있는 유명한 버제스 셰일Burgess Shale 퇴적층처럼 소수의 지층에서 나온 화석들이 있어서 감질나게나마 이 초기 세계를 엿볼 수 있다. 그들은 온갖 체제體制와 다리의 수와 모양, 오늘날 다른 어떤 동물에게도 없는 신기한 형태의 부속지들과 눈을 가지고 있었다. 마치 무엇인가를 구상한 다음 메카노 블록을 맞추는 아이처럼, 자연이 다양한 방식으로 신체 부위를 끼워맞추면서 동물을 만들려고 시도했던 듯하다. 가령 할루키게니아Hallucigenia는 이름 그대로 원래 지렁이 비슷한 몸에 가시처럼 생긴 긴 다리로 걷고, 등에 달린 촉수를 머리카락처럼 흐느적대는 환상적인 모습으로 묘사되었다. 그러나 더 최근에는 위아래를 뒤집어서 촉수로 걷고, 가시는 방어용으로 사용했으리라고 해석되고 있다. 한편 오파비니아는 눈자루에 5개의 눈이 달린 데다가 머리에는 바닷가재의 집게발 같은 것이 하나 튀어나와 있었고, 레안코일리아는 앞쪽 끝이 세 갈래로 갈라져서 촉수를 이룬 긴 앞다리가 달린, 쥐며느리처럼 생긴 동물이었다. 또 아노말로카리스는 원래 서로 다른 세 동물―새우처럼 생긴 동물, 해파리, 해삼처럼 생긴 동물―이라고 묘사되었지만, 지금은 해삼처럼 생긴 몸에 해파리 같은 모습의 구기口器, 새우처럼 생긴 다리 쌍을 가진 하나의 동물로 간주된다. 아노말로카리스는 길이가 약 50센티미터로서, 지금까지 알려진 버제스 셰일 화석 중에서 가장 컸다. 우리는 5억 년 전의 이 작은 해양 괴물들의 행동과 한살이를 그저 추측만 할 수 있을 뿐이다. 초기 바다에는 이런 기이하면서 놀라운 생물들이 우글거렸지만, 지금은 거의 다 사라졌다. 비록 일부 계통은 현재까지 이어지고 있을 것이 틀림없지만 말이다.

우리가 아는 것은 이런 초기 절지동물 중 일부가 이윽고 뭍으로 올라오는 실험을 감행했다는 점이다. 아마 경쟁자 혹은 포식자를 피하거나 먹이를 찾아서일 것이다.

겉뼈대는 육지에서도 편리한 수단이었다. 해파리와 갯민숭달팽이 등 대다수의 작은 해양동물은 물로 몸을 지탱하며, 썰물 때 빠져나가지 못해서 몸이 물 밖으로 드러나면 그저 무력한 덩어리로 변하고 만

약 5억 년 전 바다에 살던 버제스 셰일 동물들 이 기이한 동물 중에는 곤충의 조상인 초기 절지동물이 많다. 해면동물인 ① 바눅시아, ② 코이아, ③ 피라니아, 완족류인 ④ 니수시아, 다모류인 ⑤ 부르게소카이타, 새예동물인 ⑥ 오티아, ⑦ 로우이셀라, 삼엽충인 ⑧ 올레노이데스, 그밖의 절지동물인 ⑨ 시드네이아, ⑩ 레안코일리아, ⑪ 마렐라, ⑫ 카나다스피스, ⑬ 몰라리아, ⑭ 부르게시아, ⑮ 요호이아, ⑯ 왑티아, ⑰ 아이쉐아이아, 연체동물인 ⑱ 스케넬라, 극피동물인 ⑲ 에크마토크리누스, 척삭동물인 ⑳ 피카이아, 그밖에 ㉑ 하플로프렌티스, ㉒ 오파비니아, 촉수동물인 ㉓ 디노미스쿠스, 원시환형동물인 ㉔ 위왁시아, 아노말리카리스류인 ㉕ 라가니아 캄브리아. (Wikicommons, https://commons.wikimedia.org/wiki/File:Burgess_community.gif)

다. 반면 단단한 뼈대를 갖춘 초기 절지동물은 걸을 수 있었고, 덕분에 물 밖을 더 멀리까지 탐사했다. 그들은 땅에 발을 디딘 동물들 중에서 가장 성공한 가문을 이루게 되었다. 오늘날까지도 그들은 종수나 개체수로 보면, 육지에서 가장 성공한 집단이다(지구를 엉망으로 만드는 능력 면에서는 아니다). 그들은 물론 곤충이다.

약 4억 5,000만 년 전부터, 다양한 절지동물 계통들이 육지 진출을 시도했다. 초기 거미류는 뭍으로 올라와서 거미, 전갈, 진드기로 진화했다. 사람의 눈에 가장 매혹적인 동물은 아닐지라도, 이들은 나름 대단히 성공한 집단이다. 노래기류는 아주 천천히 뭍으로 기어 올라와 축축하고 그늘진 곳에 자리를 잡고서, 흙과 통나무나 돌 밑에서 썩어가는 유기물을 갉아먹으며 조용히 살았고, 지금도 그런 곳에서 평온하게 살아간다. 그러나 그들은 사나운 포식자이자 그들보다 더 빠른 친척인 지네류에게 쫓기기도 했다. 지네류도 축축하며 어두운 곳을 좋아했기 때문이다. 게, 바닷가재, 새우 등 갑각류 중에서도 육지로 진출한 소수가 있었지만, 대다수는 그대로 물에 머물렀다. 물에 남은 갑각류는 지금까지 바다에서 아주 다양하고 풍부한 집단을 이루고 있는 반면, 육지에서 가장 성공한 갑각류는 볼품없는 쥐며느리이다. 쥐며느리는 나름대로 사랑스럽게 중요한 동물이지만, 그래도 지구를 지배한다고 말할 정도는 아니다.

오늘날의 쥐며느리와 노래기 등 최초로 육지로 올라온 절지동물 모험가들은 아마 물가, 진흙, 돌 밑, 이끼 덩어리 등 축축한 곳에서만 살았을 것이다. 수생동물은 육지로 올라오면 종종 탈수로 죽는다. 대부분의 절지동물을 비롯하여 작은 동물들은 더욱 그렇다. 육지를 탐사하려면, 방수 능력이 필수적이다. 거미는 밀랍 같은 큐티클을 진화시킴으로써 이 능력을 얻었다. 따라서 지금은 세상에서 가장 건조한 곳에서도 살 수 있다. 심지어 나는 사하라 사막 한가운데의 잎 하나 없는 성긴 덤불에 지은 섬세한 거미집에서 가만히 앉아 있는 거미를 본적도 있다. 그러나 육상 생활의 진정한 대가는 곤충이었다. 곤충이 정확히 어떻게 기원했는지는 불분명하지만, 약 4억 년 전에 육지에서 진화한 듯하다.* 초기 갑각류나 노래기에서 진화했을 수도 있지만, 지금까지 살아남지 못했고 아직 화석이 발견된 적도 없는 다른 어떤 절지동물 집단에서 나왔을 가능성이 더 높다.

그렇다면 곤충을 어떻게 정의할까? 즉, 어떻게 식별할까? 답은 모든 곤충이 다른 절지동물들과 다른 어떤 공통된 특징을 가지고 있다는 데에 있다. 곤충은 몸이 머리, 가슴, 배 세 부분으로 나뉜다. 다른 모든 절지동물 집단과 달리, 곤충은 다리가 6개이며 가슴에 붙어 있다. 거미류처럼 곤충도 밀랍과 기름으로 밀봉된 듯한 방수 큐티클을 개발했다.

곤충은 이 기본 설계를 갖추고서 육지를 정복하러 나섰지만, 한 가지 더욱 엄청난 진화적 도약이 없었다면 전 세계에서 성공을 거두는 수준까지 나아가지는 못했을 것이다. 그 도약이란 바로 초기 곤충 가운데 한 종류가 하늘로 날아오른 것이다. 날지 못하는 몇몇 원시적인 곤충은 지금도 있다. 그중 가장 잘 알려진 종류는 좀이다(물론 동물 전체로 보면 잘 알려져 있다는 말을 할 수가 없겠지만). 반면에 날 수 있는 종류는 엄청난 성공을 거두었다.

우리가 아는 한 동력 비행은 생명이 시작된 이래로 35억 년 동안 단네 차례 진화했다. 가장 먼저 하늘로 날아오른 것은 곤충이었다. 약 3억8,000만 년 전이었다. 2억2,800만 년 전 익룡이 그 뒤를 따랐고, 약 1

---

* 현생 인류는 약 100만 년에 출현했으므로, 곤충은 우리보다 약 400배 더 오래 살고 있는 셈이다. 그들은 약 2억4,000만 년 전 공룡이 최초로 출현했을 당시에도 이미 오래된 존재였고, 공룡을 전멸시킨 대멸종을 비롯하여 지금까지 지구에 일어난 5번의 대멸종 사건 중 4번의 사건을 겪으면서도 살아남았다.

억 5,000만 년 전에 조류가, 약 6,000만 년 전에 박쥐가 뒤를 이었다. 따라서 1억 5,000만 년 동안 하늘에는 곤충밖에 없었다. 비행이 처음에 어떻게 진화했는지는 불분명하지만, 한 인기 있는 이론은 날개가 원래 날개판처럼 생긴 아가미에서 진화했다고 본다. 오늘날 하루살이 애벌레에게 있는 것과 비슷한 아가미이다. 이 아가미는 처음에는 단순히 활공을 돕는 수준이었겠지만 이윽고 근육으로 움직일 수 있게 되었고, 이로써 최초의 동력 비행이 시작되었다.

날 수 있으면 유리한 점이 많다. 땅에서 돌아다니는 포식자를 피하기도 쉽고, 걷는 것보다 훨씬 더 빠르므로 먹이나 짝을 찾기도 더 쉽다. 이주도 가능해진다. 제왕나비와 작은멋쟁이나비 같은 곤충은 이후 겨울의 추위를 피해 해마다 수천 킬로미터를 날아서 이주하는 쪽으로 진화했다. 쥐며느리나 노래기는 이주를 할 수 없다.

새로 얻은 초능력 덕분에 비행하는 곤충은 석탄기(3억 5,900만-2억 9,900만 년 전)에 번성했고, 사마귀, 바퀴, 메뚜기 등 비행 능력이 다소 떨어지는 집단들, 하루살이와 잠자리 같은 아주 잘 나는 집단들처럼 새로운 곤충들이 다수 출현했다.

곤충이 나는 법을 터득하느라 바쁠 때, 식물도 가만히 있지 않았다. 식물도 방수가 용이한 잎을 개발했고, 햇빛을 더 많이 받기 위해 서로 경쟁하면서 점점 크게 자란 끝에 거대한 나무고사리로 이루어진 드넓은 숲을 형성했다(물론 그들 중 일부는 숲의 습지에 가라앉아서 석탄이라는 화석이 되었다). 이 무렵에는 양서류와 최초의 파충류도 있었지만, 대체로 곤충이 육상 세계를 지배했음은 틀림없다. 당시에는 지금보다 대기에 산소가 더 풍부했는데, 그것이 바로 일부 곤충이 현재의 종들보다 더 크게 자랄 수 있었던 하나의 이유일 가능성이 있다. 누군가 고대의 숲으로 돌아가면, 나무 사이를 날아다니는 메가네우라를 볼 수 있을 것이다. 날개폭이 무려 70센티미터에 달하는 잠자리처럼 생긴 거대한 곤충이다.

곤충의 가장 중요한 혁신은 비행이지만, 곤충은 그밖에도 두 가지 혁신을 이루었다. 첫 번째는 석탄기가 끝난 직후인 약 2억8,000만 년 전에 한 곤충 종이 어찌어찌하여 획득한 탈바꿈(변태) 능력이다. 탈바꿈은 굼벵이 같은 미성숙 단계(애벌레, 유충)에서 전혀 다른 모습의 성충 단계로 변신하는 놀라운 능력이다. 탈바꿈을 통해서 곤충은 애벌레에서 나비로, 구더기에서 파리로 변한다.

탈바꿈은 동화 속 개구리가 왕자로 변신하는 것만큼 마법 같다. 현실에서, 그것도 우리 주위에서 늘 일어나고 있다는 점만이 다르다. 당신이 다 자란 애벌레라고 하자. 잎을 갉아서 마지막 식사를 마친 당신은 실을 자아서 나무줄기에 몸을 단단히 붙인다. 그런 다음 기존 피부로부터 몸을 떼어낸다. 안에 있던 부드러운 갈색 피부가 드러나고, 이제 당신은 눈도 다리도 밖으로 드러난 구멍도 다 사라진 상태가 된다. 숨을 쉬는 데 필요한 작은 숨구멍만 남아 있다. 이렇듯 완전히 무력한 상태로 당신은 몇 주일, 종에 따라서는 몇 달 동안 있는다. 당신의 몸은 반질거리는 번데기 껍질 안쪽에서 녹는다. 조직과 기관의 세포들이 미리 정해진 과정에 따라서 죽고 분해되면서 이윽고 몸속은 수프나 거의 다름없는 상태가 된다. 남아 있는 소수의 배아세포 덩어리가 불어나서 완전히 새로운 장기와 구조를 만들면서 새로운 몸을 구성한다. 이윽고 깨어날 준비가 되고 때가 맞으면, 당신은 번데기 껍질을 갈라서 열고 안쪽에서 성충의 모습으로 나선다. 커다란 눈, 액체를 빠는 길게 말린 주둥이, 반짝이는 비늘로 덮인 아름다운 날개를 갖춘 몸이다. 성충이 된 당신이 밖으로 나오면 날개맥으로 피가 밀려들면서 날개가 쭉 펴지고, 그대로 굳는다.

이 경이로운 현상이 어떻게 출현했는지를 놓고 많은 논쟁이 있다. 최근에는 탈바꿈이 비행하는 나비처럼 생긴 곤충과 발톱벌레(절지동물의 친척으로서 애벌레처럼 생긴 유조동물)의 변덕스러운 짝짓기가 성공함으로써 진화했다는 다소 별난 이론도 나왔다. 더 설득력 있는 이론은 어쩌다가 알에서 미성숙한 배아 단계의 곤충이 너무 일찍 깨어나는 바람에 애벌레가 출현했다는 것이다. 어떻게 출현했든 탈바꿈은 놀라운 현상이며, 이 능력을 지닌 곤충들은 가장 성공한 집단이 되었다. 파리, 딱정벌레, 나비와 나방, 말벌, 개미와 벌이 그렇다.

구더기가 파리로 변신할 수 있다는 사실이 인상적이기는 하지만, 언뜻 봐서는 왜 그렇게 유용하다고 하는지 와닿지 않을 수도 있다. 탈바꿈 과정에는 엄청나게 많은 노력이 필요한 것으로 보인다. 나비를 키워본 사람이라면, 고치에서 나비로의 변신이 종종 잘못되는 섬세하면서 불안정한 과정이라고 말할 수 있을 것이다. 특히 날개가 제대로 펼쳐지지 않아서 제대로 날지 못하고 죽는 사례가 많다. 한 이론은 탈바꿈이 미성숙 단계와 성체 단계를 서로 다른 일을 맡는 쪽으로 전문화할 수 있게 하고, 각 목적에 맞게 설계된 몸을 가지도록 해주기 때문에 그토록 성공한 전략이 될 수 있었다고 본다.* 애벌레는 일종의 먹는 기계로, 입과 항문이 창자로 연결된 형태나 다름없다. 구더기를 떠올려보라. 이들은 빨리 움직이거나 멀리 가는 능력을 갖출 필요가 없다. 어미가 먹이가 풍부한 곳에 알을 낳음으로써 알아서 조치를 취할 것이기 때문이다. 애벌레는 눈도 나쁘고 더듬이도 없이 기초적인 감각만 지니는 경향이 있다. 반면에 성충은 수명이 짧고 거의 먹지 않을 때가 많다. 활동하는 데에 필요한 꿀만 조금 빠는 정도이다.** 성충이 주로 하는 일은 짝을 찾아서 짝짓기를 하고, 암컷이라면 알을 낳는 것이다. 일부 종은 이주도 할 수 있다. 성충은 돌아다니면서 보거나 냄새나 소리로 짝을 찾을 수 있어야 하기 때문에 이동 능력과 뛰어난 감각이 필요하다. 이에 따라서 눈이 크고, 더듬이가 큰 경우도 많다. 또한 짝 후보에게 깊은 인상을 남기기 위해서 화려한 색깔을 띠기도 한다.

이들을 메뚜기나 바퀴처럼 탈바꿈을 거치지 않는 많은 곤충들과 비교해보라. 미성숙한 메뚜기나 바퀴는 본질적으로 성충의 축소판이다. 제 기능을 하는 날개 대신에 작은 날개 "싹"이 나 있다. 탈바꿈을 하는 곤충들과 달리, 어린 메뚜기는 성체 메뚜기와 먹이를 놓고 경쟁

---

* 내가 초월적인 존재의 지적 설계를 이야기하는 것이 아님을 유념하기를 바란다. 여기서 "설계"는 그저 진화가 기나긴 세월에 걸쳐서 맹목적으로 뚝딱거리면서 무엇인가를 빚어내는 과정을 가리키는 줄임말이다.

** 곤충은 워낙 수가 많고 다양하기 때문에, 언제나 예외 사례가 있기 마련이다. 일부 나방 성체는 입이 아예 없고 겨우 사나흘을 살지만, 어떤 딱정벌레 성충은 몇 년을 살 수 있다. 곤충 수명의 최고 기록은 흰개미 여왕이 지니고 있다. 흰개미 여왕은 적어도 50년을 살 수 있으며, 그보다 훨씬 더 오래 장수할 가능성도 있다.

해야 할 수도 있다. 구더기나 애벌레는 그런 경쟁을 하지 않는데 말이다. 메뚜기의 몸은 본질적으로 모든 일을 할 수 있도록 절충한 결과물이다. 먹고, 자라고, 흩어지고, 짝을 찾고, 알을 낳기 좋은 곳을 찾는 일을 전부 할 수 있다. 공정하게 말하자면, 메뚜기도 아주 성공한 동물이다. 아프리카에서 굶주린 메뚜기 무리에 직면한 농민이라면 누구라도 그 사실을 장담할 것이다. 그러나 변신하는 사촌에 비하면 종수가 훨씬 적다. 메뚜기목(메뚜기와 그 친척들)은 약 2만 종, 바퀴목은 약 7,400종이 알려진 반면, 탈바꿈을 하는 곤충은 파리목 12만5,000종, 벌목(벌, 개미, 말벌) 15만 종, 나비목(나비와 나방) 18만 종, 딱정벌레목 무려 40만 종에 이른다. 이 네 곤충 십난이 지구에 알려진 모든 동물 종의 약 65퍼센트를 차지한다.

비행과 탈바꿈의 마법 외에, 곤충이 진화 과정에서 획득한 마지막 비법은 복잡한 사회를 구성하는 능력이다. 이 사회에서는 개체들이 마치 하나의 "초유기체superorganism"처럼 효율적으로 협력한다. 흰개미, 말벌, 벌, 개미는 모두 이 전략을 채택한다. 즉 거의 모든 알을 낳는 여왕 한 마리 또는 몇 마리와 그 딸들인 일꾼들이 한 집에서 함께 살아간다. 딸들은 여왕을 시중들고, 애벌레를 돌보고, 집을 지키는 등 저마다 다른 일을 담당한다. 이러한 분업을 통해서 각 개체는 맡은 일에 전문가가 될 수 있으며, 아예 그 일에 맞는 몸을 갖추기도 한다. 일부 개미 군집, 특히 개미핥기나 땅돼지 같은 커다란 포식자의 공격에 맞서서 집을 지켜야 하는 군집에는 커다란 턱을 가진 군인 계급이 있다. 개미 전문가인 저명한 미국 생물학자 E. O. 윌슨은 전 세계에 개미가 1,000조−1경(1,000,000,000,000,000−10,000,000,000,000,000) 마리쯤 산다고 추정한 바 있다. 개미는 일부 육상 생태계에서 총 동물 생물량 biomass의 약 25퍼센트를 차지하기도 하며, 지구에 사는 개미의 총 무게는 아주 대강 따질 경우 인류의 총 무게와 비슷하다. 개체수로 치면 개미가 사람보다 약 100만 배 더 많다. 아마 200년 전까지, 즉 지난 4억 년이라는 세월 중 언제든 외계인이 지구를 내려다보았다면, 지구가 개미의 왕국이라고 결론을 내렸을 것이다.

"팜므 파탈" 반딧불이

반딧불이는 단연코 가장 마법 같은 곤충에 속한다. 반딧불이의 영어 단어 firefly에는 파리fly라는 단어가 들어가지만, 반딧불이는 파리가 아니라 꽁무니에서 빛을 내는 딱정벌레 집단에 속한다. 불빛은 짝을 꾀는 데에 쓰이며, 종에 따라서 초록빛, 노란빛, 빨간빛, 파란빛 등으로 다르다. 계속 빛을 내는 종이 있는가 하면, 독특한 양상으로 깜박거리는 종도 있다. 가령 북방반딧불이 암컷은 부드러운 초록 불빛을 계속 켠 채로 수컷을 유혹한다. 한편 많은 종은 비행할 때 짧게 불빛을 깜빡인다. 사람의 눈에는 어둠 속에서 빛줄기가 죽 이어지는 것처럼 보인다. 그래서 영어로는 번개벌레lightning bug라는 이름도 붙어 있다. 미국과 열대 아시아의 몇몇 종은 개체들이 서로 동조하여 불빛을 반짝인다. 이들은 수천 마리가 다 함께 박자를 맞추어서 꽁무니 불빛을 깜박깜박하는 장관을 펼친다.

반딧불이는 포식자이며, 종에 따라서 저마다 곤충, 지렁이, 다슬기 등을 먹는다. 일부 종의 암컷은 다른 종의 암컷을 흉내 내어 불빛을 깜박거리는 능력을 획득했다. 짝을 찾기 위해서가 아니라 먹잇감을 꾀기 위해서이다. 그 유혹에 넘어가 짝짓기를 바라면서 다가온 수컷은 곧바로 잡아먹힌다. 이런 습성을 지닌 암컷은 종종 "팜므 파탈femme fatale" 반딧불이라고 불린다.

제2장

곤충의 중요성

모든 인류가 사라진다면,
세계는 1만 년 전에 존재했던 풍요로운 균형 상태로 되돌아갈 것이다.
곤충이 사라진다면, 환경은 혼돈으로 붕괴할 것이다.
— E. O. 윌슨

2017년 가을, 나는 곤충의 감소 문제를 두고 오스트레일리아의 한 라디오 쇼 사회자와 인터뷰를 했다. 사회자가 경쾌한 어조로 던진 첫 질문은 이러했다. "그러니까 곤충이 사라지고 있다는 거죠? 좋은 일 아닌가요?" 나는 조롱조로 한 질문이라고 생각했지만, 약 2만 킬로미터 떨어진 곳에서 전화로 인터뷰를 하는 중이었기 때문에 확신하기는 어려웠다. 동기가 무엇이든, 이 질문은 곤충을 주로 해충, 성가신 존재, 질병 전파자, 찌르고 물고 들러붙고 짜증을 불러일으키는 존재들로 보는 많은 이들의 견해를 보여준다. 오늘날 자동차 앞 유리창에 부딪혀서 짓이겨지는 곤충들이 더 이상 보이지 않는다고 한탄하는 사람은 거의 없다. 이제 사람들은 대부분 도시에 거주하며(세계은행에 따르면 도시민은 영국 인구의 83퍼센트, 세계 전체로 보면 55퍼센트를 차지하며, 빠르게 증가하고 있다), 공원이나 텃밭에서 곤충을 찾아보지 않는 이상 주로 바퀴, 집파리, 검정파리, 옷좀나방, 좀 등 집에 침입하는 곤충을 접할 가능성이 크다. 이런 곤충들도 나름대로 흥미롭고 놀라운 동물이기는 하지만, 좋은 몰트 위스키처럼 그들의 가치를 진정으로 알아차리려면 그에 앞서 시간을 투자하여 친숙해져야 한다. 곤충들은 대부분의 사람들에게 환영받지 못하는 불청객이며, 가능한 한 빨리 내쫓기거나 죽임을 당한다. 그때 나는 오스트레일리아 사회자의 질문에 잠시 당황했을 뿐 아니라, 다른 일에도 신경을 쓰고 있었다. 화장실 소변기 앞에 서서 말하고 있는데 누군가가 막 화장실로 들어왔기 때문이다.

공중화장실에서 라디오 인터뷰를 하는 것이 흔한 일은 아니라는 사실을 말해두어야겠다. 나는 다음 날에 있을 영국 도체스터에서의 강연을 위해 이동하다가 어느 식당에 들러서 식사를 하고 있었다. 그때 휴대전화로 급박하게 인터뷰를 하자는 요청이 왔다. 식당에는 음악이 시끄럽게 울리고 있었고, 밖에는 세차게 비가 쏟아지고 있었다. 화장실이 가장 조용하고 가장 덜 젖을 곳이었다. 나는 가능한 한 최선을 다해 생각을 가다듬어서, 자주 말했듯이 곤충이 아주 중요한 여러 역할을 맡고 있다는 내용으로 반박을 시작했다. 이런 라디오 인터뷰는 으레 불편하다. 상대방의 표정을 볼 수 없는 데다가 그의 요지가 무엇인지 명확히 와닿지 않기 때문이다. 그러나 적어도 구석에서 볼 일을 보던 남자는 잘하고 있다며 내게 고개를 끄덕였다.

곤충을 좋아하지 않는 사람이 오스트레일리아의 라디오 쇼 사회자뿐만은 아니다. 최근에 BBC 라디오에서 영국의 저명한 의사이자 텔레비전 사회자인 로버트 윈스턴은 전 세계적인 야생생물 감소 문제를 어떻게 생각하냐는 질문을 받았다. 그가 뭐라고 답했을까? "지구에는 사실상 필요 없는 곤충이 아주 많지요." 해당 주제에 전문적인 식견이 없다는 사실이 명확한 사람을 불러놓고 그런 질문을 한 이유가 무엇인지 알 수는 없지만, 요즘에는 이상하게도 자격이나 경험에 무관하게 유명 인사를 불러다가 견해를 듣는 일이 빈번한 듯하다. 어쨌거나 그의 대답은 많은 이들이 지닌 태도를 보여주는 전형이다.

생태학자와 곤충학자들은 일반 대중에게 곤충의 중요성을 설명하는 일을 제대로 해오지 못했다는 사실을 몹시 우려해야 한다. 곤충은 지구에 알려진 종의 상당 부분을 차지하므로, 많은 곤충이 사라지면 당연히 생물다양성도 전반적으로 크게 줄어들 것이다. 게다가 곤충은 다양하고 수도 많으므로, 당연히 모든 육상 및 민물의 먹이사슬과 먹이그물에서 중요한 역할을 맡고 있다. 가령 초식동물인 애벌레, 진딧물, 날도래의 유충, 메뚜기는 식물체를 더 큰 동물이 훨씬 쉽게 소화할 수 있고 맛있는 곤충 단백질로 전환하는 일을 한다. 한편 초식동물의 포식자로서 먹이사슬의 다음 단계에 놓이는 말벌, 딱정벌레, 사마귀 같은 곤충은 다양한 새, 박쥐, 거미, 파충류, 양서류, 작은 포유류, 어류의 먹이이다. 곤충이 없다면 그런 동물들은 거의 또는 전혀 먹지 못할 것이다. 그리고 새매, 왜가리, 물수리 같은 최상위 포식자는 찌르레기, 개구리, 땃쥐, 연어처럼 곤충이 없다면 굶어 죽을 식충성 동물들을 먹이로 삼는다.

먹이사슬에서 곤충이 사라질 때, 야생생물에게만 재앙이 닥치는 것은 아니다. 인류의 식량 공급에도 직접적인 영향이 미친다. 유럽과 북아메리카의 주민들은 대부분 곤충을 먹는다는 생각에 거부감을 느낀다. 그들이 새우(대체로 곤충과 비슷하게 관절로 이어져 있고 겉뼈대를 지닌다)는 기꺼이 먹는다는 사실을 생각하면 다소 기이한 일이다. 우리의 고대 조상들은 분명히 곤충을 먹었을 것이다. 또 세계적으로도 곤충을 먹는 편이 일반적이며, 일부 지역에서는 곤충이 식단의 상당한 비율을 차지하기도 한다. 남아메리카, 아프리카, 아시아, 그리고 오세아니아의 원주민 등 세계 인구의 약 80퍼센트는 곤충을 흔히 먹는다. 애벌레, 딱정벌레의 유충, 개미, 말벌, 번데기, 노린재, 메뚜기, 귀뚜라미를 비롯하여 사람들이 먹는 곤충은 약 2,000종에 달한다. 몇 가지 사례를 살펴보자. 모판벌레(산누에나방의 일종으로 즙이 많은 커다란 애벌레)는 남아프리카에서 해마다 1,600톤씩 식용으로 팔리며, 개인이 직접 채집해서 먹는 양은 훨씬 더 많을 것으로 추정된다. 이웃 나라인 보츠와나에서는 모판벌레의 거래량이 한 해에 800만 달러에 달한다. 이 애벌레는 대개 말려서 바삭바삭한 간식으로 먹거나, 더 오래 보관하기 위해서 통조림으로 만들거나, 신선한 상태로 양파 및 토마토를 곁들여서 요리한다. 태국에서는 누에 번데기 통조림 수출액이 5,000만 달러에 달한다. 일본에서는 "이나고"(메뚜기의 일종) 통조림이 고급 식품으로 널리 팔리며, 고故 히로히토 왕은 말벌을 넣어 지은 쌀밥을 즐겨 먹었다. 멕시코에서는 용설란벌레(커다란 팔랑나비 종의 애벌레)와 아후아후틀(물벌레류의 알로서, "멕시코 캐비어"라고도 불린다)을 오래 전부터 야생에서 대량으로 수확했으며, 미국과 유럽으로 수출하기까지 한다. 그러나 안타깝게도 최근 들어서 이 두 곤충의 거래량은 줄어들었다. 용설란벌레는 남획으로 희귀해졌고, 아후아후틀은 수질 오염으로 개체수가 줄어들었기 때문이다.

이들은 야생에서 곤충을 채집해 먹는 사례이지만, 인류가 돼지, 소, 닭 대신에 곤충을 더 많이 키워야 한다는 주장을 강력하게 펼칠 수도 있다. 기존의 가축은 체온 유지를 위해서 많은 에너지를 소비해야 하기 때문에 식물체를 인류의 식량으로 전환하는 효율이 낮다. 그중에서도 소는 닭보다 훨씬 낮은데, 식물 25킬로그램을 먹은 소는 사람이 식용할 수 있는 체중이 약 1킬로그램 늘어나기 때문이다. 반면 곤충은 변온동물이라서 훨씬 효율이 높다. 가령 귀뚜라미가 식용 가능한 체중 1킬로그램을 늘리기 위해서는 식물 2.1킬로그램만 먹으면 된다. 소와 비교하면 12배 효율적인 셈이다. 곤충은 다른 측면에서도 소보다 훨씬 효율적이다. 식량 1킬로그램을 생산하기 위해서, 소는 귀뚜라미에 비해 55배나 많은 물을 소비하고 14배나 많은 공간을 차지한다. 게다가 곤충은 쇠고기보다 필수 아미노산의 함량이 더 높고 포화지방이 훨씬 적기 때문에, 더 건강한 동물성 단백질 공급원이다.

곤충 식량에는 다른 이점들도 있다. 한 예로 곤충을 먹을 때에는 질병에 걸릴 확률이 훨씬 낮다. 우리가 곤충과 공유하는 질병은 전혀 없다고 알려져 있다. 반면 우리가 다른 척추동물들에게 옮을 수 있는 질병은 많다(광우병, 조류독감, 코로나19를 생각해보라. 후자는 박쥐나 중국에서 약재로 쓰이는 천산갑에게서 전파되었다고 추정된다).

소와 달리 대부분의 곤충은 강력한 온실가스인 메탄을 거의 또는 전혀 내뿜지 않으며,* 성장 속도도 포유류보다 훨씬 빠르다. 동물 복지 논쟁도 피할 수 있을 것이다. 많은 곤충은 높은 밀도로 키워도 잘 지낼 수 있다. 게다가 곤충은 소보다 스트레스를 견디는 능력이 훨씬 부족해서 스트레스가 심한 환경에서 키울 수도 없다(동의하지 않을 사람도 있겠지만).

요점은 2050년까지 100억-120억 명으로 늘어날 것으로 추정되는 인구를 먹여 살리고 싶다면, 곤충 사육을 기존 축산보다 더 지속 가능한 대안으로 진지하게 고려해야 한다는 것이다. 곤충을 먹자는 나의 주장에서 유일하게 막히는 부분은 내가 지금까지 먹으려고 시도한 곤충 중에서 유달리 맛있다고 할 만한 식품이 전혀 없었다는 점이다. 초콜릿을 입힌 개미는 예외였지만, 개미가 아니라 초콜릿 때문이었다고 확신한다. 그러나 내가 지금까지 시도한 곤충은 얼마 되지 않으며, 나는 열린 마음으로 계속 시도할 계획이다. 튀긴 용설란벌레나 멕시코 캐비어를 맛볼 기회가 생기면 기꺼이 먹어보겠다.

서양에서는 곤충을 직접 먹는 일이 드물지만, 곤충보다 먹이사슬의 한 단계 위에 있는 동물들은 기꺼이 먹는다. 송어와 연어 같은 민물 어류는 곤충을 많이 먹으며 자고새, 꿩, 칠면조 같은 새들도 그렇

---

* 흰개미는 예외일 수 있다. 흰개미는 다리가 6개인 아주 작은 소라고도 할 수 있다. 흰개미의 몸에는 셀룰로오스를 비롯한 질긴 식물체의 소화를 돕는 미생물이 가득한, 특수한 창자가 있다. 소의 되새김위에 있는 세균이 메탄을 생성하듯이, 흰개미의 창자에 있는 미생물도 메탄을 생성한다. 그러나 과학자들은 그 생산량이 얼마나 되는지, 즉 우리가 우려할 만큼 온실가스 배출에 기여하는지 여부를 놓고 의견이 갈린다.

다. 일본에서는 빙어와 뱀장어 같은 민물 어류가 사람의 식단에서 중요한 비중을 차지한다. 이런 어류는 주로 식충동물이며, 따라서 인류의 식량 공급량은 민물 곤충이 충분한지의 여부와 직접적인 관련이 있다. 이는 1993년 일본의 가장 큰 호수 중 하나인 신지 호수가 농경지에서 유출된 살충제 네오니코티노이드에 오염되었을 때 명확히 드러났다. 호수의 무척추동물 개체수가 급감하면서 지역 어업이 붕괴하고 수백 명이 일자리를 잃었다. 빙어의 연평균 어획량은 1981-1992년에 240톤이었다가 1993-2004년에는 겨우 22톤으로 급감했고, 같은 기간에 뱀장어 어획량은 42톤에서 10.8톤으로 크게 줄었다.

곤충은 식량으로 쓰일 뿐만 아니라, 생태계에서 여러 가지 중요한 역할을 한다. 모든 식물 종의 87퍼센트는 꽃가루를 옮겨줄 동물이 필요하며, 대부분은 곤충이 그 역할을 수행한다. 풀과 침엽수(바람을 통해서 꽃가루받이가 이루어진다)를 제외한 아주 많은 식물 종이 그런 방식으로 꽃가루를 옮긴다. 꽃의 화려한 꽃잎, 향기, 꿀은 꽃가루 매개자를 끌어들이기 위해서 진화했다. 꽃가루받이가 일어나지 않으면 야생화는 씨를 맺지 못하고, 결국 대부분 사라질 것이다. 수레국화도 양귀비도 디기탈리스도 물망초도 없을 것이다. 세상에서 꽃의 색깔이 서서히 사라지고 있음을 목격하면서 한탄할지도 모르지만, 꽃가루 매개자가 사라지면 예쁜 꽃이 사라지는 차원을 넘어서 생태계에 훨씬 심각한 문제가 발생한다. 수많은 식물 종이 더 이상 씨를 맺지 못하고 사라질 테니, 육상의 모든 생태계는 심하게 변형되고 빈약해질 것이다. 식물은 모든 먹이사슬의 토대이기 때문이다.

이기적인 인간의 관점에서 보자면, 야생화가 사라지는 것은 걱정할 일들 중 가장 사소해 보인다. 우리가 재배하는 작물의 약 4분의 3도 곤충을 통해서 꽃가루받이를 하기 때문이다. 곤충의 중요성은 곤충이 제공하는 생태계 서비스라는 관점에서 볼 때 잘 드러난다. 화폐 가치로 따지면 꽃가루받이 역할만 해도 세계적으로 연간 2,350억—5,770억 달러의 가치가 있다고 추정된다(이런 계산은 그다지 정확하지 않기 때문에 양쪽 값이 큰 차이를 보인다). 경제적 측면을 논외로 치더라도, 꽃가루 매개자가 없다면 점점 불어나는 세계 인구를 먹여 살릴 수 없을 것이다. 밀, 보리, 벼, 옥수수 등 바람으로 꽃가루를 옮기는 작물들이 우리의 주식을 이루고 있으니 먹고 살 열량은 계속 충분하겠지만, 빵, 쌀, 포리지만 먹고 살다가는 곧 필수 비타민과 무기물 결핍증에 시달리게 된다. 딸기, 고추, 사과, 오이, 체리, 서양까치밥나무 열매, 호박, 토마토, 커피, 산딸기, 애호박, 콩, 블루베리 같은 온갖 식품이 없는 식단을 상상해보라. 지구의 모든 이들이 건강한 식사를 한다고 할 때, 과일과 채소는 필요한 양보다 이미 더 적게 생산되고 있다(반면 곡류와 기름은 과잉 생산된다). 꽃가루 매개자가 없다면, 우리 모두에게 필요한 "하루 5가지" 과일과 채소를 공급하는 일은 불가능할 것이다.

곤충은 꽃가루받이를 할 뿐만 아니라, 중요한 생물 방제자 역할도 한다(곤충이 방제하는 유해동물 중에 곤충이 많으므로, 곤충의 중요성을 이야기하는 이 대목은 다소 순환논법처럼 보이기는 하지만).* 무당벌레, 딱정

---

* 균형 잡힌 견해를 취하고자, 비록 곤충이 많은 중요한 역할을 수행하기는 하지만 아주 많은 "생태계 불편ecosystem disservice"도 일으킨다는 사실을 지적해야겠

벌레, 집게벌레, 풀잠자리, 말벌, 꽃등에 같은 포식자가 없다면 작물의 해충 문제는 훨씬 더 관리하기가 어려워지며, 살충제를 더 많이 뿌릴 수밖에 없게 된다. 꽃가루 매개자가 없다면 우리는 그런 도움 없이 바람으로 꽃가루를 옮기는 극소수의 작물에 의존할 수밖에 없을 텐데, 그러면 해마다 작물을 돌려짓기하기가 훨씬 어려워질 것이고, 그 결과 해충이 계속 살아남아서 더욱 큰 피해를 입힐 것이다.

곤충의 해충 방제 역할은 매혹적이기는커녕 때로 섬뜩하기까지 하며, 대개 제대로 인정을 받지 못한다. 여론 조사를 하면 말벌은 좋아하는 곤충 목록에서 아주 낮은 순위에 놓일 것이다. 말벌 종의 대다수가 기생생물이며 해충의 수를 줄이는 데 대단히 중요한 기여를 하고 있다는 점을 사람들이 모르기 때문이다.[*] 나는 우리 집 텃밭에 양배추, 브로콜리, 콜리플라워 등 유채류를 키우는데, 크고 작은 흰나비류의 애벌레들이 이것들을 게걸스럽게 갉아먹는다. 애벌레들은 잎에 구멍을 송송 뚫어놓기 때문에, 그냥 놔두면 줄기에 먹을 수 없는 질긴 잎맥만 앙상하게 남을 수도 있다. 그러나 내게는 다행스럽게도 배추나비고치벌이 등장하면서 피해는 대개 더 심해지지 않는다. 다리에 검고 노란 무늬가 있는 이 개미만 한 말벌의 암컷은 날카로운 산란관

_____

다. 인간과 가축에게 병을 옮기는 매개체이거나 작물 해충이거나 가축 기생충인 곤충도 많다. 예를 들면 흰개미는 죽은 나무를 분해하는 유용한 일을 하지만, 기후가 따뜻한 지역에서는 목조 건물을 먹어치우는 심각한 해충일 수도 있다.

[*] 말벌이라는 단어는 으레 노란색과 검은색의 줄무늬가 있는 커다란 사회성 벌을 떠올리게 하지만, 대부분의 말벌은 몸집이 훨씬 작으며, 온몸이 검고 개미만 한 것들도 많다. 세계에서 가장 작은 곤충도 말벌이다. 총채벌 중에는 길이가 겨우 0.14밀리미터인 종도 있다.

을 불행한 애벌레의 몸에 꽂아서 알을 한 무더기 주입한다. 부화한 말벌 애벌레는 몸속에서 흰나비 애벌레류를 먹어치우며, 이윽고 한꺼번에 숙주를 뚫고 나와서 그 사체 주위로 작고 노란 고치들을 만든다. 늦여름에 소풍을 나가면 주위에서 윙윙거리는 검고 노란 줄무늬를 띤 익숙한 커다란 말벌들도 사람들이 으레 짐작하는 것보다 훨씬 더 유익한 일을 한다. 그들은 야생화의 꽃가루 매개자이자 진딧물과 애벌레 같은 작물 해충을 게걸스럽게 먹는 포식자이다. 그러니 그들이 우리 음식 한두 조각에 들러붙는다고 해도 기분 나빠하지 말아야 할 것이다.

오스트레일리아에서 부채선인장(백년초)의 경우처럼, 곤충은 원치 않는 침입종을 억제하는 데에도 유용하다. 1900년대에 오스트레일리아는 목장 가장자리에 심어 산울타리를 만들기 위해서 아메리카의 건조 지역으로부터 부채선인장을 들여왔다. 내가 볼 때, 부채선인장은 끔찍한 식물이다. 미늘이 달린 날카로운 가시들이 가득하고, 가시에 찔리면 무척 아프고 빼내기도 쉽지 않다. 스페인에서 쌍살벌을 조사하다가 부채선인장 덤불에 넘어진 적이 있는 내게는 그것으로 울타리를 만든다는 생각이 영 이상해 보인다. 아무튼 부채선인장은 곧게 자라려고 하지 않았고, 제멋대로 빠르게 번져나가서 오스트레일리아 동북부 퀸즐랜드에 뚫고 들어갈 수조차 없는 가시투성이 덤불을 4만 제곱킬로미터에 걸쳐서 형성했다. 그러다가 1925년 남아메리카에서 칙칙한 작은 나방인 선인장 명나방이 도입되었다. 이 나방은 곧 선인장을 거의 다 먹어치웠다.

곤충은 낙엽, 쓰러진 나무, 사체, 배설물 같은 유기물의 분해에도 긴밀한 역할을 한다. 이 일은 대단히 중요하다. 영양소를 재순환시킴으로써 다시 식물의 생장에 쓰일 수 있게 하기 때문이다. 그러나 분해자는 보통 거의 주목을 받지 못한다. 가령 우리 텃밭의 흙, 특히 퇴비 더미에는 톡토기가 수백만 마리 존재할 것이 거의 확실하다. 곤충의 친척인 이 원시적인 작은 동물은 몸길이가 1밀리미터도 안 되는 경우가 많으며, 도약기ferculae를 통해서 포식자를 피해 공중으로 톡 높이 튀는 영리한 전략을 쓴다. 스프링이 장착된 이 부속지는 대개는 배 밑에 납작 붙어 있다가, 위급한 상황이 닥치면 탁 펴지면서 10센티미터까지 몸을 띄운다. 이 작은 높이뛰기 선수 무리는 중요한 일을 수행한다. 작은 유기물 조각을 갉아서 더욱 작은 조각으로 분해하여 세균이 일을 마무리할 수 있도록 돕는 것이다. 이 과정은 식물이 이용할 수 있는 영양소를 방출시킨다. 톡토기는 건강한 토양의 중요한 구성요소이지만, 쉽게 간과된다. 그래도 톡토기 중에도 통통한 새끼 양과 조금 비슷하게 토실토실한, 놀라울 만큼 귀여운 종도 있다(상상력을 좀 발휘해보라).

분해자는 주목을 받는 일이 드물지만, 분해자가 없다면 심각한 문제가 발생할 수 있다. 20세기 중반에 소를 키우는 오스트레일리아 농민들이 바로 그런 일을 겪었다. 세계 대부분의 지역에서는 곤충들이 쇠똥을 차지하기 위해서 앞다투어 달려들기 때문에, 쇠똥은 오래 남아 있지 않는다. 소가 풀밭에 질퍽거리는 똥을 배설하면 몇 초 사이에, 또는 늦어도 몇 분 사이에 똥파리와 쇠똥구리가 나타난다. 바람에 실린 향기로운 쇠똥 냄새에 끌리기 때문이다. 똥파리가 쇠똥에 알을 낳으면 금세 알이 부화해 구더기들이 나온다. 구더기들은 세균이 풍부한 썩어가는 유기물을 마구 먹어치운다. 똥파리는 약 3주일 안에 한살이를 완결 지을 수 있다. 한편 수생 생활을 하는 조상에게서 유래한 일부 쇠똥구리의 성체는 노처럼 생긴 다리로 갓 싸놓은 물똥의 액체 속을 헤엄쳐 다닌다. 다수의 쇠똥구리 종은 쇠똥에 알을 낳으며, 다른 종들은 쇠똥 아래 흙에 굴을 파서 새끼가 먹을 먹이를 저장한다. 몇몇 종은 몰려드는 다른 곤충들을 피해서 쇠똥을 공처럼 말아 몇 미터 떨어진 곳까지 굴린다. 조금 지나면 똥을 먹는 곤충들을 노리고 포식성 반날갯과와 딱정벌레가 도착하고, 까마귀와 후투티도 쇠똥을 헤집으면서 애벌레를 찾아 먹는다. 많은 곤충들이 여기저기 굴을 파면서 공기가 스며든 쇠똥은 말라가고, 이윽고 부서져서 사라진다. 그리고 영양소는 재순환된다.

영양소를 방출하는 일 외에, 곤충은 쇠똥을 효율적으로 분해함으로써 농민들에게 유익한 두 번째 서비스를 제공한다. 바로 가축의 장기생충 제거에 중요한 역할을 하는 것이다. 감염된 동물이 배설을 하면 기생충의 알도 섞여 나오는데, 이 알은 풀에 붙어서 다른 소나 양의 입으로 들어갈 수 있다. 곤충은 똥을 흙 속에 묻고 먹음으로써 기생충의 알을 재빠르게 없앤다. 역설적이게도 오늘날 소에게 주는 기생충 약은 쇠똥이 곤충에 대한 독성을 띠게 함으로써 쇠똥의 재순환을 늦추고, 원래 해결하고자 한 기생충 문제를 더욱 악화시킨다.

반면 19세기에 오스트레일리아에서 처음 소를 기르기 시작한 농민들은 정반대의 문제에 직면했다. 오스트레일리아에는 질척거리는 똥을 처리할 수 있는 고유종 곤충이 없다. 오스트레일리아 포유동물—캥거루와 웜뱃 같은 유대류—은 건조한 조건에 적응했기 때문에, 소와는 조성이 전혀 다른, 단단한 덩어리 형태의 똥을 배설한다. 이런 똥을 먹는 쪽으로 적응한 오스트레일리아 쇠똥구리는 첫 유럽 이주민들이 들여온 소의 똥을 아예 처리하지 못했다. 따라서 쇠똥이 분해되는 데에는 몇 년이 소요되었고, 목초지에 쇠똥들이 쌓이면서 가축이 먹을 풀은 점점 줄어들었다. 소는 하루에 약 12개의 똥 무더기를 배설하므로, 1950년대에는 오스트레일리아에서 쇠똥으로 뒤덮이는 땅이 연간 약 2,000제곱킬로미터씩 늘어난다고 추정되었다.

1960년대에 헝가리에서 최근에 이민을 온 의사 조지 보르네미사는 쇠똥구리를 수입해서 쇠똥을 처리하자는 해결책을 제시했다. 그리하여 오스트레일리아 쇠똥구리 계획이 탄생했다. 보르네미사는 그후 20년 동안 세계를 돌아다니면서 오스트레일리아에 들여오기에 알맞은 쇠똥구리 종을 탐색했다. 그는 주로 남아프리카를 조사했는데, 이곳의 기후가 오스트레일리아와 비슷했기 때문이다. 오스트레일리아는 앞서 외래종을 도입했다가 끔찍하게 잘못된 사례들을 겪었다. 사탕수수 해충을 방제하기 위해서 남아메리카에서 들여온 사탕수수 두꺼비는 그 자체가 유해동물이 되었다. 원래 방제하고자 한 해충뿐 만 아니라 눈에 보이는 먹이를 닥치는 대로 먹어치웠기 때문이다. 사탕수수 두꺼비는 현재 약 2억 마리로 불어났다고 추정된다. 반면 쇠똥구리를 새로 들여온 계획은 대성공을 거두었다. 쇠똥을 빨리 분해할 수 있고, 오스트레일리아 각지의 저마다 다른 기후에서 나름대로 번성하는 종이 있도록 하기 위해서 도입된 쇠똥구리는 총 23종이었다. 이 쇠똥구리들 덕분에, 현재 오스트레일리아에서 쇠똥은 배설된 지 24시간 안에 마법처럼 사라진다.

한편 자연 세계의 장의사인 곤충들은 사체도 효율적으로 분해한다. 검정파리와 금파리 같은 파리류는 동물이 죽으면 기괴할 만큼 몇 분 사이에 알아차리고 찾아와서 알을 한 무더기 낳는다. 알은 몇 시간 사이에 부화하고, 꿈틀거리는 구더기들은 다른 곤충들이 오기 전에 바쁘게 사체를 먹어댄다. 그들의 친척인 쉬파리는 이 경주에서 더 유리하다. 알 단계를 아예 건너뛰고 직접 구더기를 낳기 때문이다. 쇠똥에서와 마찬가지로, 파리들은 딱정벌레와 경쟁한다. 여기에서의 경쟁자는 송장벌레류이다. 송장벌레는 조금 느리게 도착하는 경향이 있지만, 사체와 구더기까지 모조리 먹어치운다. 송장벌레는 작은 동물의 사체를 땅속으로 끌고 들어가서 사체에 알을 낳은 뒤, 다른 송장벌레들이 다가오지 못하게 지킨다. 또 남은 먹이에 비해서 새끼가 너무 많다고 생각하면 일부 새끼를 추려내서 먹기도 한다. 각각의 환경 조건에서 곤충 종들의 도착 순서와 발달 속도가 충분히 예측할 수 있는 양상으로 펼쳐지기 때문에, 법의곤충학자들은 인간의 사망 정황이 의심스러울 경우에 대개 이를 토대로 시신의 사망 시점을 판단할 수 있다.

무엇보다, 흙에서 굴을 파며 사는 곤충은 흙에 공기가 드나들도록 돕는다. 개미가 집까지 씨를 가지고 오다가 흘린 씨는 싹을 틔운다.

이로써 개미는 씨를 퍼뜨리는 데 기여한다. 누에나방은 명주실을, 꿀벌은 꿀을 제공한다. 곤충이 제공하는 이런 생태계 서비스는 미국에서만 적어도 연간 570억 달러의 가치가 있다고 추정된다. 존경받는 생물학자이자 박식한 인물인 E. O. 윌슨의 말마따나 그것들이 없으면 "환경은 혼돈에 빠질 것"이고 수십억 명이 굶어 죽으리라는 점을 생각하면 이런 계산값 자체가 무의미해 보이지만 말이다. 그런 일을 피하려면 얼마나 많은 비용이 필요하겠는가?

많은 곤충이 매우 중요한 역할을 한다는 사실은 분명하지만, 우리는 대다수 곤충이 무슨 일을 하는지 까맣게 모른다. 심지어 곤충이 약 500만 종 존재한다고 추정하면서도 그중 5분의 4는 아예 몰라서 어떤 생태적 역할을 하는지 조사하기는커녕 이름조차 붙이지 못했다. 최근 제약 회사들은 다양한 곤충 종이 지닐 거의 무한히 많은 화학 물질들을 조사하는 "생물 자원 탐사bioprospecting"를 시작했으며, 항생제 내성 세균을 막는 데에 도움을 줄지도 모를 새로운 항생 물질, 항응고제, 혈관 확장제, 마취제, 항히스타민제 등 약물로 쓰일 가능성이 있는 새로운 화학 물질을 많이 찾아내고 있다. 어떤 종이 멸종할 때마다 그 약물 후보 물질의 보고寶庫도 영구히 사라진다는 뜻이다.

환경보전주의자 알도 레오폴드는 이렇게 말한 바 있다. "지적인 땜질의 첫 번째 규칙은 모든 부품을 간직하는 것이다." 우리는 대다수 생태계 군집을 이루는 수많은 생물들 사이의 온갖 상호 작용을 거의 이해하지 못한 상태이기 때문에, 어느 곤충이 우리에게 "필요하고" 필요하지 않은지 말할 수 없다. 작물의 꽃가루받이 연구는, 대부분의 꽃가루받이가 소수 종을 통해서 이루어지는 경향이 있지만, 더 많은 종이 있을 때 꽃가루받이가 더 안정적이고 탄력적으로 이루어진다는 사실을 보여준다. 곤충의 종수는 해마다 자연히 달라진다. 추운 봄이나 폭우, 가뭄을 더 잘 견딘 어떤 종이 올해 꽃가루받이의 대부분을 맡았다고 해도, 내년, 또는 10년을 기준으로 보면 주된 꽃가루 매개자가 아닐 수도 있다. 양봉처럼 하나의 꽃가루 매개자에게만 의지하는 것은 어리석은 전략이다. 예비 종이 없다면 어떤 일이 일어날지 모르기 때문이다.* 기후 변화로 꽃가루 매개자 집단에도 변화가 일어날 것이고, 현재 중요하지 않아 보이는 종이 훗날 주된 꽃가루 매개자가 될 수도 있다. 곤충이 하는 다른 모든 일에도 같은 말을 할 수 있다. 우리가 기댈 수 있는 곤충의 종류가 많을수록, 불확실한 미래에도 그런 중요한 일들이 계속 이루어질 가능성이 더 높다.

미국의 생물학자 파울 에를리히는 생태 군집에서 종이 사라지는 현상을 비행기 날개의 리벳이 무작위로 튀어나가는 데에 비유했다. 리벳 한두 개가 빠져도 비행기는 아마 괜찮을 것이다. 그러나 10개나 20개, 50개가 빠지다가는 어떤 일이 벌어질지 전혀 예측할 수 없는 시점에 다다르게 되며, 비행기는 망가져서 하늘에서 떨어질 것이다. 곤충은 생태계의 기능을 유지하는 리벳이다. 우리가 생태계가 망가지는 한계점에 얼마나 가까이 다가가 있는지는 불분명하다. 일부 지역에

---

* 어리석게 보일지 모르지만, 북아메리카의 많은 농민들이 이 전략을 채택한다. 그들은 작물의 꽃가루를 옮겨줄 꿀벌을 해외에서 수입한다. 경작 방식 때문에 토착 야생벌의 수가 너무 줄어들어서 꽃가루받이가 제대로 이루어질 수 없어서이다.

서는 이미 그 한계를 넘어섰다. 중국 남서부의 일부 지역에는 꽃가루 매개자가 거의 사라지는 바람에 농민들이 사과나무와 배나무의 꽃가루를 직접 손으로 옮겨야 한다. 그렇지 않으면 열매가 맺히지 않는다. 나는 벵골에서 호박류의 꽃가루를 손으로 옮기는 농민들도 보았다. 브라질 일부 지역에서는 농민들이 패션후르츠의 꽃가루를 손으로 옮긴다는 기사도 있다. 게다가 캐나다의 블루베리에서 브라질의 캐슈, 케냐의 강낭콩에 이르기까지 집약 농업이 이루어지는 전 세계의 지역에서는 꽃가루 매개자가 부족해서 충매화 작물들의 수확량이 적은 반면, 토착 숲 등 꽃가루를 옮기는 곤충의 공급원 역할을 하는 야생 생물이 풍부한 지역에 인접한 경작지는 수확량이 많다는 연구 결과가 다수 있다. 영국에서 사과 품종 갈라 및 콕스의 생산 현황을 조사한 최근의 연구 결과를 보면, 꽃가루받이 부족으로 과일의 품질이 떨어지면서 잠재 소득이 약 600만 파운드 감소하고 있다고 한다. 분명히 세계의 여러 지역에서 이미 꽃가루 매개자 부족으로 작물 생산량이 제한을 받는 상황이 벌어지고 있다. 그리고 작물이 꽃가루 매개자를 끌어들이는 데 어려움을 겪고 있다면, 야생화들도 마찬가지 상황에 처해 있을 가능성이 높다. 꽃가루받이가 제대로 이루어지지 못해서 야생화가 줄어든다면, 남은 꽃가루 매개자들에게는 먹이가 더욱 적어진다. 일부 과학자들은 이것이 "멸종 소용돌이extinction vortex"를 촉발할 수 있다고 예측한다. 꽃과 꽃가루 매개자의 수가 함께 감소하면서 상호 멸종을 야기한다는 의미이다.

곤충이 하는 일들은 대체로 주목을 받지 못한 채 당연시되고는 한다. 축산 농가는 대부분 쇠똥구리에 거의 관심이 없었으며, 꽃가루 매개자나 작물 해충의 천적을 늘리려는 노력을 기울인 농민도 최근까지 거의 없었다. 오스트레일리아의 소 농가와 벵골의 호박 농가의 사례처럼, 곤충이 우리를 돕는 일을 멈출 때에야 우리는 비로소 어쩔 수 없이 그들에게 관심을 보이게 된다. 너무 늦기 전에 곤충이 우리를 위해서 하는 모든 일들을 이해하려는 노력을 시작하는 편이 현명할 것이다.

꿀단지개미

벌과 일부 말벌은 꽃꿀을 모아서 진흙이나 종이나 밀랍으로 만든 특수한 방 혹은 단지에 저장한다. 이렇게 저장된 꿀은 꽃이 거의 피지 않는 시기를 헤치고 나아가는 데 중요한 먹이가 된다. 오스트레일리아의 건조한 사막에는 꿀 저장 문제를 전혀 다른 방식으로 해결하는 개미 종이 산다. 바로 꿀단지개미이다. 이들은 각 개미가 꿀을 아주 많이 먹어서 배를 기괴할 만치 크게 부풀려 스스로 저장통이 되는 독특한 비법을 쓴다. 그들은 곧 움직이지도 못할 지경이 되지만, 자매들은 그들에게 계속 꿀을 먹인다. 이윽고 배가 아주 팽팽하게 늘어나서 투명해 보일 정도가 되면, 꿀을 잔뜩 먹은 개미들은 마치 잘 익은 포도송이처럼 땅속 개미집의 천장에 죽 늘어서 매달린다. 이들은 배가 고픈 개미들을 위해서 언제든 저장된 꿀을 게워낸다. 뜨거운 오스트레일리아 사막에서 이 저장통은 아주 가치가 있기 때문에, 크고 작은 도둑들이 몰려든다. 다른 둥지의 개미들은 습격대를 보내서 꿀단지개미를 지키는 개미들을 물리치고, 이 움직이지 못하는 살아 있는 먹이 저장통을 훔쳐서 자신의 집으로 질질 끌고 간다. 오스트레일리아 원주민들에게도 꿀단지개미는 귀한 식품 대접을 받는다. 그들은 이 개미를 얻기 위해서 바짝 구워진 흙을 깊이 2미터까지 파는 수고를 아끼지 않는다. 그들은 꿀이 잔뜩 든 개미를 산 채로 먹는다. 그리고 톡톡 터지면서 나오는 달콤한 꿀을 맛본다.

제3장

곤충의 경이로움

인류에게 가치가 있거나 언젠가 가치가 있음이 드러날지도 모를 곤충 종을 보전해야 한다는 주장은 매우 현실적이며 경제적으로도 타당하다. 그러나 이렇듯 인간 중심적인 접근법은 생물다양성을 보전해야 하는 가장 설득력 있는 논거를 놓치고 있는 듯하다. 강연을 한 뒤에 나는 종종 이런 질문을 받는다. "X종이 뭐가 중요하다는 겁니까?" 여기에서 X는 민달팽이, 모기, 말벌 등 질문자가 혐오하는 어떤 동물이든 될 수 있다. 예전에 나는 X종이 다양한 역할을 한다는 말로 그 종을 생태적으로 정당화하는 답을 내놓으려고 애썼다. 여기에 인류에게 유용한 역할을 한다는 내용까지 포함하면 딱 좋았다. X가 민달팽이라면, 나는 그들이 느린 벌레들이 좋아하는 먹이이며, 많은 새들과 고슴도치 같은 포유류, 그리고 우리가 좋아하는 많은 동물들의 먹이이기도 하다고 설명할 것이다. 민달팽이는 유기물을 분해하는 종도 있고, 다른 민달팽이를 먹는 포식자도 있는 등 종류가 다양하다. 마찬가지로 스코틀랜드에 살 때에는 깔따구가 어떤 "목적"에 종사하느냐는 질문을 종종 받았다. 늦여름에 스코틀랜드 고지대에 가면, 맨눈에는 거의 보이지도 않는 이 아주 작은 갈색 파리들이 몰려들어 혐오감을 일으킬 것이다. 아주 작기는 하지만, 피를 빠는 이 작은 악마들이 떼 지어 몰려들면 지내기가 몹시 불편해질 수 있다. 1872년 빅토리아 여왕은 고지대로 소풍을 왔다가 깔따구들에게 "반쯤 뜯어 먹힌" 뒤 피신했다고 한다. 그녀만이 아니다. 깔따구 때문에 관광객들이 기피하는 바람에, 스코틀랜드 관광업은 한 해에 2억6,800만 파운드의 손실을 입는다고 추정된다. 그러나 깔따구도 나름대로 중요한 역할을 한다. 이들은 날개폭이 약 2밀리미터로 아주 작고 몸무게가 겨우 1,000분의 2그램에 불과하지만,* 1제곱미터의 늪에서 25만 마리까지 출현한다. 이는 제비와 흰털발제비 같은 많은 새들, 그리고 더 작은 박쥐 종들에게는 1헥타르당 약 1.25톤의 먹이가 쏟아지는 것과 같다. 깔따구는 영국에만 무려 650종이 있으며, 그중 약 20퍼센트만이 동물을 문다. 이들이 유충 단계에서 어떤 역할을 하는지는 거의 알려져 있지 않은데, 사실 아직 유충 단계가 연구되지 않은 종은 아주

---

* 깔따구는 진화 기적의 축소판이다. 이들은 날려면 날개를 1초에 1,000번 움직여야 한다. 이는 동물계에서 가장 빠른 날갯짓이다. 사람을 무는 것은 암컷뿐인데, 우리가 숨을 내쉴 때 나오는 이산화탄소가 흘러갈 때 그 공기 흐름을 타고 거슬러 올라온다. 암컷 깔따구는 어둠 속에서도 우리를 찾을 수 있다. 우리 몸에 내려앉으면 머리를 돌리면서 톱니가 난 날카로운 턱으로 우리 피부를 자른다. 전기톱이 회전하는 것과 비슷하다. 암컷 깔따구는 자기 몸무게의 2배까지 피를 빤 뒤 날아간다.

많다. 열대에서 깔따구는 카카오나무의 유일한 꽃가루 매개자이다. 즉 깔따구가 없으면 초콜릿도 없다. 그러니 적어도 일부 깔따구 종은 대단히 중요한 일을 하는 셈이다.

최근 들어서 나는 이 질문을 뒤집고자 시도해왔다. 우리에게 혹은 생태계에 어떤 일을 하든, 민달팽이나 깔따구의 존재를 정당화해야 하는 이유가 과연 있을까? 민달팽이가 "중요해야" 할 필요가 있는 것일까?

"지적인 땜질의 첫 번째 규칙은 모든 부품을 간직하는 것이다"라는 알도 레오폴드의 말을 떠올리자. 그러나 그가 뭐라고 했든, 사라져도 생태적으로나 경제적으로나 아무런 영향을 미치지 않는 듯한 곤충 종들도 있다. 세인트헬레나 대왕집게벌레는 이미 멸종했지만 어느 누구도 알아차리지 못했다. 몸길이 8센티미터에 달하는 이 장엄한 동물은 수십 년 전만 해도 대서양에 있는 그 외딴섬의 바닷새 집단 번식지에 살았지만, 1967년 이래 목격된 적이 없다. 섬에 들어온 설치류에게 전멸되었다고 보는 편이 타당하다. 이 종이 예전에 어떤 생태적 역할을 수행했든, 적어도 우리가 아는 한, 사라졌다고 해도 눈에 띄는 생태적 영향은 전혀 없는 듯하다. 거대한 갈색 귀뚜라미인 뉴질랜드의 자이언트웨타는 습한 토착 숲을 느릿느릿 걸어 다니는 세계에서 가장 무거운 곤충 중 하나이다. 이 곤충도 대체로 비슷한 이유로 멸종할 가능성이 있는데, 사라진다고 해도 몇몇 뉴질랜드 곤충학자들의 가슴을 찢어지게 하는 것 외에는 좋지 않은 여파가 미칠 확률이 매우 낮다. 마찬가지로 유럽여치는 내가 사는 곳 근처인 사우스다운스에 마지막 남은 몇 군데 서식지에서 사라질지도 모르며, 중점박이푸른부전나비도 영국 남서부에서 사라질 가능성이 있다. 하지만 나는 그런다고 해서 생태적 재앙 같은 일은 전혀 일어나지 않으리라고 꽤 확신한다.

그렇다면 로버트 윈스턴이 옳았던 것일까? 많은 곤충들은 "사실상 필요 없는" 존재가 아닐까? 어쩌면 인간은 생물다양성이 최소인 세계에서도 살아갈 수 있지 않을까? 캔자스와 케임브리지셔의 단일 경작지는 이미 그런 세계에 아주 가깝다. 우리는 곧 모든 종을 원하는 대로 박멸할 힘을 가지게 될지도 모른다. 한 예로 유전자 드라이브gene drive 기술*은 실험실에서 감비아 학질모기 집단을 없앨 수 있으며, 이는 언젠가 이 기술을 야생에서 그 종을 박멸하는 데에 이용할 수도 있음을 시사한다(다행히, 이 기술은 아직 현장 검증 단계에 이르지 않았다). 그 능력을 얻는다면, 우리는 그것을 활용해야 할까? 그리고 어디에서

* 이 창의적이지만 으스스한 접근법은 모기 암컷의 번식에 필요한 유전자의 손상된 판본을 삽입함으로써 모기의 유전체를 유전적으로 변형한다. 이 결함 있는 유전자를 하나만 지닌 암컷은 번식을 할 수 있지만, 쌍으로 지닌 암컷은 불임이다. 과학자들은 손상된 유전자와 함께 "유전자 드라이브" 기법을 이용한다. 모든 자손이 손상된 유전자를 물려받도록 함으로써, 그 유전자가 개체군 내에서 빠르게 퍼져서 흔해지도록 하는 기법이다. 이 유전자가 더 많이 퍼질수록, 그 유전자를 쌍으로 물려받아서 불임이 되는 개체의 비율도 높아진다. 실험실에서는 8세대가 지난 뒤에 개체군의 모든 암컷이 불임이 됨으로써 개체군이 사라졌다. 이론상으로는 손상된 유전자를 지닌 모기(또는 쥐나 바퀴 등 다른 모든 "바람직하지 않은" 생물)을 1마리만 풀어놓아도 야생 개체군 전체, 심지어 종 전체를 전멸시킬 수 있다. 그러나 현실 세계에서 이 방식이 실제로 효과가 있는지는 불분명하다. 살충제 사례에서처럼 대규모 야생 개체군의 일부 개체에게서 저항성이 진화할 가능성이 매우 높기 때문이다.

멈춰야 할까? 이론상으로는 한 차례만 써도 모든 대륙에서 표적 종을 제거할 수 있는데, 그런 기술은 국제적인 수준에서 어떻게 통제하게 될까? 누가 살고 누가 죽을지를 누가 결정할까? 모기 다음에는 어떤 종이 처형대에 놓이게 될까? 어떤 민달팽이일까, 바퀴일까, 말벌일까? 언제쯤이면 종들을 충분히 제거했다고 판단하게 될까?

기술은 전혀 다른 방향으로도 적용되고 있다. 전 세계 몇몇 연구소의 로봇 공학자들은 정말로 벌의 개체수가 줄어들고 있으며 머지않아서 대체물이 필요할 수도 있다는 전제하에 작물의 꽃가루를 옮길 로봇 벌을 개발하고 있다. 이것이 우리 아이들에게 보여주고자 하는 미래일까? 머리 위에서 날아다니는 나비도, 야생화도, 새의 노래와 곤충의 윙윙거리는 소리도 없이 오로지 떠다니는 로봇 꽃가루 매개자들만 보이는 세상이?

나에게 곤충의 경제적 가치는 그저 정치인을 설득하기 위해서 이용하는 도구에 불과하다. 그들이 돈에만 가치를 부여하는 듯하기 때문에, 나는 그들에게 곤충이 경제에 기여한다고 설파한다. 그러나 솔직하게 말하자면, 곤충의 경제적 가치는 내가 옹호하고자 애쓰는 곤충의 존재 이유와 전혀 상관이 없다. 내가 곤충을 옹호하는 이유는 곤충이 경이롭다고 생각해서이다. 겨울이 끝나갈 무렵 처음 찾아온 따뜻한 날, 올해 처음 텃밭에 나타난 멧노랑나비가 노란 날개를 팔랑거리는 모습을 보는 순간, 내 가슴은 기쁨으로 가득 차오른다. 여름 밤에 여치가 치르르치르르 우는 소리, 통통한 뒤영벌이 이 꽃 저 꽃으로 날아다니면서 내는 윙윙거리는 소리, 지중해에서부터 장거리를 날아온

작은멋쟁이나비가 내려앉아서 봄 햇볕을 쬐는 모습도 내 심금을 울린다. 그들이 없는 세계가 얼마나 황량할지 도저히 상상조차 할 수 없다. 이 작고 경이로운 존재들을 볼 때마다 우리가 정말로 놀라우면서 매혹적인 세계를 물려받았구나 하는 생각이 절로 든다. 우리는 정말로 그런 즐거움을 모조리 지운 세계를 손주 세대에게 물려주고 싶은 것일까?

곤충은 아름답기만 한 것이 아니다. 그들은 아주 많은 면에서 우리와 전혀 다르고, 흥미롭고, 기이하기도 하다. 사례를 몇 가지 들어보자. 진딧물의 별난 친척인 일부 뿔매미는 날카로운 뿔이나 가시처럼 보이도록 진화했다. 아마 위장술이겠지만, 삼키기 어렵게도 만든다. 식물의 줄기에 다닥다닥 달라붙어서 수액을 빨고 있으면, 무시무시한 가시가 잔뜩 나 있는 나무처럼 보일 수 있다. 에콰도르의 브라질 뿔매미는 머리 뒤쪽으로 자루가 하나 뻗어 있다. 위쪽에서 갈라지는 이 자루의 끝에는 털북숭이 공이 5개 달려 있고, 뒤로 쭉 뻗은 긴 가시도 하나 있다. 이 부속지가 뿔매미를 동충하초에 감염된 것처럼 보이게 만든다는 주장도 있다. 동충하초는 곤충 숙주의 머리를 뚫고 나와서 자실체子實體를 형성한다. 검증되지는 않았지만, 이 이론은 뿔매미가 동충하초에 감염된 것처럼 보이므로 포식자는 그들을 먹지 않을 것이라고 추정한다. 한편 태국의 한 커다란 노린재는 기이할 만큼 엘비스 프레슬리를 닮았는데, 그 이유를 조사한 연구자는 없다. 일부 호랑나비 애벌레는 놀랍도록 새똥과 똑같이 생겼다. 또 거미, 꽃, 뱀, 잔가지, 꼬투리를 닮은 애벌레도 있다. 아메리카의 꽃매미는 머리에 땅

콩 껍질을 뒤집어 쓴 모습인데, 이유는 모른다. 바구미는 대개 조금 칙칙한 갈색을 띠며 작지만, 마다가스카르의 기린바구미 수컷은 선홍색과 검은색이 섞여 있고, 아주 길게 뻗은 목에 작은 머리가 달려 있다. 이들은 나무 위에서 암컷을 차지하기 위해서 긴 목으로 경쟁자를 떨어뜨리려고 하면서 굼뜬 전투를 벌인다. 몇몇 나방 수컷은 꽁무니에서 부풀릴 수 있는 커다란 털투성이 부속지를 내밀 수 있다. "털 연필hair pencil"이라고 불리는 이 부속지는 페로몬을 밤의 산들바람에 실어 보내는 데에 이용된다.

곤충들은 기이하면서 경이로운 모습을 거의 무한히 보여줄 뿐만 아니라, 행동과 한살이도 놀라울 만큼 다양하게 진화시켰다. 예를 들면 꿀을 빠는 대다수의 나방과 달리 한국과 일본의 갈고리큰나방류는 기회가 있으면 가장자리에 톱니가 난 혀를 기꺼이 사람의 피부에 찔러넣어서 피를 빤다. 한편 마다가스카르에 사는 새눈물나방은 잠자는 새의 눈꺼풀 아래에 맺힌 짠 눈물을 빨아먹는다. 또 남아메리카에는 애벌레가 나무늘보의 똥만 먹는 나무늘보나방이 있다. 이 나방의 성충은 나무늘보의 털에 달라붙어 있다가 나무늘보가 배설을 하면 곧바로 똥에 알을 낳는다.

정자초파리는 길이가 5.8센티미터에 달하는 정자를 만든다. 자기 몸길이보다 무려 약 20배나 더 길다. 이 정자는 수컷의 몸속에 거의 한평생을 풀기 어려운 고르디우스의 매듭처럼 뭉쳐 있다가 암컷의 몸속에 들어갈 때가 되면 어떻게든 풀린다. 어떻게 하는지는 잘 몰라도, 이 종에서는 정자가 클수록 암컷의 알을 수정시키는 경쟁에서 승리를

윌리엄 위크스 파울러(1894)가 기재하고 그린 중앙아메리카 뿔매미의 별난 모습들. ("더 읽어볼 만한 책과 논문" 참조.)

거두는 듯하다.

브라질의 일부 동굴에 사는 다듬이벌레는 교미할 때 암컷이 수컷 위로 기어오른 뒤, 부풀어 오르는 커다란 가시 달린 음경처럼 생긴 구조물을 수컷의 몸에 집어넣어서 정자를 빨아들인다. 암컷의 음경에 달린 가시가 50시간이 넘게 걸릴 수도 있는 이 일이 끝날 때까지 음경이 빠지지 않도록 한다. 그러나 몇몇 자벌레에 비하면 이 통정通情 시간도 짧다고 할 수 있다. 곤충계의 탄트라 섹스의 대가인 이들은 몇 주일 동안 계속 교미를 할 수 있으며, 최고 기록은 79일이다.

뒤틀린 날개라는 뜻을 지닌 잘 알려지지 않은 부채벌레목은 곤충의 기준으로 보아도 유별나다. 이들은 전 세계에 퍼져 있지만, 아마 본 사람이 거의 없을 것이다. 부채벌레 암컷은 기생생물이며, 종에 따라서 벌, 말벌, 메뚜기 등 다른 동물의 몸속에서 살아간다. 다 자라면 불행한 숙주의 몸속 공간의 90퍼센트까지도 차지하지만, 숙주는 어떻게든 살아서 움직이는 상태이다. 부채벌레 암컷은 성충이 되어도 눈도 다리도 날개도 없다. 구더기와 비슷하다. 그럼에도 이 무력해 보이는 동물은 숙주 배의 몸마디 사이로 머리를 내밀어서 짝을 꾀는 페로몬을 방출한다. 수컷은 검은 삼각형 날개 한 쌍으로 자유롭게 날아다니는 작고 섬세한 동물이다. 암컷이 여전히 숙주의 몸속에 있는 상태에서 수컷은 암컷과 교미를 하고, 교미를 끝내자마자 죽는다. 암컷은 알이 아니라 많은 새끼를 낳으며, 새끼들은 암컷을 먹어치운 뒤 숙주의 몸 밖으로 기어나와서 새 숙주를 찾는다. 벌을 공격하는 부채벌레의 애벌레는 꽃에 앉아서 적당한 벌이 오기를 기다렸다가 달라붙어서 벌집으로 침입한다. 그리고 그곳에서 벌 유충의 몸으로 파고 들어가서 지낸다. 그렇게 기이한 한살이가 이루어진다.

이런 환상적인 곤충 가운데 어느 하나만으로도 평생을 연구할 수 있다. 아니 적어도 박사 학위 논문은 쉽게 쓸 수 있다. 지금까지 이름이 붙은 곤충 100만 종 가운데 대부분은 연구가 전혀 되어 있지 않다. 그러니 그들의 삶에서 어떤 놀라운 발견이 이루어질지 누가 알까? 우리가 아직 이름조차 붙이지 못한 곤충이 400만 종이나 더 있다는 사실을 생각하면, 과학자들이 1,000년 동안 기꺼이 그들을 연구하는 일에 몰두하리라는 점에는 의심의 여지가 없다. 연구할 곤충들이 남아 있기만 하다면 그럴 것이다. 이런 독특한 생물들이 사라지면, 세상은 덜 풍요롭고 덜 놀랍고 덜 환상적인 곳이 되지 않을까?

따라서 우리는 곤충이 실용적이고 경제적으로 중요할 뿐 아니라 우리에게 기쁨과 영감과 경이로움도 안겨준다고 주장할 수 있다. 그러나 양쪽 주장 모두 결국은 이기적이다. 곤충이 우리에게 무엇을 해줄 것이냐에 초점을 맞추기 때문이다. 곤충과 지구의 다른 크고 작은 생물들을 돌보아야 한다는 논리에는 최후 방어선이 있으며, 거기에서는 인간의 행복에 초점을 맞추지 않는다. 우리는 지구의 모든 생물이 우리와 마찬가지로 이곳에 있을 권리가 있다고 주장할 수 있다. 신을 믿는 사람이라면 이렇게 질문해볼 수 있다. 과연 신이, 그저 우리가 분별없이 없앨 수 있도록 하기 위해서 이 모든 놀라운 생물들을 창조했을까? 신이 산호초가 하얗게 변해서 죽어가고, 플라스틱 쓰레기로 뒤덮인 곳이 되도록 의도했다고 생각하는지? 우리가 존재하는지조차 알지 못한 채 수많은 생물들을 멸종시킬 수 있도록, 500만 종에 달하는 곤충들을 창조했다는 견해가 과연 설득력이 있을까?

당신이 종교인이 아니고, 딱정벌레에 집착하는 초자연적인 존재가 종들을 창조한 것이 아니라 수십억 년에 걸쳐서 종들이 진화했다는 과학적 증거를 받아들이면,* 우리가 지구에 사는 1,000만 종에 달하는 동식물 중 하나일 뿐이며, 그저 유달리 지적이면서 파괴적인 원숭이 종일 뿐임을 자각해야 한다. 이 견해에 따르면, 어느 누구도 우리에게 다른 동물들을 지배할 권한을 주지 않았다. 신에게서 부여받은 약탈하고 파괴하고 절멸시킬 도덕적 권리 같은 것은 우리에게 없다.

종교가 있든 없든, 대다수의 사람들은 부유한 권력자가 가난하고 힘없는 이들을 억압하거나 내쫓는 것을 허용해서는 안 된다는 데 동의할 것이다(물론 인류 역사 내내 일어난 일이지만 말이다). 마찬가지로 「우주 전쟁The War of the Worlds」을 비롯한 수십 편의 SF 영화에서 우리보다 더 지적인 외계인이 지구를 원하는 목적에 쓰려고, 또는 성간 경유지 삼아 왔다가 인류를 필요 없는 존재라고 여기고 전멸시키겠다고 결정하면 우리 열등한 인류는 외계인을 악당이라고 보고 맞서며, 온갖 역경에 시달리다가 결국 해결책을 찾아내서 승리를 거둔다.

우리는 우리 스스로의 위선적인 태도를 언제쯤 깨닫게 될까? 이 지구에서 악당은 우리이다. 우리는 우리 자신이 편하고자 별 생각 없

---

* 영국 진화생물학자 J. B. S. 홀데인은 수십 년 동안 진화를 연구하면서 신의 본질에 관해 무엇을 깨달았느냐는 질문을 받은 적이 있다. 아마 조롱조였겠지만, 그는 이렇게 대답했다. "신이 딱정벌레를 유달리 좋아한 것이 분명해요." 그는 신이 말벌과 파리를 아주 마음에 들어한 것이 틀림없다고 덧붙였을 법도 하다.

이 온갖 생물들을 없앤다. 우리는 영화「인디펜던스 데이Independence Day」의 외계인이 우리 행성을 차지할 권리가 전혀 없다는 사실을 직관적으로 이해한다. 그렇다면 자신이 사는 숲이 불도저로 깎여나가는 광경을 지켜보는 오랑우탄의 심경은 어떠할까? 민달팽이가 존재하도록 허용하기 위해서 반드시 "민달팽이가 중요한" 이유가 있어야만 하는 것은 결코 아니다. 펭귄이든 판다든 좀이든, 중요한 생태계 서비스를 제공하든 제공하지 않든, 아름답든 못생겼든, 우리에게는 행성 지구에 있는 모든 동료 여행자들을 보살펴야 할 도덕적 의무가 있지 않을까?

폭탄먼지벌레

곤충은 포식자를 막는 흥미로운 방어 수단들을 다수 진화시켜왔다. 다양한 사마귀, 나방, 메뚜기처럼 탁월한 위장술을 쓰는 종들도 있고, 크고 위험한 상대인 양 비치도록 커다란 가짜 눈을 보여주는 종들도 있으며, 선명한 색깔로 몸에 독이 있음을 알리는 종들도 있다.

　그러나 폭탄먼지벌레만큼 극적이면서 효과적인 방어 수단을 지닌 종은 드물다. 땅을 돌아다니는 이 중간 크기의 무해해 보이는 딱정벌레는 독특한 능력을 가지고 있다. 이 곤충의 꽁무니에는 과산화수소와 하이드로퀴논의 혼합물이 채워진 저장소가 있다. 폭탄먼지벌레가 공격을 받으면, 이 화학 물질들은 두꺼운 벽으로 둘러싸인 반응실로 뿜어진다. 반응실에는 두 화학 물질들이 격렬하게 반응하도록 만드는 촉매가 있다. 이 폭발적인 반응은, 거의 끓는 수준으로 뜨거워진 유독한 벤조퀴논을 만든다. 폭탄먼지벌레는 우리 귀에도 들리는 "찍" 소리와 함께 꽁무니를 통해서 공격자를 향해 벤조퀴논을 발사한다. 이 공격을 당하면 다른 곤충 등 작은 포식자는 즉사할 수도 있고, 새처럼 보다 큰 포식자는 황급히 물러날 가능성이 높다. 나는 실수로 이 곤충을 집은 적이 있는데, 손가락 끝이 타는 듯했다. 정말로 놀라운 경험이었다고 장담한다. 찰스 다윈은 어릴 때 딱정벌레 채집에 열을 올렸는데, 한 번은 양손에 곤충을 쥐고 있다가 새 딱정벌레를 발견하자 다급한 나머지 한 손에 쥐고 있던 것을 입에 넣었다. 그에게는 다행스럽게도, 그 딱정벌레는 폭탄먼지벌레가 아니었다.

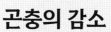

제2부

곤충의 감소

제4장

곤충 감소의 증거

현재 우리가 "인류세Anthropocene"를 살고 있다는 데에는 널리 의견 일치가 이루어져 있다. 인류세는 지구의 생태계와 기후가 인간 활동으로 근본적으로 바뀌고 있는 새로운 지질 시대이다. 나는 그 용어를 혐오하지만, 딱 맞는 용어임은 부정할 수가 없다.

　지구 역사의 이 새로운 시대가 지닌 한 가지 특징은 생물다양성 감소 추세가 점점 가속되고 있다는 것이다. 야생 동식물뿐 아니라, 생물 군집 전체가 점점 더 빠르게 사라지고 있다. 대중은 이 상실을 멸종 사건, 특히 마운틴고릴라와 아프리카코끼리 같은 대형 포유류나 여행비둘기나 도도처럼 이미 멸종한 조류에 초점을 맞춰 바라본다. 이런 크고 당당한 동물들은 대중의 상상력을 자극하고 심금을 울리기 때문에, 보전 단체들은 보전 활동에 필요한 기금을 모을 때 으레 이들을 "깃대종flagship species"으로 삼고는 한다. 마지막 남은 북부흰코뿔소(이 글을 쓰는 현재 겨우 2마리만 남아 있으며 둘 다 암컷이다)나 우리에서 멸종을 기다리면서 어슬렁거리는 마지막 남은 핀타섬땅거북인 조지를 찍은 영상을 보고 있으면 가슴이 미어진다.

근대 이래로, 즉 대략 1500년 이래로 포유류 80종과 조류 182종이 사라졌다고 알려져 있다. 물론 이는 플라이스토세 말인 4만 년 전에 인류가 처음으로 전 세계로 퍼져나가면서 지구에서 커다란 포유동물들과 날지 못하는 새들을 거의 다 전멸시킨 "거대동물상 멸종 Megafauna extinction"의 물결은 제외한 수치이다. 그러나 세계 야생생물들이, 멸종한 종수라는 이 비교적 크지 않은 숫자들이 시사하는 것보다 훨씬 더 심각한 피해를 입고 있다는 증거들이 최근에 발견되기 시작했다.

대부분의 종은 아직 멸종하지 않았을지라도, 평균적으로 예전보다 수가 훨씬 줄어들었다는 점이 명확해지고 있다. 최근에 이스라엘의 과학자 이논 바르온이 발표하여 하나의 이정표가 된 논문은 1만 년 전 인류 문명이 출현한 이래로 야생 포유류의 생물량이 83퍼센트 줄어들었다고 추정했다. 달리 말하면, 야생 포유류 6마리 중에서 약 5마리가 사라졌다. 또한 현재 포유류 총 생물량에서 야생 포유류는 겨우 4퍼센트를 차지하는 반면, 우리 가축(주로 소, 돼지, 양)이 60퍼센트, 우리 인간이 나머지 36퍼센트를 차지한다는 그의 경악할 추정값은 인간이 끼친 영향이 어느 정도인지를 알려준다. 받아들이기 쉽지 않지만, 그가 옳다면 세계의 모든 야생 포유류—쥐, 코끼리, 토끼, 곰, 나그네쥐, 순록, 누, 고래 등—의 무게를 다 더해도, 우리가 키우는 소와 돼지의 총 무게의 15분의 1에 불과하며, 인류의 총 무게와 비교하면 9분의 1에 불과하다는 뜻이 된다. 또한 바르온은 세계 조류 생물량의 70퍼센트가 기르는 가금류라고 추정한다. 정말로 인류세가 맞다.

2018년에 발표된 세계자연기금과 런던동물학회의 "살아 있는 행성 보고서"는 1970-2014년에 세계 야생 척추동물(어류, 양서류, 파충류, 포유류, 조류)의 개체수가 60퍼센트 줄어들었다고 추정했다.* 1965년생인 내가 내 삶에서 기억하는 기간 동안에 야생 척추동물의 개체수가 절반 이상 줄어든 셈이다. 우리는 이 감소를 늦추기 위해서 거의 아무것도 하지 않고 있기 때문에(심지어 더 촉진하고 있기 때문에), 앞으로 44년이 더 지나면 과연 무엇이 남을지 의문이 들 수밖에 없다. 우리 아이들은 어떤 세계를 물려받게 될까?

야생 척추동물의 수가 재앙 수준으로 급감하는 가운데, 더욱 극적인 변화가 조용히 진행되었다. 이 변화는 인류의 삶에 보다 심각한 영향을 미칠 수도 있다. 세계에 알려진 종의 대다수는 등뼈가 없는 동물인 무척추동물로, 육지에서는 대부분 곤충이다. 곤충은 척추동물보다 연구가 훨씬 덜 되어 있고, 우리는 지금까지 이름이 붙은 곤충 100만 종의 대다수를 사실상 아예 모른다고 할 수 있다. 우리는 그들의 생물학적 특징, 분포, 수를 전혀 알지 못한다. 우리가 가진 것이라고는 그저 채집 장소와 날짜가 적힌 채 박물관에 핀으로 꽂혀 있는 "기준 표본"이 전부인 경우가 많다. 이름이 붙은 곤충 100만 종 외에 아

---

* 서식지별로 나누면, 민물 척추동물이 81퍼센트로 가장 많이 감소했다. 해양 척추동물은 36퍼센트, 육상 척추동물은 35퍼센트가 줄었다.

직 발견되지 않은 곤충이 적어도 400만 종은 더 있다고 추정된다.* 이 엄청나게 다양한 곤충들의 목록을 작성하려면 적어도 수십 년은 더 걸리겠지만, 이 생물들이 빠르게 사라지고 있다는 증거는 점점 늘어나고 있다.

2015년 나는 크레펠트 협회 회원들의 연락을 받았다. 아마추어와 전문 곤충학자가 참여하는 이 협회는 1980년대 말부터 독일 전역의 자연보전구역에서 말레이즈 트랩Malaise trap을 설치하여 날아다니는 곤충을 채집해왔다. 말레이즈 트랩은 발명가인 스위스의 과학자이자 탐험가 르네 말레이즈의 이름을 딴 것으로, 날아가던 곤충이 운 나쁘게 부딪히면 갇히는 텐트형 포획 장치이다. 독일 곤충학자들은 63곳의 조사지에서 27년 동안 거의 1만7,000일에 걸쳐서 포획을 실시했다. 잡힌 곤충(평안을 빈다)의 총 무게는 53킬로그램이었다. 그들은 내게 자료를 보내면서 의미를 파악해서 학술지에 실을 수 있도록 도와달라고 했다. 숫자들을 살펴보고 단순한 그래프로 나타내자, 흥미가 고조되는 한편으로 걱정스러워졌다. 1989년부터 2016년까지 26년 사이에 덫에 걸린 곤충의 총 생물량(무게)이 75퍼센트가 감소했다. 유럽

---

* 오랜 세월 수백 번의 과학 탐사가 이루어졌고, 지구의 가장 오지까지도 탐사되었다는 점을 생각하면, 이 값을 신뢰하기가 어렵다고 여길 수도 있다. 그러나 열대림으로 가서 포충망을 한 번만 휘둘러도 아마 과학계에 알려지지 않은 종을 잡을 수 있을 것이다. 여기까지는 일이 좀 쉽다. 그러나 당신이 잡은 곤충이 새로운 종인지 알아내는 일은 쉽지가 않다. 잡은 곤충을 현미경으로 들여다보는 것부터 시작해서 전문가가 꼼꼼히 살펴보면서 이미 이름이 붙은 100만 종에 속하지 않는다는 확신을 얻기까지는 몇 주일 또는 몇 달이 걸릴 것이다. 그런데 이런 일을 할 지식을 갖춘 전문가가 극소수이기 때문에, 현재의 진행 속도라면 다양한 곤충을 거의 다 목록으로 작성하기까지 수백 년이 소요될 것이다.

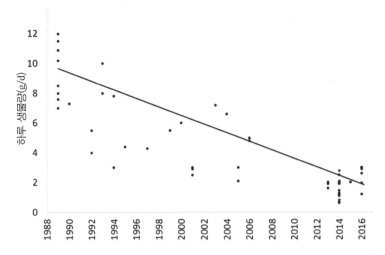

1989–2014년 독일 자연보전구역에서 날아다니는 곤충의 생물량 감소 양상 곤충은 표준 말레이즈 트랩을 써서 포획했다. 하루에 포획되는 곤충의 총 무게는 26년 동안 76퍼센트가 줄었다. (Hallmann et al.[2017])

에서 곤충 활동이 정점에 달하는 한여름에는 감소가 더욱 뚜렷했다. 무려 82퍼센트가 감소한 것이다. 처음에는 틀림없이 무엇인가 실수가 있었을 것이라고 생각했다. 감소율이 너무 커서 도무지 믿을 수가 없었다. 우리는 야생생물의 수가 전반적으로 줄어들고 있다는 점은 알았지만, 곤충의 4분의 3이 그렇게 빠르게 사라졌다는 것은 감소의 속도와 규모가 지금까지 상상도 못 한 수준임을 시사했다.

우리는 논문을 썼다. 가장 저명한 학술지인 『네이처Nature』나 『사이언스Science』에 발표하려고 했지만, 그 학술지들의 편집진은 그럴 정도로 흥미로운 주제가 아니라고 판단한 듯했다. 우리는 몇 번 퇴짜를 맞은 뒤에 『플로스 원PLoS ONE』이라는 학술지에 논문을 게재했다.

다행히도 전 세계의 언론이 곧 그 연구를 세상에 알렸고, 그 뒤로 많은 논의가 이루어졌다. 일부에서는 그 연구가 생물량—다시 말해 무게—만을 살피며 곤충의 종류도 수도 파악하지 않았다고 지적하면서, 데이터가 미흡하다고 주장했다. 비판자들이 주장하는 바는 한마디로 생물량 감소가 그저 몇몇 무거운 곤충 종들이 유달리 더 줄어들어서 나타난 현상일 수 있다는 것이었다. 이론상 큰 종이 작은 종으로 대체되었다면 실제 곤충의 수는 안정되어 있거나 사실상 늘어났을 수도 있다. 또 63곳의 조사지 가운데 조사 기간 중 1년에 단 한 차례 채집이 이루어진 곳도 있고, 여러 차례 채집이 이루어진 곳도 있다는 점도 지적받았다. 연구비를 풍족하게 지원받아서 수행되는 완벽한 연구였다면, 27년에 걸쳐서 해마다 모든 조사지에서 채집을 했을 것이다. 당시 영국 정부에서 환경을 담당하는 부서인 환경식품농업부의 수석 과학자였던 이언 보이드는 그 연구에 다소 회의적이었다. 그는 이런 장기 집단 데이터 집합에 본질적으로 미묘한 편향이 있을 수 있다고 말했다. 과학자들이 관심을 가지는 생물이 흔하다고 믿는 곳에서 관찰을 시작할 가능성이 더 높다는 것이다. 모든 생물 집단은 시간이 흐르면서 변동하는 경향이 있다. 증가하는 집단도 있고, 감소하는 집단도 있다. 평균보다 더 큰 집단은 증가하기보다는 감소할 가능성이 더 높다(통계학자들은 이를 "평균으로의 회귀"라고 부른다). 이 현상은 아마 반대 상황을 상상하면 가장 쉽게 이해가 될 것이다. 과학자가 연구하려는 생물이 나타나지 **않았던** 곳들을 골라서 관측망을 구성한다면(물론 약간 미친 짓이 될 것이다), 시간이 흐를 때 그 집단은 그 상태를 유지하거나 증가할 수 있을 뿐이다. 이는 독일 크레펠트 협회의 연구가 연구 기간 내내 온전히 유지되면서 야생생물을 부양하는 쪽으로 관리되어온 자연보전구역에 초점을 맞추었음을 지적한다. 그러나 당시 독일의 이 데이터는 그 어느 연구 자료보다 월등하게 뛰어난 최고의 자료였으며, 추세가 아주 강력함을 보여주었다. 곤충 생물량이 대폭 감소해왔다는 결론을 피하기는 어려웠다.

2017년 말 크레펠트 연구가 발표된 뒤, 다른 지역에서도 비슷하게 곤충 수 감소가 일어나고 있는지, 아니면 이 현상이 독일 자연보전구역에서만 일어나는 특수한 일인지를 놓고 논쟁이 벌어졌다. 일부나마 답이 나온 것은 거의 정확히 2년 뒤인 2019년 10월이었다. 뮌헨 공과대학교의 제바스티안 자이볼트 연구진은 2008년부터 2017년까지 10년 동안 독일의 숲과 초원에서 곤충 집단을 매우 철저히 연구한 결과를 발표했다. 연구진은 초원 150곳과 숲 140곳을 조사했다. 단일 재배를 하는 목초지부터 다양한 꽃이 가득한 풀밭에 이르기까지, 관리하는 침엽수 조림지에서 오래된 활엽수림에 이르기까지 다양한 유형의 초원과 숲이 포함되었다. 초원에서는 식생 사이에 숨은 곤충을 잡기 위해서 포충망을 써서 채집을 했고, 숲에서는 주로 날아다니는 곤충을 채집하기 위해서 퍼스펙스 트랩Perspex trap을 이용했다. 크레펠트 연구와 달리 자이볼트 연구진은 연구 내내 동일한 조사지에서 체계적으로 자료를 모았고, 곤충이 풍부하리라고 예상되는 곳도, 곤충이 거의 없을 확률이 높은 곳도 조사지에 포함했다. 이언 보이드가 제기한 비판을 극복한 셈이다. 또 연구진은 채집한 100만 마리가 넘는 절지동물(거미와 통거미처럼 곤충이 아닌 종들까지 포함하여)을 전부 셌고, 약 2,700종을 분류했다. 겨우 10년이라는 짧은 기간을 살펴보았을 뿐임에도, 결과는 무척 우려스러웠다. 크레펠트 자료가 보여준 결과보다 해마다 더욱 큰 감소폭을 보였기 때문이다. 초원이 가장 심각했다. 평균적으로 절지동물(곤충, 거미, 쥐며느리 등) 생물량의 3분의 2, 종의 3분의 1, 절지동물 개체군의 5분의 4가 사라졌다. 숲에서는 생물량이 40퍼센트, 종수가 3분의 1 이상, 절지동물 개체수가 17퍼센트 줄었다(후자는 "통계적 유의성"에 미치지 못했다).* 초원 중 아주 일부에 제초제가 뿌려진 것 외에는 조사지 중 살충제를 살포한 곳은 없었다. 그럼에도 전반적인 감소폭은 농경지에 인접한 조사지에서 가장 큰 경향을 보였다.

크레펠트의 연구 결과와 약 350곳을 조사한 자이볼트 연구진의 새 자료를 더하면, 독일의 곤충 집단이 적어도 1980년대 이래로 급감해왔다는 점은 합리적으로 볼 때 의심의 여지가 없는 듯하다. 자이볼트 논문과 함께 리즈 대학교의 윌리엄 커닌의 평도 실렸다. "평결은 명확하다. 적어도 독일에서는 곤충의 감소가 현실이며, 이는 모든 면에서 여태껏 우려했던 대로 심각한 수준이다."

다른 곳들은 어떨까? 독일에서만 특별한 일이 벌어지는 것일까?

---

* 생태학자들은 자료에 나타나는 패턴이 그저 우연의 소산인지 파악하기 위해서 고역스럽고 복잡한 분석을 수행하면서 많은 시간을 보낸다. 다소 임의적이기는 하지만 그들은 대체로 20분의 1이라는 확률을 기준으로 삼는다. 패턴이 순수한 우연으로 생길 수 있는 확률이 20분의 1을 넘으면, 그 패턴은 무의미하다고 간주한다. 확률이 20분의 1 미만이라면, 그 패턴은 실제로 존재할 가능성이 높다고 본다. 이 사례에서는 숲의 전반적인 절지동물 감소율을 제외한 다른 모든 척도에서 이 감소가 "통계적으로 유의미했다."

그럴 가능성은 매우 낮아 보인다. 독일의 토지 이용과 경작 방식은 이웃 국가들과 거의 동일하며, 대체로 EU 전체에 적용되는 공통된 법규와 정책을 준수한다. 독일이든 프랑스든 시골에서 일어나는 일은 거의 같으며, 쓸 수 있는 농약도 비슷하다. 말하자면 독일과 다른 나라의 유일한 차이점은 독일인이 자국의 곤충들을 꾸준히 관찰하는 일을 시작할 선견지명을 가졌던 반면, 다른 나라 사람들은 그렇지 못했다는 점뿐이다. 다른 곳에서는 그저 소수의 선호받는 곤충 집단을 관찰했으며, 이에 따라서 탄탄한 자료가 대체로 부족한 형편이다.

캘리포니아에서 오하이오와 유럽에 이르기까지 다양한 지역에서 1970년부터 폭넓고 지속적으로 관찰되어온 곤충은 나비와 나방뿐인데, 독일만큼 극적인 수준은 아니지만 그 자료 역시 감소 양상이 널리 나타나고 있음을 보여준다. 가장 뚜렷한 사례는 봄과 여름에 미국과 캐나다 남부 전역에서 볼 수 있는 화려하고 상징적인 제왕나비이다. 이들은 로키 산맥 동부 집단과 서부 집단이라는 다소 분리된 두 집단으로 존재한다. 동부 제왕나비 집단은 장거리 이주로 유명하다. 이들은 멕시코 시에라마드레 산맥의 월동지에서 지내다가 3월이 되면 북쪽으로 올라가기 시작한다. 올라가면서 계속 번식을 하고, 그렇게 세대가 바뀌는 가운데 계속 북상해서 초여름에는 캐나다에 다다른다. 그리고 가을이 되면 다시 약 4,800킬로미터 떨어진 멕시코로 돌아온다. 이 이주의 진정으로 놀라운 측면은 가을마다 똑같은 월동지로 돌아온다는 점이다. 돌아오는 세대가 봄에 떠난 세대의 증손주 세대임에도 말이다. 그들은 대체 어떻게 길을 알까? 더 짧기는 하지만, 서부 제왕나비 집단도 캐나다에서 캘리포니아 해안의 월동지까지 인상적인 여행을 한다. 1997년 선견지명이 있던 캘리포니아의 세 과학자 미아 먼로, 데니스 프레이, 데이비드 매리엇은 월동지에서 모인 나비의 수를 세기 시작했다. 나비들은 겨울에 나무에 옹기종기 모여 앉는다. 이윽고 이 나비 개체수 세기는 추수감사절과 새해의 지역 연례행사가 되었다. 이 행사에서는 곤충 보전에 힘쓰는 북아메리카 단체인 제시스 협회의 지원 아래 자원봉사자 200명이 나비를 센다. 안타깝게도 프레이와 매리엇은 2019년에 세상을 떠났지만, 생전에 자신들이 좋아하는 제왕나비의 수가 급감하고 있음을 목도했다. 1997년 캘리포니아에서 월동하는 서부 제왕나비의 수는 약 120만 마리였지만, 2018년과 2019년에는 3만 마리도 채 되지 않았다. 무려 97퍼센트가 감소한 것이다. 동부 제왕나비 집단은 그나마 나았지만, 2016년까지 10년 사이에 멕시코에 도달하는 나비의 수가 80퍼센트나 줄었다.

제왕나비만 수가 감소하는 것이 아니다. 아마 세계에서 가장 많이 연구된 곤충 집단은 영국의 나비들일 것이다. 영국의 나비들은 세기 편하게 1년에 한 차례씩 한곳에 모이지 않기 때문에, 자원봉사자들은 봄과 여름에 걷다가 마주치는 나비를 기록한다. 영국 전역에 이런 방식의 나비 모니터링 체계가 구축되어 있다. 이 체계는 육상생태 연구소(지금은 없어졌다)에서 일하던 선견지명 있는 곤충학자 어니 폴러드가 출범시켰고, 영국 케임브리지셔의 멍크스우드 연구소에 본부를 두었다. 폴러드는 기록자가 봄과 여름에 2주일 간격으로 정해진 경로를 걸으면서 길 양쪽으로 2미터 이내에서 보이는 모든 나비를 기록하는 단순한 방식을 채택했다. 오늘날 "폴러드 걷기Pollard Walk"라고 불리는 이 단순한 방식은 이후 전 세계에서 쓰이고 있고, 다른 곤충 집단들에도 적용되었다. 1976년 이 모니터링이 시작될 당시에는 조사지가 134곳이었는데, 지금은 영국 전역에 2,500여 곳이 있다. 세계에서 가장 큰 규모로 가장 오래 지속되고 있는 전국적인 곤충 기록 체계이다. 여기에서도 염려스러운 추세가 드러난다. "더 넓은 시골"에 사는 나비들, 즉 풀밭갈색뱀눈나비와 공작나비처럼 농경지와 텃밭 등에 흔한 종들은 1976년에서 2017년 사이에 개체수가 46퍼센트 감소했다. 한편 표범나비류와 부전나비류처럼 특정 서식지에만 살아서 애당초 수가 훨씬 더 적은 나비들은 77퍼센트가 줄어들었다. 그런 종들에 초점을 맞춘 보전 노력들이 계속되었음에도 그러했다(처음 조사가 이루어진 1976년은 영국이 유달리 더워서 이 곤충들이 번성하기에 아주 좋은 조건이었기 때문에, 감소 추세가 더 가팔라졌을 가능성도 염두에 두어야겠지만 말이다).

유럽의 다른 지역들에서는 나비 감소 추세가 덜한 듯 보인다. 한 예로, 유럽 전역의 초원 17곳에서 나비들의 개체수 추세를 분석하니 1990년에서 2011년 사이에 30퍼센트가 감소한 사실이 드러났다.

나비의 사촌인 나방은 걷기 조사지를 걸으면서 셀 수 없다. 대부분의 나방이 야행성이기 때문이다. 나방을 꾀는 방법은 불빛을 덫으로 사용하는 것이다. 대다수의 나방은 불빛에 모여들기 때문에, 불빛을 이용한 포획 방식은 영국에서 장기적으로 진행 중인 나방 기록 체계의 토대를 이룬다. 나방 포획 기록자들은 "큰 나방"에 초점을 맞추고

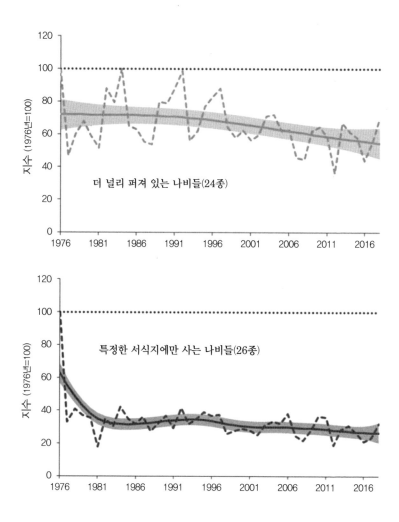

1976-2017년 영국의 나비 개체수 추세 영국 곳곳을 걸으면서 기록한 나비의 수는 해마다 다르지만, 전반적으로 감소 추세를 보인다. 위 그래프는 널리 퍼진 흔한 종들을 나타낸 것으로, 46퍼센트가 줄었다는 사실을 보여준다. 아래 그래프는 희귀한 종들을 나타낸 것으로, 77퍼센트가 감소했음을 알 수 있다. (Crown copyright, Department for Environment, Food and Rural Affairs, UK[2020]. UK Biodiversity Indicators 2020.)

는 한다. 큰 나방이 대체로 파악하기 더 쉽기 때문이다. 그러나 아무리 그래도 낮에 돌아다니는 나비만큼은 아니다. 영국에서 큰 나방의 전반적인 개체수는 1968-2007년에 28퍼센트가 줄었고, 도시와 집약 농법을 쓰는 경작지가 좀더 많은 영국 남부 지역에서는 40퍼센트가 줄어 전반적으로 뚜렷한 감소 추세를 보였다. 더 최근에 스코틀랜드 나방의 추세를 분석하니, 1990-2014년에 46퍼센트가 감소했음이 발견되었다.

영국에서 대규모의 장기 조사가 이루어진 곤충 집단이 딱 하나 더 있다. 바로 진딧물이다. 진딧물에 대한 자료는 높이 12미터의 탑 꼭대기에서 곤충을 빨아들여서 진딧물 개체수를 관찰하도록 고안된 흡입 덫을 통해서 수집되었다. 진딧물은 잘 날지 못하지만, 높은 곳으로 올라가서 바람을 타고 마치 공중의 플랑크톤처럼 떠다니면서 이 작물 저 작물로 옮겨다닌다. 높은 탑에서 진딧물을 채집하는 이유가 여기에 있다. 탑 꼭대기에서는 소규모의 헌신적인 사람들이 빨아들인 곤충들을 분류하고 세는 일을 맡고 있다. 그들은 진딧물이 침입한다는 사실을 감지하여 농민들에게 미리 경보를 울린다. 영국 하르펜던에 있는 로텀스테드 연구소의 크리스 쇼툴은 1973년부터 2002년까지 4곳의 덫에서 얻은 자료를 분석했다. 이곳은 세계에서 가장 오래된 농업 연구소이자 흡입 덫이 하나 설치된 장소이기도 하다. 원래 진딧물을 채집하기 위해서 설치했지만, 생물량으로 따져서 실제로 가장 많이 잡힌 곤충은 열털파리였다. 잘 날지 못하는 이 검은 곤충은 아마도 지상으로부터 약 12미터 떨어진 높이에서 머무는 불행한 습성이 있는 듯하다. 채집지 4곳 중 3곳은 조사를 시작할 때부터 조사 기간 내내 채집되는 곤충이 거의 없었다. 나머지 채집지인 헤리퍼드셔에서는 처음에 훨씬 많은 곤충이 채집되었지만, 30년이 흐르는 동안 생물량이 약 70퍼센트 줄고 말았다.

크레펠트 연구가 발표된 뒤로, 전 세계의 과학자들은 장기 자료 집합이 더 있는지를 찾아나섰다. 발표되지 않은 연구 노트 혹은 오래된 엑셀 파일에 담겨서 잊힌 자료가 그 대상이었다. 그 결과 현재 새로운 연구 결과들이 나오고 있는데, 거의가 동일한 추세를 보여주는 듯하다. 네덜란드에서는 덫에 잡힌 딱정벌레의 생물량이 1985–2017년에 42퍼센트 줄었고, 1997–2017년에 불빛 덫에 잡힌 나방의 생물량은 61퍼센트 감소했다. 또한 진딧물, 거품벌레, 노린재가 속한 노린재목의 수는 거의 변함이 없었지만, 날도래(유충이 물에 사는 모기처럼 생겼다)의 개체수는 2006–2016년에 약 60퍼센트가 감소했다. 대서양 맞은편인 캘리포니아 연안에서는 1988–2018년에 걸쳐서 가라지거품벌레(노린재목)가 거의 사라진 듯하다. 가나의 한 강에서는 1970–2013년에 수생곤충의 수가 45퍼센트 감소했다. 이런 자료들은 여전히 뜨문뜨문 나오고 있지만, 거의 모든 새로운 증거들이 한 방향을 가리킨다. 곤충의 수가 줄어들고 있다. 그것도 아주 빠르게.

내가 아직 벌을 언급하지 않았다는 점에 의구심을 느낄지도 모르겠다. 벌은 꽃가루받이 매개자로서 중요하기 때문에, 벌의 감소는 언론의 많은 주목을 받아왔다. 그러나 안타깝게도 야생벌의 개체수를 조사한 장기 자료는 전혀 없다. 최근까지 체계적으로 그런 조사를 시도

한 사람이 전무했다. 그럼에도 잘 연구된 야생벌, 특히 뒤영벌의 정확한 분포 지도는 주로 박물관의 표본과 수십 년에 걸쳐서 자신이 본 곤충들을 꼼꼼하게 적어온 소수의 아마추어 곤충학자들의 기록으로부터 얻을 수 있다. 이런 자료를 토대로 과거의 어느 시기에 다양한 종들이 어디에 분포해 있었는지 지도를 작성할 수 있기 때문에, 시간이 흐르면서 지리적 분포 범위가 어떻게 달라져왔는지를 알 수 있다. 가령 오래된 기록과 박물관 표본은 큰노랑뒤영벌이 예전에는 콘월에서 켄트에 이르기까지, 북쪽으로는 서덜랜드에 이르기까지 영국 전역에 살았다는 사실을 보여준다. 그런데 최근 들어서 이 벌은 스코틀랜드의 가장 북쪽과 서쪽에서만 발견된다. 잉글랜드와 웨일스에서는 전멸했다. 영국의 개체수가 어떻게 변해왔는지(예를 들면 해마다 벌이 얼마나 있었는지) 알 방법은 전혀 없다. 그러나 지리적 분포 범위가 95퍼센트 이상 감소했으므로, 개체수도 예전보다 훨씬 적어졌음은 분명해 보인다.

이 접근법은 많은 종의 분포 범위가 심하게 축소되었음을 보여준다. 영국에서는 뒤영벌 23종 가운데 13종의 지리적 분포 범위가 1960년 이전부터 2012년 사이에 절반 이상 줄어들었고, 솜털뒤영벌과 쿨룸호박벌 2종은 사라졌다. 이런 통계를 살펴볼 때에는 주의할 필요가 있다. 출처 자체가 주로 연구비 지원을 받지 않는(그러나 때로 아주 해박한 지식을 갖춘) 아마추어 애호가들이 짬을 내서 작성한 기록들이기 때문이다. 따라서 관찰된 패턴은 그 지역에 기록자가 얼마나 많은지, 기록할 시간을 얼마나 낼 수 있는지, 마침 그 지역에 살거나 휴가 때 들르는지 등에 상당히 좌우된다(열정적인 아마추어 곤충학자는 휴가 때마다 곤충을 찾아다니는 일에 몰두함으로써 식구들의 짜증을 불러일으킬 수도 있다). 가령 파리 애호가 한 명이 영국 링컨셔로 이사를 와서 주말마다 파리를 찾아다니고 기록하는 일에 몰두한다면, 지도에 새로운 기록이 많이 추가될 것이 분명하다(파리를 기록하는 이들은 그리 많지 않으니까). 다만 그 사람이 사망하거나 이사를 가면, 훗날 자료를 살펴보는 과학자에게는 링컨셔에 파리가 번성했다가 갑자기 사라진 시기가 있었던 것처럼 비칠 수 있다. 실제로는 기록자가 왔다가 떠난 것에 불과한데 말이다.

곤충을 기록하는 사람의 수뿐 아니라, 해마다 작성되는 곤충 기록물의 수는 시간이 흐르면서 크게 증가되어왔다. 따라서 어느 종이 실제로는 감소했음에도 더 널리 퍼지고 있는 듯 보일 수도 있다. 아주 최근에 옥스퍼드셔 생태수문학 센터의 게리 파우니는 기록자의 노력까지 고려하는 복잡한 수학 기법으로 영국의 모든 야생벌(뒤영벌만이 아니라)과 꽃등에의 분포 양상이 어떻게 변해왔는지를 상세히 분석했다. 그는 1980-2013년에 양쪽 곤충 집단이 감소했고, 영국에서 1제곱킬로미터당 평균 11종이 사라졌다는 결과를 얻었다. 쉽게 말해 영국에서 1980년과 2013년에 같은 지역에서 꽃등에와 벌을 조사했다면, 두 번째 조사했을 때에는 11종이 더 적게 나온다는 뜻이다.

1850년 이래로 영국에서는 벌과 꽃을 찾는 말벌 23종이 사라졌다. 북아메리카에서는 지난 25년 사이에 뒤영벌 5종의 분포 범위와 개체수가 대폭 줄었고, 프랭클린뒤영벌은 전 세계에서 사라지고 있다. 더

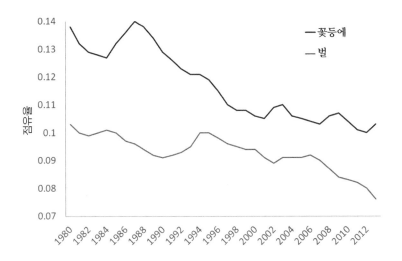

0.14
0.13
0.12
0.11
0.1
0.09
0.08
0.07

점유율

— 꽃등에
— 벌

1980 1982 1984 1986 1988 1990 1992 1994 1996 1998 2000 2002 2004 2006 2008 2010 2012

영국의 야생벌과 꽃등에의 지리적 분포 범위 변화 추세 선들은 영국을 길이 1킬로미터의 격자로 나누었을 때, 전체 칸에서 각 곤충 종이 나타나는 칸의 평균 비율이다. 야생벌(139종)은 회색 선, 꽃등에(214종)는 검은 선이다. 가령 1980년에 평균적으로 각 꽃등에 종이 나타나는 격자 칸은 약 14퍼센트였지만, 2013년에는 약 11퍼센트로 줄었다. (Powney et al., 2019)

국지적으로 일리노이의 뒤영벌을 조사한 사례에서는 20세기에 그 주에서 뒤영벌 4종이 사라졌다는 결과가 도출되었다. 한편 남아메리카에서는 한때 널리 퍼져 있고 흔했던, 세계에서 가장 큰 달보미뒤영벌이 겨우 20년 사이에 멸종 위기에 내몰렸다. 유럽의 꽃부니호박벌이 침입해서 질병을 옮긴 탓이었다. 오지인 티베트 고원의 뒤영벌들도 사람들이 기르는 야크 떼가 풀을 너무 많이 뜯어먹는 바람에 급감하고 있는 듯하다.

심지어 많은 곤충 종들—파리, 딱정벌레, 메뚜기, 말벌, 하루살이, 거품벌레 등—은 전혀 체계적으로 관찰되지 않는다. 그럼에도 이런 곤충 먹이에 의존하는 새들의 개체수 변동 추이를 보여주는 좋은 자료가 제법 있는데, 이런 자료들 역시 대부분 감소 추세를 보여준다. 예를 들면 공중에서 먹이(독일에서 생물량이 급감한 날아다니는 곤충들 등)를 사냥하는 식충성 조류는 북아메리카에서 다른 조류 집단들보다 1966-2013년에 약 40퍼센트 감소하면서 개체수가 훨씬 더 많이 줄어들었다. 갈색제비, 아메리카쏙독새, 굴뚝칼새, 제비는 지난 20년 사이에 개체수가 70퍼센트 이상 줄었다.

영국에서는 점박이딱새의 개체수가 1967-2016년에 93퍼센트 줄었다. 유럽자고새(92퍼센트), 나이팅게일(93퍼센트), 뻐꾸기(77퍼센트) 등 예전에는 흔했던 다른 식충성 조류들도 마찬가지로 수가 감소했다. 큰 곤충을 주로 먹는 붉은등때까치는 1990년대에 영국에서 사라졌다. 영국 조류협회는 전체적으로 1970년에 비해 2012년에 야생 조류의 수가 4,400만 마리 더 적어졌다고 추정한다.

이 모든 증거들은 고도로 산업화한 선진국에서 곤충 집단과 그 포식자 집단 사이의 관계에 관한 것들이다. 반면 대부분의 곤충이 사는 열대의 곤충 개체수에 관한 정보는 많지 않다. 우리는 아마존, 콩고, 동남아시아의 우림 파괴가 그 지역의 곤충에 어떤 영향을 미쳤을지 그저 추측만 할 수 있을 뿐이다. 우리가 미처 발견하기 전에 얼마나 많은 종이 사라졌는지도 결코 알지 못할 것이다(아직 이름을 붙이지 않은 약 400만 종 가운데 대부분은 바로 그런 숲에 산다). 무려 66년간 중앙아메리카에서 곤충을 연구해온 미국의 생물학자 댄 잰슨은 생존해 있는 그 누구보다도 이 지역의 곤충들을 가장 잘 알 것이 틀림없지만,

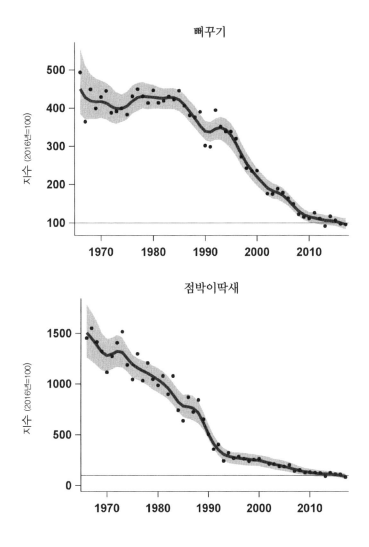

영국의 두 식충성 조류의 개체수 변화 개체수 지수는 2012년을 100으로 설정했다. 뻐꾸기는 1967년에 2012년보다 개체수가 4배 더 많았고(위 그래프), 점박이딱새는 무려 약 15배나 더 많았음을 알 수 있다. 두 종 모두 곤충을 먹으며, 지난 50년 사이에 영국에서 대폭 감소했다. 내 기억에 그토록 흔했던 이런 친숙한 새들이 이제는 눈에 띄거나 소리가 들리면 흥분될 정도로 희귀해졌다. (Massimino et al. [2020], 영국 조류학 트러스트[British Trust for Ornithology]의 허락하에 인용.)

자신이 체계적인 방식으로 곤충을 모니터링하지 않았다는 사실을 안타깝게 여긴다. 그는 곤충의 수가 대폭 감소하고 있다고 확신한다. 최근에 그는 이렇게 썼다. "내가 줄곧 지켜본 바에 따르면, 1953년 이래로 멕시코와 중앙아메리카의 곤충 밀도와 종 풍부도는 서서히 아주 뚜렷하게 줄어들어왔다. 집이 불타고 있다. 우리에게 필요한 것은 온도계가 아니다. 소방 호스이다."

최근에 발표된, 열대에서 이루어진 장기 연구 결과는 잰슨의 견해가 옳았음을 확인해준다. 지금까지 나온 곤충의 감소 증거 가운데 가장 염려스러운 결과이다. 1976년과 1977년에 미국의 곤충학자 브래드퍼드 C. 리스터는 푸에르토리코의 루키요 숲에 절지동물이 얼마나 많은지 조사했다. 그의 원래 목적은 아놀도마뱀을 연구하는 것이었다. 아놀도마뱀은 작고 민첩한 식충성 도마뱀으로, 화려한 색깔의 목주머니를 부풀려서 의사소통을 하고 짝을 꾄다. 리스터의 관심사는 아놀도마뱀 종들 사이에 먹이 경쟁이 일어나는지 여부였다. 당시에는 자연에서 종들 사이에 경쟁이 얼마나 심하게 벌어지는지가 열띤 주제였기 때문이다. 아놀도마뱀은 곤충을 먹으므로, 그는 포충망과 끈끈이 덫을 써서 곤충이 얼마나 있는지를 조사했다. 34년 뒤, 그는 같은 지역으로 돌아가서 2011년과 2013년 사이에 다시 곤충을 채집했다. 그리고 포충망에 잡힌 곤충과 거미의 생물량이 두 채집 시점 사이에 75-88퍼센트가 감소했다는 사실을 깨달았다. 끈끈이 덫에서는 무려 97-98퍼센트가 줄었다. 가장 극단적인 비교 결과는 1977년 1월과 2013년 1월에 설치한 똑같은 끈끈이 덫에 걸린 동물들을 비교한 것이었다. 하루에 잡히는 절지동물의 무게가 470밀리그램에서 겨우 8밀리그램으로 급감한 것이다. 리스터는 한 인터뷰에서 이렇게 말했다. "처음에 결과를 보았을 때에는 도저히 믿기지가 않았어요. [1970년대에는] 비가 내린 뒤에는 어디에나 나비가 있었습니다. 다시 간 [2012년] 첫날에는 나비를 거의 찾아볼 수가 없었어요."

오스트레일리아의 곤충학자 프란시스코 산체스바요와 크리스 위퀴스는 최근에 야생 곤충 개체수와 관련이 있는 장기 연구 자료들을 최대한 수집했다. 총 73건이었다. 이를 통해서 그들은 지역별 지식의 격차가 엄청나다는 사실을 알게 되었다. 아프리카, 남아메리카, 오세아니아, 아시아처럼 곤충이 아주 많은 지역들에서는 아예 대륙 전체 수준에서 이용할 수 있는 자료가 거의 없었다. 세계적인 규모에서 곤충이 얼마나 잘 지내는지를 보여주는 정보가 아주 적다는 사실은 국제 자연보전 연맹의 연구도 잘 보여준다. 이 기관은 보전 노력에 집중하기 위해서, 특히 우려되는 종에 초점을 맞추어 멸종 위험이 있는 야생생물의 상태를 추적하고 기록한다. 이로써 국제 자연보전 연맹은 지금까지 지구의 모든 조류와 포유류 종의 상태를 평가해왔지만, 알려진 곤충 종 가운데 상태를 평가할 수 있었던 것은 단 0.8퍼센트뿐이었다(실제 곤충 종의 수로 따지면 0.2퍼센트에도 미치지 못할 것이다). 산체스바요와 위퀴스는 많은 나라에서 대다수 곤충 집단에 대한 자료가 아예 없는 등 곤충 개체수와 관련된 장기 자료가 놀랍도록 부족하지만, 우리가 가진 자료들이 대부분 같은 방향을 가리킨다고 보았다. 즉 줄어들고 있다는 것이다. 그들은 최저 추정값을 택한다고 해도, 곤충이 해마다 약 2.5퍼센트씩 감소하고 있으며, 곤충 종의 41퍼센트가 멸종 위협을 받고 있다고 결론지었다. 또 국지적으로 척추동물보다 곤충이 8배 더 빨리 멸종하고 있다고 추정하면서, "우리는 페름기 말 이래로 가장 대규모의 멸종 사건을 목격하고 있다"고 단언했다(페름기 말 멸종은 2억5,200만 년 전에 일어난 지구 최대의 멸종 사건이다).

일부 과학자는 산체스바요와 위퀴스의 연구를 비판했다. 그들이 "곤충"과 "감소"라는 키워드로는 검색했지만 "증가"로는 문헌을 검색하지 않았기 때문에 연구 결과가 편향되었다는 올바른 지적이었다. 「가디언*The Guardian*」에 해마다 곤충이 2.5퍼센트씩 줄어든다는 결론을 확대 추정하면 100년 안에 모든 곤충이 멸종한다는 결론이 나온다는 기사가 실리자, 연구진은 더욱 불리한 입장에 처했다. 집파리와 바퀴 같은 일부 곤충 종은 분명히 우리 인간보다 더 오래 살아남을 것이 확실하기 때문에, 이는 불합리한 주장이다.

몇 달 뒤인 2020년 초, 라이프치히에 있는 한 연구소의 룀 판 클링크 연구진이 전 세계를 대상으로 분석한 연구 결과를 발표했다. 곤충이 증가했다는 연구까지 포함하여 166건의 곤충 개체수 장기 자료 집합을 분석한 연구에서, 그들은 전체적으로 볼 때 육상 곤충이 10년에 9 퍼센트씩 감소하고 있다고 결론지었다. 산체스바요와 위퀴스의 결론보다 훨씬 느린 속도였다. 놀랍게도 그들은 민물 곤충은 최근 들어서 개체수가 증가해왔음을 발견했다. 일부 지역에서 모기와 깔따구의 수가 대폭 늘었기 때문이다. 이 결과를 토대로 일부에서는 곤충이 정말로 줄어들고 있는지 의문을 제기하기까지 했다. 그러나 이후 이 연구 역시 비판을 면하지 못했다. 일련의 복잡한 방법론적 결함과 오류가 있었고, 인간의 개입으로 국지적으로 곤충의 수가 뚜렷이 증가한 자료 집합까지 부적절하게 포함했다는 사실이 드러났다. 예를 들면 그들은 번식지인 연못이 생기기 전후의 잠자리 개체수를 조사한 연구도, 오염된 하천의 독성 물질을 제거하는 정화 작업을 하기 전후의 곤충 개체수를 조사한 연구도 포함했다. 이처럼 특수한 상황에서는 곤충의 수가 증가한 것이 놀랄 일도 아니기 때문에, 그런 연구들은 세계적인 추이를 파악하는 데에 아무런 도움이 되지 않는다. 곤충이 정확히 얼마나 빠르게 줄어들고 있는지는 논쟁거리이며, 과학자는 과학자인지라 그 점에서 의견 일치를 이룰 가능성이 아주 낮다.

우리가 보유한 곤충의 감소 양상 자료들의 한 가지 놀라운 특징은 아주 최근의 역사만을 담고 있다는 것이다. 심지어 내 한평생에도 미치지 못한다(앞에서 말했듯이, 나는 1965년생이다). 우리가 가진 가장 오래된 데이터는 1970년대 자료로, 독일의 연구를 비롯한 많은 연구들은 그보다 훨씬 뒤에 시작되었다. 인류가 지구에 미치는 영향은 크레펠트 연구가 시작된 해인 1989년보다 훨씬 이전부터 시작되었다. 크레펠트 연구가 시작된 시점은 레이철 카슨의 『침묵의 봄』이 나온 지 27년 뒤였고, 합성 농약이 널리 쓰이기 시작한 지 40여 년이 흐른 후였다. 그러니 독일의 곤충 생물량이 76퍼센트 줄어들었다는 연구 결과는 사실상 훨씬 더 큰 폭으로 이루어진 감소 추세의 끝자락에 불과할 가능성이 높다. 최근 네덜란드에서 수행된 한 나비 연구는 게리 파우니의 영국 벌과 꽃등에 분석과 비슷하지만, 1890년까지 시간을 더 거

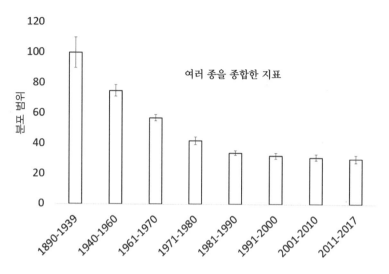

여러 종을 종합한 지표

1890-2017년 네덜란드 나비의 분포 범위 변화 양상 변화 양상은 박물관에 있는 71종 표본들의 채집지를 토대로 추정했다. 첫 기간의 분포 범위를 100으로 정하고 기간별로 상대적인 비율을 나타냈다. 감소율은 상세한 곤충 모니터링이 시작되기 전인 20세기 전반기가 가장 빨랐다. (van Strien et al., 2019)

슬러 올라가서 박물관 표본이 보여주는 종의 분포 범위를 분석하여 더욱 오래 전부터 이어지는 추세를 살펴보았다. 이 접근법은 네덜란드에서 나비들의 분포 범위가 가장 빠르게 축소된 시기가 1890−1980년이라고 말한다. 크레펠트 연구가 시작된 때보다 훨씬 이전이다. 전체적으로 보면, 1890년부터 지금까지 130년 동안 나비들의 분포 범위는 84퍼센트가 줄어든 것으로 추정된다. 우리는 농약과 산업농이 등장하기 전, 이를테면 100년 전에 곤충이 얼마나 많았는지 결코 알지 못하겠지만, 현재 살고 있는 곤충보다 훨씬 많았다는 사실은 분명히 알 수 있다.

에메랄드는쟁이벌

에메랄드는쟁이벌은 가장 아름답지만 섬뜩한 곤충 중 하나이다. 몸길이가 2센티미터로 홀쭉하고 금속광택이 나는 녹색 겉뼈대와 새빨간 다리를 가진 이 벌은 아프리카와 아시아의 열대 지역에 널리 퍼져 있다.

에메랄드는쟁이벌 암컷은 좋아하는 먹이를 찾아나선다. 먹이는 다소 비위생적인 집과 식당에 흔히 출몰하는 커다란 바퀴이다. 바퀴를 찾으면, 암컷은 달려들어서 재빨리 가슴을 침으로 찔러 일시적으로 마비시킨다. 바퀴가 움직이지 못하면 침을 조심스럽게 더 깊이 넣어서 탈출 반사를 제어하는 뇌 부위를 정확히 찌른다. 여기에 2차로 독을 주입하여 그 뇌 부위의 기능을 영구히 망가뜨린다. 그런 뒤 시간을 들여서 바퀴의 두 더듬이를 절반쯤 물어서 뜯어내고, 스며 나오는 피림프(곤충의 피)를 마신다. 이 과정은 처음에 주입한 독을 빼내고, 두 번째 주입한 독이 완전히 효과를 발휘하도록 하는 역할을 한다. 이제 바퀴는 거의 좀비가 된다. 바퀴는 몸집이 벌보다 훨씬 크지만, 는쟁이벌이 턱으로 더듬이 밑동을 잡고 이끄는 때로 비틀거리며 따라간다. 줄에 묶인 개처럼 벌을 따라 굴로 들어가는 것이다. 벌은 바퀴의 몸에 알을 하나 낳는다. 알은 빨리 부화한다. 약 1주일 동안 이 말벌 애벌레는 살아 있는 바퀴를 천천히 뜯어먹는다. 바퀴는 달아나지도 방어하지도 못한 채 가만히 있다. 애벌레는 처음에는 몸 바깥 부위를 뜯어먹다가 이윽고 안으로 파고 들어가서 주요 장기들을 먹어치운다.

제5장
달라지는 기준점

우리 대다수는 곤충 감소의 한 가지 흥미로운 측면을 알아차리지 못한다. 증거들은 곤충뿐만 아니라 포유류, 조류, 어류, 파충류, 양서류 모두 수십 년 전보다 훨씬 적어졌지만, 그 변화가 느리게 일어나므로 우리가 알아차리기 어렵다는 점을 시사한다. 이제 과학자들은 우리 모두가 "기준점 이동 증후군shifting-baseline syndrome"을 겪고 있음을 인정한다. 이는 세상이 우리 부모가 살던 때와 완전히 달라졌을지라도, 자신이 자란 세계를 정상이라고 받아들이는 현상을 일컫는다. 한편 우리 인간이 자신의 생애 내에 일어나는 점진적인 변화를 잘 알아차리지 못한다는 증거도 점점 나오고 있다.

런던 임피리얼 칼리지의 연구진은 요크셔 농촌 마을 주민들을 인터뷰함으로써, 연관되어 있지만 서로 다른 이 두 현상이 일어나고 있음을 보여주었다. 그들은 현재 어느 새가 가장 흔한지 그리고 20년 전에는 어느 새가 가장 흔했는지 물었고, 응답과 양쪽 시기에 실제로 어느 새들이 흔했는지를 아주 정확히 조사한 자료와 비교했다. 당연하게도, 나이가 많은 주민들이 20년 전에 어떤 새가 가장 흔했는지를 더 잘 기억했다. 반면 젊은 사람들이 인지 능력이 충분히 발달하기 이전의 세계가 어떠했는지를 잘 모르는 것은 당연한데, 과학자들은 이를 "세대 기억상실증generational amnesia"이라고 말한다. 더욱 흥미로운 사실은 나이 많은 주민들이 20년 전의 새들에 관해서 무엇인가를 더 잘 기억한다고 할지라도, 당시 어느 새가 가장 흔했는지를 이야기할 때 오늘날에도 흔히 보는 새들 쪽으로 기억이 이동했다는 점이다. 즉 그들의 기억은 불완전했고, 정확한 기억이 최근의 관찰과 융합되면서 뒤섞여 있었다. 과학자들은 이를 "개인 기억상실증personal amnesia"이라고 말한다. 기억은 우리가 지켜본 변화의 규모를 줄임으로써 우리를 속인다.

물론 많은 사람들이 주변에서 흔히 보이는 새들을 인지한다. 그러나 곤충에까지 주의를 기울이는 사람은 훨씬 적다. 곤충의 감소라는 현상 가운데 상당히 많은 사람들의 의식에까지 침투하는 데 성공한 유일한 측면은 "차 유리 현상windshield phenomenon"이다. 약 50세 이상의 사람들은 대개 여름 한낮에 차를 몰고 오래 달리면 예전에는 앞 유리에 부딪혀서 죽은 다수의 곤충들을 닦아내기 위해서 종종 차를 멈춰야 했음을 기억할 것이다. 마찬가지로 한여름 밤에 시골길을 달리다보면 마치 눈보라가 몰아치듯이 전조등을 향해 수많은 나방들이 몰려들던 것도 떠오를 것이다. 지금 서유럽과 북아메리카의 운전자는 차를 오래 몰아도 앞 유리를 닦을 필요가 전혀 없다. 오늘날 자동차 차체가 항공역학적으로 개선되었다는 사실만으로는 이 현상을 완전히 설명할 수 없을 듯하다.

우리 집에는 수제 와인을 만드는 방법이 실린 오래된 요리책이 있다. 한 요리법은 이렇게 시작한다. "먼저 앵초 꽃을 7.5리터 따 모은다……." 그런 수고로움이 별일 아닌 양 여겨지던 시절이 있었던 것이 틀림없다. 내가 지금까지 살아온 기간에는 그렇지 않았다. 앵초가 여간해서는 눈에 잘 띄지 않으니까. 울타리 담에서 삐죽 튀어나온 몇 송이를 찾아내면 매우 기쁠 정도이다. 그 요리법은 예전에는 우리 주변에 꽃이 훨씬 더 많았다는 단서를 제공하지만, 지금 생존한 어느 누구도 그 사실을 기억하지는 못한다.

비록 나는 앵초가 흐드러지게 피던 시절을 결코 알지 못하지만, 1970년대에 나비가 훨씬 더 많았다는 사실은 떠올릴 수 있을 듯하다. 어릴 때 농경지에서 매일 댕기물떼새 무리를 보았고, 봄이면 시골길 어디를 가든 늘 뻐꾸기의 소리를 들을 수 있었음은 확실하다. 새 천년의 아이들은 나비, 댕기물떼새, 뻐꾸기를 보기 힘든 세계에서 자라고 있다. 여름에 차를 몬 아빠에게서 유리에 잔뜩 달라붙은 곤충 사체들을 닦아내라는 말을 듣는 일이 없다. 점심시간에 초등학교 운동장 구석에 웃자란 풀들을 헤치면서 메뚜기를 잡느라 시간을 보내는 일도 없을 것이 거의 확실하다. 대개는 메뚜기가 아예 없을 테니까. 내가 본 적도 없는 앵초 풀밭을 그리워하지 않듯이, 우리 아이들도 결코 내가 말하는 것들을 그리워하지 않을 것이다. 아이들은 그런 상황들을 접한 적이 아예 없을 테니까. "정상"이라는 말의 의미는 세대마다 다르다.

우리 아이들의 아이들은 지금보다 곤충도 새도 꽃도 훨씬 적은 세상에서 자랄 것이고, 그것이 정상이라고 생각할 공산이 크다. 그들은 고슴도치가 예전에는 매일 보던 흔한 동물임을 책을 통해서, 아니 온라인을 통해서 알게 되겠지만, 아마 울타리 밑에서 고슴도치가 민달팽이를 찾아서 코를 킁킁거리는 소리를 들을 때의 기쁨을 결코 경험하지 못할 것이다. 오늘날의 미국인들이 하늘을 컴컴하게 뒤덮을 만큼 엄청나게 떼 지어 날아가던 여행비둘기를 그리워하지 않듯이, 그들의 아이들은 팔랑거릴 때마다 반짝거리는 공작나비의 날개를 그리워하지 않을 것이다. 학교에서 예전에는 환상적으로 아름다운 생물들이 우글거리는 거대한 열대 산호초들이 있었다고 배울지도 모르지만, 그 산호초들은 오래 전에 사라졌을 것이고, 현실이라고 느껴지지 않기는 매머드나 공룡과 마찬가지일 것이다.

지난 50년 동안 지구의 야생생물 풍부도는 대폭 감소했다. 예전에 흔했던 많은 종들은 이제 희귀하다. 확실히 알 수는 없지만, 다양한 시기에 다양한 곤충 집단을 살펴본 유럽의 여러 연구 자료들을 살펴보면, 1970년 이래로 곤충은 적어도 50퍼센트 이상 줄어들었을 가능성이 높다. 90퍼센트에 달할 가능성도 충분히 있다. 지난 100년 동안을 생각하면 훨씬 더 많이 감소했을 확률이 매우 높다. 북아메리카도 아마 유럽과 비슷할 텐데, 농사 방식이 대체로 비슷하기 때문이다. 그러나 세계의 다른 지역에서는 어떤 일이 벌어져왔는지가 훨씬 불확실하다. 좀더 나을 수도 있고 더 나쁠 수도 있다.

곤충의 감소 속도가 얼마라고 확실히 말할 수 없다는 점이야말로 두려운 일이다. 우리는 무엇보다도 곤충이 식량, 꽃가루 매개자, 재순환자로서 대단히 중요하다는 사실을 잘 알기 때문이다. 아마 더욱 섬뜩한 점은 무엇인가가 변해왔다는 사실 자체를 우리 대다수가 눈치채지도 못했다는 데에 있지 않을까? 1970년대를 기억하는 이들조차도, 그리고 자연에 관심이 있는 사람들조차도 자신이 어릴 때 나비와 뒤영벌이 얼마나 많았는지를 정확히 떠올리지 못한다. 사람의 기억은 부정확하고 편향되고 변덕스러우며, 요크셔 마을 사람들의 사례가 보여주듯이 기억은 새로 고쳐지기 쉽다. 부들레이아 덤불에 나비가 한두 마리가 아니라 훨씬 더 많았다는 느낌이 모호하게 들지도 모르지만, 확신하지는 못한다. 그저 어느 기분 좋은 날에 그런 느낌을 받았던 데 불과할지도 모른다.

우리가 예전에 어떠했는지를 잊고 미래 세대가 무엇이 사라졌는지를 모른다면, 사실상 아무런 문제도 없지 않을까? 기준점 이동은 좋을지도 모른다. 새로운 기준에 익숙해지지 않는다면, 늘 사라진 것들을 그리워하면서 가슴 아파할 테니까. 1950년부터 2007년까지 플로리다의 키웨스트에서 낚시꾼들이 잡은 월척 사진들을 조사한 흥미로운 연구가 있는데, 연구진은 잡힌 물고기의 평균 크기가 그 기간에 19.9킬로그램에서 2.3킬로그램으로 줄었다고 추정한다. 그러나 잡은 물고기를 든 낚시꾼의 얼굴에는 한결같이 웃음이 가득하다. 지금의 낚시꾼들이 예전에 물고기가 얼마나 컸는지를 안다면 아마 슬퍼하겠지만, 그들은 알지 못한다. 무지는 정말로 축복이다.

한편 우리가 기억하기 위해서 싸워야 하며, 가능한 한 상실감을 간직하려고 애써야 한다고 주장할 수도 있다. 야생생물 모니터링 체계는 변화를 측정함으로써 우리가 기억하도록 도울 수 있다. 그냥 잊도록 스스로를 방치하는 일은 미래 세대에게 따분하고 빈약한 세계에서 살아가라고 하는 것이나 다름없다. 새의 노래와 나비와 윙윙거리는 벌이 우리 삶에 안겨주는 기쁨과 경이로움을 전혀 모른 채 살아가라고 말이다.

잎꾼개미

남아메리카의 잎꾼개미는 지구에서 인간 다음으로 가장 크고 복잡한 사회를 이룬다.

잎꾼개미는 많으면 800만 마리가 하나의 군집을 이루어 살아가기도 하는데, 모두 자매로 구성되어 있다. 군집 내의 개미들은 어미인 여왕개미를 돌보면서 "초유기체"라고 불릴 만큼 효율적으로 기능을 유지한다. 일개미마다 맡은 일이 있으며, 업무에 맞는 체형을 갖춘다. 작은 일개미는 둥지에서 알을 돌보고, 중간 크기의 일개미는 나뭇잎을 따오며, 아주 큰 머리에 무시무시한 턱을 지닌 커다란 일개미는 개미핥기 같은 커다란 포식자로부터 둥지를 지킨다. 일부 작은 일개미는 먹이를 구하는 일개미의 몸에 올라타서 기생성 파리가 달라붙지 않게 막는다. 이 파리가 일개미의 머리에 있는 틈새에 알을 낳기 때문이다. 지휘하는 개체가 전혀 없음에도, 이런 복잡한 일들은 어떻게든 조화롭게 이루어진다. 대부분의 동물처럼 개미도 식물체의 주성분인 셀룰로오스를 직접 소화하지 못한다. 그러나 먹이 조달자들은 줄지어서 우림 바닥을 이리저리 돌아다니면서 하루에 수천 장의 잎을 따서 거대한 땅속 둥지로 가져온다. 잎은 버섯이 자라는 텃밭으로 향한다. 이곳에서는 일개미들이 잎을 씹어 펄프로 만들고, 그것을 먹이로 제공하면서 버섯을 세심하게 배양한다. 버섯은 셀룰로오스를 소화할 수 있고, 자라면서 균사가 뭉친 스타필레staphylae라는 영양가 있는 작은 덩어리를 맺는다. 이 덩어리가 개미의 주식이다. 개미둥지에 사는 이 버섯은 다른 곳에서는 살지 않는다. 즉 개미가 없다면 버섯은 살지 못할 것이고, 버섯이 없다면 개미는 곧 굶어 죽을 것이다.

제3부

곤충 감소의 원인

전 세계의 곤충을 사라지게 할 만한 원인으로 무엇이 있을까? 요즘에는 거의 곤충만큼이나 많은 이론들이 난무하는 듯 보일 때도 있다. 탄탄한 증거로 뒷받침되는 이론도 있고, 그보다는 덜하지만 설득력 있는 주장도 있고, 어리석기 그지없는 이론도 있다. 야생벌은 다른 곤충들보다 감소 원인을 놓고 더 많은 논의가 이루어져왔다. 비록 아직 논란이 있기는 하지만, 대다수의 과학자들은 야생벌의 감소가 서식지 상실, 다양한 농약에의 만성적인 노출, 양봉을 통한 외래 곤충 질병의 전파, 기후 변화의 영향 등 인위적인 스트레스가 조합된 산물이라고 본다. 아직 어느 누구도 알아차리지 못한 요인도 있을지 모른다. 다른 곤충들도 아마 비슷한 어려움에 처해 있을 것이다. 곤충의 감소 원인은 지역에 따라서 다를 가능성이 있다. 한마디로 복합적이다. 그러나 이 감소 추세를 중단시키거나 더 나아가 되돌리려면, 감소를 일으키는 원인이 무엇인지를 제대로 이해할 필요가 있다. 그래야 세상을 우리의 곤충 동포에게 더 살기 좋은 곳으로 만드는 데 필요한 조치를 취할 수 있다.

제6장

집을 잃다

경제적 이득을 위해서 우림을 파괴하는 행위는
음식을 요리하겠다고 르네상스 그림을 태우는 일이나 다름없다.
—E. O. 윌슨

지난 100여 년 사이에 인간은 농경지, 도로, 주거 단지, 공장, 주차장,
골프장, 대형 쇼핑센터 등을 만들기 위해서 자연 서식지와 준자연 서
식지를 점점 빠른 속도로 없애왔다. 이 모든 변화는 거의 예외 없이
풍부한 자연 군집을 모조리 뿌리 뽑고 밀, 콘크리트, 콩, 기름야자, 바
짝 깎은 잔디 중 어느 하나만으로 가득한 공간 혹은 갖가지 인위적
인 서식지로 대체함으로써 생물다양성의 순 감소를 낳는다. 그런 서
식지에는 야생생물에게 중요한 가치가 있는 것들이 거의 없기 때문이
다. 정원 및 주말농장(곤충에게 좋은 방식으로 관리된다면), 그리고 일부
더 지속 가능한 방식의 농법은 극소수의 예외 사례에 속한다. 이것들
은 양쪽 다 생물다양성을 부양할 수 있다. 야생생물이 풍부한 서식지
의 상실은 인구의 증가와 1인당 미치는 영향력을 더욱 확대하는 기술
발전에 힘입어서 더욱 가속되고 있다. 불도저를 모는 사람은 칼을 쥔

사람보다 우림을 하루에 1,000배 더 빨리 벌목할 수 있다.

열대림은 내 삶의 모든 부분을 위해서 벌목되어왔다. 10대 시절인 1980년대에 나는 드넓게 펼쳐진 아마존 우림에서 까마득히 솟아 있는 오래된 굵은 나무들을 마구 쓰러뜨리고 그 자리에서 태우는 모습이 담긴 사진들을 보면서 경악했다. 앙상하고 검게 타버린 가지들 위로 검은 연기가 솟아올랐고, 지구에서 가장 다양한 생태계가 재로 변했다. 2019년에 아마존 우림 수천 헥타르가 다시금 불길에 휩싸인 뉴스 영상을 볼 때, 나는 기시감을 느꼈다. 1980년대에는 값싼 패스트푸드 체인점의 버거가 될 소를 키울 목초지를 마련하기 위해서 열대림을 개간하는 경우가 많았다. 항의와 시위가 있었지만, 거의 또는 전혀 효과가 없었다. 우림 파괴는 수십 년 동안 거침없이 계속되어왔다. 지금도 여전히 소를 키우는 목초지를 만들기 위해서 벌목이 이루어지고 있지만, 더 최근에는 주로 콩이나 기름야자를 재배하기 위해서 개간을 한다.

오늘날 열대림 파괴는 줄어들기는커녕 더욱 빠른 속도로 이루어지고 있다. 그 속도는 1990년대 이래로 10-25퍼센트 더 빨라졌다(숲의 감소를 추정하는 일은 정확하지 않지만, 위성 영상의 화질이 개선되면서 해가 갈수록 정확해지고 있다). 열대림은 현재 연간 7만5,000제곱킬로미터, 즉 하루에 약 200제곱킬로미터의 속도로 개간되고 있다. 훼손되거나 질이 저하되는 면적은 그보다 훨씬 더 넓다. 그 결과 하루에 우림 생물이 135종씩 사라지고 있다고 추정되는데, 그중 대부분은 곤충이다(그런 추정값이 근사치일 수밖에 없다는 점을 염두에 두어야겠지만).

이스터 섬에서는 마지막 나무가 사라질 때까지 숲 파괴가 계속되었고, 그러면서 토양이 바다로 씻겨나갔다. 원슬러가 로랙의 경고를 무시하고 트루풀라 나무를 모조리 벤 것처럼(닥터 수스의 동화에 나오는 이야기이다/옮긴이), 우리는 어리석은 짓임을 알면서도 지구의 숲을 계속 없애고 『성서』에 나오는 규모의 생태학살ecocide을 저지르고 있다. 나는 결코 신을 믿는 사람은 아니지만, 독자가 종교를 가진 사람이라면 이렇게 생각해보기를 바란다. 정말로 신이 경이로운 온갖 생물들을 창조하고서 우리가 절멸시킬 수 있도록 그 다양성을 지배할 권한을 부여했을까? 신이 우리가 지금까지 저지른 일들에 기뻐할까?

물론 열대림만 사라지고 있는 것이 아니다. 온대림과 한대림도 파괴되고 있으며, 이에 따라 전 세계적으로 연간 약 10억 그루의 나무가 사라지고 있다. 2000-2012년에 세계에서 230만 제곱킬로미터의 숲이 사라졌다. 영국, 프랑스, 독일, 스페인, 포르투갈, 벨기에, 네덜란드, 이탈리아, 스위스, 오스트리아, 폴란드, 아일랜드, 체코 공화국을 더한 면적보다 넓다. 한데 모으면, 나무 그늘 하나 보지 못한 채 스코틀랜드 북동쪽 끝인 존오그로츠에서 남쪽의 지브롤터로 갔다가 동쪽의 바르샤바까지 걸을 수 있다. 예전에 지구를 뒤덮었던 1,600만 제곱킬로미터의 숲 중에서 현재 620만 제곱킬로미터만이 남아 있다.

야생생물이 풍부한 다른 서식지들도 훼손되거나 파괴되고 있다. 인류는 호수와 강을 오염시키고 훼손하고, 습지의 물을 빼내고, 이탄지泥炭地의 물을 빼고 파내고, 수력 발전이나 관개를 위해서 댐을 쌓아서 골짜기를 침수시켜왔다. 중국에서는 산 전체를 불도저로 밀어서 봉

우리를 무너뜨리고 그 흙으로 골짜기를 메워서 도시를 확장시킬 용
도의 넓은 평지를 만들고 있다. 도쿄에서는 얕은 해안 지역에 쓰레기
를 매립해서 건물을 짓고 골프장 건설에 사용할 새로운 쓰레기 섬을
조성하고 있다.

세계적인 규모로 보면, 현재 곤충 감소를 비롯한 야생생물 감소의
가장 큰 원인은 원시 자연 서식지를 계속 없애고 아주 단순화한 인위
적인 서식지로 대체하는 행위일 것이다(곧 기후 변화의 위력이 서식지 상
실을 압도하겠지만). 서유럽에서는 서식지 상실이 다른 양상을 띤다.
수백 년 전에 이미 원시 자연 서식지가 거의 다 사라지고 없었기 때문
이다. 영국에서는 얼마 되지 않는 남아 있는 오래된 숲조차 이런저런
방식으로 1,000년 동안 관리되어왔다. 즉, 그것은 야생의 숲처럼 보
이더라도 실제로는 진정한 경이로운 야생이 아니다. 그래도 인간이
8,000년 동안 점유해왔음에도(사실은 아마도 이 점유 때문에), 약 1900년
까지는 생물다양성이 풍부한 서식지가 아주 넓게 펼쳐져 있었다. 성
숙한 숲 말고도 꽃과 나비가 가득한 풀밭 언덕, 메추라기뜸부기가 둥
지를 튼 저지대 목초지, 어리표범나비와 줄나비가 날아다니는 잡목
림, 모래장지뱀이 메뚜기를 사냥하는 황야도 있었다. 모두 목초를 베
고 풀을 뜯기고 덤불을 베는 등 전통적인 토지 관리 관습을 통해서 조
성된 인위적인 서식지들이었다. 이 관리 관습은 비교적 온건하게 어
쩌다가 한 번씩 손을 대는 관리 방식인데, 이를 통해서 야생생물들은
그곳에 적응할 수 있고 심지어 혜택까지 얻는다. 나무를 10-20년마
다 베어내는(밑동만 남겨서 다시 싹이 자랄 수 있도록 한다) 잡목림에서는

나이가 저마다 다른 나무들이 성기게 흩어져 있어서 다양한 생물들이 살아갈 수 있다. 풀밭 언덕, 그리고 해마다 건초를 만들기 위해서 풀을 베는 목초지에서는 어린 나무와 더 질긴 풀이 자라지 못하게 이따금 가축을 방목하여 식물을 뜯게 하는데, 가축의 수를 적게 유지하는 한 다양한 꽃들이 수북하게 필 수 있다. 이런 서식지들은 1,000년이 넘는 시간 동안 유럽의 많은 야생생물의 생존에 핵심적인 역할을 해왔다.

오늘날 유럽에서는 이런 인위적인 서식지의 상실이 야생생물 감소의 주된 원인이다. 서식지는 주로 우리의 경작 방식이 급격히 바뀌면서 사라지고 있다. 역사적으로 볼 때, 지금보다 덜 집약적인 농사법을 썼을 때에는 벌 같은 곤충들이 살기 좋은 서식지가 군데군데 만들어졌다. 목초지와 풀밭 언덕 말고도 꽃이 피는 잡초가 무성하게 자라는 휴한지休閑地도 있었고, 작은 밭들을 나누는 꽃이 피는 산울타리도 있었다. 1920년대에 영국에는 풀밭 언덕과 건초용 목초지가 약 300만 헥타르가 있었지만, 20세기가 흐르는 동안 97퍼센트 이상이 사라졌다. 이 땅의 대부분은 경작지나 가축용 목초 저장을 위한 들판으로 바뀌었다. 생물다양성이 거의 0에 가까운 서식지이다.

쇳소리뒤영벌은 현재 영국에서 가장 희귀한 뒤영벌이지만, 100년 전에는 영국 남부에 흔했고 소리도 쉽게 들을 수 있었다. 노란색과 회색 줄무늬가 있고 배가 빨간색인 이 화려하고 작은 뒤영벌은 유달리 높은 음으로 윙윙거려서, 가까이 있음을 금방 알아차릴 수 있다. 쇳소리뒤영벌은 꽃이 가득한 풀밭에 사는 종으로, 붉은토끼풀, 붉은더

부살이, 콩팥베치, 수레국화, 에키움 불가레 같은 꽃에서 꿀을 빤다. 20세기에 들어서 꽃이 만발한 초원이 거의 다 사라지면서 멸종 위기에 내몰린 이 멋진 벌은 지금 펨브로크셔, 서머싯레벨스, 템스 강 어귀 같은 몇몇 지역에만 겨우 남아 있다. 나는 20년 전에 솔즈베리 평원에서 몇 마리를 본 적 있는데, 그곳 개체군은 사라진 듯하다. 런던 동부 템스 강 인근의 재개발 예정 지역에는 그나마 꽤 큰 개체군이 남아 있다. 불탄 차와 쓰레기가 널려 있는 이 버려진 공장 지대에는 꽃이 많이 피며, 현재 쇳소리뒤영벌의 마지막 피신처 가운데 하나이다.

풀밭의 다른 많은 동물들도 풀밭이 사라지면서 함께 대규모 감소를 겪어왔다. 메추라기뜸부기, 솔체애꽃벌, 초크힐부전나비, 큰노랑뒤영벌, 여치, 제비난초 등 아주 많다. 전부 적으려면 몇 페이지가 필요하다.

영국에서 지속적으로 사라진 서식지가 꽃이 가득한 풀밭만은 아니다. 제2차 세계대전 직후에 정부는 식량 생산량을 늘리고 경작 효율을 높이고자 농업 보조금을 도입했다. 이때 산울타리를 제거하는 데에도 보조금을 지급했기 때문에 연간 9,500킬로미터의 산울타리가 사라졌다. 1950년부터 20세기가 저물 때까지 영국 전역의 산울타리 절반 남짓이 사라졌다고 추정된다. 1800년 이래로 저지대 관목림은 80퍼센트, 농경지 내 연못은 70퍼센트가 사라졌다. 남은 연못은 특히 비료가 섞인 유출수 때문에 대부분 심각하게 오염되어 있다.

오늘날 영국을 비롯한 선진국의 농업은 다국적 농산업 기업과 정부 정책에 좌우되어왔으며, 넓은 밭을 경작하는 대규모 농장이 주류를 이룬다. 이런 농장은 대개 계약하에 업자에게 경작을 맡기며, 농약과 비료를 많이 투입하면서 최대한 단작을 한다. 이런 일들은 모두 작물 수확량을 최대화하기 위해서 이루어지는데, "식량 안보"를 확보해야 한다는 논리를 들이댄다. 제2차 세계대전 시기에 식량 부족을 겪으면서 등장한 논리이다. 산업농의 지지자들은 그 방식이 기아와 기근을 피할 유일한 방법이라고 주장했고, 이 주장이 채택됨으로써 전보다 훨씬 많은 식량을 더 값싸게 생산하는 농경지가 조성되어왔다. 그러나 그런 농경지는 일자리를 거의 제공하지 않으며, 대체로 야생생물이 살아가기도 어렵다. 곤충의 관점에서 보자면, 현대 집약 농경지는 대개 그들이 살 여지를 거의 주지 않는다. 꽃이 거의 없으니, 나비, 나방, 벌, 꽃등에가 먹을 꿀이나 꽃가루도 전혀 없다. 애벌레, 거품벌레, 딱정벌레에게 먹이를 제공할 잡초도 거의 없다. 베어져서 밑동만 남은 수준으로 성기게 자리 잡은 산울타리는 둥지를 틀 자리나 겨울잠을 잘 곳을 찾는 곤충들에게 거의 은신처를 제공하지 못한다. 먹이나 보금자리를 찾지 못한 곤충은 반복되는 농약 살포에 고스란히 노출될 것이다.

우리에게 익숙해진 슈퍼마켓 선반의 저렴한 식품들은 생산의 진정한 환경 비용을 반영하지 않는다. 가령 경작지에 뿌리는 비료의 질산염과 달팽이 퇴치제의 메타알데하이드는 하천으로 흘러들어서 오염을 일으킨다. 수돗물 회사는 강물을 정수하여 먹는 물을 공급하는데, 이런 오염물을 제거하기 위해서 엄청난 비용을 쏟아부어야 한다. 특히 메타알데하이드는 제거하기가 아주 어려워서, 아무리 애써도 대개 먹는 물에 얼마간 잔존한다. 우리 혹은 우리 아이들은 결국 농경지 토양의 침식과 황폐화의 대가를 치르게 될 것이다.[*] 경작 활동에서 배출되는 온실가스(총 배출량의 약 25퍼센트를 차지한다)와 꽃가루 매개자를 비롯한 곤충의 감소 때문이다.

원시 자연 서식지의 상실(주로 개발도상국에서 일어난다)과 준자연 서식지의 상실(주로 선진국에서 발생한다)이 결합되면서 야생생물은 전 세계에서 작고 조각나고 고립된 채 남은 서식지인 "섬"으로 점점 밀려나고 있다. 전기톱으로부터 아직까지 살아남은 우림의 일부나 독일의 크레펠트 협회가 표본 조사를 한 자연보전구역 같은 곳들이다. 흔히 야생생물이 자연보전구역에서는 충분히 안전하리라고 상상하지만, 독일의 그 연구는 그렇지 않음을 명확히 보여준다. 크레펠트 연구는 조사 기간 내내 다소 동일한 상태로 온전히 유지되고 야생생물이 세심하게 관리되는 자연보전구역들에서도 1989년에서 2016년 사이에 곤충의 생물량이 76퍼센트 감소했다고 말한다. 이 자료가 감소의 원인을 알려줄 명확한 증거까지 제시하지는 않는다고 해도, 우리

---

[*] 현재 세계 지표면으로부터 해마다 약 750억–1,000억 톤의 겉흙이 사라지고 있다고 추정된다. 특히 중국과 인도에서 가장 빠르게 사라지고 있고, 미국이 그다음이다. 비교적 환경 의식이 높다고 여겨지는 뉴질랜드에서도 한 해에 1억9,200만 톤의 토양이 없어지고 있다고 추정된다. 이러한 현상은 대부분 과잉 방목되는 목초지에서 일어난다. 뉴질랜드 인구가 480만 명이므로, 이는 1인당 연간 40톤의 토양을 잃는다는 뜻이다. 세계적으로는 1인당 평균 10-15톤이 사라진다. 토양이 다시 생기는 데 수천 년이 걸린다는 점을 생각하면 몹시 우려되는 수준이다. 잘못된 농법은 토양을 고스란히 노출시키며, 그 결과 유기물이 산화되면서 이산화탄소 배출량을 늘린다. 그리고 상당량의 토양은 물에 씻기거나 바람에 날려서 하천과 바다로 들어가서 물을 탁하게 만들고 오염을 일으킨다.

는 기존의 지식을 토대로 어느 정도 타당한 추측을 할 수 있다. 세계의 다른 지역들과 마찬가지로 독일의 자연보전구역들도 살기 힘든 서식지들에 둘러싸여 있는 경향이 있다. 그 연구는 날아다니는 곤충(곤충의 대다수는 난다)을 연구했고, 날아다니는 곤충은 자연보전구역 너머로도 간다. 그러다가 먹이 부족이나 고농도의 농약 같은 요인들 때문에 생존할 수 없는 곳으로 들어가면, 돌아서야 한다는 뛰어난 직감을 발휘하지 않는 한 죽을 것이다. 그 주변 경관은 집단생물학자들이 "흡수원sink"이라고 부르는 것으로 작용하는데, 흡수원이란 들어간 생물이 거의 돌아오지 못하는 곳을 의미한다. 섬 개체군이 아주 빠르게 번식하지 못하는 한, 동물들이 더 넓게 펼쳐진 곳으로 향함으로써 일어나는 이 꾸준한 출혈은 이윽고 국지적인 멸종으로 이어질 가능성이 높다.

우리는 일부 곤충이 대개 멀리 돌아다니지 않는다는 사실을 안다. 한 예로 아도니스부전나비와 꼬마부전나비는 성충이 된 뒤에도 태어난 곳 가까이 머무는 경향이 있다. 현대 세계에서는 현명한 전략이다. 그러나 안타깝게도, 그럼에도 안전하지는 않다. 작은 섬 개체군은 오랜 기간 근친 교배를 함으로써 유전적 다양성을 잃으며, 이에 따라 덜 건강해지고 적응력이 떨어지게 된다. 황폐한 주변 지역을 지나서 이주함으로써 새로운 유전자를 도입하는 개체들이 없다면, 그 개체군은 조만간 사라질 운명이다.

이 모든 악조건으로도 부족하다는 양, 작은 섬 개체군은 그저 운이 나빠서 사라질 가능성도 높다. 곤충의 개체군 크기는 해마다 크게 달라진다. 날씨가 변덕을 부릴 때는 특히 그렇다. 심한 폭풍, 홍수, 가뭄은 수십 년간 겨우 버티고 있던 작은 개체군을 쉽게 없앨 수 있다. 어느 자연보전구역에서 특정한 종이 사라지고 나면, 인근의 보전구역에 이주자 공급원 역할을 할 수 있는 건강한 개체군이 있지 않은 한 그 종이 다시 정착할 가능성은 낮다. 서식지가 점점 더 단절되고 고립될수록, 재정착이 일어나는 일은 점점 드물어진다.

은밀하게 작용하는 요인이 하나 더 있다. 자연보전구역 주위에 울타리를 쳐도, 바람이나 지하수를 통해서 흘러드는 살충제를 막지는 못한다. 화석 연료의 연소 산물인 산화한 질소 화합물이 쌓이는 현상을 예방할 수도 없다. 그런 화합물은 토양의 비료가 되어 식물 군락에 변화를 일으킨다. 그리고 물론 기후 변화의 진행도 멈추지 못한다. 시간이 흐르면 그 지역이 현재 살고 있는 생물들 가운데 일부에게—그리고 이윽고 모두에게—살 수 없는 곳이 될 수도 있다.

드넓게 펼쳐져 있던 온전한 서식지를 이런저런 개발로 대부분 없애고, 조각난 작은 지역들(숲, 관목숲, 풀밭 등)만을 남긴다면, 개체군이 하나둘씩 사라지면서 그런 작은 땅에 간신히 살아 있는 수많은 생물들도 결국에는 멸종하리라고 예상할 수 있다. 그런 일은 섬이 처음 생겨난 뒤로 수십 년 사이에 일어날 수도 있다. 우리는 스스로 일으킨 멸종이 서서히, 가차 없이 진행되는 광경을 보게 될 것이다. 미국의 과학저술가 데이비드 쾀멘은 걸작 『도도의 노래*Song of the Dodo*』에 이렇게 적었다.

멋진 페르시아 양탄자와 사냥칼이 있다고 상상해보자. 양탄자는 폭 3.7미터, 길이 5.5미터라고 하자. 그러면 줄줄이 엮어서 짠 이 양탄자의 넓이는 약 20제곱미터가 된다. 칼은 아주 예리한가? 그렇지 않다면, 갈자. 이제 양탄자를 똑같은 크기의 36개 조각으로 자르고 다시 합쳐보자. 양탄자 같다는 사실을 알아볼 수 있는 것들이 여전히 약 20제곱미터의 면적을 이루고 있다. 그러나 그것은 무엇일까? 36개의 자그마한 페르시아 양탄자가 생긴 것일까? 그렇지 않다. 우리에게 남은 것은 그저 36개의 넝마 조각일 뿐이다. 아무런 가치도 없고 저마다 해지기 시작한 조각들이다.

이것이 지금 독일에서 벌어지고 있는 일이다. 아마 전 세계에서도 마찬가지일 것이다.

이 현상은 "공유-보전 논쟁sharing-sparing debate"이라는 중요한 과학 논쟁과 직접적인 관련이 있다. "공유론자"는 경작(작고 생태 친화적인 유기농 농장 등) 등의 인간 활동을 생물다양성을 지탱하는 일과 통합하려는 시도를 해야 한다고 주장하는 반면, "보전론자"는 일부 땅을 가능한 한 집약적으로(산업농처럼) 이용해야 한다고 목소리를 높인다. 그래야 나머지 땅을 자연을 위해서 남겨둘 수 있다는 주장이다. 그러나 독일 크레펠트 연구는 자연을 위해서 땅을 따로 남겨두는 방식이 효과가 없다는 사실을 보여준다. 적어도 자연을 위해서 남겨둔 곳이 작고 산업농 경작지로 둘러싸여 있을 때에는 그렇다.

종합하자면 우리는 예전의 서식지, 즉 열대 우림 같은 원시 자연 서식지뿐 아니라 목초지와 저지대 관목숲 같은 인위적인 서식지가 사라진 것이 현재 일어나는 곤충 감소의 가장 큰 원인 중의 하나라고 매우 확신할 수 있다. 그러니 더 이상의 서식지 상실을 막고, 나아가 일부 서식지를 원래의 영광스러운 시절로 복원하는 일을 시작할 방안을 찾는 것이 최우선 과제가 되어야 한다.

난초벌

중앙아메리카와 남아메리카의 무더운 밀림에는 난초벌이 산다. 이 꽃 저 꽃으로 윙윙 날아다닐 때, 열대의 햇빛 아래 보석처럼 반짝이는 금속 광택의 녹색, 금색, 파란색을 띤 벌이다. 난초벌 수컷은 이름처럼 난초꽃을 찾아다니면서 많은 시간을 보낸다. 그러나 난초는 이들에게 꿀을 전혀 제공하지 않으며, 이 벌도 난초의 꽃가루를 모으지 않는다. 대신 난초벌은 앞다리로 난초의 방향성 화합물을 쓸어 모은다. 빗처럼 쓸어서 속이 빈 아주 커다란 뒷다리의 주머니에 담는다. 즉 이들은 향기 수집가이다. 방향성 화합물을 모은 수컷들은 뽐내기 장소로 모인다. 암컷이 짝을 고르러 들르는 곳이다. 암컷은 수컷이 모은 난초 향기의 질과 양을 토대로 수컷을 고른다.

난초는 독특한 방식으로 꽃가루받이를 한다. 대다수의 꽃처럼 흩어지는 꽃가루를 만들지 않고, 꽃마다 꽃가루덩이를 한두 개 만든다. 끈적거리는 자루에 달려 있는 이 빽빽한 꽃가루덩이는 꽃을 찾은 곤충의 몸에 달라붙는다. 난초벌 수컷이 들르는 난초들은 오로지 난초벌에만 의지하여 꽃가루받이를 한다. 비록 들르는 벌이 암컷이라고 생각하기는 했지만, 이 사실을 처음으로 언급한 사람은 찰스 다윈이었다. 난초꽃은 벌이 꽃향기 물질을 쓸어 담느라 바쁠 때 머리나 가슴이 꽃가루덩이의 자루에 닿도록 하는 절묘한 구조를 갖추고 있다. 이 구조를 통해서 꽃가루덩이는 난초벌의 몸에 달라붙는데, 벌은 이 한 쌍의 샛노란 꽃가루덩이를 떼어낼 수가 없다. 벌이 향기를 더 모으기 위해서 다른 꽃으로 가면 꽃가루 중 일부가 그 꽃에 옮겨지면서 수정이 일어난다. 모든 일이 순탄하게 이루어질 경우, 난초와 벌 양쪽 모두 이 독특한 공생을 통해서 번식에 성공할 수 있다.

제7장

유독한 땅

약 1만 년 전 농경이 시작된 이래로 우리의 작물은 질병의 공격을 받거나 진딧물과 메뚜기, 비둘기와 코끼리에 이르기까지 다양한 동물들로부터 피해를 입어왔다. 인구가 증가하자 경작지의 면적이 확장되었고, 동물로부터 입는 피해도 더욱 커졌다. 작물을 많이 재배할수록 해로운 동물이 모여들 가능성이 높아지기 때문이다. 우리가 아는한, 처음 약 5,000년 동안 농민들은 기도와 희생제를 주된 작물 보호수단으로 삼았다. 가령 고대 이집트에서는 노예를 희생시켜서 수확의여신이자 파라오의 보호자인 레네누테트를 달랬고, 아즈텍족은 아이를 바쳐 비의 신 트랄로크를 달랬다. 나는 이런 유혈 의식이 성공하지못했으리라고 추측한다. 그럼에도 오늘날에도 농민과 농촌 사회에서는 신에게 도와달라고 기도를 올리는 일이 흔하다. 방제라는 더 실용적인 수단이 오래 전부터 쓰여왔음에도 그렇다. 한 예로 4,500년 전부터 농민들은 해충을 죽이기 위해서 작물에 황을 뿌렸다고 간주된다. 3,200년 전 중국인들은 이를 없애기 위해서 수은과 비소 화합물을 썼는데, 아마 작물에도 뿌렸을 것이다. 제충국 같은 식물의 추출물 역시 적어도 2,000년 전부터 살충제로 사용되었다. 그러니 화학 물질 농약은 결코 새로운 것이 아니다.

그러나 1940년대까지 우리가 살포한 농약은 제충국이나 니코틴처럼 대개 식물에서 추출한 천연 유기 화합물이거나, 황산구리, 수은염, 시안화물, 비소 화합물이나 황산 같은 무기 화합물이었다. 일부에서는 천연 화합물이 현대 합성 화합물보다 덜 해롭다고 주장하지만, 분명히 헛소리이다. 수은이나 비소는 결코 환경 친화적이지 않다. 지금까지 이런 화학 물질이 얼마나 많이 쓰였는지는 알지 못하지만, 총량은 아주 적었다고 추측하는 편이 합리적이다. 이유는 그저 농민들이 아예 구할 수 없었거나 비싸서 쓸 수 없었을 것이기 때문이다.

공업 화학이 등장하면서 상황은 완전히 달라졌다. 18세기에 이르자 황산, 표백제, 이어서 유리와 섬유 제조에 쓰이는 탄산나트륨 등 화학 물질이 산업 규모로 제조되기 시작했다. 19세기에는 화학 산업이 대폭 확장되면서 염료, 가황 고무, 비료, 비누, 최초의 플라스틱이 생산되었다. 그러나 새로운 산업이 새로운 합성 농약을 개발하는 쪽으로 눈을 돌린 것은 20세기에 들어서였다.

DDT_{dichlorodiphenyltrichloroethane}는 살충제 성질을 지녔다는 특징이 드러난 최초의 인공 화합물이었다. 스위스의 화학자 파울 헤르만 뮐러가 1939년에 발견한 DDT는 곤충의 신경계를 공격한다. 공격을 받은 곤충은 신경 신호를 반복해서 계속 일으킴으로써 씰룩거리고 떨고 발작을 일으키다가 죽는다. DDT는 제2차 세계대전 당시 아시아에서 싸우는 연합군 사이에서 들끓던 말라리아모기 방제에 쓰였고, 전후에는 가정과 농장에서 값싼 살충제로 널리 이용되었다. 1947년 한 제조사는 『타임*Time*』에 농장 동물들과 뺨이 발그레한 가정주부가 "DDT는 음메에에게 좋아요"라고 웃으면서 노래를 부르는 만화 광고를 실었다. "DDT는 모든 인류의 은인이다"라는 주장과 함께였다. 같은 해에 나온 한 단편 영화에는 동아프리카에 정착한 영국인이 죽이 든 그릇에 DDT를 뿌린 뒤 먹으면서, 지역 주민들에게 그 새로운 화학 물질이 그들에게 무해하다고 설득하는 장면이 나온다(관객들이 감명을 받지는 않은 듯하다). 뮐러는 이 발견으로 1948년 노벨상을 수상했다.

한편 독일의 과학자 게르하르트 슈라더는 1940년대에 파라티온이라는 화학 물질을 합성했다. 이 물질도 곤충에게 강한 독성을 띠었다. 곤충의 신경계를 공격하고, 신경 전달 물질을 파괴함으로써 방향 상실과 마비, 죽음을 불러왔다. 슈라더가 속한 기업인 I.G. 파르벤은 가스실에서 분무할 화학 물질인 치클론 B도 개발하여 제조했기 때문에, 그의 발견은 사람에게 쓸 신경 작용제를 개발하려는 연구의 일환이었을 가능성이 높다.

화학적으로 이렇게 저렇게 끼워맞추는 작업을 통해서 이윽고 비슷한 화합물들이 다수 개발되었다. DDT와 그 유사 물질들은 유기 염소 화합물이라고 불리는데, 알드린과 디엘드린도 여기에 속한다. 파라티온은 말라티온, 클로피리포스, 포스메트 같은 수십 가지의 유기 인산 화합물로 이어졌다. 이렇듯 새로운 화학 물질은 저렴하면서도 살충 효과가 아주 뛰어났다. 덕분에 작물 수확량이 크게 증가하여—적어도 처음에는—많은 농민들은 이들을 열광적으로 환영했다. 끊임없이 늘어가는 독성 물질들을 개발하고 제조하고 판매하는 세계적인 기업들도 등장했다. 1970-1980년대에는 기생충을 없애기 위해서 가축에게 먹이는 아버멕틴, 세균에서 추출한 살충 성분인 바킬루스 튜링겐시스 분사제, 트리아졸, 이미다졸, 피리미딘, 디카르복시아마이드 살균제 등 온갖 종류의 농약들이 등장했다. 1990년대에도 신제품들이 계속 출시되었다. 네오니코티노이드, 스피노사드, 피프로닐 같은 농약이었다. 현재 정부 승인을 받은 "활성 성분"—해충에게 독성을 띠는 화학 물질—이 미국에서는 약 900종, EU에서는 약 500종에 달한다. 지난 80여 년간 농가는 화학 물질에 점차 중독되었고, 이는 지금까지도 이어지고 있다. 정부의 공식 통계에 따르면, 영국 농민은 1990년에 경작지 4,500만 헥타르에 농약을 살포했고, 2016년에는 이 범위가 7,300만 헥타르로 확대되었다. 같은 기간 동안 실제 경작지 면적은 450만 헥타르로 전혀 변함이 없었다. 즉 1990년에 각 밭에 평균적으로 농약을 10번 뿌렸다면, 2016년에는 16.4번 뿌렸다는 뜻이다. 겨우 26년 사이에 거의 70퍼센트를 더 살포한 셈이다.

제2차 세계대전이 끝나고 DDT가 농사에 쓰이기 시작한 지 겨우 18년쯤 지난 1962년, 레이철 카슨은 세상을 뒤흔들 책『침묵의 봄』을 내놓았다. 앞서 나온 농약들을 조명하면서, 그것들이 소박하게 생각했

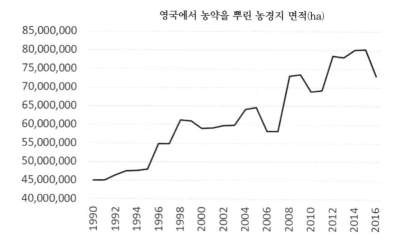

영국에서 농약을 뿌린 농경지 면적(ha)

영국에서 한 해에 농약을 살포하는 농경지 면적 해가 갈수록 점점 더 많은 농약이 작물에 뿌려졌다. 이 그래프는 정부 공식 자료(https://secure.fera.defra.gov.uk/pusstats/)를 토대로 그린 것으로, 영국에서 해마다 분무한 농약의 총 면적을 보여준다(2016년에 7,400만 헥타르). 이 면적은 1990년에서 2016년 사이에 70퍼센트가 확장되었다. 영국의 경작지와 정원의 총 면적이 약 450만 헥타르에 불과하고, 같은 기간 동안 면적에는 거의 변화가 없었으므로, 이 수치는 영국의 각 밭과 과수원에 뿌려지는 농약의 양이 평균 약 16배 늘었음을 뜻한다. 동일한 농약을 16배 더 뿌렸거나, 예전에는 1개만 쓰던 곳에 16개를 뿌렸거나, 양쪽이 조합된 결과일 수도 있다. 이 자료에는 기생충을 없애기 위해서 가축에게 정기적으로 먹이는 아버멕틴 등 가축용 농약은 포함되지 않았다는 점도 유념하자.

던 바와 달리 이롭지만은 않다는 점점 쌓여가는 증거들을 제시한 책이었다. 문제는 해충이 새로운 농약에 내성을 띠는 쪽으로 빠르게 진화하면서 농민들이 더욱더 많은 양을 뿌려야 했고, 따라서 처음에 환호했던 수확량 증가가 유지될 수 없다는 사실에 있었다. 반면 해충의 천적인 포식성 말벌과 딱정벌레 등은 자신의 먹이보다 번식 속도가 느린 경향이 있기 때문에, 내성을 갖추는 데에도 오래 걸려서 농약에 더 심하게 타격을 입었다. 이런 천적이 사라짐으로써 해충 문제는 점점 더 심각해졌고, 새로운 해충들이 출현하기에 이르렀다. 그전까지 포식자들이 억제해온 곤충들이었다. DDT와 그 유사 물질들이 환경에 수십 년 동안 잔류하면서 먹이사슬을 따라서 축적된다는 사실도 명확해졌다. 애벌레가 명금류에게 먹히고, 명금류가 매에게 먹히는 식으로 먹이사슬을 따라 올라가면서 독성 물질은 점점 누적되었다. 포식자와 우리 인간 모두 지방 조직에 그런 살충제가 대량으로 쌓이게 된 것이다. 이러한 물질들은 고농도에서는 사망을, 저농도에서는 암, 자연 유산, 불임을 일으킨다. 특히 영향을 받은 동물은 매와 독수리 같은 맹금류였다. 맹금류는 알껍데기가 얇아지면서 부화하기 전에 알이 대부분 깨지고 말았다.

『침묵의 봄』이 출간된 뒤로 레이철 카슨은 농화학 업계와 그들이 고용한 로비스트들의 공격에 시달렸다. 그들은 그녀를 정신병자나 공산주의자라고 부르는 등 사적인 공격까지 퍼부었다. 업계는 소책자를 펴내고, 항의하고, 그 책을 발행한 출판사에 법적 조치를 취하겠다고 위협하며 반대 운동을 펼쳤다. 그러나 결국에는 카슨이 이겼다. 안타깝게도 1964년에 암으로 세상을 떠나는 바람에 생전에 승리를 보지는 못했지만 말이다. 미국은 1972년, 유럽은 1978년, 세계적으로는 2004년에 DDT의 사용이 금지되었다. 말라리아 방제에 국한해서 쓸 때만이 예외로 지정되었다. 그러나 지금도 흙과 강을 조사하면 그 화학 물질이 여전히 잔류해 있음을 알 수 있다. 아기에게 모유를 먹이는 데에 엄청난 혜택이 있다는 점은 두말할 나위가 없지만, 우려스럽게도 때로 사람의 모유에도 DDT와 그 유사 물질이 함유되어 있다. 오스트레일리아, 멕시코, 우크라이나, 카나리아 제도 등 다양한 지역에서 이루어진 연구를 토대로 할 때, 인간의 모유는 대개 소의 우유보다 유기 염소계 농약 농도가 10-20배 더 높다(그리고 PCB 농도는 훨씬 더 높다). 사람이 음식을 먹이기 때문에, 사람의 아기는 먹이사슬의 정점에 있다. 결국 DDT는 음메에에게 그리 좋은 것이 아닌 셈이다.

DDT 이야기는 이쯤한다손 치더라도, 게르하르트 슈라더가 발명한 유기 인산계 농약도 농민의 건강에 극도로 해롭다는 사실이 드러났다. 신경 작용제 연구에서 출발했으니 추측 가능한 일일지도 모르겠다. 이런 화학 물질을 탄 물로 양을 씻기던 농민들은 특히 다양한 급성 및 만성 건강 문제에 시달렸다. 현재 선진국들은 대부분—전부는 아니다—의 유기 인산계 농약의 사용을 금지하고 있지만, 개발도상국들에서는 여전히 널리 쓰이고 있다.

오늘날 농약 사용을 옹호하는 이들은 최신 농약이 금지된 기존 농약보다 사람과 환경에 훨씬 안전하다는 주장을 펼친다. 이 견해는 수십 년 동안 별다른 문제 제기 없이 널리 통용되어온 듯하다. 보전주의자들과 독립적인 과학자들이 그 문제가 이미 해결되었다고 받아들여 왔다니, 생각할수록 오싹해진다. 그들은 레이철 카슨이 승리했다고 믿었다. "야생생물"과 "농약"이라는 단어로 세계 과학 문헌 데이터베이스를 검색하면, 『침묵의 봄』이 출간되고 1963년부터 1990년까지의 논문이 29편에 불과하다(대조적으로 1990년 이후에는 1,144편이 검색된다). 본질적으로 보전주의자와 과학자는 모두 이 주제를 외면했다. 카슨은 전투에서는 이겼을지 모르지만, 전쟁에서는 아니었다.

농약이 환경에 미치는 영향을 우려하는 목소리가 다시 출현하기 시작한 시기는 1990년대라고 할 수 있다. 당시 프랑스 양봉업자들은 새로운 살충제인 이미다클로프리드를 뿌린 해바라기 밭 주변에서 꿀벌 군집이 죽어간다고 항의하기 시작했다. 이미다클로프리드는 네오니코티노이드라는 새로운 종류의 화합물에 속한 첫 번째 살충제였다. 이 이름은 당시에는 대다수 사람들에게 아무런 의미도 없었지만, 나중에 꿀벌 감소와 연관되면서 악명을 떨치게 되었다. DDT와 유기 인산 화합물처럼 네오니코티노이드 역시 곤충의 뇌를 공격하는 신경독소이지만, 이전에 나온 물질들보다 훨씬 강력하다. 이 살충제는 DDT의 7,000분의 1에 불과한 양으로도 꿀벌을 죽일 수 있다.

프랑스 농민들은 호전적인 행동으로 유명하다. 그보다 몇 년 전에는 값싼 수입 식량에 항의하기 위해서 영국 양을 실은 트럭에 불을 질렀을 정도이다. 그러나 프랑스 양봉업자들은 꿀벌처럼 차려입고서 파리를 행진하기까지 했음에도 오랫동안 외면당했다. 그러다가 10년 뒤, 미국의 꿀벌들이 대규모로 죽어나가기 시작했다. 이 현상에는 "군집 붕괴 현상colony collapse disorder"이라는 이름이 붙었다. 꿀벌 성체가 일종의 꿀벌판 "무아지경"에 빠져서 벌집 구성원들이 죽든 말든 놔두고 떠나는 사례가 다수 보고되었다. 통계 자료는 엄청나고 충격적이었다. 북아메리카의 모든 꿀벌 군집 가운데 약 3분의 1인 80만 개가 2006-2007년 겨울에 사라졌고, 다음 해에도 거의 같은 수가 자취를 감추었다. 언론의 관심이 쏟아졌고, 벌이 멸종할지도 모른다는 추측까지 제기되었다. 정확한 원인은 규명되지 않았으나, 바이러스 질병, 피를 빠는 기생 진드기인 꿀벌응애, 휴대전화 신호, 외계인의 납치, 켐트레일(chemtrail, 비행운이 건강에 치명적인 성분을 지닌다고 보는 이들이 붙인 이름/옮긴이), 먹이 부족, 농약 등이 원인이라는 다양한 이론이 발표되었다. 그리고 이윽고 북아메리카와 유럽의 연구실들에서 "벌 위기"의 원인을 파악하고자 하는 연구 계획들이 수립되었다.

이런 일은 프랑스와 아메리카에서만 일어난 것이 아니다. 2008년 봄 독일에서도 대량 중독으로 꿀벌 군집 수천 개가 사라졌다. 이런 죽음은 정확히 농민들이 옥수수 씨를 뿌린 시점에 일어났는데, 거의 예외 없이 네오니코티노이드 살충제를 입힌 씨들이었다. 후속 조사로 씨 코팅 과정이 문제였다는 사실이 드러났다. 씨에 살충제를 입히면서 땅에 뿌렸는데, 그때 유독한 먼지구름이 피어나서 퍼진 것이다. 업계는 그 문제를 재빨리 해결했지만, 꿀벌 감소의 원인을 이해하고자 애쓰던 나 같은 과학자들은 이윽고 네오니코티노이드에 주목하게 되었다(우리 과학자들은 뭔가를 납득하기까지 시간이 걸린다). 그때쯤 유럽과 북아메리카의 거의 모든 경작지에서는 네오니코티노이드를 입힌 씨를 파종하고 있었다. 그렇다면 프랑스 양봉업자들의 주장이 옳았던 것이 아닐까?

네오니코티노이드는 전신성全身性이다. 즉, 식물의 모든 부위로 운반된다. 종자 코팅제로 쓸 경우, 네오니코티노이드는 일단 씨가 축축한 흙에 뿌려지면 코팅이 녹도록 되어 있다(이 화학 물질은 수용성이다). 씨는 싹이 터서 자라면서 이 독소를 빨아들이며, 독소는 식물체 전체로 퍼져서 해충을 막는다. 아주 좋은 방법처럼 들린다. 미리 코팅된 씨를 사기만 하면 살충제를 사용할 필요조차 없다. 이 새 화학 물질이 도입될 때에 뻔히 보였을 것이 분명함에도 불구하고 그 누구도 걱정하지 않은 듯한 문제가 있다. 바로 무엇인가가 식물의 모든 부위로 퍼진다면, 당연히 꽃가루와 꽃에도 들어가리라는 사실이다. 물론 유채와 해바라기 같은 작물은 꽃가루받이를 필요로 하며, 많은 종류의 벌이 찾는다. 따라서 작물에 꽃이 피면 모두가 살충제를 빨아들이게 될 수도 있다.

2000년대 초, 코팅 처리된 작물의 꿀과 꽃가루에 정말로 몇 ppb(10억 분의 1) 수준으로 미량의 네오니코티노이드가 들어 있다는 사실이 분석을 통해서 드러났다. 그러자 그런 농도가 해를 끼칠 수준인지를 둘러싸고 논쟁이 벌어졌다. 네오니코티노이드의 제조사인 거대 농화학 기업 바이엘(앞에서 말한 I.G. 파르벤에서 파생된 회사이다)과 스위스 기업 신젠타는 자신들의 살충제와 벌 감소 사이의 관계를 완강히 부인했다. 벌 군집이 이런 농도에 해를 입는지 검사할 실험이 필요했다. 그러나 연구비를 확보하고 실험을 하고 결과를 분석하여 학술지에 발표하기 위해서는 여러 해가 소요될 것이었다.

당시 스코틀랜드의 스털링 대학교에 있던 우리 연구진은 네오니코티노이드인 이미다클로프리드 처리를 한 유채꽃을 돌아다니는 뒤영벌 군집이 해를 입을지 여부를 연구하기 시작했다. 쉬운 일처럼 들릴지도 모르지만, 실제로는 쉽지가 않았다. 이상적인 현장 실험에는 유채 밭이 많이 필요하다. 살충제를 처리한 씨앗을 심은 밭과 처리하지 않은 씨앗을 심은 "대조군" 역할을 할 밭을 무작위로 할당해야 하기 때문이다. 그런 뒤 뒤영벌 군집을 옆에 두고서 시간이 흐르면서 건강에 어떤 변화가 일어나는지 측정한다. 많은 밭이 필요하다. 늘 설명되지 않는 변수가 있으므로, 생태 연구에는 **중복**이 매우 중요하다. 각각의 밭, 각각의 벌 군집은 조금씩 다르다. 중복이 많을수록, 이 배경 잡음과 실험 조작 때문에 생기는—이 사례에서는 살충제 노출로 생기는—패턴을 식별할 수 있다. 각 밭은 다른 밭들과 적어도 2킬로미터는 떨어져 있어야 한다. 벌들이 다른 밭을 오가지 못하게 막기 위해서이다. 오간다면 대조군 밭 옆에 있는 벌들이 살충제에 노출될 수 있다. 경관 전체에 네오니코티노이드 처리를 한 다른 작물이 선혀 없는 편이 이상적이다.

이런 실험을 하려면 엄청난 연구비가 필요하다. 우리는 후원자도 연구비도 없었기 때문에, 다른 접근법을 취할 수밖에 없었다. 뒤영벌 군집들을 처리군 밭과 대조군 밭(각각이 많이 중복되어 있다면 이상적일 것이다) 옆에 놓는 대신, 우리는 뒤영벌 군집에게 종자 처리를 한 유채의 꿀과 꽃가루에 들어 있는 것과 유사한 농도의 이미다클로프리드를 먹이로 주었다. 극도로 낮은 농도였다. 꽃가루와 꿀 각각에 겨우 6ppb와 0.7ppb가 들어 있었다. 벌 군집이 농약 처리된 유채 밭 가까이에 있다면 어떻게 될지를 모사하기 위해서 2주일 동안 벌에게 오염된 먹이를 준 다음, 그 75개의 벌집을 대학 교정에 내놓은 뒤에 알아서 살아가도록 했다. 우리는 매주 벌집의 무게를 쟀고, 새 여왕이 몇 마리나 생기는지 셌다. 뒤영벌 군집은 여름이 끝날 무렵 죽지만, 모든 일이 순탄하게 진행된다면 새로운 젊은 여왕을 남기고, 여왕들은 다음 해 봄에 각자 자기 군집을 만들기 시작할 것이었다.

자료를 모으고 분석하자, 결과가 아주 명확히 드러났다. 살충제에 노출된 벌집은 대조군 벌집(오염되지 않은 먹이를 준 둥지를 뜻한다)보다 아주 작았고, 새 여왕을 85퍼센트 더 적게 생산했다. 이는 물론, 다음 해에 뒤영벌 벌집의 수가 훨씬 적어진다는 의미였다. 우려되는 결과였다. 기쁘게도 권위 있는 학술지 『사이언스』가 2012년 초에 우리의 논문을 채택했다.

우리의 논문은 프랑스 아비뇽의 미카엘 앙리 연구진의 논문과 함께 게재되었다. 그들은 네오니코티노이드가 꿀벌의 항법 능력에 영향을 미친다는 사실을 발견했다. 그래서 일벌이 먹이를 찾으러 나왔다가 집으로 돌아가는 길을 잃는다는 것이었다. 우리가 볼 때, 두 연구 결과는 네오니코티노이드 종자 코팅이 정말로 벌에게 해를 끼칠 수 있다는 명확한 증거를 제시하는 듯했고, 그 연구 결과는 전 세계에 보도되었다.

내 생각이 너무 순진했다는 사실은 머지않아 드러났다. 농약 논쟁이라는 세계에 막 뛰어든 풋내기였던 나는 농약 업계의 역공에 맞설 준비가 되어 있지 않았다. 그들은 우리의 발견을 폄하하는 일에 나섰고, 이내 우리의 실험이 비현실적이라고 주장했다. 벌에게 자연스럽게 작물을 먹도록 하기보다는 먹이를 줌으로써, 사실상 오염된 먹이를 억지로 먹였다는 지적이었다. 그들은 우리 연구와 프랑스 연구 모두 비현실적으로 고용량의 농약을 먹었다고 말했다. 우리가 택한 용량이 유채꽃의 꽃가루와 꿀에 든 네오니코티노이드 농도의 분석 자료를 그대로 따랐음에도 그랬다. 온라인에는 내가 어떤 주장이든 돈을 받고 증거를 조작할 의향이 있는 "어용 과학자"라면서 과학자로서 내 명예를 훼손하려고 드는 비방 기사들이 실렸다(실제로 우리 연구는 어느 누구의 지원도 받지 않았다).

다행히도 유럽 의회는 우리의 연구 결과를 진지하게 받아들였다. 그들은 유럽 식품안전청의 과학자들에게 해당 문제를 검토한 뒤에 보고하라고 요청했다. 모든 증거를 검토하는 데에는 거의 1년이 걸렸지만, 2013년에 과학자들은 네오니코티노이드를 꽃이 피는 작물—밀과 보리처럼 바람으로 꽃가루를 옮기는 작물이 아니라 곤충을 꾀어서 꽃가루를 옮기는 유채와 해바라기 같은 작물—에 쓰는 것이 꽃가루 매개자에게 상당한 위협을 가할 수 있다고 보고했다. 매우 믿음직하게도 유럽 의회는 꽃이 피는 작물에 네오니코티노이드를 사용하지 못하게 금지하자는 안을 내놓으며 발 빠른 조치를 취했다. 그리고 조금 당혹스럽게도, 영국은 처음에 반대했지만 결국 2013년 12월에 금지법을 통과시켰다.

그런 와중에도 과학은 계속 발전하고 있었다. 새로운 실험 결과들이 발표되었고, 그중에는 우리가 할 수 없었던 대규모 야외 실험 결과도 있었다. 2015년 스웨덴의 생태학자 마이 룬들뢰프 연구진은 대규모 연구를 통해서 실제로 화학 처리를 한 씨를 뿌린 유채밭 옆에 둔 뒤영벌 군집이 대조군 밭 옆에 둔 군집보다 훨씬 좋지 않은 결과를 얻었다고 발표했다. 3년 전 우리가 발표한 내용과 거의 동일하게, 새로 생기는 여왕의 수가 85퍼센트나 감소한 것이다. 연구진은 뒤영벌뿐 아니라 독립 생활을 하는 가위벌과 꿀벌 군집이 받는 영향도 살펴보았다. 화학 처리된 밭 옆에 사는 가위벌은 아예 번식을 하지 못한 반면, 꿀벌 군집에는 유의미한 효과가 나타나지 않았다.

스웨덴의 연구로부터 2년 뒤에는 더욱 대규모의 국제적인 연구 결과가 발표되었다. 영국, 독일, 헝가리의 밭에서 이루어진 이 대규모 연구는 영국 생태수문학 센터의 벤 우드콕 연구진이 수행했다. 그들은 농화학 업계 자체로부터 280만 파운드를 지원받았고, 미리 실험 절차에도 동의를 받았다. 업계의 입장에서는 꽃피는 작물에 대한 네오니코티노이드 사용을 금지한 유럽의 조치를 뒤엎으려는 마지막 시도였다. 그러나 이 연구에서도 유채의 네오니코티노이드가 뒤영벌 군집과 가위벌에게 해롭다는 결과가 도출되었다. 영국과 헝가리에서는 이 살충제가 꿀벌에게 측정 가능한 수준으로 해를 끼친다는 점이 발견되었다. 반면 독일에서는 그렇지 않았는데, 꿀벌이 작물에서 멀리 떨어져 있는 야생화를 주로 찾기 때문이었던 듯하다.* 연구비를 후원한 바이엘과 신젠타는 자신들이 앞서 동의했던 실험 방법 자체를 비판하고, 결과가 확정적이지 않다고 목소리를 높였다. 그러고는 연구

---

* 이런 연구들이 공통적으로 보여주는 한 가지 사실은 꿀벌보다 뒤영벌과 뿔가위벌 같은 야생벌이 이런 농약에 더욱 심한 피해를 입는 듯하다는 점이다. 이유는 확실히 알 수 없지만, 주류 이론은 일벌의 수가 5만 마리까지 이르는 훨씬 더 큰 군집을 이루는 꿀벌은 일부 개체가 농약에 죽어도 대처할 수 있기 때문이라고 본다. 반면 뒤영벌 군집은 일벌이 기껏해야 수백 마리에 불과하고, 뿔가위벌은 암컷이 홀로 벌집을 돌보므로 암컷이 무슨 일을 당하면 벌집 자체도 사라진다.

진이 입맛에 맞는 데이터만 취사선택했다고 비난하면서 재빨리 그 연구와 거리를 두었다. 벤 우드콕은 언론 인터뷰에서 이렇게 반박했다. "왜 나를 거짓말쟁이로 모는지 도무지 납득이 되지 않는다."

지금도 네오니코티노이드 제조사들은 자사의 살충제가 해충을 죽이는 효과가 뛰어난 반면, 벌처럼 이로운 곤충들에게는 전혀 해를 끼치지 않는다고 주장한다. 산더미처럼 쌓인 증거들은 반대로 말하고 있는데 말이다. 그들의 태도를 볼 때면 "이중 사고Doublethink"라는 단어밖에 떠오르지 않는다. 서로 모순되는 믿음을 동시에 받아들이는 현상을 가리키는 말인데, 이는 조지 오웰의 소설 『1984』에서 모든 충성스러운 당원들이 지녀야 하는 능력이다.

벤 우드콕과 마이 룬들뢰프가 대규모 야외 실험을 진행할 때, 네오니코티노이드가 군집이 아니라 개별 벌의 행동과 건강에 미치는 영향을 더욱 상세히 살펴보고 있던 과학자들이 있었다. 벌을 죽이는 데에는 극히 미량의 네오니코티노이드로도 충분하다. 독성은 LD50이라는 척도로 측정하는데, 이는 "50퍼센트가 사망하는 용량"이다. 즉 동물에게 투여했을 때, 그중 절반이 죽는 용량이다. 대다수 네오니코티노이드류의 LD50은 꿀벌에게 약 40억 분의 1그램이다. 어떤 기준으로 보아도 많다고는 할 수 없다. 그러나 그보다 더 적은 양도 미묘하지만 중요한 "준치사sublethal" 효과를 일으킬 수 있다는 증거가 발견되기 시작했다. 우리는 이미다클로프리드가 벌의 항법 능력에 미치는 효과를 살펴본 미카엘 앙리의 2012년 연구로부터, 꿀벌에게 LD50 용량의 3분의 1만 투여해도, 집으로 돌아가는 길을 찾는 능력이 현저히 저하될 수 있다는 사실을 알았다. 이는 직관적으로 와닿는다. 우리 몸에도 신경 독소가 준치사량으로 들어오면 어질어질하고 몽롱하며 집을 제대로 찾아가지 못할 테니까 말이다. 꿀벌에게는 온종일 꽃밭과 벌집 사이를 오가면서 먹이를 운반하는 것이 일이므로, 길을 찾지 못하면 재앙이 닥친다. 더 이상 군집에 기여하지도 못하고, 벌집 바깥에서는 오래 살아남지도 못할 것이다. 이것이 "벌 무아지경"을 설명할 수 있을까?

설상가상으로, 네오니코티노이드의 준치사량이 다른 해로운 영향들도 끼친다는 새로운 연구 결과들이 발표되었다. 가령 먹이의 네오니코티노이드 함량이 1ppb에 불과해도 벌의 면역계에는 이상이 생겨서 날개변형 바이러스(날개가 뒤틀려서 날 수 없게 만든다) 등 반갑지 않은 바이러스에 더 취약해진다. 또한 발생 중인 유충 때든 성충 때든, 미량의 네오니코티노이드는 군집의 성공에 대단히 중요한 능력인 어느 꽃이 가장 많은 보상을 안겨주는지를 배우고 기억하는 능력에 지장을 초래하는 듯하다. 이런 준치사량은 여왕벌의 알 수와 기대 수명을 줄이고, 수벌의 생식력도 떨어뜨리며, 성체가 알과 애벌레를 돌보는 시간도 줄인다. 새 농약이 벌에 해로울 가능성이 있는지를 확인하기 위해서 정상적으로 수행되는 정규 검사 중에는 이런 준치사 효과를 살펴보는 과정이 전무하다.

EU가 꽃이 피는 작물에 대한 네오니코티노이드 사용을 금지했으니, 적어도 유럽에서는 이 문제가 끝났을 것이라고 생각할지도 모르겠다. 벌이 이런 화학 물질에 노출되지 않으면, 현실 세계에서 치사량이나 준치사량 효과가 나타날 리가 없지 않을까? 불행히도 문제는 그렇게 단순하지 않다. 작물의 씨앗에 농약을 입히는 것은 적절히 쓰기만 한다면 농약을 효율적으로 사용하는 방법처럼 보인다. 예전에는 농약을 대개 트랙터에 붙인 장대로 분사했고, 그럴 때 분사액이 경작지 바깥의 산울타리, 정원, 자연보전구역까지 퍼져나갈 가능성이 있었다. 제조사들은 농약을 종자 코팅제로 이용한다면 해충만 더 콕 찍어서 없앨 수 있다고 광고했다. 이 말 자체는 꽤 설득력이 있어 보였기 때문에 사실로 널리 받아들여졌다. 그러나 유감스럽게도 이는 사실이 아니었다.

2012년 미국의 과학자 크리스천 크룹케는 농약 처리된 씨를 심은 경작지 옆에서 자라는 야생 민들레에 네오니코티노이드가 들어 있다는 연구 결과를 발표했다. 그 논문을 읽을 때, 내 머릿속에서는 경보음이 울리기 시작했다. 농약이 작물에 달라붙어 있다면, 어떻게 주변의 야생화에 흡수될 수 있었을까? 나는 덜 알려진 과학 문헌들을 훑은 끝에 바이엘 직원들이 발표한 논문을 1편 찾아냈다. 씨 코팅제를 작물이 흡수하는 비율이 어느 정도인지를 정량적으로 분석한 논문이었다. 활성 성분의 흡수율은 작물의 종류에 따라서 약 1퍼센트에서 20퍼센트까지 크게 달랐고, 평균은 겨우 5퍼센트였다. 그에 비해서 트랙터로 농약을 살포할 때에는 활성 성분이 30퍼센트 이상 쉽게 작물에 흡수될 수 있었다. 그렇다면 네오니코티노이드 종자 코팅제 중 평균 95퍼센트가 원래 의도한 곳으로 가지 않았을 때, 이것들은 대체 어디로 향했을까?

이후 이탈리아에서 이루어진 연구에서 그 농약이 종자에 제대로 달라붙어 있을 때에도 약 1퍼센트는 종자를 심는 과정에서 먼지로 흩날린다는 사실이 밝혀졌다. 이탈리아 연구진은 이 먼지가 근처를 날아다니는 모든 꿀벌에게 치명적임을 알아냈다.

농약의 나머지 94퍼센트가 어디로 갔는지도 알아야 했다. 물론 어디로 가는지는 꽤 명백했다. 흙과 지하수였다. 많은 네오니코티노이드가 작물에 흡수되지 않는다면, 그리고 바람에 날려가는 것도 아니라면, 아마 흙에 남아 있을 것이었다. 이는 또다른 질문들로 이어졌다. 그것이 흙에, 한 예로 토양을 건강하게 유지하는 데에 기여하는 온갖 수많은 작은 생물들에게 해를 끼치지 않을까? 흙에 얼마나 오래 남아 있을까? 토양수를 오염시키고 하천으로 흘러나가지 않을까?

2013년 나는 이미다클로프리드에 관한 두껍고 잘 알려지지 않은 EU 보고서에 숨어 있던 증거를 찾아냈다. 보고서에는 이미다클로프리드가 토양에서 아주 느리게 분해되기 때문에, 농약 처리한 밀 씨를 해마다 계속 심는다면 시간이 흐를수록 화학 물질이 축적된다는 내용이 담겨 있었다. 이는 바이엘이 1992년부터 6년 동안 수행한 연구였는데, 농약 규제 당국은 15년이 넘도록 그 연구의 중요성을 알아차리지 못했던 듯하다. 나 역시 미국의 누군가로부터 그 700쪽의 서류를 살펴보라는 익명의 메일을 받은 뒤에야 그것을 직접 읽고 이 사실을 깨달았다.

농약의 잔류성은 매우 좋지 않은 속성이다. 분해되는 데에 여러 해가 걸린다면, 원래 해를 끼치려고 의도하지 않은 것들과 접촉할 가능

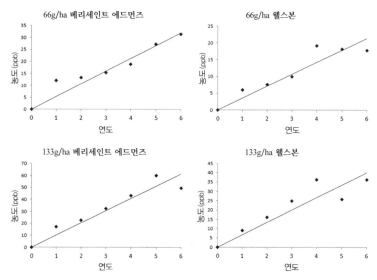

토양의 네오니코티노이드 살충제 축적 1991-1996년 매해 가을에 살충제 처리를 한 겨울밀 종자를 뿌린 흙에서 검출된 네오니코티노이드류 이미다클로프리드의 농도. 두 조사지 모두 영국에 있었다. 첫해를 제외한 헥타르당 이미다클로프리드 처리량은 66그램과 133그램이었다. 베리세인트 에드먼즈는 56그램, 웰스본은 112그램이었다. 2006년 "EU 이미다클로프리드 평가 보고서" 초안에 실린 이 자료는 시간이 흐를수록 이 화학 물질이 축적된다는 사실을 명확히 보여준다. 그런데 어찌된 일인지, 이 보고서는 해당 자료로부터 "이 화합물이 토양에 축적될 가능성이 전혀 없다"는 결론을 내린다.

성이 훨씬 높아진다. 화학 물질이 잘 분해되지 않으면 그것을 뿌릴 때마다 축적이 된다. 그 결과 시간이 흐를수록 환경에 있는 독소의 양이 점점 더 많아지면서 상황은 더욱더 나빠진다. DDT가 결국 금지된 주된 이유 가운데 하나도 바로 오래도록 잔류한다는 사실에 있었다. 네오니코티노이드가 흙에 쌓인다면, 모든 토양 생물은 1년 내내 그 농약에 심하게 노출될 것이다. 네오니코티노이드가 수용성이므로, 경작지에서 인접한 땅으로, 도랑과 하천으로 흘러나가리라고도 예상할 수 있다. 크리스천 크룹케의 연구에서 그 농약이 민들레에까지 흡수된 이유도 이것으로 설명할 수 있을지 모른다. 흙이 오염된다면, 야생화의 뿌리가 작물의 뿌리만큼 쉽게 그 농약을 빨아들일 수 있지 않을까? 그 농약이 야생화에도 들어 있다면, 꽃피는 작물에 대한 사용을 금지한 EU의 조치는 벌이 그 농약에 노출되는 일을 막는 데 역부족일지도 모른다.

내 연구로 돌아가보자. 2012년에 네오니코티노이드가 뒤영벌에게 미치는 효과를 다룬 논문을 발표한 직후 나는 스코틀랜드에서 영국 남해안에 있는 서식스 대학교로 이직했다. 자리를 옮긴 뒤, 아주 운 좋게도 연구비를 따낼 수 있었다. 영국 환경식품농업부와 생명공학 생명과학 연구위원회 양쪽에서 네오니코티노이드의 환경 잔류 양상과 가능한 피해를 연구할 수 있는 지원을 거의 동시에 받았다. 마침내 이런 농약을 연구할 자금을 조금 확보한 셈이다. 나는 박사후 연구원 2명을 채용했다. 웨스트컨트리 출신의 늘 유쾌하고 활동적인 베스 니킬스와 스페인에서 온 과묵하고 사려 깊고 세심한 크리스티나 보티아스였다. 두 사람은 네오니코티노이드가 환경에서 어디로 가고, 거기에서 무엇을 하는지를 상세하게 밝혀냈다.

크리스티나는 야생화에 초점을 맞추었다. 그녀는 서식스에서 경작지의 가장자리와 산울타리에 자라는 다양한 꽃으로부터 손으로 꽃가루와 꿀을 직접 채집하면서 많은 시간을 보냈다. 우리는 미국에서 민들레가 오염된 일이 그저 우연의 소산인지, 아니면 보다 일반적인 양상을 대변하는지 알고 싶었다. 크리스티나는 야생화가 자라는 경작지 가장자리의 토양 시료도 수백 개 채취했다. 여간 귀찮은 일이 아니었다. 꿀을 채취하려면 각 꽃의 꿀샘 안으로 미세한 유리관을 조심스럽게 집어넣어서 "모세관 작용"*으로 꿀이 빨려들도록 해야 했다. 꽃하나에서 나오는 꿀은 수천 분의 1밀리미터에 불과하므로, 화학 분석을 할 만큼 충분히 모으려면 수백 송이의 꽃에서 채취를 해야 했다. 또 그녀는 꽃들을 한 아름씩 따와서 말린 뒤 조심스럽게 붓으로 쓸어서 꽃가루를 시험관에 떨구는 방식으로 꽃가루도 채집했다. 그런 손이 많이 가는 일 자체도 힘든데, 꽃가루 알레르기가 생기는 바람에 더욱 힘들어졌다. 결국 그녀는 야외에서 채집을 할 때면 늘 마스크를 쓰고서 눈이 빨갛게 퉁퉁 부은 채로 돌아다녀야 했다.

크리스티나가 각고의 노력 끝에 채집한 것들을 분석한 결과는 염려를 일으켰다. 밭 가장자리의 토양, 야생화의 꽃가루와 꿀에는 작물에만 있다는 네오니코티노이드가 들어 있는 경우가 흔했다. 양귀비, 나무딸기, 어수리, 제비꽃, 물망초, 물레나물, 엉겅퀴 등에 모두 이 살충제가 함유되어 있었다. 농도는 아주 다양했지만, 살충제 처리를 한 유채 작물보다 훨씬 **높을** 때도 많았다. 한 예로 일부 돼지풀과 양귀비 꽃가루의 네오니코티노이드 농도는 우리가 스코틀랜드에서 뒤영벌 실험을 할 때 썼던 농도(농약 업계가 비현실적으로 높다고 주장했던 농도)의 10배 이상이었다. 처음에는 의아했지만, 돌이켜보니 예상할 수 있

---

* 모세관 작용은 부착력을 통해서 액체가 좁은 공간으로 흘러드는 현상을 가리킨다. 좁은 통로를 따라서 위로도 올라갈 수 있다. 휴지가 물을 빨아들이고, 녹은 촛농이 양초의 심지를 타고 올라가는 것도 모세관 작용으로 설명된다.

었던 결과였다. 네오니코티노이드가 작물이 자라는 밭의 흙과 물에 쌓인다면, 밭의 가장자리로 스며나오리라는 점은 예상 가능하다. 이미 우리는 작물마다 뿌리로 빨아들이는 네오니코티노이드의 양이 크게 다르다는 사실을 알기 때문에, 야생화도 종류마다 농도가 다를 것이라고 추측할 수 있다. 아마 양귀비와 돼지풀은 그저 흙에서 이런 화합물을 아주 잘 빨아들이는 것이 아닐까?

어떤 식으로 설명하든, 2013년 EU가 꽃피는 작물에 대한 네오니코티노이드 사용을 금지했다고 해도 벌이 그 살충제에 노출되는 일을 막지 못한다는 점은 아주 간명했다. 게다가 영국에서는 2013년 금지 조치 이후에 네오니코티노이드 총 사용량이 사실상 더 늘어났다. 벌이 꾀지 않는 밀 같은 곡류에 살포하는 양이 대폭 증가했기 때문이다. 곡류에 쓰는 네오니코티노이드가 야생화로 흘러들어가고 있다면, 꽃을 찾는 벌을 비롯한 온갖 곤충들은 여전히 큰 위험에 노출된 상태이다. 꿀벌이 먹이를 모으기 위해서 이 꽃 저 꽃을 들르는 것은 러시안 룰렛의 꿀벌판이나 다름없어 보인다. 어떤 꽃에는 살충제가 없는 반면, 어떤 꽃에는 고농도의 살충제가 들어 있는데, 꿀벌에게는 그것들을 구별할 방법이 없다.*

다행히도 손으로 직접 따 모으는 것보다 넓은 면적에서 훨씬 쉽게

---

* 뉴캐슬의 게리 라이트 연구진은 벌이 생리적으로 네오니코티노이드의 맛이나 냄새를 느낄 수 없지만, 설탕물에 네오니코티노이드를 탄 먹이와 타지 않은 먹이 중에서 고르게 했을 때 독이 든 먹이를 마시는 쪽을 택한다는 사실을 보여주었다. 일부에서는 흡연자가 니코틴에 중독되는 것과 마찬가지로 이를 벌이 이 농약에 중독될 수 있다는 증거라고 해석하기도 한다.

꿀과 꽃가루를 채집하는 방법이 있다. 크리스티나가 알아차렸듯이, 인간은 그 일을 하는 쪽으로는 절망적일 만큼 비효율적이다. 반면 벌은 꽃에서 보상을 얻어내는 방면으로는 대가이다. 그들은 1억2,000만 년 동안 꽃가루와 꿀을 모아왔다. 눈과 더듬이는 꽃의 색깔과 향기를 찾아내는 쪽으로 완벽하게 맞추어졌고, 몸은 꿀과 꽃가루를 효율적으로 모을 수 있도록 진화했다. 배에는 늘어나는 "꿀 주머니honey stomach"가 있어서, 자기 몸무게만큼 꿀을 담을 수 있다. 몸을 뒤덮은 갈래갈래 늘어진 털들에는 꽃가루가 달라붙는다. 벌은 다리에 달린 빗으로 능숙하게 꽃가루를 쓸어서 뒷다리에 있는 주머니에 모은다.*

따라서 벌은 농약만이 아니라, 많은 유형의 환경 오염을 검출할 수 있는 강력하면서 효과적인 도구가 될 수 있다. 벌 군집은 대개 집에서 약 1.5-3미터까지 경관 전체로 수백에서 수천 마리의 일벌을 보내며, 일벌들은 수많은 꽃을 다니면서 부지런히 모은 꽃가루와 꿀을 가지고 돌아온다. 따라서 과학자들은 그 꽃가루와 꿀을 슬쩍 빼돌려서 연구에 활용할 수 있다. 바로 여기에서 운 좋게 이 연구 과제에 끌어들인 박사후 연구원인 베스가 등장한다. 그녀의 연구 과제에는 뒤영벌과 꿀벌 군집을 조사 지역에 가져다놓고서 벌이 모으는 꿀과 꽃가루 주머니에 담아온 꽃가루를 표본 채집하는 일이 포함되어 있었기 때문이다.

---

* 꿀벌과 뒤영벌은 꽃가루주머니가 있지만, 꽃가루를 다른 식으로 옮기는 벌도 있다. 구멍애꽃벌은 꽃가루를 삼킨 뒤 벌집에서 게워내고, 뿔가위벌과 가위벌은 털이 수북한 배에 꽃가루를 묻혀서 운반한다.

크리스티나와 베스가 택한 두 접근법은 각각 장단점이 있다. 벌들이 모은 꿀을 채취하는 편이 꽃에서 꽃가루와 꿀을 채집하는 방법보다 훨씬 쉽지만, 벌들이 정확히 어디에서 그것들을 모았는지를 모르므로 잔류한 농약이 정확히 어떤 먹이에서 왔는지를 알기가 불가능하다. 꽃가루는 식물 종마다 모양과 크기가 달라서 현미경으로 들여다보면 어떤 식물에서 왔는지를 대강 파악할 수 있지만, 그 꽃가루를 만드는 식물이 어디에서 자라는지는 전혀 알 수 없었다. 그러나 농약이 벌에게 어떤 효과를 미치는지에 관심이 있는 우리에게 이 접근법은 자유롭게 날아다니는 벌이 실제 세계에서 농약에 노출되는 농도가 얼마인지를 정확히 알려주었다.

베스와 크리스티나의 연구를 종합함으로써, 우리는 네오니코티노이드가 자연에서 어떻게 움직이는지를 꽤 정확히 파악할 수 있었다. 그중 상당수는 흙으로 들어가서 여러 해 동안 잔류함이 분명했다. 크리스티나의 토양 표본에는 최초로 판매된 네오니코티노이드인 이미다클로프리드도 종종 들어 있었다. 농민들이 쓰지 않은 지 몇 년이 흐른 뒤에 그녀가 표본을 채집했음에도 그러했다(이미다클로프리드는 더 새로운 네오니코티노이드인 클로티아니딘과 티아메톡삼에 밀려났다).* 네오니코티노이드는 밭 가장자리로 스며들어서 야생화와 산울타리 식물에 흡수되고 있었다. 따라서 경작지 야생생물을 지탱하는 데 대단

---

* 농약에는 거의 예외 없이 발음하기도 기억하기도 어려운 이름이 붙는다. 곤충보전재단인 버그라이프Buglife의 CEO 맷 샬로는 이것이 대중 논쟁을 단념시키려는 교묘한 술책이라고 본다.

히 가치가 있는 산울타리 식생에 모두 강력한 농약이 배어 있었다. 벌에게 먹이를 주기 위해서 밭 가장자리를 따라 심은 꽃들도 오염되어 있기는 마찬가지였다. 사실 벌 군집을 서식스 경관의 어디에 놓든, 그 벌이 뒤영벌이든 꿀벌이든, 그들이 모은 꽃가루와 꿀에는 으레 네오니코티노이드가 함유되어 있었다. 때로는 군집의 먹이 저장고에서 측정한 농도가 이전에 우리가 실험했던 농도보다, 즉 농약 업계에서 비현실적으로 높다고 주장했던 농도보다 훨씬 높았다. 가령 우리의 스코틀랜드 연구에서는 꽃가루에 네오니코티노이드를 6ppb로 묻혔을 때 그 살충제에 노출된 뒤영벌 둥지에서 새로 나오는 여왕벌의 수가 85퍼센트 줄어들었다. 그러자 업계 대변인은 6ppb가 비현실적으로 높은 농도라고 주장했다. 그러나 우리가 서식스 경작지에 둔 뒤영벌 둥지에서 채집해 분석한 꽃가루는 대개 30ppb 이상의 농도로 오염되어 있었다. 분명히 해를 끼치고도 남을 농도였다.

베스와 크리스티나는 꿀벌이 다리에 묻혀서 돌아오는 꽃가루를 채취해서 식물별로 분류한 뒤, 각 식물 종의 꽃가루에 어떤 농약이 들어 있는지도 분석했다. 꿀벌 개체들은 대개 한 식물 종의 꽃가루만을 모으는 경향이 있어서, 다양한 꽃가루를 섞어서 모아오는 일이 드물다는 사실 덕분에 그나마 일이 쉬웠다. 4-5월에 주변에서 유채류 작물이 꽃을 피우고 있어도, 모아오는 꽃가루는 대부분 야생화의 것이었다. 해당 시기에는 벌들이 대부분 산사나무 꽃가루를 모았다. 그 자료는 2013년 꽃피는 작물에 대한 네오니코티노이드 사용 금지 조치가 내려지기 직전에 모은 것이었지만, 크리스티나는 꽃가루를 통해서 군집에 유입되는 네오니코티노이드 중 3퍼센트만이 작물에서 왔다고 계산했다. 충격적이게도, 나머지 97퍼센트는 야생화의 꽃가루에서 왔다.

2015년 크리스티나의 연구 결과가 발표되자, EU는 다시금 눈에 띄게 적극적인 반응을 보였다. 2013년의 금지 조치는 벌이 이런 화학 물질에 노출되지 않게 막으려는 취지였지만, 꽃피는 작물에 화학 물질을 쓰지 못하게 막는 것만으로는 부족하다는 사실이 명확해졌다. 2016년 유럽 위원회는 유럽 식품안전청에 새 증거를 검토하여 보고해 달라고 요청했다. 이번에도 초점은 벌이 해를 입을 가능성에 맞춰졌다. 보고서가 나오기까지 1년이 넘게 걸렸지만, 2018년 2월에 나온 보고서는 아주 명확하게 결론을 지었다. 거의 모든 네오니코티노이드 사용이 벌에게 해를 끼칠 위험이 있다는 것이었다. 2018년 말, 유럽 전역에서 주요 네오니코티노이드 살충제 3종의 실외 사용이 전면 금지되었다.

우리는 연구비 부족으로 농경지에서 스며든 네오니코티노이드가 수생 서식지를 오염시키는 양상까지 살펴보지 못했지만, 고맙게도 다른 과학자들이 그 문제를 연구했다. 위트레흐트 대학교의 테사 판 데이크와 예룬 판데르 슬라위스는 네덜란드 정부가 모은 민물의 오염 농도 자료를 분석했는데, 강과 호수 등 하천의 네오니코티노이드 농도가 우려스러운 수준이었다. 가장 오염이 심한 지역에서는 농도가 무려 320ppb까지 나왔다. 하천의 물 자체를 살충제로 쓸 수 있는 수준이었다. 한편 캐나다에서는 서스캐처원 대학교의 크리스티 모리

시가 캐나다의 호수와 습지가 거의 전부 네오니코티노이드에 오염되어 있음을 밝혀냈다. 이 두 연구에 자극을 받아서 전 세계의 과학자들이 자신들의 지역을 살펴보기 시작하자, 곧 포르투갈에서 캘리포니아, 베트남에 이르기까지 전 세계의 호수와 강이 종종 이런 화학 물질에 지속적으로 오염된 상태라는 사실이 명확해졌다.

지금까지 조사된 모든 지역 중에서 민물의 네오니코티노이드 오염 농도가 가장 높은 곳은 네덜란드인 듯하며, 다른 지역들은 농도가 대개 1ppb 이하이다. 따라서 별것 아닌 양 들릴지도 모르지만, 불행하게도 그 농도로도 수생곤충을 충분히 죽일 수 있다. 특히 하루살이류, 날도래류, 일부 파리류는 가장 민감한 것으로 보이며, 이에 따라서 EU 당국은 민물의 네오니코티노이드계 이미다클로프리드의 "안전" 농도를 8.3ppt로 계산했다. 전 세계에서 표본 조사를 시행한 크리스티 모리시는 모든 시료 가운데 4분의 3이 이 농도를 초과했을 뿐만 아니라, 일부 시료에서는 네오니코티노이드가 6종류까지 발견되었고, 전반적으로 전 세계에서 오염 농도가 해가 갈수록 심화되고 있음을 밝혀냈다.

당연하게도 살충제 농도가 보다 높은 민물 생태계에는 무척추동물이 적은 경향이 있다. 건강한 하천과 호수에는 곤충이 우글거리며, 이 곤충들은 어류, 조류, 박쥐의 먹이가 될 수 있다. 네덜란드에서는 심하게 오염된 하천일수록 갑각류와 수생곤충이 적고, 곤충을 먹는 조류의 수도 더 빠르게 줄어들고 있다. 그러나 네오니코티노이드가 민물 생태계에 미치는 영향을 극적으로 보여주는 증거는 아마 앞에서

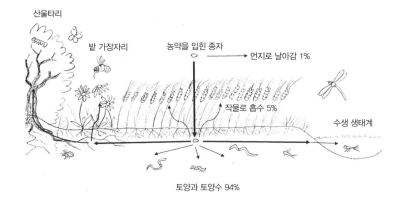

산울타리

밭 가장자리

농약을 입힌 종자

먼지로 날아감 1%

작물로 흡수 5%

수생 생태계

토양과 토양수 94%

씨 코팅제로 쓰인 네오니코티노이드 살충제가 환경에서 이동하는 양상 이 살충제 중에서 원래 의도한 방향으로, 즉 작물 안으로 들어가는 양은 평균 약 5퍼센트에 불과하다. 생산 업체인 바이엘에 소속된 과학자들이 계산한 값이다(Sur and Stork, 2003). 대부분은 토양과 토양수로 들어간다. 그리고 반복해서 쓰면 시간이 흐르면서 계속 축적될 수 있다. 그 화학 물질은 흙에서 야생화와 산울타리 식물의 뿌리로 흡수되어 잎과 꽃으로 퍼지거나, 하천으로 유입될 수 있다. 또 이 사용 방식에는 예방용일 수밖에 없다는 한 가지 근본적인 문제가 있다. 즉 농부는 살충제를 입힌 씨를 뿌리기 전에 미리 해충이 습격할지 여부를 알 수가 없다. 농약을 예방용으로 분사하는 행위는 꼭 필요할 때에만 농약을 뿌림으로써 사용량을 최소화하고자 하는 "병충해 종합 관리integrated pest management, IPM"의 모든 원칙에 반한다. 대다수의 농업학자들은 이 방식을 병충해 관리의 최적 전략이라고 본다. IPM하에서는 천적을 늘리고, 저항력이 강한 작물을 심고, 돌려짓기를 하는 등 비화학적 병충해 관리 수단들을 적극적으로 활용한다. 농약은 그런 수단들이 실패하고, 병충해가 눈에 띌 만큼 늘어날 때에만 쓴다.

언급한 일본의 신지 호수 사례일 것이다. 이 호수의 무척추동물 집단은 여러 해에 걸쳐서 상세한 모니터링이 이루어졌다. 장어와 빙어 어업에 중요하기 때문이다. 주변의 논에 네오니코티노이드를 치기 시작하자 호수로 흘러드는 하천이 그 농약에 오염되었고, 호수의 곤충, 갑각류, 기타 작은 동물들(뭉뚱그려서 동물성 플랑크톤이라고 하는)의 개

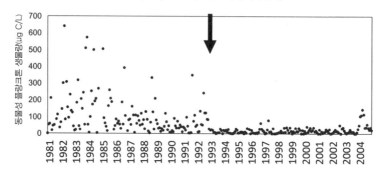

네오니코티노이드가 쓰이기 시작한 해

네오니코티노이드 오염이 호수 무척추동물에 미치는 영향 1993년 주변 논에 네오니코티노이드 살충제가 뿌려지기 시작하자 일본 신지 호수의 동물성 플랑크톤 수는 급감했다(Yamamuro et al., 2019).

체군이 순식간에 붕괴되었다. 농약 옹호자들은 이 사례가 그저 우연의 일치이며, 그 시점에 동물성 플랑크톤을 몰살시키는 다른 어떤 일이 벌어졌을 수도 있다고 주장할 것이다. 그해에 처음으로 쓰인 다른 오염 물질이 있었거나, 동물성 플랑크톤 사이에 어떤 유행병이 돌았거나 하는 식으로 말이다. 물론 그런 일도 가능하다. 그러나 가장 설득력 있는 설명이 무엇일지 스스로 생각해보라.

일본 당국은 아무런 조치도 취하지 않았고, 그 결과 신지 호수의 어획량은 적어도 20년 동안(2014년 이후에 발표된 자료가 있는지는 찾을 수가 없다) 낮은 상태로 유지되었다. 이와 대조적으로 유럽에서는 네오니코티노이드와 관련된 논의가 여러 측면에서 고무적인 방향으로 진행되었다. 과학적 증거가 쌓였고, 규제 당국이 평가를 했으며, 그 결과에 따라서 정부가 빠르게 조치를 취했다. 그러나 애초에 그런 농약들이 환경에 매우 심각한 해를 끼친다는 사실이 명확히 드러나기 전까지 25년 동안 판매되도록 허용하는 끔찍한 실수를 저질렀다는 사실 자체가 부끄러운 일이다.

2018년 유럽 식품안전청은 이런 화학 물질이 끼치는 위험을 평가하면서 준치사 효과와 야생벌(꿀벌만이 아니라)에 미치는 효과를 검사했는데, 새 농약을 승인하는 단계에서는 아직도 이런 식의 평가를 의무화하지 않고 있다. 또한 식품안전청이 유럽 전역의 과학자들과 협력하여 새 농약을 더 엄격하게 평가할 절차를 개발하고 있기는 하지만, 농약 업계는 정치인들에게 집중적으로 로비를 함으로써 그런 절차의 채택을 계속 방해하고 있다. 즉, 새 화학 물질이 판매되어 정확히 똑같은 일이 벌어지는 것을 방지할 방법이 사실상 전무하다. 최근 들어서도 새로운 농약들은 계속 시장에 출시되고 있다. 플루피라디퓨론, 설폭사플로르, 사이안트라닐리프롤 등 대개 발음하기도 힘든 이름을 가진 것들이다. 이들은 대부분 네오니코티노이드와 비슷한 특성을 지닌 강력한 신경 독소로, 사실 그중 일부는 네오니코티노이드계라고 볼 수도 있다. 앞으로 20년이 지나서 증거가 충분히 쌓이면 이런 화합물들도 금지될까?

유럽이 먼저 꽃피는 작물에, 이어서 모든 작물에 네오니코티노이드의 사용을 금지하는 적극적인 조치를 취하기는 했지만, 나머지 세계에서는 여전히 그 살충제를 쓸 수 있다. 아메리카에서는 이 종자 가루 묻힘seed dressing을 거의 보편적으로 이용하며, 비행기로 농약을 작물에 살포하는 일도 흔하다. 게다가 관상수를 옮겨 심을 때에도 먼저 농약에 푹 담그며, 파리류를 없애기 위해서 축사에도 분사한다. 2017년 스위스의 에드워드 미첼 연구진은 전 세계의 벌꿀 표본 수백 점을 분석한 새로운 연구 결과를 발표했다. 분석 결과 적어도 네오니코티노이드가 한 종류 이상 들어 있는 벌꿀이 75퍼센트에 달했고, 2–3개가 섞여 있는 벌꿀도 많았다.* 카리브 해의 퀴라소와 태평양의 타히티 같은 외딴섬에 사는 벌의 꿀에도 이런 독소들이 들어 있었다.

이 문제는 좀더 깊이 살펴볼 가치가 있다. 꿀벌은 대단히 중요한 곤충이다. 그들 중 4분의 3이 강력한 농약에 오염된 먹이를 먹고 있다는 사실은 아주 심각한 우려를 일으킨다. 물론 꿀벌에게도 아주 심각한 위협이지만, 이런 화학 물질이 다양한 치사 및 준치사 효과를 일으킨다는 점을 감안하면 그것은 꽃가루를 옮기는 모든 곤충이 전반적으로 위협을 받고 있음을 시사한다. 꿀벌은 일반종이다. 즉 아주 다양한 식물 종들로부터 꿀을 모은다. 따라서 꿀벌이 네오니코티노이드에 노출되고 있다면, 뒤영벌, 단독 생활을 하는 벌, 나비, 나방, 딱정벌레, 말벌 등도 노출된다는 의미이다. 현재 세계의 곤충 종 가운데 상당수가 곤충을 죽이도록 고안된 화학 물질에 만성적으로 노출되고 있을 가능성이 높아 보인다.

---

* 최근에 스위스의 다른 연구에서도 이런 농약이 널리 잔류하는 특성을 지닌다는 증거가 나왔다. 연구진은 스위스 집참새의 깃털에 네오니코티노이드가 들어 있는지 조사했다. 유기농 농장에 사는 개체들까지 포함하여 참새 수백 마리의 깃털을 조사했더니, 100퍼센트 모든 깃털에 적어도 한 종류의 네오니코티노이드가 들어 있었다. 한편 미국의 연구자들은 네오니코티노이드가 이주하는 흰정수리북미멧새의 항법 능력에 혼란을 일으키고 체중을 감소시킬 수 있다는 연구 결과를 내놓았다.

유럽에서도 문제는 아직 완전히 해결되지 않았다. 농민들은 자국 정부에 유예 신청을 할 수 있다. 특별 허가를 받아서 작물에 네오니코티노이드를 사용할 수 있도록 금지 조치를 일시적으로 면제받는 것이다. 신청자는 긴급한 용도이고 다른 적절한 병충해 방제 수단이 없음을 주장해야 한다. 그런데 많은 EU 정부들은 필요하다는 주장이 설득력이 있는지 조사조차 하지 않은 채 이런 유예 조치를 기꺼이 내려주고 있는 듯하다. 2017년에 EU 28개국 중 13개국에서 금지된 네오니코티노이드를 농민이 꽃피는 작물에 사용하도록 허용하는 유예 조치를 내렸다. 2021년 1월 영국 정부가 브렉시트 이후에 단행한 첫 번째 조치 가운데 하나는 환경 단체의 격렬한 항의에도 개의치 않고 사탕무에 네오니코티노이드를 쓸 수 있도록 유예해준 것이었다.

게다가 EU의 금지는 동물에 대한 사용이 제외되어 있다. 농민들은 유예 조치를 받지 않는 한 작물에는 더 이상 네오니코티노이드를 쓸 수 없지만, 사람들은 반려동물의 벼룩을 없애는 용도로는 그런 살충제를 구입할 수 있다. 애드버킷과 어드밴티지는 가장 인기 있는 벼룩 제거제인데, 둘 다 이미다클로프리드가 활성 성분이다. 경쟁 제품인 프론트라인에는 네오니코티노이드와 특성이 아주 유사한 신경 독소 살충제 피프로닐이 활성 성분으로 포함되어 있다. 반려동물에게 쓰는 양이 작물에 쓰는 양에 비하면 미미하다고 생각할지도 모르겠다. 실제로 총량이 더 적은 것은 맞지만, 한 번에 사용하는 용량이 꽤 많다. 이 벼룩 치료제들은 예방용으로, 매달 개나 고양이의 목 등에 뿌려서 피를 빠는 곤충을 막는다. 중간 크기의 개에게 한 달에 쓰는 권장 용량은 꿀벌 6,000만 마리를 죽일 수 있는 양인데, 영국에서만 개를 1,000만 마리, 고양이를 1,100만 마리 키운다는 점을 감안하면 해마다 반려동물에 이미다클로프리드와 피프로닐이 각각 몇 톤씩 쓰일 가능성이 높다.

물론 이 용도는 별 문제가 아닐 수도 있다. 벌은 대개 개나 고양이를 먹지 않으니까. 그러나 명심하자. 이런 화학 물질은 분해가 잘 이루어지지 않으며, 수용성이다. 개가 연못이나 하천에 뛰어들거나 빗속에서 돌아다니면 씻겨나간 독소의 상당량이 자연으로 유입된다. 나의 박사 과정 학생인 로즈메리 퍼킨스는 최근에 환경청에서 측정한 영국의 강 20곳의 이미다클로프리드와 피프로닐 농도 자료를 얻어서 분석했다. 그리고 몹시 우려할 만한 결과를 얻었다. 19개 강이 이미다클로프리드에 오염되어 있었고, 20개 강 전부에 피프로닐과 그 분해 산물인 다양한 독성 물질이 들어 있었다. 게다가 대부분의 강에서 농도가 수생곤충에게 안전한 수준을 훨씬 넘었다. 하수 처리 시설의 배출구 아래에서 채취한 강물은 두 화학 물질의 농도가 더 높았다. 미국의 한 연구진은 개를 목욕시키면 벼룩 치료제가 대부분 목욕물로 빠져나간다는 사실을 발견했다. 따라서 반려동물 목욕이 영국 강들의 주요 오염원일 가능성이 높다. 영국에서 농업용으로 승인을 받은 적이 없는 피프로닐은 특히 그렇다.

베스와 크리스티나가 벌이 모은 먹이에 함유된 농약을 조사할 때, 우리는 일부 뒤영벌 집을 도시 지역에 가져다놓았다. 도시와 시골의 농약 노출 양상이 어떻게 다른지 알고 싶었기 때문이다. 영국 정부는 농민의 농약 사용량은 꼼꼼하게 모니터링하고 있지만 정원사, 지역 당국, 반려동물 주인의 농약 사용량은 전혀 조사하지 않는 듯하다. 전반적으로 뒤영벌 집에 저장된 먹이의 농약 농도는 도시 지역이 시골보다 낮은 경향을 보였지만, 농약의 종류가 달랐다. 시골의 벌이 모은 먹이에는 클로티아니딘과 티아메톡삼이라는 네오니코티노이드 살충제가 가장 흔했다. 몇 년 전부터 이미다클로프리드를 대신하여 농사에 쓰이는 화학 물질들이다. 대조적으로 도시의 벌이 모은 먹이에는 주로 이미다클로프리드가 들어 있었다. 우리는 이미다클로프리드가 어디에서 나오는지를 아직 확실히 알지 못한다. 이미다클로프리드는 정원용으로 파는 많은 벌레 퇴치제의 주성분인데, 일부 정원사들이 몇 년 전에 사둔 오래된 살충제를 아직도 쓰고 있을 수 있다. 또 오래 전에 쓰인 이미다클로프리드가 흙과 식물에 여전히 잔류해 있을 수도 있다. 혹은 비가 내릴 때 개와 고양이의 털에서 살충제가 씻겨나와 정원을 오염시켰을 수도 있다. 그러나 셋 다일 가능성이 가장 높다. 각각의 상대적인 기여도를 알 수 있다면 더 좋을 것이다. 이 공급원 중 두 가지는 언젠가는 끊기겠지만, 네오니코티노이드 벼룩 치료제는 판매가 중단될 기미가 전혀 보이지 않기 때문이다.

지금까지 나는 현재도 사용되는 가장 악명 높은 살충제인 네오니코티노이드에 초점을 맞추었지만, 그 살충제는 훨씬 더 큰 현안 중에서 가장 눈에 띄는 한 부분일 뿐이다. 과학자들이 농약 문제가 1960-1980년대에 걸쳐서 DDT와 그 유사 화합물들을 둘러싼 논쟁에서 전부 다루어졌다고 여기는 실수를 저지른 것과 마찬가지로, 네오니코티노이드가 곤충에게, 더 나아가 환경 전체에 위해를 끼치는 유일한 농약이라고 여긴다면 큰 실수가 될 것이다. 일부 과학자와 환경 운동가들은 이 한 가지 주제에 모든 힘을 쏟느라 시야가 좁아져서 큰 그림을 보지 못하기도 한다. 우리는 서식스에서 벌집에 저장된 꽃가루와 꿀의 농약 농도를 조사하면서 살균제도 살펴보았는데, 대개 살충제보다 살균제가 더 흔하게 나타났다. 뒤영벌이 모은 꽃가루를 조사하자 최소 3가지, 많으면 10가지의 농약이 들어 있었다. 전 세계의 다른 연구자들도 벌이 모은 꿀과 꽃가루에서 온갖 농약을 발견했으며, 벌집의 위치와 상관없이 벌이 모은 먹이에는 거의 예외 없이 살충제, 살균제, 제초제가 복잡하게 뒤섞여 있었다. 살충제 83가지, 살균제 40가지, 제초제 27가지, 진딧물 제거제 10가지 등 벌의 먹이 창고에서는 160가지의 농약이 발견되었다.

물론 제초제와 살균제 같은 농약은 곤충에게 독성을 발휘하도록 만든 것이 아니므로 곤충에게 그다지 문제가 되지 않으리라고 예상하는 쪽이 합리적일 수도 있다. 제초제는 주로 작물 사이나 주변에 있는 잡초를 죽이기 위해서 뿌리며, 살균제는 흰가루병, 녹병, 마름병 같은 균류 질병을 방제하기 위해서 작물에 살포한다. 이런 질병들은 그냥 두면 큰 피해를 입힐 수 있다. 우기나 습한 날씨에는 더욱 그렇다. 농민들은 살균제와 제초제가 벌에게 무해하다고 여기며, 그래서 벌이 활동하는 낮에 이것들을 꽃피는 작물에 분무할 것이다(살충제는 대개 벌이 활동하는 시간에는 치지 않는다). 그러나 살균제가 실제로는 곤충에 해롭다는 증거가 발표되고 있다. 북아메리카 뒤영벌의 감소 양상을 대규모로 조사한 연구에서는 전반적인 감소 양상을 가장 잘 예측할 수 있는 지표가 살충제나 제초제가 아니라 살균제의 사용량이라고 결론지었다. 또 이 연구는 특히 클로로탈로닐이라는 살균제가 뒤영벌에게 치명적인 설사를 일으키는 노제마 봄비*Nosema bombi*라는 병원체의 발병률 증가와 강한 상관관계가 있다는 사실도 보여주었다. 다른 연구진들 역시 꿀벌이 이 화학 물질에 노출되면 노제마 케라나이*Nosema ceranae*라는 비슷한 병원체에 감염될 가능성이 더 높아지며, 뒤영벌을 클로로탈로닐의 현실적인 농도, 즉 벌이 경작지에서 접할 것으로 예상되는 농도에 노출시키면 군집의 성장률이 상당히 줄어든다고 보고했다. 이 살균제가 어떻게 벌에게 해를 끼치는지는 불분명하다. 하지만 한 이론에 따르면 살균제가 유익한 장내 미생물을 죽임으로써 벌을 질병에 취약하게 만든다고 한다.*

살균제 클로로탈로닐은 1964년부터 사용되었으며 세계에서 가장 널리 살포되는 농약 중의 하나이다. 2018년까지 영국에서 가장 많이 쓰인 농약이었고, 벌꿀에 아주 흔히 들어 있다. 처음 승인될 당시에는 벌에게 해로운 효과를 일으킨다는 사실이 밝혀지지 않았는데, 그후로도 50여 년 동안 모른 채 지나간 듯하다. 2019년에 EU는 이 화학 물질의 사용을 금지했다. 벌에게 미치는 피해 때문이 아니라 지하수를 오염시키고 있다는—따라서 강과 식수로 흘러든다는—우려가 주요

---

* 아마 거의 모든 동물이 그렇겠지만, 사람처럼 벌도 창자에 공생관계에 있는 복잡한 미생물들이 우글거린다. 이 군집이 파괴되면 벌의 건강에 심각한 영향이 미칠 수 있다.

한 이유였다. 그러나 네오니코티노이드처럼, 이 화학 물질도 세계의 다른 지역에서는 여전히 제한 없이 살포되고 있다. 현재 사용되는 수백 종류의 다른 농약들 중에서 나중에 벌이든 사람이든 빗영원이든 동물에게 해를 끼친다는 사실이 드러날 것들이 얼마나 많을지 몹시 궁금하다. 규제 당국은 그런 화학 물질들이 안전하다고 사람들을 안심시킨다. 안전하지 않다는 사실이 드러날 때까지 계속 그렇게 말한다. 지금까지 그토록 여러 번 우리를 잘못된 길로 이끌었던 체제를 과연 믿을 수 있을까?

벌에게 직접적으로 해를 끼치는 듯한 살균제도 있는 반면, 더 미묘한 효과를 일으키는 것도 있다. 가령 에르고스테롤ergosterol 생합성 억제 살균제라는 근사한 이름의 화학 물질 집단은 살충제와 상승효과를 일으킨다고 알려져 있다. 이 살균제는 벌의 해독 기구를 차단하는데, 벌이 어떤 독소에 노출되지 않는 한 별 문제가 되지는 않을 것이다. 그러나 벌이 살충제에 함께 노출된다면 살충제에 대처하는 능력은 대폭 떨어진다. 어떤 살균제-살충제 조합은 살충제만 있을 때보다 벌에게 1,000배까지도 더 독성을 띤다. 그런 예기치 않은 상호 작용은 새 농약을 승인할 때 시행하도록 규정된 검사로는 결코 포착하지 못한다. 해당 화학 물질만을 따로 검사하기 때문이다. 그러나 우리가 알다시피 현실 세계에서 벌을 비롯한 곤충들이 한 번에 하나의 화학 물질에만 노출되는 일은 거의 없다. 현실에서는 부화한 날부터 아주 다양한 인공 화학 물질뿐 아니라, 자연적으로 나타나거나 새로운 병원체와 기생생물에도 함께 노출될 가능성이 높으며(제10장 참조),

이는 그것들 사이의 상호 작용의 예측이나 이해 범위를 훨씬 넘어선다. 영국 환경식품농업부의 수석 과학자 이언 보이드조차 경관 전체에 다양한 농약을 대량으로 사용하는 양상이 환경에 미치는 영향을 예측하기가 현재로서는 불가능하다고 최근에 시인한 바 있다.

오늘날의 농약 사용이 DDT와 그 유사 화학 물질들이 쓰이던 불행한 시대에 비해서 환경에 훨씬 안전하다는 주장으로 돌아가보자. 어쨌거나 농약 옹호자들은 경관 전체에 뿌려지는 농약의 총량이 감소해왔다는 점을 반드시 언급하려고 애쓴다. 영국에서 그 말은 분명히 옳다. 1990년부터 2015년 사이에 농민들이 뿌리는 농약의 양은 3만 4,400톤에서 1만7,800톤으로 48퍼센트가 감소했다(2015년 세계에 뿌려진 농약의 총량은 약 40만 톤이므로, 영국은 약 4퍼센트를 차지한다). 이런 값들이 "활성 성분"의 무게를 나타낸다는 사실에 유념하자. 즉 이는 실제 독소의 양이다. 판매되는 농약은 이런 독소를 다른 화학 물질들*과 섞어서 많은 양의 물이나 용매에 녹인 것이다.

그러나 이런 겉으로 보이는 농약 사용량 감소 추세는 기만적이다. 다른 모든 조건들이 동일하다면, 농약을 덜 쓰는 편이 분명히 좋을 것

---

* 이른바 "불활성 성분"은 "활성 성분"과 같은 의무적인 여러 시험 검사를 받을 필요가 없다. 그러나 최근에 "활성 성분"이 미치는 단일 효과보다 이런 혼합물의 복합 효과가 훨씬 더 강한 독성을 띨 수 있다는 증거가 발견되었다. 활성 성분과 불활성 성분을 혼합한 제품 형태로 농민에게 판매되는 농약에는 인상적이거나 강렬하거나 때로는 그냥 평범한 이름이 붙는다. 글리포세이트를 함유한 농약으로 가장 잘 알려진 제품에는 라운드업이라는 이름이 붙어 있다. 섀도, 크루저, 매브릭, 애드버킷, 심지어 간달프라는 이름이 붙은 살충제도 있다. 간달프는 피레스로이드계 살충제인데, 나는 J. R. R. 톨킨이 과연 그 이름을 허락했을지 의심스럽다.

이다. 그러나 그 다른 모든 조건들은 동일한 것과는 거리가 멀다. 세월이 흐르면서 나중에 등장한 새 화합물들의 한 가지 특징은 이전의 것보다 독성이 훨씬 강해진다는 점이다. 1945년에 DDT는 헥타르당 약 2,000그램씩 살포되었다. 알디카브, 피레스로이드, 네오니코티노이드 같은 더 최근의 살충제들은 각각 헥타르당 약 100, 50, 10그램이 뿌려지고 있다. 곤충에게 훨씬 더 독성을 띠기 때문인데, 이 말은 좋은 곤충이든 "나쁜" 곤충이든 가리지 않는다는 의미이다. 대강 계산해보면, 쓰이는 양은 더 적지만 독성은 훨씬 강한 화학 물질로 바꿀 때 전체적으로 곤충에게 더 큰 위험이 가해지는 듯하다. 네오니코티노이드와 피프로닐은 DDT보다 벌에게 약 7,000배 더 유독하므로, DDT 2킬로그램(꿀벌 약 7,400만 마리를 죽일 수 있다)을 네오니코티노이드 10그램(꿀벌 25억 마리를 죽일 수 있다)으로 대체하는 것은 적어도 벌의 관점에서는 옳은 방향이 아니다.

나는 이 문제를 더 깊이 연구하기로 마음먹었고, 서식스 대학교의 명민한 학생들의 도움을 받아서 영국에서 농약이 벌에게 끼치는 위협이 세월이 흐르면서 어떻게 달라져왔는지 조사하기 시작했다. 고맙게도 영국 환경식품농업부는 영국 농민들이 작물에 쓰는 농약에 관한 자료를 정부 웹사이트(https://secure.fera.defra.gov.uk/pusstats/)에 공개하며, 해마다 갱신하고 있다. 우리는 영국에서 으레 쓰이는 300여 가지의 농약들이 해마다 얼마나 살포되었는지 조사하고, 이론상 각각이 꿀벌을 몇 마리나 죽일 수 있는지를 계산했다. 그리고 각 해에 뿌려진 모든 농약에 따른 "잠재적 벌 폐사 개체수" 총계를 낸 다음, 시간에 따른 변화 양상을 살펴보았다. 물론 이것은 가능성이 매우 희박한 최악의 시나리오였다. 이 시나리오에서는 농민들이 뿌린 농약이 모두 벌을 죽이는 데에 쓰였기 때문이다. 그런 사실을 감안하더라도, 그래프의 세로축 눈금은 우려를 불러일으켰다. 영국에서 뿌려진 농약만으로도 지구에 사는 약 3조 마리의 꿀벌 전체를 수천 번이나 죽일 수 있었기 때문이다. 따라서 그 농약의 대부분을 꿀벌이 먹지 않는다는 점은 다행스러운 일이다. 내가 중요하다고 생각하는 추세는 1990년 이래로 잠재적 벌 폐사 개체수가 6배 증가했다는 것이다. 벌의 관점에서 보면, 농경지는 이전보다 훨씬 위험한 곳이 되어가고 있다.

물론 농민들은 벌이나 뒤영벌을 비롯하여 이롭거나 무해한 곤충을 죽이려는 의도로 농약을 쓰는 것이 아니다. 그들은 진딧물, 가루이, 초식성 애벌레 같은 해충만을 겨냥하기 위해서 최선을 다한다. 벌이 대부분 잠을 자러 가는 저녁에 농약을 살포함으로써, 벌 근처에 가는 농약을 최소화하는 식이다. 그러나 그럴 의도가 없다고 해도 해마다 경관에 1만7,000톤씩 독을 뿌리는데 벌에게 해가 가지 않을 리가 없다. 농화학 물질을 만드는 표리부동한 이들이 무엇을 믿으라고 말하든, 살충제는 그것이 표적으로 삼은 곤충만이 아니라 **모든** 곤충을 죽인다. 야생생물이 곤경에 처한 것도 놀랄 일이 아니다. 경작지에 사는 모든 동식물은 해마다 반복해서 뿌려지는 농약에 대처해야 하기 때문이다. 트랙터로 뿌리는(또는 아메리카에서 흔히 쓰는 방식대로 비행기로 살포하는) 살충제는 경작지 가장자리의 산울타리와 그 너머까지 퍼져나갈 수 있다. 종자 가루묻힘 형태로 쓰인 살충제도 토양에 축적되

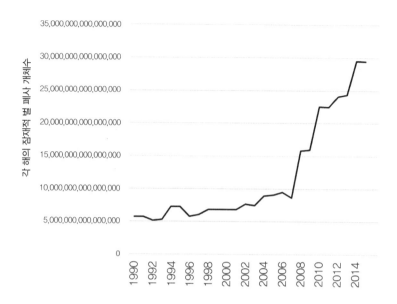

연도별 "독성 부하" 변화 그래프는 해마다 영국 작물에 뿌려지는 농약으로 죽을 수 있는 꿀벌의 잠재적 개체수를 보여준다. 농약을 모두 꿀벌이 먹는다는 있을 법하지 않은 시나리오이다. 농민들이 점점 더 독성이 강한 살충제를 채택하면서, 폐사 개체수는 1990년 이래로 6배 증가했다(https://peerj.com/articles/5255/). 여기에 소에게 먹이는 상당한 양의 이버멕틴은 포함되지 않았다는 점도 유념하자. 이버멕틴도 곤충에게 고독성을 띠는 농약에 속하며, 가축의 배설물, 그 배설물에 오염된 토양에 대량으로 포함되어 있다.

었다가 수계水系로 스며들 수 있다. 해마다 모든 경작지에 17번 이상 살충제가 뿌려지므로, 시골 지역의 대부분이 살충제에 오염되어 있는 것도 당연하다.

불행히도 작물에 쓰는 살충제는 전체 이야기의 일부일 뿐이다. 축산 농가도 가축에 으레 이버멕틴을 투여한다. 장내 기생충과 기생하는 곤충을 막기 위함이다. 이버멕틴은 대개 입으로 먹이는데, 대부분이 흡수되지 않고 그대로 창자를 통과하여 배설된다. 배설된 화학 물질은 몇 개월 동안 그대로 남아서 배설물을 먹는 쇠똥구리와 파리에게 해를 끼친다. 한편 지역 당국은 공원과 도로에 농약을 살포하고, 가정에서는 슈퍼마켓이나 원예 용품점에서 산 독물을 정원과 텃밭에 치며, 개와 고양이에게 뿌린다. 믿어지지 않겠지만, 쥐며느리 제거제도 구매할 수 있다. 실제로 최근에 한 일간지에는 퇴비 더미에 쥐며느리가 너무 많아지면 일본의 비탁스 사에서 생산한 쥐며느리 제거제로 "방제하라는" 내용의 기사가 실렸다. 그 조언을 따르고자 하는 이들을 위해서 설명하자면, 이 제품에는 범용 피레스로이드 살충제가 들어 있으며, 아마존 온라인 사이트나 원예 용품점 같은 곳에서 살 수 있다. 광고에 따르면 실외와 실내에서 모두 사용 가능하며, 집게벌레와 좀에도 효과가 있다. 그러나 이런 동물들을 왜 죽이려고 하는지는 도무지 이해가 되지 않는다. 쥐며느리는 이로운 동물이다. 퇴비 더미에 든 식물체를 씹어서 영양소가 풍부한 거무스름한 퇴비로 변화시키는 놀라운 일을 한다. 이들은 식물을 쌓아놓은 습한 곳에서 번성하며, 식물에 든 영양소를 조용히 재순환시킴으로써 이윽고 텃밭과 정원의 식물이 이용할 수 있는 형태로 바꾼다. 또 새와 작은 포유동물의 먹이이기도 하다. 이들은 번성하는 모든 것을 닥치는 대로 죽이려는 잘못된 정신병적 충동에 이끌려서 짓이기고 독살해야 하는 대상이 아니라, 칭송해야 마땅한 이로운 동물이다. 쥐며느리가 퇴비 더미에 "너무 많아지는" 일 따위는 있을 수가 없다. 쥐며느리는 퇴비를 만드는 데 도움이 되므로, 많을수록 좋기 때문이다. 쥐며느리와 좀이 집 안에 계속 많이 보인다면, 문제는 습기이다. 농약을 집 안에 뿌리는 대중요법에 치중하기보다는 근본 원인을 찾는 편이 더 나을 것이다.

이렇게 현재 토양, 강, 호수, 산울타리, 정원과 공원이 모두 다양한 인공 독소에 오염되어 있음에도 우리는 큰 그림을 보지 못하고 있다. 인류가 자연과 전쟁을 벌이고 있다는 표현을 흔히 쓰지만, "전쟁"은 쌍방의 충돌을 의미한다. 우리가 자연에 가하는 화학적 공격은 대량 학살에 더 가깝다. 야생생물이 급감하고 있는 것도 놀랄 일이 아니다.

집게벌레의 두 번째 음경

사람들이 잘 모르는 사실이 하나 있는데, 많은 집게벌레 종의 수컷은 음경을 쌍으로 지닌다. 이 점에서 그들은 뱀을 닮았다.

일본 연구자들은 집게벌레가 대부분 "오른손잡이"임을 알아냈다. 수컷의 90퍼센트는 오른쪽 음경으로 짝짓기를 한다. 그러나 오른쪽 음경을 자르면(일부 과학자들은 별난 일들을 한다), 집게벌레는 개의치 않고 왼쪽 음경으로 짝짓기를 한다. 그 음경도 똑같이 잘 작동하는 듯하다. 기이한 우연의 일치인데, 일본의 일부 지역에서는 집게벌레를 침포기리chimpo-kiri라고 부른다. "음경 자르개"라는 뜻이다. 옛날 실외 변소에 집게벌레가 흔히 돌아다녔기 때문일 것이다.

그런데 집게벌레는 왜 음경이 두 개나 필요할까? 집게벌레가 짝짓기를 하고 있을 때 실험자가 방해를 하면, 대개 수컷은 쓰고 있던 음경을 끊어내고 달아난다. 잘린 음경은 암컷의 몸속에 박힌 채이다. 그럼으로써 수컷은 재빨리 달아날 수 있다. 버린 음경은 암컷의 생식기를 막는 마개 역할을 하면서 암컷이 다른 수컷과 짝짓기를 할 가능성을 줄인다. 따라서 암컷이 자신의 자식을 낳을 확률을 높이는 역할을 한다. 두 번째 음경은 다시 짝짓기를 할 수 있는 예비 장비 역할을 한다. 과학자들은 집게벌레가 두 번째 음경도 쉽게 끊어내는지는 조사하지 않았다.

흥미롭게도 거미 수컷의 다수도 비슷한 전략을 쓴다. 수컷은 두 더듬이다리 중 하나로 정자를 암컷의 몸속으로 집어넣는데, 일부 종은 늘 그 더듬이다리를 끊어내서 암컷의 몸속에 남긴다. 이는 수컷이 두 번까지만 짝짓기를 할 수 있다는 의미이다. 끊긴 더듬이다리는 수컷이 떠난 뒤에도 계속 암컷의 몸속으로 정자를 뿜어낸다. 거미의 이 메커니즘은 너무 오래 붙어 있으면 암컷이 으레 짝을 잡아먹기 때문에 진화한 것일 수도 있다.

제8장

잡초 제거

대부분의 농가에서 가장 흔히 쓰는 농약은 제초제이다. 제초제는 작물과 경쟁함으로써 수확량을 떨어뜨릴 수 있는 식물 종—대개 잡초라고 하는 것들—을 없애는 데에 도움을 주는 화학 물질이다. 다 익은 밀이나 목화 같은 작물이 한꺼번에 죽어서 균일하게 마르도록 하는 데 사용하기도 한다. 이렇게 하면 수확하기도 쉬워지고, 수확 시기를 다른 경작 활동과 맞출 수도 있다. 비록 수확한 작물에 제초제가 남는다는 단점이 있기는 하지만 말이다. 가장 널리 알려져 있으면서 가장 악명 높은 농약은 아마 글리포세이트일 것이다. 대개 라운드업이라는 상품명으로 팔리는 화학 물질이다. 글리포세이트는 세계에서 가장 많이 이용되는 제초제로, 영국만 해도 해마다 사용량이 계속 늘어 2016년에는 2,000톤을 넘겼다. 게다가 이 수치는 지역 당국과 가정에서 쓰는 양을 제외한 것이다. 산책로, 포장도로, 길가에서 누렇게

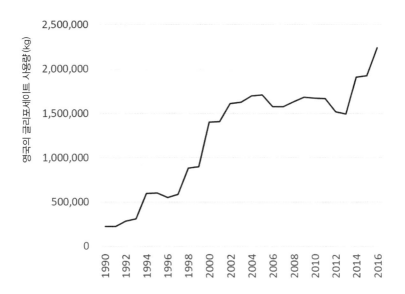

영국 농민들의 제초제 글리포세이트 사용량 글리포세이트는 주로 라운드업이라는 상표명으로 팔린다. 세계에서 가장 많이 쓰이는 농약으로, 해마다 사용량이 늘고 있다. 이 수치는 가정이나 지역 당국에서 쓰는 양을 제외한 것이다. 자료는 영국 농업 분야의 연간 농약 사용량을 공개하는 데이터베이스인 영국 환경식품 농업부의 웹사이트 퍼스태츠Pusstats에서 얻었다.

말라가는 식물들이 자주 보인다는 점을 생각하면, 그 양도 상당할 것이 분명하다. 그러나 정부도 어느 누구도 조사한 적은 없다.

글리포세이트는 비선택적 범용 제초제로, 접촉하는 모든 식물을 죽인다. 이 제초제는 침투성을 띤다. 즉 식물의 조직을 통해 퍼져서 뿌리까지 죽인다. 인정하기 싫지만, 나도 예전에 정원에 이 제초제를 자주 사용했다. 야생생물에게 독성이 없고 환경에서 아주 빨리 분해된다는 제조사의 주장을 믿었기 때문이다. 얼마나 순진했던지. 나는 그 제초제가 쐐기풀, 메꽃, 구주개밀, 나무딸기 등 뿌리까지 파내어 제거하기 어려운 끈덕진 잡초 제거에 쓸모가 있다는 사실을 깨달았다. 비록 글리포세이트를 뿌려도 이 강인한 식물들은 얼마 후에 다시 자라나는 듯했지만 말이다. 이 제초제는 산책로와 도로 주변을 깨끗하게 유지하는 데에도 아주 유용했다. 모종삽을 들고서 틈새에서 하나하나 잡초를 제거하는 일을 할 필요가 없었다. 내가 이 농약을 더 이상 쓰지 않는 이유는 잠시 뒤에 설명하겠다.

영국에서 2,000톤을 쓴다니 많은 것처럼 들릴지 모르지만, 세계 전체로 보면 이는 미미한 양이다. 유럽 바깥에서 글리포세이트는 주로 유전자 변형GM 작물인 "라운드업-레디Roundup-ready"와 조합해서 사용된다. 한 세균에서 얻은 유전자를 집어넣어서 이 제초제에 내성을 띠게 한 작물이다. 이런 작물이 도입되기 전에 농민들은 1년 중 작물이 땅에서 자라지 않는 시기에만 글리포세이트를 뿌릴 수 있었다. 파종하기 전에 잡초를 제거하거나, 수확을 위해서 익은 작물을 죽이는 용도로 쓰는 식이었다. 그런데 글리포세이트에 내성을 띠는 라운드업-레디 작물을 심으면 1년 내내 글리포세이트를 뿌릴 수 있고, 작물의 생장 주기 내내 경작지를 잡초 한 포기도 없는 상태로 유지할 수 있다. 1996년에 이 GM 작물이 도입된 이래, 전 세계의 글리포세이트 사용량은 2014년에 82만5,000톤으로 15배나 증가했으며, 그 뒤로도 계속 늘어나고 있다. 세계 경작지 1헥타르당 약 0.5킬로그램씩 글리포세이트가 뿌려지고 있는 셈이다.

글리포세이트 같은 제초제는 환경에서 대부분의 "잡초"를 사실상 모조리 제거하므로, 아마 곤충에게 영향을 미치는 주된 요인일 것이다. 잡초가 그저 잘못된 장소에서, 즉 농민이 신경을 쓰는 장소에서 자라는 식물을 가리키는 말임을 명심하자. 어느 식물이 누군가에게 는 잡초이지만, 다른 누군가에게는 야생화가 된다. 유럽과 북아메리 카의 경작자와 정원사 대부분은 구주에밀이 성가신 잡초라고 여긴 다. 우리는 겉모습에만 관심을 가지는 존재이며, 이 식물이 예쁜 꽃을 피우지 않으므로 아무런 가치가 없다고 본다. 그러나 이 식물은 가축 이 뜯어먹는 중요한 먹이이다. 씨는 오색방울새가 즐겨먹고, 잎은 두 만강꼬마팔랑나비의 애벌레가 갉아먹는다. 마찬가지로 흔히 잡초로 여겨지는 엉겅퀴도 꽃은 벌과 나비가 즐겨 찾고, 씨는 방울새가 좋아 하는 먹이이다. 수십 종류의 곤충이 엉겅퀴의 잎을 먹거나 줄기나 꽃 에 구멍을 파고 산다. 그리고 이 곤충들을 먹는 식충성 조류들도 이 식물을 찾는다.* 많은 이들이 좋아하는 아름다운 꽃을 피우는 개양귀 비, 수레국화, 공작국화, 선옹초 등 다수의 들꽃들도 경작지에서 자 라는 경향이 있기 때문에 작물과 경쟁할 수 있다. 그래서 흔히 잡초 취급을 받는다.

당연한 말이지만 식물은 거의 모든 먹이사슬의 토대이다. 우리는 순수한 단일 경작에 가까운 수준으로 경작지에서 잡초를 거의 완전 히 제거하는 경작 방식을 개발함으로써 경관의 상당 부분을 대다수 생물이 살 수 없는 공간으로 만들어왔다. 가령 미국에는 73종의 토종 유액 식물이 있으며, 그중 30종은 제왕나비 애벌레의 먹이이다(제왕나

---

* 우리 집 정원에 기는엉겅퀴, 늪엉겅퀴, 서양가시엉겅퀴, 양털엉겅퀴가 자란다고 말할 수 있어서 무척 기쁘다.

비는 다른 식물은 먹지 않는다). 그런데 1999년에서 2010년까지 겨우 11년 사이에 미국 중서부에서 자라는 유액 식물이 58퍼센트나 줄어든 것으로 추정된다. 이 감소는 제왕나비의 개체수가 감소한 주된 원인일 가능성이 높다. 제초제인 글리포세이트가 제왕나비 수 감소의 가장 큰 원인으로 추정되지만, 제초제 디캄바도 이와 관련이 있는 듯하다. 글리포세이트와 마찬가지로, 이 제초제 역시 최근에 유전자 변형 디캄바 내성 목화와 콩이 등장하면서 사용량이 증가했다. 내성이 생긴 목화와 콩 덕분에 경작자는 작물 생장기 내내 이 농약을 뿌려서 다른 식물들을 전부 제거할 수 있다. 불행히도 디캄바는 기후 온난화로 점점 더 자주 발생하고 있는 여름의 열파처럼 유달리 더운 날씨에 휘발성을 띤다. 최근에 밝혀진 바에 따르면, 기화한 화학 물질은 바람을 타고 멀리 흘러가서 수백 미터 떨어진 곳에서 자라는 유액 식물을 비롯한 야생화와 다른 작물들을 죽인다.

곤충의 감소는 곤충을 먹는 동물 등 다른 생물들에게 도미노 효과를 일으킨다. 어릴 적 내가 영국의 시골 슈롭셔에서 자랄 때에는 농경지에서 유럽자고새를 흔히 볼 수 있었지만, 이 새는 1967년 이래로 92퍼센트가 줄어들었다. 서식스에서 장기간에 걸쳐 이루어진 과학 연구는 놀랍게도 제초제가 이 감소의 주된 동인임을 보여주었다. 제초제가 이 새에게 독성을 띠어서가 아니라, 경작지와 그 주변의 잡초를 대폭 줄인 결과 어린 유럽자고새의 주된 먹이인 애벌레를 비롯한 초식성 곤충의 수가 급감한 탓이었다. 마찬가지로 같은 기간에 뻐꾸기는 77퍼센트가 줄었다. 뻐꾸기는 유달리 털이 수북해서 "양털곰"이라고 불리는 불나방 애벌레처럼 크고 털이 많은 모충을 주로 먹는 포식자이다. 이 나방의 모충과 성체 모두 30년 전에는 흔히 볼 수 있었다. 주황색과 검은색이 뒤섞인 모충들은 민들레처럼 좋아하는 잎을 찾아서 제 나름으로 빠르게 땅을 꾸물꾸물 기어다녔고, 초콜릿색, 크림색, 자주색이 뒤섞인 화려한 성체는 아침에 가로등 근처에 앉아 있고는 했다. 안타깝게도 이 종은 1968년에서 2002년 사이에 89퍼센트가 급감했다. 시골 지역을 산뜻하게 정돈한 잡초 제거제의 효과가 가장 큰 원인인 듯하다.

곤충의 감소와 마찬가지로, 우리 경관에서 야생화가 감소하는 현상도 대체로 사람들이 알아차리지 못하는 와중에 진행되었다. 예전에 흔하던 공작국화, 선옹초, 수레국화는 지금 경작지에서 거의 찾아볼 수 없다. 개양귀비는 그나마 상황이 조금 낫다. 아마 씨앗이 흙 속에서 유달리 오래, 수십 년까지 생존할 수 있어서일 것이다. 그럼에도 지금은 넓게 펼쳐진 개양귀비 들판을 보기가 어렵다. 내가 추측하기에, 이는 해가 갈수록 흙에 묻혀 있는 씨앗 창고가 고갈되고 있기 때문이다. 독일에서 나온 증거들을 검토한 연구진은 1945년부터 1995년 사이에 지역에 따라서 경작지에서 자라는 잡초 종의 수가 50-90퍼센트 감소했으며, 평균 감소율은 65퍼센트라고 계산했다. 평균적으로 한 밭에서 찾을 수 있는 잡초 종의 수는 24가지에서 겨우 7가지로 감소했다.

세계적으로 보면, 기록이 시작된 이래 식물은 571종이 멸종했다. 야생에서 사라진 식물의 수가 멸종한 조류, 포유류, 양서류의 수를 더한 것보다 2배 이상 많다. 연구자들은 또한 실제로는 이보다 훨씬 더 많은 종이 사라졌으리라는 추측에 대체로 의견이 일치한다. 수십 년 동안 목격된 적이 없음에도 세계의 어느 외딴 구석에 아직 살아 있을지도 모른다고 생각해서 멸종 선언을 하지 않은 종이 훨씬 많기 때문이다. 동물의 멸종에 비해 식물의 멸종은 그다지 주목을 받지 못한다. 동물이 더 우리 눈에 띄기 때문이다. 멸종한 식물 571종의 이름을 하나라도 들 수 있는 사람이 얼마나 될까? 칠레단향, 애팔래치아아스포델, 세인트헬레나올리브 같은 이름을 들어본 적이 있는 사람이 과연 있을까? 식물 종 하나가 사라질 때마다 멸종이 연쇄적으로 촉발될 가능성이 높다. 대부분의 식물 종은 곤충이나 다른 어떤 동물과 관련을 맺고 있기 때문이다. 곤충의 멸종처럼, 식물의 멸종도 훨씬 주목을 받아야 마땅하다.

한편 제초제가 직접적으로 곤충에, 더 나아가 사실상 인간에게 해를 끼칠 수도 있다는 우려도 점점 커지고 있다. 꿀벌 집에서 채취한 꿀과 꽃가루를 분석했더니 27가지의 제초제가 발견되었는데, 이는 전체적으로 꽃가루 매개자들이 그런 화학 물질들에 자주 노출되고 있음을 의미한다. 물론 제초제는 식물에만 독성을 띠도록 되어 있으며, 동물과 식물은 전혀 다르므로(굳이 말할 필요도 없지만), 당연히 우리 동물에게 해롭지 않은 제초제를 찾아낼 수 있다고 생각할지도 모르겠다. 하지만 지금까지는 찾아내지 못한 듯하다.

글리포세이트로 돌아가서 좀더 자세히 살펴보자. 글리포세이트는 식물과 세균에만 들어 있는 효소를 표적으로 삼도록 되어 있으므로,

동물에게는 아무런 영향도 미치지 말아야 한다. 그러나 최근에 텍사스 대학교의 에릭 모타는 꿀벌이 글리포세이트가 든 먹이를 먹으면 유익한 장내 미생물들에 변화가 일어나서 질병에 더 취약해진다는 연구 결과를 내놓았다(살균제인 클로로탈로닐에 노출되어도 이런 일이 일어난다고 여겨진다는 점도 유념하자). 곰곰이 따져보면 놀랄 일도 아니다. 우리는 글리포세이트가 많은 세균에 독성을 띤다는 사실을 알며, 사람과 마찬가지로 벌도 건강과 질병 면역에 지대한 영향을 미치는 장내 세균 공동체를 지닌다는 점이 분명하기 때문이다.

글리포세이트가 꿀벌에게 미치는 듯한 영향은 장내 세균의 교란만이 아니다. 아르헨티나의 과학자 마리아 솔 발부에나는 첨단 고조파 harmonic 레이더를 이용해서 벌의 귀가 능력을 추적했는데, 낯선 지점에서 풀어놓았을 때 글리포세이트에 소량 노출된 벌들이 대조군 벌들에 비해서 집을 찾아가는 데에 더 오랜 시간이 걸렸고 더 멀리 돌아서 갔다(흥미롭게도 네오니코티노이드 살충제도 벌에게 동일한 효과를 일으킨다). 이 효과는 섭취한 즉시 나타났기 때문에, 장내 세균에 미치는 영향으로 생기는 효과일 리가 없었다. 후자라면 숙주의 건강에 영향이 미치기까지 며칠에서 몇 주일은 소요되기 때문이다. 또 글리포세이트가 꽃의 향기와 보상 사이의 연관성을 학습하는 데에 지장을 준다는 연구 결과도 있다. 벌이 꽃가루와 꿀을 효과적으로 많이 모으려면 이것을 아주 잘 학습해야 하는데, 대개의 벌은 아주 훌륭하게 해낸다. 길을 잘 찾지 못하고 학습에도 지장이 생긴다는 것은 이런 화학물질이 기억 인출에 문제를 일으킨다고 보면 설명이 가능할 수도 있다. 그러나 우리는 아직 어떻게 이런 일이 일어나는지 잘 모른다.

글리포세이트가 벌에게 해로운 영향을 미친다는 사실이 이렇게 최근에야 드러났다는 사실 자체도 현재의 규제 정책에 결함이 있음을 드러낸다. 현행 정책은 실험실에서 단기적으로 하는 독성 실험 결과에 의존하고 있다. 항법과 학습 능력이 떨어지고, 장내 미생물을 잃은 벌도 실험실 환경에서는 지극히 정상적으로 보이기 마련이므로, 이런 실험은 그 화학 물질이 무해하다는 잘못된 결론으로 이어진다.

우리도 장내 미생물을 지닌다는 점을 생각할 때, 이쯤에서 글리포세이트가 우리에게는 어떤 영향을 미칠지 궁금증을 느끼는 것도 당연하다. 이 문제는 큰 논쟁거리가 되어왔다. 우리 모두가 매일같이 글리포세이트를 접하고 있다는 점에는 의문의 여지가 없다. 전에 생각했던 것보다 글리포세이트가 훨씬 더 오래 존속한다는 사실이 증명되었기 때문에 더욱 그렇다. 글리포세이트는 토양에는 몇 달 동안, 연못 퇴적물에는 1년 이상 잔류한다. 작물을 수확하고 가공하는 과정을 거쳐도 분명히 남아 있는데, 어느 정도는 수확하기 직전의 밀에 흔히 글리포세이트를 뿌리기 때문이다. 따라서 이 화학 물질은 빵, 비스킷, 식사 대용 시리얼 같은 곡물 기반의 식품에서 아주 흔히 발견된다. 가령 퀘이커 오츠, 네이처밸리 그래놀라 바, 치리오스 시리얼 등 미국에서 매일같이 쉽게 접하는 수많은 제품들에는 글리포세이트가 수백 ppb씩 들어 있다. 유아가 먹는 많은 제품들에서는 농도가 더 높게 나오는데, 이에 따라 미국 환경청은 1-2세 아기들에게 "위험하지 않은 no significant risk" 수준이라고 보는 기준을 넘어서는 용량이 투여되고 있을 가능성이 높다고 추정했다. 이는 유아에게 위험하다고 인정하고 있음을 복잡한 방식으로 표현하는 듯 보인다.

글리포세이트가 전 세계에서 사용되고 있다는 점을 고려할 때, 모든 사람은 이렇게든 저렇게든 그것에 노출되고 있을 가능성이 높다. 최근 2,000명의 소변을 조사한 독일의 한 연구에 따르면 99퍼센트 이상의 표본에서 글리포세이트가 검출되었고, 아동이 성인보다 농도가 높은 경향을 보였다. 이것이 우리에게 어떤 영향을 미칠까? 바로 그 점을 놓고 논쟁이 벌어지고 있다. 2014년에 해당 주제와 관련된 모든 자료를 모아서 분석하는 "메타 분석"이 이루어졌는데, 직업상 글리포세이트에 노출된 사람들은 비호지킨 림프종에 걸릴 위험이 높다는 결론이 도출되었다. 2015년 3월 세계보건기구의 국제 암 연구기관은 글리포세이트가 "인체에 발암성을 띤다고 추정되는probably carcinogenic to humans" 물질이라고 결론지었다. 그들은 글리포세이트가 몸의 항산화제를 소모시킴으로써 산화 스트레스를 유발할 수 있고, 유전 독성을 지닌다는 강력한 증거를 토대로 이런 평가를 내렸다. 여기에서 글리포세이트의 유전 독성은 유전 정보를 손상시켜서 암으로 이어질 가능성이 있는 돌연변이를 일으킨다.

8개월 뒤인 2015년 11월, 유럽 식품안전청은 국제 암 연구기관과 정반대로 글리포세이트가 발암 물질이 아니라고 결론지은 보고서를 발표했다. 그러자 즉시 전 세계의 많은 저명한 독성학자와 유행병학자를 포함한 무려 94명이 공동으로 식품안전청의 보고서를 강력하게 비판하는 논문을 발표했다. 다음 해인 2016년, 미국 환경청은 글리포세이트가 "인체 건강 위험 평가와 관련된 농도에서 사람에게 암을 일으킬 가능성이 없다"고 결론지음으로써 암 연구기관에 반하고 식품안전청에 동의하는 보고서를 발표했다. 2016년 이래로 다양한 증거와 방법을 토대로 국제 암 연구기관, 미국 환경청, 유럽 식품안전청의 입장을 비판하거나 지지하는 보고서와 논문이 계속 나오고 있다.

이런 상황은 일반인들이 볼 때 유달리 혼란스럽다. 과학적 증거를 판단하는 훈련을 받은 나 같은 과학자들조차 어떻다고 결론을 내리기가 어렵다. 본질적으로 같은 자료 집합을 토대로 과학자들과 과학기관들이 어떻게 그렇게 상반되는 결론을 내릴 수 있을까? 독성학자들조차 의견이 분분한데, 우리가 무엇을 믿을 수 있겠는가?

미국의 농학자 찰스 벤브룩은 국제 암 연구기관과 미국 환경청이 이용한 방법을 상세히 비교하여, 양쪽이 상당한 차이가 있음을 보여주었다. 가령 글리포세이트가 암을 일으킬 수 있다는 국제 암 연구기관의 평가는 주로 동료 심사*를 거친 논문들을 토대로 한 반면, 미국 환경청의 평가는 글리포세이트의 제조사인 몬산토의 자체 연구에 더 깊이 의존했다. 즉 국제 암 연구기관은 해당 분야의 독립적인 전문가들이 검토한 자료를 토대로 한 반면, 미국 환경청은 제조사가 제공한

---

* 모든 과학 논문은 동료 심사 과정을 거쳐서 발표되는 것이 정상적인 경로이다. 연구진은 논문을 써서 학술지에 제출하고, 학술지 편집진은 적어도 2명의 독립된 전문가에게 논문을 보내서 연구의 질을 평가해달라고 의뢰한다. 이 과정은 대개 익명으로 이루어진다. 물론 이 방식은 완벽하지 않으며, 오류가 생길 수 있다. 그러나 대체로 동료 심사를 거친 논문은 그렇지 않은 채 발표되는 보고서나 연구 자료보다 훨씬 신뢰할 수 있다고 간주된다.

자료를 사용했다. 후자는 독립적인 과학자들의 동료 심사를 거친 적이 없었다.

이해 충돌이 일어난다는 사실이 자명함에도, 여전히 전 세계는 기업이 자사가 만드는 화학 물질의 안전성을 평가할 수 있도록 허용하고 있다. 게다가 그런 연구는 꼼꼼히 살펴볼 수 있도록 공개되어 있지 않은 경우가 많다. 찰스 벤브룩이 지적하듯이, 농약 업계가 법규에 따라 시행한 연구들이 내놓은 결과는 동료 심사를 거치는 과학 논문에 실린 결과와 확연히 대비된다. 한 예로, 미국 환경청의 보고서는 글리포세이트에 유전 독성이 있는지(DNA를 손상시켜서 돌연변이와 암을 일으키는지)를 조사한 104건의 연구를 살펴보았는데, 몬산토가 수행한 52건의 연구에서는 단 1건만이 유전 독성이 있다는 결과를 내놓은 반면(2퍼센트), 동료 심사를 거쳐서 대중에게 공개된 나머지 52건의 연구 중에서는 35건이 유전 독성이 있다는 결과를 내놓았다(67퍼센트). 통계학자가 아니더라도 뭔가가 이상하다고 결론을 내릴 수 있는 수치이다. 이를 농화학 기업을 위해서 일하지 않는 과학자들은 유전 독성이 없다는 결과까지는 굳이 발표하려고 하지 않는다는 식으로 설명할 수도 있을 것이다. 암을 일으킨다는 결과를 내놓는 데에 비해서 암을 일으키지 않는다는 결과를 내놓으면 반응이 미적지근할 테니까 말이다. 또 그런 결과는 발표하기가 더 어려울 수도 있다. 학술지 편집진은 뉴스가 될 만한 논문을 싣고 싶어하기 마련이다("글리포세이트가 암을 일으킨다"는 주요 뉴스가 될 수 있겠지만, "글리포세이트가 무해해 보인다"는 그럴 정도는 아닐 것이다). 마찬가지로 농화학 기업을 위해서 일하는 과학자는 고용주의 제품이 무해하다는 결과를 내놓으라는 압력(의식적으로든 무의식적으로든 간에)을 받을 수도 있다. 어느 쪽이든, 양쪽 자료 집합 사이에 큰 불일치가 있다는 점은 명백하다.

찰스 벤브룩은 국제 암 연구기관과 미국 환경청의 접근 방법에서 다른 중요한 차이점들도 찾아냈다. 미국 환경청의 평가는 글리포세이트만 따로 살펴본 연구에만 주로 초점을 맞춘 반면, 국제 암 연구기관은 다른 다양한 화합물들과 섞어서 만든 "글리포세이트 기반 제초제"로 글리포세이트의 효과를 살펴본 더 적은 수의 연구들에도 똑같이 비중을 두었다. 현실에서 야생생물과 사람이 접하는 것은 글리포세이트 기반 제초제이다. 농민이 순수한 글리포세이트를 뿌리는 일은 결코 없다. 농민은 라운드업 같은 상표명으로 팔리는 농약을 구입한다. 라운드업에는 "활성 성분"—여기에서는 글리포세이트—과 그 제초제의 효과를 높이기 위한 다른 화학 물질들이 섞여 있다. 흘러내리지 않고 식물의 잎에 달라붙어 있도록 돕는 습윤제(합성 세제) 같은 것들이 그렇다. 즉 현실 세계에서는 농민도 벌도 나비도 순수한 글리포세이트가 아니라, 라운드업에 노출된다. 이렇게 화학 물질들을 조합한 제품이 식물뿐 아니라 동물에게도 잘 달라붙으며, 보조 성분들이 동물의 피부를 통한 흡수율을 높이고 흡수된 물질이 대사되는 방식에도 영향을 미친다는 증거도 있다. 종합하자면, 보조 성분들은 순수한 글리포세이트를 썼을 때보다 제초제의 독성을 더 높인다. 때로 수백 배 높이기도 한다. 그러니 법규에서 정한 검사가 순수한 글리포세이트에 초점이 맞추는 것은 논리적으로 어긋나는 듯하다. 중요한 것은 조제된 제품에 노출되었을 때의 효과이기 때문이다.

글리포세이트의 주요 분해 산물은 아미노메틸포스폰산aminomethyl phosphonic acid이다(연구자들은 AMPA라고 줄여 부른다). 이 독성 화학 물질도 우리의 식품에서 흔히 발견된다. 독성을 평가할 때, 국제 암 연구기관은 AMPA의 독성을 연구한 문헌들도 포함시켰지만, 미국 환경청은 그러지 않았다.

마지막으로 찰스 벤브룩은 미국 환경청의 인체 노출 가능성 평가가 농민, 공원 관리인, 정원사 등 직업상 농약에 노출되는 이들이 아니라, 일반 대중이 오염된 식품을 먹어서 노출되는 양상에 초점을 맞추었다는 사실을 지적한다. 물론 직업상 노출되는 이들은 일반 대중보다 훨씬 많은 양에 노출될 가능성이 높다. 분무액이 담긴 통을 등에 지고 뿌리다가 통이 새는 등의 누출 사고가 일어나면 더욱 그렇다. 전 세계에서 수백만 명이 정기적으로 글리포세이트를 뿌리는 일을 하고 있으므로, 그런 사고는 일어날 수밖에 없다.

벤브룩은 분명히 미국 환경청보다 국제 암 연구기관의 보고서가 더 신뢰할 만하다고 느낀다. 여기에는 미국 배심원들도 동의하는 듯하다. 2018년 8월 캘리포니아의 배심원들은 만장일치로 다년간 글리포세이트를 뿌리는 일을 계속한 끝에 비호지킨 림프종에 걸린 학교 관리인인 46세의 드웨인 존슨의 손을 들어주었다. 드웨인은 농약 사용법을 배울 때, 글리포세이트가 "마셔도 될 만큼 안전하다"라는 말을 들었다. 소송 상대였던 몬산토는 보상과 징벌적 손해 배상을 합쳐서 무려 2억8,900만 달러를 지불하라는 판결을 받았다. 배심원은 몬산

인도 벵골의 한 자작농 농민이 직접 만든 도구로 제초제를 뿌리고 있다. 그에게는 몸을 보호할 마스크도, 장갑도, 장화도 없다.

토의 제품이 대중에게 "상당한 위험"을 끼친다는 표현을 삽입했으며, 몬산토가 "악의적으로 행동했다"고 평결했다. 물론 비전문가들로 이루어진 배심원단이 뭔가에 합의를 했다고 해서 그것이 반드시 참이라는 말은 아니다. 배심원단이 연기 구름을 뚫고 과학적 진리를 꿰뚫어 보았을 수도 있고, 딱한 사람을 동정하고 대기업을 수상쩍게 보는 자연스러운 성향에 휘둘린 것일 수도 있다.

그러나 2019년 3월, 캘리포니아의 다른 배심원단도 몬산토에 맞선 에드윈 하더먼의 손을 들어주었다. 하더먼은 자신의 정원과 임대를 주는 부동산에 30년 동안 글리포세이트를 살포한 결과 비호지킨 림프종에 걸렸다고 주장했다. 법원은 라운드업에 결함이 있으며, 몬산토가 해당 제초제의 발암 위험을 경고하지 않았고, 문제 관리에 소홀했다고 지적하면서 8,000억 달러를 배상하도록 했다. 하더먼의 변호인인 에이미 왜그스태프와 제니퍼 무어는 재판이 끝나고 이렇게 발표했다.

하더먼 씨는 배심원단이 비호지킨 림프종을 일으킨 책임을 몬산토가 져야 한다고 만장일치로 결정했다는 사실에 기뻐합니다. 재판 과정에서 드러났듯이, 몬산토는 40여 년 전 라운드업을 내놓은 이래로 책임 있게 행동하기를 거부해왔습니다. 라운드업이 암을 유발하는지 여부에 관심을 두는 대신, 여론을 조작하고 라운드업에 진정으로 정당하게 우려를 제기한 이들을 깎아내리는 데에만 집중하고 있다는 사실이 몬산토의 행태를 통해서 여실히 드러납니다.

이 평결이 내려질 무렵, 또 하나의 연구 결과가 발표되었다. 버클리에 있는 캘리포니아 대학교의 뤼핑 장 연구진은 새로운 "메타 분석"을 통해서 직업상 일상적으로 글리포세이트에 노출되는 사람들(농민, 관리인 등)이 비호지킨 림프종에 걸릴 위험이 41퍼센트 더 높다고 결론지었다.

2019년 5월에 캘리포니아에서 열린 또다른 재판에서는 여러 해 동안 글리포세이트를 사용한 이후 둘 모두 비호지킨 림프종에 걸린 앨바와 앨버타 필리어드 부부에게 20억 달러를 지불하라는 판결이 내려졌다. 이 엄청난 배상액은 항소심에서 줄어들 가능성이 높지만 말이다. 글리포세이트 때문에 병에 걸렸다고 주장하는 암 환자가 몬산토를 상대로 건 소송은 현재 1만3,400건이 넘는다고 한다. 2018년에 바이엘은 몬산토를 630억 달러에 인수했다. 드웨인 존슨 사건의 평결이 나오기 직전이었다. 이 독일 기업은 후회했을 것이 틀림없다. 그 뒤에 바이엘의 주가가 약 400억 유로로 줄어들었으니 말이다.

그럼에도 몬산토는 자사가 무죄라고 여전히 소리 높여 항변하고 있다. 2016년에는 글리포세이트의 안전성을 옹호하고 글리포세이트가 발암 물질이라는 국제 암 연구기관의 평가를 반박하기 위해서 1,700만 달러의 예산을 편성하기도 했다.

주제에서 다소 벗어났다는 생각이 들지도 모르겠지만, 여기에서 이 이야기를 꺼낸 이유는 우리가 배심원이든, 과학자든, 집 앞의 잡초를 제거하기 위해서 글리포세이트를 뿌릴지 아니면 쪼그려 앉아서 손으로 하나하나 뽑을지 결정하려는 일반인이든, 과학적 증거를 판단하고 인과관계를 파악하고자 할 때에 우리 모두가 직면하는 어려움을 이 이야기가 잘 보여주기 때문이다. 해당 문제가 기업의 이해와 관련이 있고, 특정 견해를 택하고자 할 때 상당한 비용이 수반되는 경우에는 선택하기가 특히 더 어렵다. 이는 명백하게 네오니코티노이드 논쟁과 맥락을 같이하며, 이보다 앞서 오랜 시간을 질질 끌었던 흡연과 건강 논쟁과도 맥이 닿는다.

우리 집 마당 창고에도 글리포세이트가 한 병 있다. 8년쯤 전에 구매한 것인데, 국제 암 연구기관의 보고서가 발행된 뒤로 지난 4년 동안 건드리지 않았다. 아마 내가 구입한 마지막 제초제가 될 듯하다.

제초제를 더 잘 알게 될수록, 나는 제초제의 안전성을 더욱 회의적으로 보게 된다. 글리포세이트의 진실이 어느 쪽에 놓여 있는지 절대적으로 확신하는 것은 아니지만, 그 병을 그냥 놔두는 편이 가장 안전하다고 결론짓기는 어렵지 않다.

유럽 그리고 아마 미국도 결국에는 안전을 우려하여 글리포세이트를 금지할 가능성이 있어 보이지만, 세계의 다른 지역에서는 계속 쓰일 것이 분명하다. 통상적으로 새 농약은 대개 더 비싼 가격으로 선진국 시장에 먼저 출시된다. 이후 환경이나 사람에게 해롭다는 사실이 증명되면 판매가 금지될지도 모르지만, 그런 뒤에는 규제가 약한 가난한 나라들로 수출이 된다. 그 예로는 영국 기업 임피리얼 케미컬 인더스트리스ICI가 런던 서쪽 버크셔의 질럿스힐에 있는 연구소에서 발명한 이전 세대의 제초제 패러콰트가 있다. 패러콰트는 1960년대에 처음 발매되어 글리포세이트가 등장하기 전까지 세계에서 가장 인기 있는 제초제였다. 잡초를 죽이는 용도였지만, 사람에게도 유달리 독성을 띠었다. 몇 방울만 마셔도 치명적이었기 때문에 자살용으로도 널리 쓰였지만, 고독성이어서 사고로 중독되는 일도 잦았다. 특히 개발도상국에서는 농약 병이 물통으로 재사용되는 일이 흔하며, 농민들이 농약 사용법을 제대로 배우지 못한 채 낡아서 새는 농약통을 등에 진 채로 뿌릴 수도 있다. 목숨을 앗아가는 것 외에도, 패러콰트에 장기간 노출되면 신경 질환이 발생한다는 증거도 많다. 104건의 연구를 메타 분석한 결과, 패러콰트 사용이 농민의 파킨슨 병 발병 확률이 두 배로 증가하는 것과 관련이 있음이 드러났다. 이런 우려 때문에, 패러콰트은 EU에서 2007년에 금지되었다. 환경 규제가 엄격하지 않은 나라인 중국도 2012년에 "인민의 삶을 지키기 위해서" 패러콰트을 단계적으로 퇴출하겠다고 발표했다. 패러콰트이 사람의 건강을 위협한다는 사실에는 거의 의심의 여지가 없다. 그럼에도 이것은 영국 북부인 허더즈필드에서 여전히 대량으로 제조되고 있다. 지금은 스위스의 거대 화학 기업 신젠타가 소유한 예전의 ICI 공장에서 말이다(스위스는 EU보다 훨씬 앞서서 1989년에 패러콰트 사용을 금지했다). 영국 보건안전청에 따르면 이 공장은 2015년 이래로 패러콰트 12만2,831톤을 브라질, 콜롬비아, 에콰도르, 과테말라, 인도, 인도네시아, 일본, 멕시코, 파나마, 싱가포르, 남아프리카 공화국, 타이완, 우루과이, 베네수엘라로 수출했다. 경악스러운 위선적인 태도로 EU와 영국 당국은 패러콰트이 자국 영토 내에서는 너무 위험하다며 사용을 금지하면서도, 얼마든지 생산해서 전 세계에 판매하도록 놔둔다. 위해 물질의 안전성을 평가하는 일을 하는 UN의 바스쿠트 툰작은 "이것이 이중 잣대의 대표적인 사례이다"라고 말한다.

우리는 자국에서 일어나는 일뿐 아니라, 우리가 수출하는 것에도 책임을 져야 하지 않을까?

중점박이푸른부전나비

부전나비과에 속한 많은 나비들은 개미와 공생관계를 맺고 있다. 애벌레
는 꽁무니에 당이나 단백질이 풍부한 액체를 분비하는 샘이 있는데, 개미
가 이 액체를 무척 좋아한다. 개미는 틈틈이 애벌레를 찾아와서 이 액체
를 핥아먹으며, 보답으로 포식자와 기생생물로부터 애벌레를 지킨다.

  영국에 사는 부전나비 가운데 가장 큰 종, 멋대가리 없게도 영어로 그
냥 큰푸른나비large blue라고 부르는 중점박이푸른부전나비는 서식지 상
실로 1979년에 사라졌지만, 1984년에 스웨덴으로부터 다시 들여와서 지
금까지 잘 살아가고 있다. 흥미롭게도 이 나비는 예전에 자신의 숙주와
맺었던 공생관계를 뒤엎었다. 암컷은 백리향에 알을 낳으며, 부화한 애
벌레는 며칠 동안 정상적인 애벌레처럼 잎을 먹는다. 그런 뒤 특이한 행
동을 한다. 먼저 식물로부터 땅으로 툭 떨어진 다음, 참을성을 가지고 개
미가 지나가기를 기다린다. 그들이 기다리는 대상은 유럽붉은개미이다.
애벌레는 유럽붉은개미 유충의 냄새를 흉내 내어 풍기므로, 돌아다니던
일개미는 이 애벌레와 마주치면 집어서 둥지로 데려간다. 그런 뒤 육아방
의 다른 개미 유충들 사이에 조심스럽게 끼워넣는다. 그러면 애벌레는 고
마워하기는커녕 개미 유충을 먹어치우면서 돌아다닌다. 일개미들은 눈
앞에서 무슨 일이 벌어지는지 알아차리지도, 막지도 못한다. 이내 나비
애벌레가 개미 유충보다 훨씬 크게 자라지만, 이 역시 알아차리지 못한
다. 애벌레는 계속 개미집에서 지내다가 다음 해 봄에 번데기가 된다. 이
윽고 번데기에서 나온 성체는 재빨리 개미집 밖으로 기어나와야 한다. 그
래야 날개를 펼치고 말려서 날아오를 수 있다. 그렇게 한살이는 되풀이
된다.

제9장

초록 사막

식물은 광합성을 통해서 생장한다. 광합성은 햇빛의 에너지를 통해서 이산화탄소와 물을 당으로 전환하는 기적과도 같은 과정이다. 생장하려면 다양한 무기물도 필요한데, 무기물은 주로 뿌리로 흙에서 흡수한다. 특히 인, 칼륨, 질소 세 원소가 충분히 있어야 하고, 그밖에도 여러 원소들이 미량 필요하다. 이런 양분이 없으면 식물은 생장이 지체되고 작물 수확량도 적어진다. 그리고 모든 양분은 식물이 흡수할 수 있는 화학적 형태로 있어야 한다. 가령 공기는 주로 기체 질소로 이루어져 있지만, 이 질소는 대다수 식물이 이용할 수 없는 형태여서 쓸모가 없다.

농민들은 오래 전부터 토양의 비옥도가 중요함을 이해하고 있었다. 약 8,000년 전 그리스 지역의 신석기 농민들이 당시에 가장 양분을 많이 필요로 하던 작물인 밀과 콩에 체계적으로 똥거름을 주었다

는 과학적 증거도 있다. 불탄 재 역시 수천 년 전부터 밭에 뿌려져왔
다. 남아메리카 원주민들은 적어도 1,500년 동안 연안 섬들에 쌓인 구
아노를 캐서 비료로 썼다. 구아노란 가마우지, 얼가니새, 펠리컨 같은
바닷새들의 배설물이 쌓인 것으로, 인산염이 아주 풍부하다. 잉카의
왕들은 구아노를 아주 귀하게 여겨서 허가 없이 새들을 방해하는 사
람은 사형에 처했다. 독일의 자연사학자이자 탐험가인 알렉산더 폰
훔볼트는 1802년에 우연히 구아노의 용도를 알게 되었고, 이후 19세
기 서양 세계 전체가 그 가치를 알아차리면서 세계적인 교역이 이루
어지게 되었다. 중국의 인부 수천 명이 배를 타고 페루와 칠레로 가서
최대 50미터 깊이까지 묻혀 있는 구아노를 채굴했는데, 이는 분명 인
간이 고안한 직업 중에서 가장 불쾌한 축에 속했을 것이다. 19세기 말
에 구아노가 거의 고갈되면서, 그런 대량 채굴은 영원히 계속될 수 없
었다. 더 최근에 페루 정부는 새로 배설된 새똥을 수거하는 방식으로
지속 가능한 구아노 개발을 시도했지만, 새의 먹이인 물고기가 남획
으로 줄어들면서 조류 개체수가 급감하는 바람에 그 계획은 비극적
인 실패로 끝났다.

세계 반대편에서 구아노를 수입하려는 데에는 당연히 비용이 많이
들었다. 따라서 유럽의 과학자들은 인산염의 다른 공급원을 찾기 위
해서 갖은 수를 다 썼고, 아주 별난 공급원까지 찾아냈다. 1840년대에
목사 존 스티븐스 헨슬로는 서식스 펠릭스토 인근에 분석糞石이 아주
많이 묻혀 있음을 발견했다. 이 분석은 공룡의 똥 화석이었다. 헨슬로
는 케임브리지 대학교의 식물학 교수였고, 지금은 젊은 찰스 다윈의

교사이자 정신적 스승으로 더 잘 알려져 있다. 분석이 무엇인지는 그보다 겨우 10여 년 전인 1829년 윌리엄 버클랜드가 알아냈는데, 뛰어난 통찰력을 지녔던 헨슬로는 새의 배설물에 양분이 풍부하다면 공룡 똥 화석도 마찬가지일 것이라고 추측했다. 그는 분석을 황산으로 처리하여 인산염을 추출하는 기법을 개발했고, 이로써 1860년대에는 세상에 거의 알려지지 않은 분석 채굴 열풍이 시작되었다. 같은 시기에 캘리포니아에서 일어난 보다 매혹적인 금광 열풍의 케임브리지셔 판이었다. 그 채굴 열풍은 약 30년 동안 이어지다가, 구아노와 마찬가지로 결국 분석의 고갈이라는 장벽에 부딪혔다. 공룡 똥 화석만큼 재생 불가능한 자원은 아마 없지 않을까?

구아노와 분석의 공급량이 줄어들자, 영국 농민들은 도저히 믿기 어려운 인산염 공급원으로 눈을 돌렸다. 바로 고양이 가루였다. 고대 이집트에서는 고양이를 미라로 만들기 위해서 키웠다. 그러나 여기에서 고양이는 집 안에서 반려동물로 키우다가 내세로 가서 사랑하는 주인과 함께 지내도록 미라로 만든 고양이가 아니라, 대량 사육된 고양이들을 말한다. 사람들은 이 고양이들이 약 6개월이 되면 목을 조르거나 몽둥이를 써서 죽인 뒤, 천으로 꽁꽁 감싸서 잘 말렸다. 사람들은 이런 고양이를 사서 신에게 공물로 바쳤다. 대개 순례자들이 구입한 듯하다. 순례자들은 오늘날 촛불을 가져다놓고 켜는 것과 비슷하게 신전이나 사당에 고양이 미라를 가져다놓았다. 수천 년이 흐른 뒤, 1888년 카이로에서 약 160킬로미터 떨어진 베니하산 인근에서 땅을 파던 한 이집트 농부가 놀라운 발견을 했다. 그는 발밑의 땅이 갑자기 꺼지면서 아래로 떨어졌는데, 그 구덩이 안에 고양이 미라 수십만 점이 쌓여 있었다. 신전에 가득해진 말린 고양이 사체를 사제나 인부가 그곳에 묻어서 치운 듯했다. 지역 농민들이 그 미라를 빻아서 비료로 쓰기 시작하자, 몇몇 사업가들은 이 별난 이집트 산물을 수출해도 좋겠다고 생각했다. 곧 고양이 미라를 가득 실은 배들이 리버풀로 향했고, 고양이 미라는 그곳에서 톤 단위로 경매에 붙여졌다. 팔린 미라는 가루로 빻아져서 밭에 비료로 뿌려졌다.* 경매인이 고양이의 머리뼈를 망치 삼아 두드린 일도 있었다.

한편 영국의 사업가이자 과학자인 존 베넷 로스도 헨슬로처럼 인산염이 풍부한 암석, 분석, 동물 뼈를 황산으로 처리하여 비료를 만드는 방법을 실험하고 있었다. 그는 1842년에 "초인산염superphosphate" 비료로 특허를 받고, 그후 50년을 런던 북쪽 하르펜던 인근에 있는 로댐스테드의 가문 땅에서 작물을 대상으로 다양한 비료의 효과를 실험하면서 보냈다.** 지금도 인산염 비료는 인산염이 풍부한 암석에서

---

* 이 별난 교역 때문에 나중에 고고학자들이 스코틀랜드 밭에서 고대 이집트 화살촉을 발견하고 흥분하는 일도 벌어졌다. 발견자들은 이집트 제국이 예전에 생각했던 것보다 훨씬 더 멀리까지 뻗어나갔거나 적어도 이집트가 그렇게 멀리까지 군대를 보내어 탐험을 했다고 추정했다. 그러다가 그 밭의 주인인 농민이 1880년대에 이집트 고양이 미라 가루를 비료로 구입했다는 사실을 보여주는 기록이 발견되었다. 화살촉이 왜 고양이 미라에 섞여 들어갔는지는 결코 확실하게 규명할수 없겠지만 말이다.

** 로스는 집안의 땅을 실험 경작 연구소로 바꾸었다. 오늘날 로댐스테드는 그런 연구소 중 가장 역사가 깊은 곳이다. 그가 1856년에 비료가 건초 생산에 미치는 효과를 연구하기 위해서 시작한 실험 중 하나는 지금까지 줄곧 이어지고 있다. 세계에서 가장 오래 지속되고 있는 과학 실험 중 하나이다.

추출한다. 결국에는 고갈될 재생 불가능한 자원이다. 누군가가 고양이 미라를 더 많이 발견하지 않는 한, 인산염의 다른 공급원은 존재하지 않는다. 머지않은 2030년이면 자원이 줄어들면서 인산염 생산이 줄어들기 시작하는 시점인 "인산염 정점peak"에 다다를 것이라고 주장하는 이들도 있다. 이는 심한 논쟁거리이며, 인산염이 풍부한 광물의 매장량이 훨씬 더 많을 것이라고 추정하는 이들도 있다. 현재 알려진 매장량 가운데 상당수는 사하라 서부에서 모로코가 채굴하여 수출하고 있는데, 이곳이 분쟁 지역이기 때문에 한 지역이 세계 식량 생산의 목줄을 쥐는 상황이 벌어질 가능성도 있다.

식물이 필요로 하는 세 주요 양분 중 두 번째는 칼륨이다. 수천 년 전부터 대다수 농민이 나무를 태워 얻은 재를 칼륨 비료로 썼고, 칼륨이 풍부한 비료는 잿물potash이라고 불렸다. 19세기에 북아메리카 동부의 드넓은 숲이 개간되어 농경지가 만들어졌는데, 당시 벤 나무를 태워서 일시적으로 엄청난 양의 재를 얻었다. 땅속에서 칼륨이 풍부한 광물을 캐내는 일은 일찍이 14세기에 에티오피아에서 시작되었으며, 이는 인산염과 마찬가지로 지금까지도 칼륨의 주된 공급원이다. 다행히도 칼륨 광물은 인산염 광물보다 더 흔하고 전 세계에 더 고루 분포하고 있어서, 당분간은 고갈될 가능성이 낮다.

식물의 세 번째 주요 양분은 질소이다. 식물은 질산염의 형태로 질소를 흡수하는데, 질산염은 채굴할 수 있는 광물 형태로 존재하는 양이 아주 적다. 그래서 수천 년 동안 농민들은 작물에 질산염을 공급하기 위해서 퇴비에 동물과 사람의 똥을 섞어서 썼다. 물론 그런 것들이 작물을 잘 자라게 하는 이유는 전혀 몰랐지만 말이다. 질소는 1772년 스코틀랜드의 의사 대니얼 러더퍼드가 발견했지만, 질소를 함유한 화합물이 식물 생장에 중요하다는 사실은 거의 100년이 흐른 뒤에 프랑스의 화학자 장 바티스트 부생고가 알아차렸다. 그리고 1909년 독일의 화학자 카를 보슈와 프리츠 하버는 대기 질소를 암모니아로 전환하는 하버 법을 개발했다. 암모니아는 식물이 이용할 수 있는 다양한 질소 화합물 제조에 쓸 수 있었다. 그러나 개발 시기가 좋지 않았다. 때는 제1차 세계대전이 벌어질 무렵이었고, 이 방법은 니트로글리세린, 니트로셀룰로스, 트리니트로셀룰로스TNT 같은 다양한 폭발물을 값싸게 대량 생산하는 데에도 쓰이면서, 젊은이 수십만 명의 목숨을 앗아가는 일에 기여했다. 군수품을 생산하던 대규모 공장들은 전후에 재빨리 비료를 생산하는 쪽으로 전환했다. 산업농은 독가스와 폭탄을 토대로 세워졌다.

농약처럼 비료도 해가 갈수록 사용량이 꾸준히 증가해왔다. 지난 50년 사이에 전 세계의 인공 비료 사용량은 20배 증가했다. 현재 해마다 질소 비료는 약 1억1,000만 톤, 칼륨 비료는 9,000만 톤, 인산 비료는 4,000만 톤이 뿌려지고 있다.

여기에서 의문이 들 수도 있다. 비료의 생산과 사용이 왜 나쁘다는 것일까? 배고픈 사람의 관점에서는 분명히 좋다. 어찌 되었건 비료는 작물의 생장을 도우며, 따라서 매우 유익해 보인다. 비료를 점점 더 이용할 수 있게 된 것이 "녹색 혁명"을 일으킨 주된 요인임은 확실하다. 녹색 혁명은 20세기 중반에 기름진 토양에서 잘 자라도록 개발된 고수확 작물 품종들이 새로 나오면서 전 세계에서 작물 수확량이 급증한 것을 일컫는다. 이 혁명에 특히 중요한 역할을 한 인물은 미국의 농학자 노먼 볼로그이다. "녹색 혁명의 아버지"로 여겨지는 그는 "배를 곯는 상태에서는 평화를 이룰 수 없다"라고 주장하면서 전 세계가 현대적인 산업농을 도입해야 한다고 주장했다. 1970년 그는 노벨 평화상을 받았고, 그의 기여로 10억 명이 굶어 죽는 일을 피할 수 있었다고 보는 사람들도 있다.

그러나 대부분의 신기술이 으레 그렇듯이, 혜택에 열광하다가 보지 못하고 지나친 단점들도 있었다. 곤충의 입장에서는 비료가 파괴적인 결과를 가져올 수 있다. 한 예로 목초지에 비료를 뿌리면 풀이 빠르게 웃자라면서 꽃식물이 자랄 여지를 줄인다. 따라서 원래 꽃이 무성했던 풀밭은 쟁기질을 하거나 제초제를 뿌리지 않아도 쉽게 파괴될 수 있다. 이는 인공 비료를 한 차례만 뿌려도 마찬가지일 것이다. 영국 남서부는 열차나 비행기로 지나갈 때면 많은 지역이 초록색으로 뒤덮여 있고, 통근하는 이들은 윌리엄 블레이크가 노래한 이 "푸르고 상쾌한 땅"에 야생생물이 우글거린다고 짐작할지도 모른다. 그러나 그렇지 않다. 그 땅의 대부분은 녹색 사막이다. 꽃식물 한 포기 없이 빠르게 자라는 호밀풀만 단일 경작되는 곳이다. 소가 먹을 (단일) 작물을 많이 재배하고 싶다면 좋은 곳이겠지만, 벌이나 나비에게는 아무짝에도 쓸모없는 곳이다. 또 해로운 효과도 일으킨다. 밭 가장자리와 산울타리로 비료가 흘러나옴으로써, 돼지풀, 쐐기풀, 오리새, 수영 등 양분을 좋아하는 소수의 식물들이 득실거리게 된다. 키가 크고 빨리 자라는 이 식물들은 예전에 바구니 가득 따서 술을 빚는 데 쓸 수 있을 만큼 무성했던 앵초 같은 꽃식물들을 산울타리에서 몰아낸다.

식물의 다양성 감소는 필연적으로 식물을 먹고 꽃가루를 옮기는 곤충이 사라지는 결과를 낳는다. 가령 영국 남서부 길가의 산울타리는 야생화로 유명하다. 그래서 산울타리를 볼 수 있는 곳곳의 경관이 꽃으로 가득하다는 인상을 빚어낼 수도 있다. 그러나 플리머스 대학교의 과학자들은 최근에 산울타리에서 농경지를 접한 쪽(대부분의 산울타리가 농경지를 접한다)이 도로를 접한 쪽보다 꽃이 훨씬 적으며, 벌도 훨씬 덜 찾는다는 사실을 발견했다.

40년 전에는 영국의 거의 모든 양지 바른 서식지에서 매일같이 벽뱀눈나비를 볼 수 있었다. 날개 윗면은 갈색과 주황색으로 얼룩덜룩하고 아랫면은 위장용으로 회색을 띤 조금 칙칙한 나비이다. 내가 10대였을 때 벽뱀눈나비는 슈롭셔의 우리 정원에 종종 나타났고, 이름에 딱 어울리게도 집의 벽에 달라붙어서 햇볕을 쬐고는 했다. 그후 이 종은 영국에서 85퍼센트가 줄어들었고, 네덜란드에서는 거의 99퍼센트가 사라졌다. 영국에서는 분포 범위가 대폭 줄어들어서 오늘날 중부, 동부, 남동부의 많은 지역에서는 이 나비를 찾아볼 수 없다. 감소 양상은 비료 사용(그리고 농약 사용)의 지리적 양상과 상관관계가 있어 보인다. 토양 비옥도가 높아져서 식생이 무성하게 자라면서 벽뱀눈나비 애벌레가 선호하는 햇볕이 잘 드는 따스한 미소微小 서식지가 그늘이 지고 서늘해졌다는 증거가 있다.

비료는 애벌레에게 다른 은밀하면서 미묘한 효과들도 미칠 수 있다. 작은주홍부전나비, 작은처녀나비, 얼룩뱀눈나비 등 몇몇 흔한 나비의 애벌레들이 질소 함량이 높아진 흙에서 자란 먹이 식물을 먹으면 죽을 확률이 훨씬 높다는 사실이 최근에 밝혀졌다. 확실한 이유는 모르지만, 담배 식물 연구는 한 가지 단서를 제공한다. 담배 식물은 이산화질소(식물이 이용할 수 있는 또다른 질소 공급원)에 많이 노출되면 니코틴 같은 방어 화학 물질을 더 많이 만듦으로써, 담배박각시의 애벌레가 담배 잎을 덜 뜯어 먹게 한다. 먹이 식물이 토양 비옥도가 높을수록 독성을 띤다면, 벽뱀눈나비의 수가 줄어든 이유를 쉽게 설명할 수 있다. 이는 경작지에서 나비와 나방, 더 나아가 다른 초식성 곤충들의 전반적인 감소에도 한몫을 할 가능성이 농후하다.

강, 호수, 연못 같은 민물 서식지는 어떨까? 경작지 아래쪽에 있는 민물 서식지도 마찬가지로 비료에(그리고 때로 살충제와 달팽이 제거제의 메트알데하이드에도) 오염되어 있다. 지나치게 많은 양분은 미생물인 조류가 마구 불어나도록 함으로써 맑은 하천과 호수를 탁한 녹색 스프처럼 바꾼다. 물이 탁해지면 빛이 수생식물에 닿지 못하고, 수생식물은 죽어서 썩는다. 그러면 물에 양분이 더욱 늘어난다. 한편 식생이 썩어가면 물에 있는 산소가 소비되면서 동물은 질식해 죽는다. 따뜻한 날씨에 오염된 물에서 "남조류"가 불어나기도 한다. 남조류라고 불리기는 하지만 학술적으로는 조류가 아니라 남세균이다. 이들은 물로 독소를 방출한다. 그러면 물에 사는 동물이 대부분 죽고, 심지어 호수에서 헤엄치는 사람에게도 치명적인 피해가 가해질 수 있다. 이 모든 일들은 수생생물에게 매우 해롭다. 건강한 강과 호수에 사는 날도래, 하루살이, 강도래, 잠자리 등 다양한 곤충들도 피해를 입는다. 사실 하천에서의 곤충 다양성과 비료로 인한 오염 사이에는 아주 긴밀한 관계가 있어서, 때로는 수생곤충이 수질 오염의 생물학적 지표 역할을 한다. 기후 변화로 폭우가 내리는 일이 잦아지면 질소 비료를 비롯한 농화학 물질들이 강, 호수, 바다로 더 많이 유출되리라는 예측도 있다.

아마 놀랄 일도 아니겠지만, 오늘날에는 식수에도 비료 성분이 들어 있을 때가 종종 있다. 시골 지역과 개발도상국에서는 더욱 그렇다. 물의 질산염은 "아기 청색증blue baby syndrome"을 일으킨다. 이는 오염 물질이 헤모글로빈에 결합하는 바람에 헤모글로빈이 몸 전체로 산소를 운반하지 못해서 생기는, 치명적일 수도 있는 증후군이다.

높아져버린 식물 및 토양 비옥도와 관련된 비극적인 결말은 경작지와 경작지에서 유출된 물이 흘러드는 수역뿐 아니라, 훨씬 멀리 떨어진 곳에서도 나타날 수 있다. 자동차와 항공기, 발전소에서 화석 연료가 탈 때에 질소 산화물(NO와 NO_2)이 발생되는데, 이 물질들은 비에 씻겨서 토양으로 스며들어 식물의 가용 질소량을 늘린다. 경작지에서 수백 킬로미터 떨어진 자연보전구역 등 "보호" 지역도 예외가 아니다. 질소 비료의 제조에는 천연가스 같은 화석 연료의 형태로 엄청나게 많은 에너지가 소비되는데, 이 과정에서 상당한 양의 이산화탄소가 배출된다. 한편 최근에는 비료 공장에서 많은 양의 메탄이 누출되고 있다는 사실도 밝혀졌다. 메탄은 이산화탄소보다 34배 강력한 온실가스이다. 게다가 밭에 뿌리는 질산염 중 50퍼센트는 작물에 전혀 흡수되지 않으며, 토양에 사는 세균을 통해서 아산화질소(N_2O)로 분해된다. 아산화질소는 웃음 기체로 널리 알려져 있지만, 비료가 아산화질소로 전환되는 현상은 결코 웃을 일이 아니다. 이는 비단 농민의 돈을 낭비하는 것만이 아니다. 이 기체는 이산화탄소보다 300배 더 강력한 온실가스이며, 오존층도 파괴한다. 대기의 아산화질소 농도는 1850년경 이래로 계속 가속되면서 짙어져왔으며, 질산염 비료가 인위적 요인들 중에서 월등히 큰 비중을 차지한다. 뒤에서 살펴보겠지만, 앞으로는 기후 변화가 곤충이 쇠퇴하는 가장 큰 추진력 중 하나가 될 가능성이 높다.

결론적으로 비료는 분명히 농민이 수확량을 올리기 쉽게 해주지만, 환경에 많은 피해를 준다. 목초지와 농경지 가장자리의 꽃식물 다양성을 크게 줄이며, 남아 있는 식물도 곤충에게 독성을 띠게 하거나 곤충이 먹기 어렵게 만든다. 또한 수계의 주된 오염 물질이자, 기후 변화의 중요한 원인이다. 대중도, 많은 농민들도 사실상 이런 위험을 잘 알지 못하고 있다.

소나무행렬나방

남유럽의 소나무 숲에서는 높은 나뭇가지에 실로 만든 농구공만 한 크기의 둥근 둥지를 종종 볼 수 있다.

자세히 들여다보면 실에는 모충의 배설물과 말라붙은 허물이 다닥다닥 달라붙어 있고, 둥지 안쪽에는 방해를 받으면 꼬리를 씰룩거리는 털북숭이 모충들이 뭉쳐 있음을 알 수 있다. 살펴볼 때에는 조심해야 한다. 이 모충의 털은 쓰라린 발진을 일으킬 수 있다. 이들은 소나무행렬나방의 애벌레이다. 밤에 모충들이 한 줄로 죽 늘어서서 꼬리를 물고 줄줄이 신선한 먹이가 있는 가지로 기어갔다가 새벽에 둥지로 돌아오기 때문에 행렬이라는 이름이 붙었다.

20세기 초에 프랑스의 곤충학자 장 앙리 파브르는 이 모충을 대상으로 유명한 실험을 했다. 모충들을 화분의 테두리에 올려놓자, 그들은 줄줄이 꼬리를 물고서 원을 그리며 끝없이 돌았다. 7일 동안 맹목적으로 계속. 이 연구는 지도자를 맹목적으로 추종하는 어리석음의 사례로 인용되고는 하지만, 사실 이는 나방을 다소 폄하하는 것이다. 이 실험을 재현한 실험은 모충들이 화분 테두리의 옆쪽 가장자리가 움켜질 수 없을 만큼 미끄러울 때에만 테두리를 따라 빙빙 돈다는 점을 보여준다. 평면 위에 유리 원통을 놓아서 모충들이 원통 안에서 원을 그리며 빙빙 돌도록 한 뒤에 원통을 제거하면, 모충들은 거의 즉시 원을 깨고서 새로운 먹이를 찾아서 나아간다.

제10장

판도라의 상자

곤충도 당연히 다양한 기생생물과 질병에 시달린다. 한살이의 어느 단계에서든, 곤충은 다른 곤충, 진딧물, 선충, 균류, 원생동물, 세균, 바이러스의 공격을 받을 수 있다. 이런 생물 중에는 애벌레를 안에서부터 용해시키는 바큘로바이러스나 벌의 기관(호흡관) 안에 사는 진드기처럼 으스스한 종도 있지만, 모두가 풍부한 생명다양성의 일부이다. 이들은 긴 세월을 곤충과 공진화했으며, 대개 숙주 종을 전멸시키지 않는다(숙주를 전멸시키는 것이 바람직한 경우는 거의 없다. 숙주가 사라지면 기생생물도 필연적으로 곧 그 뒤를 따를 것이기 때문이다).

 가장 활발하게 연구된 곤충의 기생생물과 질병은 기르는 꿀벌을 감염시키는 것들이다. 양봉가가 벌을 건강하고 생산적으로 유지하기 위해서 최선을 다하며, 벌의 건강에 영향을 미칠 만한 요인들이 있는지 세심하게 주의를 기울이기 때문이다. 꿀벌은 어머니 여왕을 중심으로 많으면 8만 마리에 달하는 일벌들이 한 집에 우글거리며 살아가는 별난 곤충이다. 이런 집단 생활은 병원체가 퍼지기에 완벽한 조건인 듯하며, 실제로 꿀벌은 질병과 기생생물에 더 많이 감염되는 것으로 보인다. 꿀벌은 몇몇 진드기 종, 작은벌집밑빠진벌레, 백묵병과 석고병 같은 병을 일으키는 균류, 아메리카부저병과 유럽부저병 같은 병을 일으키는 세균, 벌집나방, 파동편모충(수면병을 일으키는 생물의 친척), 미포자충(균류와 비슷한 단세포 생물), 그리고 적어도 24가지의 바이러스에 걸린다. 그들이 감염되는 병원체는 앞으로도 더 많이 발견될 것이 거의 확실하다. 꿀벌이 남아 있다는 사실 자체가 경이로울 정도이다.

그러나 이 모든 감염과 질병은 자연스러운 현상이며, 크게 우려할 필요는 없다. 이런 기생생물들은 어느 한 종이 너무 많아지는 일이 일어나지 않게 막는 자연의 억제와 균형의 일부를 이룬다. 불행히도, 우리 인간은 우발적으로 곤충의 기생생물과 질병을 전 세계로 퍼뜨림으로써 이런 자연적인 관계를 교란해왔다. 우리는 수천 년 전부터 벌을 길러왔다. 고대 이집트인은 고양이 미라만 좋아한 것이 아니라 벌도 키웠다. 약 4,500년 전의 상형 문자에도 벌과 벌집을 본뜬 형상들이 있다. 북아프리카의 도기 그림에도 인류가 9,000년 전부터 양봉을 했다는 증거가 있다. 우리는 인류가 꿀벌 집을 멀리 운반하기 시작한 시기가 언제부터인지 결코 알지 못하겠지만, 꿀벌을 아주 귀하게 여겼다는 점을 생각해보면 수천 년 동안 아프리카와 유럽에서 꿀벌 집이 운반되고 거래되었을 가능성이 높아 보인다. 사실 이러한 무역 때문에 기르는 꿀벌의 자연적인 분포 범위를 확실히 알기는 어렵다. 그러나 분자 연구는 꿀벌이 동아프리카 열대에서 기원하여 아프리카, 유럽, 중동 전역으로 퍼져 나갔음을 시사한다. 혼란스러운 것은 이들이 때로 "서양꿀벌"이라고 불린다는 점이다.

그러나 인간이 개입한 덕분에 서양꿀벌은 현재 남극 대륙을 제외한 전 세계의 모든 국가에 퍼져 있다. 꿀벌은 지구에서 가장 널리 퍼진 생물 중 하나이며, 최근의 이주 양상이 잘 기록되어 있다. 가령 꿀벌은 1622년에 처음으로 북아메리카 동부 해안에 도달했고, 1850년대에 캘리포니아로 들어갔다. 또한 1826년에는 오스트레일리아에, 1839년에는 뉴질랜드에 도입되었다. 더 흥미롭게도, 1957년에 아프리카에서 온 유달리 공격적인 꿀벌 품종이 사고로 브라질에서 유출되었는데, 이른바 "살인벌killer bee"은 이후 남아메리카와 중앙아메리카를 거쳐 미국 남부 전역으로 퍼졌다.

이 모든 이동은 의도에 따라서 이루어졌다. 꿀벌은 맛있는 꿀을 제공한다. 수천 년 동안 인류가 구할 수 있었던 하나뿐인 농축된 당분이었다. 유럽인들은 바로 그 꿀을 얻기 위해서 꿀벌을 전 세계로 옮겼다. 더 최근에는 작물의 꽃가루받이를 위해서 다른 벌 종들을 훨씬 신중하게 도입하려는 노력들이 이루어졌다. 오스트레일리아의 사탕수수두꺼비나 토끼처럼 외래종을 도입했다가 큰 문제를 겪은 뒤, 현재 대다수의 선진국들은 외래종의 도입을 막는 다소 엄격한 규칙을 채택하고 있다. 그러나 벌은 보통 이로운 생물이라고 간주되기 때문에 우리는 어리석게도 벌을 맹목적으로 전 세계로 퍼뜨려온 듯하다. 특히 미국은 계속해서 외래 벌을 수입하려고 애쓰는 것 같다. 유럽의 가위벌인 알팔파가위벌과 이마돌기가위벌, 다양한 뿔가위벌(스페인의 난초뿔가위벌, 일본의 머리뿔가위벌, 유럽의 푸른뿔가위벌)도 일부러 도입했으니 말이다. 미국이 왜 이런 벌들을 선택했는지는 불분명하다. 신중하게 수립된 계획을 이행했다기보다는 그때그때 상황에 따르는 듯하다. 이런 종들은 현재 미국의 다양한 지역에서 번성해 일부 과학자들이 미국 정원사들에게 정원에 토종벌을 늘리기 위해서 설치하는 인공 벌집, 이른바 벌 호텔을 걸지 말라고 경고하기에 이르렀다. 이런 외래 벌이 호텔 방을 차지하는 일이 빈번하기 때문이다. 이집트의 검은 왕가위벌과 인도의 피티티스 스마라굴다 같은 벌도 미국에 도입되었는데, 우리가 아는 한 멸종된 듯하다.

뒤영벌도 자연적인 분포 범위 훨씬 너머로 퍼져 나갔다. 영국 뒤영벌은 오래 전인 1885년부터 뉴질랜드에 도입되기 시작해서 지금까지 4종이 살아남았다. 그중 1종인 큰정원뒤영벌은 1982년에 다시 칠레에 도입되었다. 뒤영벌은 1980년대 말에 토마토 꽃가루받이용 서양뒤영벌(꽃부니호박벌)을 상업적으로 양봉하는 기술이 개발된 뒤로 각국에 적극적으로 도입되기 시작했다. 토마토 꽃은 꽃의 수술을 진동시켜서 꽃가루를 떨어내는 "진동 꽃가루받이buzz pollination"가 필요하다. 토마토를 대규모로 온실에서 재배하는 경작자는 1980년대까지도 직접 전기 진동기로 수술을 흔들었다. 그러다가 1985년에 벨기에의 수의사이자 뒤영벌 애호가인 롤랑 드 용허가 토마토를 재배하는 온실에 뒤영벌 집을 가져다놓으면 뒤영벌이 놀라울 만큼 효과적으로 꽃가루받이를 한다는 사실을 알아차렸다. 뒤영벌은 진동 꽃가루받이에 능숙하다. 꽃의 수술 끝에 붙은 꽃밥을 턱으로 문 채 비행 근육을 붕붕거려서 자기 자신과 꽃을 진동시킨다. 서양뒤영벌은 기르기도 쉬운 유럽 종이었으므로, 드 용허는 봉군蜂群을 키워서 팔기 시작했고, 이내 바이오베스트라는 기업까지 설립했다. 이어서 경쟁 기업들이 생겨났고, 이 분야는 거대한 산업이 되었다. 지금은 연간 수백만 개의 뒤영벌 봉군이 생산된다. 처음에는 유럽 내에서만 팔렸지만, 곧 전 세계로 판매되었다. 서양뒤영벌은 1992년에는 태즈메이니아의 야생에서도 나타났고, 1990년대에는 일본의 온실에서 탈출하여 퍼졌으며, 1998년 칠레가 일부러 이 뒤영벌을 야생에 풀어놓으면서 남아메리카 전체로도 빠르게 확산되었다. 한편 북아메리카의 기업들은 북아메리카 동부의 고유종인 아메리카동부뒤영벌을 기르기 시작했다. 이 종은 곧 북아메리카 전역과 멕시코 남부로 팔려나갔다.

돌이켜보면, 이 모든 벌들의 이동은 약간 저돌적으로 보인다. 그러나 작물을 기를 수 있는 세계 어느 지역이든 적절한 서식지를 제공하고 농약 이용을 억제함으로써 증식할 여지를 조금만 마련한다면, 같은 역할을 맡을 것이 거의 확실한 토종벌이 많이 있다. 예를 들면 북아메리카에는 토종벌이 약 4,000종에 달하며, 꽃가루를 옮기면서 바쁘게 돌아다니는 꽃등에, 나비, 나방, 딱정벌레, 말벌 등도 많이 있다. 그러나 특정한 작물에 맞는 토종 꽃가루 매개자를 찾을 수 없는 사례도 드물게 있다. 한 예로 뉴질랜드에는 붉은토끼풀의 꽃가루를 옮길 토종 매개자가 아예 없어서 1895년에 그 일을 맡길 긴혀뒤영벌을 도입했다.* 붉은토끼풀은 토종벌이 닿지 못하는 긴 통 안에 꿀을 담고 있다. 그러나 사실상 이런 외래종의 도입이 거의 불필요해 보이는 사례가 대부분이다. 또 외래종이 큰 피해를 입힐 가능성도 있다.

그렇다면 토종벌이 아닌 벌이 도입될 때에 어떤 문제가 생길 수 있을까? 가장 먼저 우려되는 점은 도입된 종이 토종 꽃가루 매개자와 경쟁할 수도 있다는 것이다. 아메리카의 벌 호텔 사례처럼 토종벌의 둥지를 외래종이 차지하거나, 꿀과 꽃가루를 많이 채집하는 바람에 토종 생물이 굶주리게 될 수도 있다. 일찍이 1859년에 찰스 다윈은 오스트레일리아에 도입된 꿀벌이 "침 없는 작은 토종벌을 빠르게 소멸시키고 있다"라고 썼다. 다윈은 놀라울 만큼 빈틈없는 사고를 하는 생물학자였지만, 이번에는 그가 틀렸다. 그가 언급한 벌은 트리고나 카르보나리아가 거의 확실한데, 이 벌은 지금도 꽤 흔하기 때문이다. 그럼에도, 다윈은 아마 도입된 꿀벌이 피해를 입힐 가능성을 인식한 최초의 인물일 것이다. 꿀벌이 들어옴으로써 오스트레일리아의 동물상이 어떤 영향을 받았다는 그의 주장 역시 타당한 추측처럼 보인다. 현재 오스트레일리아에는 토종벌이 약 1,500종 있고, 어디를 가든 꽃

---

* 붉은토끼풀 자체는 가축 사료 작물로, 또 합성 비료를 값싸게 이용할 수 있게 되기 전에 토양 비옥도를 높이는 유용한 질소 고정 식물로 유럽에서 뉴질랜드로 들여왔다. 뉴질랜드에 정착한 영국 농민들은 처음에 토끼풀이 왜 씨를 맺지 않는지 이해하지 못했기 때문에, 어쩔 수 없이 많은 돈을 들여서 계속 새 씨를 유럽에서 수입해 뿌려야 했다. 문제의 원인을 밝혀낸 사람은 영국에서 이민을 온 지 얼마 되지 않은 R. W. 페러데이라는 사무 변호사였다. 그는 1870년대에 형제의 농장을 방문했다가 그 사실을 알아차렸고, 이윽고 영국에서 뒤영벌을 수입하기에 이르렀다. 상세한 이야기는 『사라진 뒤영벌을 찾아서 A Sting in the Tale』에 실려 있다.

에서 가장 흔히 볼 수 있는 곤충은 꿀벌이다. 오스트레일리아의 꿀벌은 봉군이 50만 개가 넘고 약 250억 마리에 달한다. 즉 먹을 입이 그만큼 많다. 오스트레일리아의 양봉가들은 한 해에 약 3만 톤에 달하는 벌꿀을 채취한다. 1826년 이전까지 이 모든 꿀은 토종 곤충의 먹이였을 것이다. 얼마나 많은 곤충들이 먹을 수 있었을지 상상해보라. 전 세계의 연구자들은 꿀벌이 실제로 토종 꽃가루 매개자들에게 종종 영향을 미친다는 사실을 확인했다. 꿀벌은 자신들이 주로 찾는 꽃에서 토종 매개자들을 몰아내고, 꿀벌 집이 많은 곳에서는 뒤영벌 군집의 성장이 지연되고 개체의 몸집도 더 작아지는 등의 영향이 나타난다. 우리는 북아메리카와 오스트레일리아 같은 곳에 꿀벌이 도입된 뒤로 어떤 영향이 있었을지 결코 온전히 알지 못할 것이다. 외래 벌이 들어오기 전의 토종 꽃가루 매개자들을 연구한 사람이 전혀 없기 때문이다. 그 전에는 우리가 결코 알지 못할 꽃가루 매개자 종이 훨씬 더 많았을 가능성도 있다.

전 세계로 벌을 옮기는 일과 관련된 더 큰 문제는 벌을 운반할 때에 종종 밀항자도 함께 실려간다는 것이다. 그리스 신화에 나오는 판도라의 상자처럼, 꿀벌 집에도 함께 전 세계로 퍼진 기생생물과 질병이 들어 있다. 그것들은 일단 탈출하면 다시 잡아넣을 수 없다. 그러나 1622년에 아메리카에 꿀벌을 들여온 이들을 비롯해서 초기 양봉가들이 이런 질병을 퍼뜨렸다고 비난할 수는 없다. 당시는 바이러스는커녕 세균조차 발견되기 전이기 때문이다. 안타깝게도 뜻하지 않은 벌기생생물의 이동은 지금도 계속되고 있다. 우리가 위험을 인식하고 있음에도 그렇다. 아마 가장 잘 알려진 사례는 꿀벌응애의 세계적인 전파일 것이다.

아시아의 꿀벌인 재래꿀벌은 자연적으로 꿀벌응애에 감염된다. 재래꿀벌은 서양꿀벌보다 더 작고, 이름에서 짐작할 수 있듯이 본래 아시아에서 서식했다. 꿀벌응애는 짙은 빨간색의 원반 모양의 동물로서, 지름이 약 2밀리미터이기 때문에 맨눈으로도 알아볼 수 있다. 이들은 벌에게 꽉 들러붙어서 벌의 몸에 있는 지방을 빨아먹는다. 이 응애는 숙주에게는 해롭지만, 대개 아시아 꿀벌 군집에는 심각한 피해를 입히지 않는다. 두 종이 수백만 년간 공진화했기 때문이다. 아시아 꿀벌도 사람이 길러왔지만, 대개 서양꿀벌보다 봉군이 더 작으며, 생산되는 꿀도 적다. 그래서 사람들은 서양꿀벌을 아시아로 수입했고, 지금은 아주 많은 양봉가들이 대량으로 기르고 있다. 때로는 재래꿀벌과 함께 키우기도 한다. 이 과정에서 불행히도 꿀벌응애는 숙주를 뛰어넘어서 외래 벌에 들러붙는 습성을 가지게 되었다. 꿀벌응애는 1963년 싱가포르와 홍콩의 서양꿀벌에서 처음 보고되었다. 이후 감염된 벌과 벌집이 부주의하게 전 세계로 옮겨다니면서 1960년대 말에는 응애가 동유럽으로 확산되었다. 1982년에는 프랑스, 1992년에는 영국, 1998년에는 아일랜드에서도 발견되었다. 세계의 다른 지역을 보면 1970년대에는 브라질에서 출현했고, 1979년에는 북아메리카 최초로 메릴랜드에서 나타났다. 이 작은 동물은 엄격한 수입 규제 조치를 뚫고서 2000년에는 뉴질랜드, 2007년에는 하와이까지 진출했다. 현재 세계의 넓은 지역 중에서 꿀벌응애가 없는 곳은 오스트레일리아

뿐이다.

진화하는 동안 꿀벌응애를 접한 적이 없었던 서양꿀벌은 그에 맞설 방어 수단을 거의 갖추고 있지 않다. 꿀벌응애는 벌의 유충과 성충에 전부 들러붙어서 기생하며, 벌 사이에 질병, 특히 날개변형 바이러스 같은 바이러스를 퍼뜨린다. 이 응애와 바이러스가 벌집 내에서 증식할수록 벌들은 약해지고, 대개 1-2년 사이에 군집은 붕괴되고 꿀벌들은 죽는다. 꿀벌응애와 이 바이러스는 분명 꿀벌이 직면한 큰 문제이며, 전 세계의 양봉가들이 키우는 벌이 계속 죽는 이유 가운데 하나이다.

꿀벙응애는 뒤영벌 같은 곤충들에도 때로 들러붙지만, 다행히 그들에게서는 번식할 수 없는 듯하다. 그러나 유감스럽게도 다른 대다수의 기생생물과 질병은 그렇지 않다. 가령 날개변형 바이러스는 꿀벌응애의 몸속뿐 아니라 바퀴, 집게벌레, 사회성 말벌과 뒤영벌 같은 다양한 곤충을 감염시키고 증식할 수 있다. 이름에서 짐작할 수 있겠지만, 이 바이러스에 감염된 벌은 으레 날개가 비틀리고 일그러져서 날지 못한다. 이 바이러스는 꿀벌에서 처음 발견되었기 때문에 오랫동안 "꿀벌 바이러스"라고 여겨져왔지만, 다른 숙주 없이 오로지 꿀벌에만 감염된다고 가정할 이유는 전혀 없다. 아마 모든 종을 감염시키는 곤충 바이러스인 듯하다.

날개변형 바이러스는 1980년에 일본에서 처음 보고되었고, 그 뒤로 세계의 모든 곳에서 누군가가 살펴볼 때마다 발견되어왔다. 그러나 본래 자연적으로 전 세계에 퍼져 있었는지, 국지적인 곤충 질병이었다가 사람을 통해서 전 세계로 퍼졌는지는 알 수 없다. 분명한 사실은 꿀벌 봉군이 현재 이 질병의 저장소 역할을 하고 있으며, 여기에서부터 뒤영벌 같은 야생 꽃가루 매개자들에게로 퍼져나간다는 점이다. 이 바이러스가 끼치는 피해가 어느 정도인지는 불분명하다. 야생 꽃가루 매개자들에게서 이 질병을 모니터링하는 일이 전혀 이루어지지 않고 있다. 따라서 어느 한 종 또는 여러 종에서 이 질병이 대발생한다고 해도 우리는 아마 알아차리지 못할 것이다. 이 바이러스는 꿀벌에 별 해를 끼치지 않은 채 군집 내에서 존속할 수 있지만, 꿀벌응애와 만나면 증상이 발현되는 듯하다. 심하게 감염된 벌은 부속지, 특히 중요한 날개가 변형되어 쓸모를 잃는다. 날개가 뒤틀린 벌들이 있는 뒤영벌 집을 찾기는 어렵지 않다. 뒤틀린 날개를 지닌 몇몇 뒤영벌을 검사한 결과, 그들이 이 바이러스에 감염되었다는 사실이 드러났다. 그러나 얼마나 많은 야생 뒤영벌이 이런 식으로 해를 입는지는 전혀 모른다. 게다가 이 질병은 그저 꿀벌에서 발견된 가장 잘 알려진 바이러스 하나가 일으키는 것에 불과하다.

꿀벌로부터 야생 꽃가루 매개자에게로 전파되는 것이 확실한 벌 질병이 적어도 하나 더 있다. 노제마 케라나이는 벌의 창자를 감염시키는 단세포 생물인 미포자충이다. 꿀벌응애와 마찬가지로 원래 재래꿀벌이 지닌 기생생물이었고, 2004년에야 타이완에서 새로운 종이라는 사실이 밝혀졌다. 얼마 지나지 않아, 연구자들은 노제마 케라나이가 유럽과 북아메리카 전역의 꿀벌 사이에서 아주 흔하다는 사실을 알아냈다. 이런 지역들에서는 흔히 새로 출현하는 질병이라고, 즉 최근에 들어온 질병이라고 인식되고 있지만, 사실 어디에서 왔는지 밝혀내기가 무척 어렵다. 오래된 꿀벌 표본들의 유전자를 조사한 결과, 노제마 케라나이가 미국에서는 1975년, 브라질에서는 1979년에 채집된 표본에서도 확인되었다. 따라서 날개변형 바이러스와 마찬가지로 이 종도 어디에서 기원했고 언제 세계 곳곳으로 퍼졌는지는 불분명하다. 과학자들은 단편적인 증거들을 끼워맞춰서 어떤 일이 벌어졌는지 알아내려고 애쓰고 있지만, 피해를 되돌리기에는 분명 너무 늦었다.

또한 노제마 케라나이는 숙주에 미치는 효과가 다양해 보인다는 점에서도 날개변형 바이러스와 비슷하다. 아마 벌이 다른 면에서 얼마나 건강한지에 따라서 달라지는 듯하다. 노제마 케라나이에 감염된 꿀벌은 8일 이내에 죽는데, 먹이를 구하러 다니는 일벌이 가장 심하게 피해를 입는다. 이에 따라서 군집은 여왕벌과 육아벌(알과 유충을 돌보는 일을 하는 젊은 벌)만 남고 먹이를 조달하는 일을 담당하는 경험 많은 벌이 거의 다 사라진다는 연구 결과들도 있다. 노제마 케라나이도 날개변형 바이러스처럼 뒤영벌에서 자주 나타나는 듯하며, 중국, 남아메리카, 영국의 야생 뒤영벌에서 발견되었다. 이는 꿀벌보다 뒤영벌에서 병원성이 더 강한 듯하고, 때로 죽음을 불러오기도 한다. 영국에서 자유롭게 날아다니는 야생 뒤영벌 중 약 4분의 1이 이 바이러스에 감염되어 있다는 최근의 증거는 몹시 우려스럽다.

꿀벌응애의 전파, 그리고 아마 노제마 케라나이의 전파도 꿀벌을 부주의하게 옮겼기 때문임이 거의 확실한데, 대량 사육한 뒤영벌 군집의 거래는 상황을 더욱 악화시켜왔다. 뒤영벌 공장의 위생 환경은 최근 들어서 개선된 듯하지만, 1980-1990년대에 그 산업이 출범했을 당시에는 많은 벌집이 이런저런 기생생물에 오염된 상태로 운송되고는 했다. 기문응애는 공장 사육 벌의 호흡기에 숨어서 유럽에서 일본으로 보내졌는데, 일본에서 야생으로 탈출하여 지금 토종 뒤영벌 사이에서 퍼지고 있다. 마찬가지로 유럽에서 칠레로 도입되어 남아메리카 전역으로 확산된 서양뒤영벌도 적어도 3가지 뒤영벌 질병을 지니고 있는 듯하다. 이 질병들이 어디에서 기원했는지를 놓고 얼마간 논란이 있기는 하다. 그러나 서양뒤영벌의 도입이 안데스 산맥의 토종 "왕황금뒤영벌", 즉 달보미뒤영벌에게 몹시 심각한 피해를 입혀왔음은 분명해 보인다. 토종벌인 달보미뒤영벌이 이 기생체에 전혀 내성을 지니고 있지 않기 때문으로 추정된다(더 상세한 내용은 나의 책 『벌 탐구*Bee Quest*』를 참조하라).

비록 그들의 자연적인 숙주 범위와 지리적 분포, 생물학도 아직 초보적인 수준으로밖에 이해하지 못한 상태이지만, 새로운 벌 질병들은 계속 발견되고 있다. 그나마 다른 곤충들의 질병에 비하면 벌의 질병이 훨씬 많이 알려져 있다. 우리가 전 세계로 퍼뜨린 곤충이 벌만은 아니다. 한 예로 벌 사육 공장은 기생성 말벌, 포식성 진드기, 꽃등에, 풀잠자리, 무당벌레 등 다양한 생물학적 방제 생물도 사육한다. 모두 어떤 결과가 빚어질지 고려하지 않은 채 전 세계로 운송되고 있다. 우리는 그런 동물들이 어떤 질병을 지니고 있을지 알지 못한다. 또 우리는 원예 식물을 대규모로 거래하면서 뜻하지 않게 곤충도 옮기고 있다. 원예 식물은 지금도 국경 너머로 운송되고 있다. 컨테이너로 들어와 옮겨지는 곤충도 있다. 등검은말벌은 중국에서 수출된 도자기에 숨어서 프랑스 보르도에 도착한 뒤, 곧 서유럽 대부분의 지역으로 퍼졌다. 우리의 활동, 특히 지난 2세기에 걸쳐 이루어진 세계 무역은 많은 곤충 기생생물의 분포에 지대한 변화를 일으킨 것이 확실하다. 그러나 지금까지 어떤 영향을 미쳤는지는 결코 알지 못할 것이다. 우리가 곤충의 질병이 무엇이고 그 질병이 숙주에 어떤 영향을 주는지를 모른다는 점은 아무리 강조해도 지나치지 않다. 우리는 곤충 종의 99.9퍼센트를 아예 모른다. 그러니 뜻하지 않게 사람을 통해서 퍼진 곤충의 외래 기생생물이나 질병이 우리가 전혀 알아차리지 못한 가운데 대발생함으로써 곤충 집단을 유린해왔고, 앞으로도 계속 그럴 것이라고 보아도 전혀 무리가 없다.

자살폭탄 흰개미

프랑스령 기아나의 후덥지근한 오지 숲에는 가장 특이한 곤충이 산다. 네오카프리테르메스 타라쿠아라는 학명의 곤충이다.

흰개미는 그 자체로도 흥미로운 생물이다. 개미의 친척이 아니면서도 비슷한 생활 양식을 채택했다. 흰개미도 땅속에서 여왕과 각기 맡은 일이 다른 일꾼들로 이루어진 아주 큰 군집을 이룬다. 그러나 개미와 달리, 흰개미는 오로지 식물만 먹는다. 그들은 온갖 식물을 먹으며, 본래 소화할 수 없는 셀룰로오스는 창자에 사는 공생 미생물들의 분해에 의존한다. 흰개미는 큰개미핥기에서 개미에 이르기까지 많은 동물들이 좋아하는 먹이이기 때문에, 기나긴 세월에 걸쳐서 포식자와 맞설 다양한 방어 수단들을 진화시켰다. 그러나 네오카프리테르메스 타라쿠아만큼 놀라운 방어 수단을 갖춘 흰개미는 없을 것이다. 이 종의 일꾼들은 나이를 먹을수록 배에 파란 반점을 띤다. 반점 안에는 구리가 많이 함유된 단백질이 채워져 있다. 나이를 먹을수록 턱도 닳아서 뭉툭해지므로 이들은 군집에 별 쓸모가 없는 개체이지만, 대신 공격성이 강해져서 상대가 누구든 침입자를 공격한다. 상대가 물러나지 않으면 낡은 일꾼들은 몸을 터뜨린다. 그러면 파란 단백질이 막 죽은 곤충의 침샘에 저장된 하이드로퀴논과 반응하여 아주 독성이 강한 벤조퀴논(폭탄먼지벌레의 꽁무니에서 뿜어지는 것과 같은 화합물)이 형성된다. 과학자들이 이타적 자살suicidal altruism이라고 일컫는 이 행위는 꿀벌 일꾼이 침을 쏘는 것과 비슷하다. 꿀벌 일꾼의 침에는 미늘이 있어서 적에게 박히면 빠지지 않는다. 대신 꿀벌은 창자가 빠져나오면서 죽는다. 양쪽 사례에서 일꾼은 군집의 이익을 위해서 고귀하게 자신을 기꺼이 희생한다.

제11장

다가오는 폭풍

21세기에 인류가 직면한 모든 환경 문제들 중에서 기후 변화는 가장 익숙하면서도 가장 심각한 축에 속할 것이다.

그러나 인간 활동으로 생산되는 온실가스가 우리의 기후를 바꾸고 있다는 데에 과학자들이 의견 일치를 본 것은 최근인 1990년대에 들어서였다. 심지어 지금도 부정하는 이들이 있다. 유감스럽게도 미국의 전 대통령과 그 추종자들도 그렇다. 하기야 지구가 편평하다고 주장하는 사람들도 여전히 있으니까.* 현실 세계에서 살아가는 우리 같

---

* 여기에서 실소가 터지기 쉽지만, 그들은 진지하다. 실제로 편평한지구협회Flat Earth Society는 영국에 본부가 있고, 캐나다와 이탈리아에 지부도 있다. 회원들은 지구가 원반이며, 북극이 중심에 있는 구멍이고, 남극 대륙은 사실 원반 가장자리를 둘러싼 약 46미터의 테두리라고 믿는다. 그들은 각국 정부들이 지구가 구형이라고 믿게 하려고 세계적인 음모를 꾸몄다고 생각한다. 소셜 미디어의 반향실 효과는 이런 제정신이 아닌 믿음을 부추기는 듯하며, 이에 따라 이 협회 회원은 최근 들어서 500명 이상으로 늘어났다. 비록 나는 모든 회원이 정말로 진지하게 믿

은 이들에게는 우리가 기후를 바꾸고 있으며, 기후 변화가 빠르게 일어나고 있다는 사실이 명백하다. 1900년 이래로 지금까지 기후는 약 1도 올랐다. 많이 오른 듯 보이지 않을 것이다. 거의 영국 중앙의 버밍엄에서 남해안의 브라이턴으로 이사했을 때의 기온 변화에 해당한다. 비록 그 변화가 100여 년에 걸쳐 일어났고 한자리에 사는 평범한 사람은 그런 일이 일어나는지 결코 알아차리지를 못하겠지만 말이다. 이는 기준점 이동의 좋은 사례이다. 반면 나는 버밍엄 바로 북쪽에서 태어났고 브라이턴 근처로 이사했기 때문에 그 차이를 느낄 수 있다. 변화를 빨리 겪었기 때문이다.

물론 날씨라는 측면에서 보자면 버밍엄에서 브라이턴으로의 이사는 추운 온대 기후에 사는 우리 같은 이들에게는 그리 나쁘지 않게 들린다. 나는 영국을 비롯하여 축축하고 추운 나라에 사는 많은 이들이 기후 변화에 무심해 보이는 이유가 이 때문이 아닐까 늘 추측해왔다. 물론 이것은 기후 변화 위협의 심각성을 완전히 놓치고 있는 것이다. 온실가스 배출을 대폭 줄이는 조치를 시급하게 취하지 않으면, 우리 아이들의 생애 내에 평균 기온이 3–4도 상승할 가능성이 높다. 기온 상승이 전 세계에서 균일하게 일어나지는 않을 것이다. 대체로 대부분의 대양에서는 기온이 거의 오르지 않는 반면, 극지방에서는 평균적으로 기온 상승이 훨씬 크게 발생할 것이다. 또 넓은 땅덩어리, 특

는 것은 아니라고 추측하지만 말이다. 그럼에도 상당히 많은 이들이 이렇듯 명백한 헛소리를 믿을 수 있다는 사실은 분명히 우려해야 한다. 나는 진정으로 많은 자금 지원을 받는 음모가 과연 무엇을 이룰 수 있을지 궁금하다(선거 결과 조작이나 환경에 해로운 행위를 친환경적인 양 세탁하는 일 등이 그렇다).

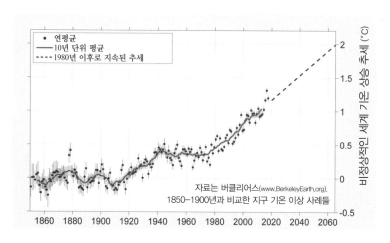

1860년부터 지금까지의 세계 기온과 2065년까지의 추정치 현재의 상승 속도가 유지되면 지구의 장기 평균 기온은 2040년이면 1850–1900년 평균보다 1.5도, 2065년경이면 2도 오를 것이다. (http://berkeleyearth.org/global-temperatures-2017/)

히 아프리카와 아시아의 상공에서 더 심할 것이다. 결국 아프리카와 아시아의 많은 지역은 사람이 살기에, 그리고 물론 대다수 야생생물이 살기에 더 좋지 않은 곳으로 변할 것이다. 여기에는 인구의 대다수가 사는 지역들이 포함될 가능성이 높다.

기후 변화의 경로를 예측하려는 시도는 아마 인류 역사상 가장 큰 규모의 단일 과학 연구 활동일 것이다. 수십 년에 걸쳐서 말 그대로 전 세계의 과학자 수천 명이 이 과제에 매달리고 있다. 이 과학은 정확하지 않다. 기후가 이해하기 어렵거나 수학 모형으로 정확히 포착할 수 없는 복잡한 "되먹임 고리feedback loop"에 영향을 받기 때문이다. 양의 되먹임 고리는 기후 변화를 가속시킬 것이고, 빠르면 2030년부터 우리가 멈출 수 없는, 고삐 풀린 양상으로 지구 온난화가 일어나리라고 예측하는 이들도 있다. 극지방과 높은 산의 얼음과 눈은 태양의 열기를 반사하여 온난화 억제에 일조한다. 이런 눈과 얼음이 녹을수록 반사되는 열도 줄어들면서 녹는 속도가 더 빨라진다. 이것이 바로 양의 되먹임 고리이다. 마찬가지로 북극 지방의 얼어붙은 툰드라 땅이 녹으면, 아주 서서히 진행되는 유기 물질의 혐기성 호흡을 통해서 얼음 아래에 수천 년 동안 쌓여온 메탄이 부글부글 솟아오를 것이다. 메탄은 이산화탄소보다 훨씬 강력한 온실가스이기 때문에, 메탄이 늘어날수록 온난화는 가속되고 그 결과 메탄이 더욱 늘어나는 되먹임이 일어난다. 토양의 온난화는 유기물이 이산화탄소로 산화되는 속도를 높임으로써, 온실가스 배출량을 높이면서 동시에 토양의 질을 떨어뜨린다. 또한 온난화는 산불 발생의 가능성을 높이는데, 산불이 일어나면 당연히 나무가 아주 빠르게 이산화탄소와 매연으로 바뀐다.

반면에 기후 변화를 늦출 수 있는 음의 되먹임 고리도 있다. 지구가 뜨거워질수록 우주로 더 많은 열이 복사되어 빠져나간다. 이산화탄소 농도가 증가하면 식물이 더 왕성하게 자라면서 이산화탄소를 더 많이 흡수한다. 그런 고리들은 양성과 음성 양쪽으로 더 많이 있으며, 명백히 확정된 것도 있고 더 사변적인 것도 있다. 그러나 기후과학자들은 양의 되먹임 고리가 음의 되먹임 고리보다 훨씬 더 강한 효과를 유발할 가능성이 높다고 본다. 전반적으로 기후가 더 따뜻해지고 있다는 사실에는 의심의 여지가 없지만, 그 일이 정확히 얼마나 빠르게 일어나는지는 불분명하다. 이는 물론 우리가 앞으로 어떤 행동을 하는지에 크게 좌우된다.

미래 기후의 다른 측면들, 특히 강수와 태풍 같은 극단적인 기상 사건의 세기와 빈도는 예측하기가 더 어렵다. 온난화란 땅과 바다의 표면에서 물이 더 많이 증발한다는 의미이다. 이렇게 증발한 물은 위로 올라갔다가 당연히 더 많은 비를 뿌리는데, 특히 폭우가 잦아지면서 침수가 발생하는 경우가 늘어난다. 이미 대서양에서 허리케인의 빈도가 증가하고 강도가 세졌으며, 미국 남부와 카리브 해에 큰 피해를 입힌 사례들도 나타났다. 기후 모형들은 대부분 금세기 말에는 각 지역의 강우降雨 양상이 크게 달라진다고 말한다. 전반적으로 비가 더 많이 내리기는 하겠지만 내리는 지역이 달라질 것이고, 더 적게 내리는 지역도 생길 것이다. 사하라 사막은 북쪽으로는 유럽 남부까지 확장되고 남쪽으로는 아프리카 적도 지역의 상당부를 잠식할 것이다. 아마존 분지의 각 지역은 더 건조해질 가능성이 높다. 따라서 우림이 얼마나 남아 있든 사라질 가능성이 높다.

해수면이 얼마나 상승할지도 심한 논쟁거리이다. 극지방과 높은 산맥을 덮은 얼음층이 서서히 녹아서 바다로 흘러들 것이라는 점은 분명하다. 1850년 미국 몬태나의 빙하 국립공원에는 빙하가 150곳에 있었지만, 지금은 26곳에만 남아 있다. 곧 이 공원 이름을 바꿔야 할 날이 올 수도 있다. 동시에 바닷물은 따뜻해질수록 팽창하고 있다. 대부분의 기후 모형은 해수면이 금세기 말에 약 1-2미터 상승할 것이라고 예측한다. 2미터라니 그다지 높지 않은 것처럼 들릴 수도 있지만, 이는 몰디브, 마셜 제도, 방글라데시(인구가 1억6,800만 명으로 세계에서 인구 밀도가 가장 높은 국가 중 하나이다)의 대부분, 플로리다의 상당 지역, 자카르타와 상하이 같은 많은 대도시들을 완전히 수몰시킬 수준이다. 2100년경이면 미국에서만 주택 240만 채가 물에 잠길 것으로 추정된다. 그러나 실제로는 해수면이 훨씬 더 높이 상승할 수 있다는 우려도 있다. 우리가 그린란드의 빙원이 녹을 수밖에 없는 전환점에 근접해 있다는 연구 결과들도 있다. 그 빙원만 녹아도 해수면은 6미터 올라갈 것이다. 기후 변화에 대한 예측들은 대부분 금세기의 시작과 끝 사이에 세계가 어떤 모습으로 변할지에 초점을 맞추지만, 설령 기온이 안정 상태에 접어든다고 해도 해수면은 그후로도 수백 년 동안 계속 상승할 것이다. 드넓은 빙하들이 서서히 계속 녹기 때문이다. 남극 대륙에는 얼음 깊이가 4킬로미터에 달하는 곳도 있다. 그 물이 전부 바다로 흘러들기까지는 1,000년이 걸릴 수도 있겠지만, 우리가 매장된 화석 연료를 전부 태운다면 남극 대륙의 빙하 전체를 녹이고도 남을 것이다. 그러면 해수면이 58미터 올라갈 것이고, 그때까지 어떤 생물이 남아 있든 살아갈 땅이 거의 없을 것이다.

하천 범람처럼 돌발 홍수를 일으키는 폭우 때문이든 해수면 상승과 폭풍 해일 증가에 따른 해안 지역 침수 때문이든, 침수 사건은 꾸준히 증가할 것으로 보인다.

홍수로 위협받는 곳이 많은 한편, 나머지는 화재 위험에 처할 것이다. 2019년 스페인 등 일부 지중해 연안 국가들과 캘리포니아에서는 산불이 유례없이 빈번하게 발생했다. 인공 배수나 가뭄으로 말라붙으면, 이탄층(늪 등에 식물이 분해가 덜 된 상태로 계속 흙과 함께 쌓여서

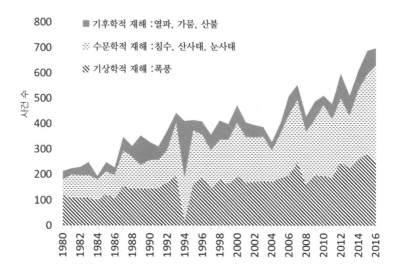

1980-2016년 자연재해의 빈도 1980년 이래로 홍수, 폭풍, 화재 등 자연 재해로 입은 피해 건수는 3배 이상 증가했다. 위의 그래프는 보험사 자료를 토대로 했다. 사람에게 피해를 입히는 재해는 곤충에게도 심각한 피해를 입혔을 것이다. (『이코노미스트The economist』)

형성된 층/옮긴이)에도 불이 붙을 수 있다. 한 예로 1997–1998년에 엘니뇨로 강수량이 유달리 적어지면서 보르네오와 수마트라의 우림에 화재가 발생했다. 불은 토양의 이탄층으로 번지면서 몇 달동안 600만 헥타르의 우림을 태웠고, 약 20억 톤의 이산화탄소를 뿜어냈다.[*] 동남아시아에서는 2002년, 2013년, 2014년, 2015년에도 이탄층 화재가 발생했다. 최근에 브라질에서 발생한 화재는 주로 방화한 것들이다. 아마존을 개발해서 농사와 채굴을 하기를 원하는 포퓰리스트 보우소나루 대통령이 부추긴 탓이다. 물론 이런 화재는 목재, 잎, 토양, 나무

---

[*] 1997년 화석 연료 연소에 따른 세계 이산화탄소 총 배출량이 약 240억 톤이므로, 이 이탄층 화재는 그것에 10퍼센트를 추가한 셈이다.

늘보가 가지고 있는 탄소를 이산화탄소와 매연(사람 건강에 극도로 해로운 입자 오염 물질의 주된 원천) 구름으로 바꿈으로써 세계의 온실가스 배출량을 늘린다. 세계적으로 열대림 개간으로 연간 약 48억 톤의 이산화탄소가 배출된다. 이는 온실가스 총 배출량의 8퍼센트를 차지한다.

그런 덥고 때로 건조한 곳에서 불이 났다는 소식은 그리 놀랍지 않을지도 모른다. 그러나 2019년에는 산불이 날 법한 곳이 아닌 시베리아, 그린란드, 스웨덴에서도 드넓은 지역이 불길에 휩싸였다. 이윽고 열기로 이탄층이 마르자 불이 붙었고, 불은 여름 내내 땅속으로 서서히 번져서, 끄기가 거의 불가능한 지경에 이르렀다. 극지방에서 발생한 불은 눈 위에 검댕이 쌓이게 만들며, 이런 검댕은 눈을 검게 만들어 열 흡수율을 높임으로써 얼음을 더욱 빨리 녹인다.

동시에 겪지는 않겠지만, 일부 지역은 화재와 침수를 다 겪을 가능성이 농후하다. 한 예로 캘리포니아에서는 산불로 식생이 완전히 사라져 헐벗은 상태인 산비탈에 2018년 폭우가 내리는 바람에 대규모 진흙사태가 발생했다. 가파른 비탈을 따라 쏟아진 수천 톤의 진흙과 바위에 23명이 목숨을 잃었다.

기후 변화가 우리 인류에게 엄청난 문제들을 안겨줄 가능성이 높다는 사실은 분명하다. 그렇다면 곤충이나 다른 야생생물들에게는 어떤 영향을 미칠까? 기후 변화가 이미 곤충 집단에 엄청난 영향을 끼쳐왔다는 직접적인 증거는 최근까지 그리 많지 않았다. 일부 곤충의 서식 범위는 기후 변화에 따라서 이미 옮겨가기 시작했다. 유럽과 북아메리카의 뒤영벌들은 본래 서식 범위의 남쪽 끝자락에서는 사라지고 산악 지역에서는 더 고지대로 옮겨가는 경향을 보여왔다. 또 봄에 식물을 먹고 꽃가루를 옮기는 곤충의 등장 시기가 숙주 식물의 출현 시기와 어긋나고 있다는 증거도 있다. 가령 콜로라도의 산에 사는 일부 식물들은 현재 꽃가루를 옮길 뒤영벌이 겨울잠에서 깨어나기 전에 꽃을 피운다. 변화가 느리게 일어난다면, 벌과 꽃 모두 적응할 수도 있을 것이다. 지금까지는 그들이 겪은 변화가 꽤 미묘했다. 그러나 기후 변화가 21세기 내내 가속되면서 그 속도는 훨씬 더 빨라지리라고 예상된다.

대부분의 곤충 집단은 열대에서 다양성이 가장 높지만, 뒤영벌은 비교적 선선한 기후에서 사는 경향이 있다. 그들의 크고 털이 많은 모습은 체온을 유지하기 위한 적응 형질이다. 따라서 직관적으로 볼 때, 기후 변화는 그들에게 유달리 나쁜 영향을 미칠 가능성이 높아 보인다. 기후 예측 모형을 쓰면 현재 야생생물들이 서식하는 기후 조건의 범위를 토대로 앞으로 그들의 분포가 어떻게 달라질지를 예상할 수 있다. 기본적으로 컴퓨터 모형은 기온과 강수량 등의 연간 양상을 토대로 특정 종이 현재 정확히 어떤 기후 범위에 분포하는지를 알아낸 다음, 미래의 기후 조건에서는 분포 범위가 어떻게 달라질지를 계산할 수 있다. 짐작할 수 있겠지만, 거의 모든 종의 분포 범위는 적도에서 멀어질 것으로 예측된다. 유럽의 모든 뒤영벌(그리고 다른 많은 동물들)을 대상으로 이런 계산이 이루어져왔으며, 누가 이기고 질지도 예측할 수 있다. 예를 들어보자. 검은등호박벌은 유럽 남부의 꽃이 만발한 산비탈 풀밭에 사는 잿빛 가슴과 노란 배를 지닌 예쁜 호박벌이다. 이론상 이 벌은 앞으로 영국으로 이주할 수도 있다. 반면 진뒤영벌, 이른뒤영벌, 붉은꼬리호박벌, 정원호박벌은 2080년경이면 스칸디나비아와 스코틀랜드에는 남아 있을지 몰라도 영국의 저지대와 유럽의 많은 지역에서는 사라지리라고 예측된다. 유럽 대륙에서 2001년에야 영국으로 들어온 붉은뒤영벌은 금세기 말에는 다시 사라질 것으로 보인다.

　나비처럼 전형적인 호열성好熱性 곤충 집단들은 어떨까? 적어도 많은 종에게 분포 범위의 북쪽 끝자락에 해당하는 영국 같은 온대 국가들에서는 온난화로 그들이 더 늘어나리라고 예상할 수 있다. 환경 단체인 나비보전의 마틴 워런 연구진은 영국의 나비 분포 범위에서 북쪽 끝자락에 해당하는 나비 46종의 개체군 변화를 분석했다. 온난화를 기꺼워할 것이라고 예상되는 종들이다. 그런데 1970년에서 2000년 사이에 이 종들의 4분의 3은 뚜렷하게 개체군 감소를 보였다. 한 서식지에 머무는 전문종(서식 조건이 아주 제한적이고 이동성이 낮은 까다로운 종으로서 28종이 해당)과 이동성이 뛰어난 일반종(18종)은 양상이 달랐다. 특정 서식지의 전문종은 89퍼센트가 감소한 반면, 일반종은 절반만 감소했고 개체수가 불어난 종들도 있었다. 이를 통해서 우리는 더위를 좋아하는 나비류조차 기후 온난화의 혜택을 그다지 누리지 못하는 이유의 단서를 하나 얻었다. 이동성이 뛰어난 일반종은 온난화에 반응하여 쉽게 옮겨갈 수 있고, 그곳에서 생존할 만한 서식지를 찾을 가능성이 더 높다. 반면 특정 서식지의 전문종은 이동성이 낮은 경향이 있고, 설령 옮겨가더라도 알맞은 서식지를 찾지 못해서 죽음을 맞을 가능성이 농후하다.

여기에서 기후가 늘 변해왔으며, 종의 분포 범위 이동이 수백만 년 동안 일어난 자연스러운 반응이라는 사실을 상기해보자. 뒤영벌과 나비에서 참나무와 순록에 이르기까지 모든 생물은 빙하기가 오고 감에 따라서 다소 쉽게 이동해왔다. 참나무는 몇 미터 북쪽에 도토리를 떨구거나 운이 아주 좋으면 어치를 통해서 수백 미터 북쪽까지 옮겨갈 수도 있다. 그런 일이 1만 년 동안 이어지면 참나무 숲은 극지 쪽으로 100킬로미터 나아갈 수 있다. 날개가 있는 뒤영벌과 나비에게는 일이 훨씬 쉬울 것이다. 문제는 현재 기후 변화가 아주 빨리 일어나고 있으며, 자연 서식지가 이미 몹시 파괴되어 조각난 세계에서 그런 일이 벌어지고 있다는 사실이다. 그 결과 대다수의 나비와 뒤영벌은 북쪽으로 이동하지 못하는 듯하다. 그들은 유럽과 북아메리카에서 분포 범위의 남쪽 가장자리에서 사라지고 있다. 반면 극소수의 종을 제외하면 예상과 달리 북쪽 가장자리에서 분포가 확대되는 기미는 보이지 않는다. 게다가 참나무, 달팽이, 쥐며느리처럼 분산 능력이 약한 종들이 남쪽이나 북쪽으로 서식 범위를 조금씩 늘리려면 서식할 공간이 간단없이 이어져 있어야 한다. 인류가 득세하기 이전에는 그렇게 이어져 있었을 것이다. 지금은 많은 지역들이 집중적으로 경작되고 있고 나머지 땅들도 대부분 도로, 골프장, 주택, 공장으로 덮여 있어서 야생생물들이 이동하기가 훨씬 어렵다. 떨어진 도토리가 제대로 나무로 자라서 다시 도토리를 맺을 가능성이 높은 곳이 훨씬 적다. 뒤영벌처럼 원한다면 도로나 밭 너머로 쉽게 날아갈 수 있는 동물들도 그쪽에 다다랐을 때에는 살기에 적합한 공간을 찾아야 한다. 지금 많은 생물들은 자연보전구역처럼 다소 고립된 작은 쌈지 같은 서식지에서 훨씬 작은 개체군 형태로 생존하고 있다. 그들이 기후 변화를 앞질러서 북쪽으로 계속 뜀뛰기 하듯이 이동할 확률은 희박하다. 그들이 의지하는 꽃식물들도 함께 이동해야 하기 때문에 더욱 그렇다. 한 예로 기후 모형은 최근 영국의 넓은 지역이 산꼬마부전나비가 서식하기에 적합한 곳이 되고 있다고 예측한다. 잘 날지 못하는 날개 밑면에 크림색, 주황색, 검은색의 큰 반점이 있는 하늘색 나비이다. 그러나 이 나비는 당당하게 북쪽으로 나아가는 대신에, 영국 남쪽의 자신이 좋아하는 서식지인 몇몇 잡목림에 웅크린 채 버티고 있다. 더 북쪽까지 살기 적합한 기후가 되었지만, 그런 곳에는 잡목림이 거의 없으며, 있다고 해도 그들이 자력으로 그곳에 다다를 가능성은 극히 낮다. 마찬가지로 위에서 말한 검은등호박벌은 현재 이탈리아와 주변 국가들의 산비탈 초원에 서식한다. 이론상 금세기 말에는 영국 남부의 기후가 그들에게 적합할지 모르지만, 그들이 어떻게 그곳으로 이동할 수 있을까? 간다고 해도, 알맞은 이탈리아 초원 식물들이 먼저 와서 그들을 환영할까(그럴 가능성은 아주 낮다)? 아니면 어떤 식물이 있든 그곳에 적응할 수 있을까(이 경우는 가능하다)? 내가 보기에 산꼬마부전나비와 검은등호박벌은, 서식지가 서서히 더워져서 살기 어려운 곳이 되면 그냥 소멸할 가능성이 더 높다.

종의 향후 가능한 분포를 예측하는 기후 모형들은 월간 평균 기온,

평균 강수량 같은 평균값을 토대로 하는 경향이 있다. 앞으로 훨씬 잦아지고 보다 심각해질 가능성이 높은 가뭄, 열파, 산불, 폭풍, 홍수 같은 극단적인 기상 사건들의 효과까지 고려하지는 못한다. 우리는 이런 사건들이 곤충에 어떤 영향을 미칠지 거의 알지 못하지만, 물론 긍정적인 영향을 미칠 확률은 거의 없을 것이다. 일부 생태계에서 산불 뒤에 무성하게 피는 새로운 꽃들은 일부 곤충에게 혜택을 줄 테지만, 산불은 명백히 곤충을 죽일 것이다. 여름 폭풍은 나비 같은 섬세한 곤충 성체에게 타격을 줄 가능성이 높고, 돌발 홍수는 뒤영벌 같은 곤충의 땅속 집을 파괴할 확률이 높다. 가뭄이 심해지면 식물은 물 스트레스를 받아서 꿀 생산을 멈추는데, 이는 꽃가루 매개자에게도 해로울 것이 확실하다. 반면 뒤영벌처럼 추위를 좋아하는 곤충들은 열파 때에 과열되어서 먹이를 찾아나설 수 없을 것이다. 또한 가뭄이 지속되면 식물이 시들어서 애벌레가 먹이를 찾기 어려워질 것이다. 영국에 폭염이 들이닥친 1976년에는 먹이 식물인 말굽갈퀴나물이 열파에 쪼글쪼글해지자 아도니스부전나비의 애벌레가 다수 죽었다. 그 결과 다음 해에 성체의 수가 크게 줄었고, 일부 개체군은 사라졌다. 물론 곤충은 지난 세월 동안 이런 온갖 사건들에 대처해왔다. 그러나 이미 수가 줄어든 상태에서 극단적인 사건의 빈도 및 강도의 증가는 많은 곤충에게 치명타를 안겨줄 수도 있다.

그러나 비록 기후 변화가 대다수 생물들에게 전반적으로 나쁜 소식일지라도, 혜택을 보는 곤충도 소수 있을 것이다. 사람과 가축의 배설물을 먹고 매립지에 던진 기저귀에 득실거리는 집파리처럼 강인하고 이동력과 적응력을 지닌 동물들은 기후가 따뜻해지는 미래에 더욱 빨리 불어날 것이다. 사람과 가축의 수가 증가한다는 것은 집파리의 먹이가 더욱 늘어난다는 의미이다. 온난화로 해충은 1년 동안 보다 여러 번 번식을 할 수 있을 것이고, 그 결과 전보다 더 빨리 농약에 대한 내성을 진화시킬 수 있을 것이다. 겨울에 타격을 받기 전까지 개체군의 크기는 더욱 커질 것이고, 겨울이 점점 따뜻해지면서 일부 해충은 1년 내내 번성할 수 있게 될 것이다. 북아메리카의 밀 경작 지대는 현재 밀에 적당한 기후대에 놓여 있으며(우연이 아니다), 설령 해충을 고려하지 않아도 기온이 1도 올라갈 때마다 수확량이 약 10퍼센트씩 줄어들 것으로 예상된다. 게다가 진딧물과 애벌레 같은 해충의 증식이 가속됨에 따라서 기온이 1도 오를 때마다 수확량이 추가로 10-25퍼센트 더 줄어들 것으로 예상된다. 이 추정값은 벼와 옥수수 등 다른 세계적인 작물들에도 적용된다.

작물 해충뿐 아니라 도시 지역에서 살아갈 수 있는 생물은 앞으로도 번성할 가능성이 높다. 인구가 100억 명 혹은 그 이상을 향해가면서 도시 서식지도 그만큼 확대될 수밖에 없기 때문이다. 이집트숲모기는 막힌 하수구, 버려진 타이어, 대형 통, 양동이 등 물이 고일 수 있는 모든 곳에서 번식하며 도시화에 잘 적응하고 도시에서 번성하는 듯하다. 이 모기는 뎅기열, 치쿤구니야, 지카열, 황열병을 옮기는 주요 매개체 중 하나이다. 말라리아의 주된 매개체 중 하나인 학질모기도 인간 활동 증가의 혜택을 보고 있다. 말라리아 환자는 경작을 위해서 숲을 없앤 지역에서 더 증가하는 경향이 있다. 이 모기는 햇볕이 드는 물웅덩이와 도랑에서 주로 번식하는데, 울창한 숲에서는 그런 곳을 찾기가 어렵기 때문이다. 기후 예측은 말라리아가 콜롬비아, 케냐, 에티오피아 등 열대에서 보다 고위도의 지역에까지 퍼질 가능성이 높음을 시사한다. 이런 지역들은 인구 밀도가 높은데, 최근까지 대체로 말라리아가 발생하지 않은 곳들이라는 점도 높은 인구 밀도의 큰 요인으로 작용했다. 미국의 남부 주들, 유럽 남동부, 중국 여러 지역, 브라질의 상파울루와 리우데자네이루의 인구 밀집 지역은 2050년경이면 말라리아가 퍼지기 적합한 지역이 될 가능성이 높다. 뎅기열도 캐나다 남부까지 올라가서 북아메리카 전역에서 훨씬 더 흔해질 것으로 예측된다. 이집트숲모기와 흰줄숲모기가 퍼뜨리는 바이러스성 질병에 걸릴 위험이 있는 인구 수가 금세기 말까지 10억 명 증가하리라는 추정도 있다(인구 증가를 고려하지 않은 상태를 전제한 수치이다). 유일한 희소식은 적도의 일부 저지대가 너무 뜨거워져서 말라리아가 퍼질 수 없는 곳이 될 수도 있다는 사실이다. 그러나 아마 너무 뜨거워서 사람도 살 수 없기는 마찬가지일 것이다.

기후 변화가 미래에 곤충에게 심각한 영향을 미치리라는 점은 확실해 보이지만, 현재 곤충이 줄어들고 있는 현상도 기후 변화가 설명해 줄 수 있을까? 크레펠트 곤충 연구의 저자들은 기후 변화가 독일 자연보전구역의 곤충 생물량이 무려 76퍼센트 감소한 원인일 수 있는지 조사했다. 비록 하루하루의 날씨 양상이 잡히는 곤충의 수에 큰 영향을 미치기는 했지만—화창한 날에 곤충이 더 많이 잡힐 것이라고 짐작할 수 있다—독일의 전반적인 기후는 26년이라는 비교적 짧은 연구 기간 동안 그다지 변하지 않았다. 따라서 연구진은 애벌레의 감소를 기후 변화로 설명할 수 없다고 결론지었고, 과학계도 전반적으로 그 견해에 동의했다. 그 외에도 원인이 될 만한 요인들은 많이 있었다.

독일의 연구 결과가 발표된 2017년, 캐나다 맥길 대학교의 세라 로보다는 그린란드에서 파리 종들의 개체수 변화를 조사한 결과를 내놓았다. 춥고 바람이 세고 여름이 아주 짧은 환경에 적응한 강인한 곤충들이었다. 그 논문은 주목을 거의 받지 못했다. 아마 파리에 관심을 가진 사람이 그다지 많지 않아서일 것이다. 연구 결과에 따르면, 2014년까지 19년 동안 전반적인 개체수는 80퍼센트 감소했다. 독일 논문에서보다 좀더 빠른 감소율이었다. 로보다는 이 개체수 급감이 기후 변화 때문이라고 지적했다. 기후 변화는 다른 지역들보다 극지방에서 더 강도 높게 진행되어왔다. 게다가 그린란드에서는 다른 인위적인 영향들은 무시할 수 있는 수준이다. 이후 2018년에 브래드퍼드 리스터의 푸에르토리코 연구 결과가 발표되었다. 마찬가지로 기후 변화가 곤충 감소의 원인임을 밝힌 연구 결과였다. 앞에서 말했듯이, 리스터는 1976-1977년에 우림의 곤충들을 표본 조사했고, 34년 뒤에 같은 지역으로 가서 2011-2013년에 걸쳐서 똑같이 표본 조사를 했다. 그에 따르면 포충망으로 채집한 곤충의 생물량은 해당 기간 동안 80퍼센트가 감소했고, 끈끈이 덫에 잡힌 생물량은 무려 98퍼센트가 줄었다. 이 숲은 지난 30년 동안 벌목 등 인위적인 영향을 직접 받은 적이 없고, 우리가 아는 한 숲이나 그 주변에 농약이 뿌려진 적도 없다

(이는 그린란드 조사 지역도 마찬가지였다). 겉으로 보기에 숲은 전혀 변함이 없었다. 거의 모든 곤충이 사라졌다는 점을 제외하면 말이다. 그러나 숲에 설치된 기상 관측소 자료에 따르면 이 숲은 독일과 달리 1970년대 말부터 기온이 상승했고, 하루 최고 기온은 평균 2도 올라갔다. 리스터는 이 기온 상승이 푸에르토리코 숲의 곤충 수 감소의 원인일 가능성이 가장 높다고 결론지었다. 비록 전적으로 확신하지는 못했지만, 이 논문의 심사자 중 한 명, 즉 "동료 심사"의 일원으로서 논문의 질을 평가해달라는 요청을 받았던 나는 더 나은 설명을 생각해낼 수 없었다. 그 기간에 변한 것으로 보이는 요인이 기온밖에 없었다고 해서, 그것이 곤충 개체군 붕괴의 원인임에 틀림없다는 의미는 아니다. 어떤 미지의 전염병이 곤충들을 휩쓸었거나, 숲이 미확인 오염 물질에 오염되었거나, 곤충을 먹는 외계인 군대가 숲을 방문했을 수도 있다(마지막 가정은 가능성이 희박함을 인정한다). 나의 요지는 다른 가능한 설명이 많이 있다는 것이다.

많은 사람들이 리스터의 논문을 꼼꼼하게 검토했고, 기온이 실제로 변했다는 증거에 한 가지 결함이 있다는 사실이 드러났다. 리스터가 푸에르토리코에 간 두 시기 사이의 어느 시점에 기록 장비가 교체되었는데, 기온 상승이 점진적인 과정이 아니라 그 장비 교체 시기에 대폭 올라간 듯 보였다는 것이다. 다시 말해서, 기록 속 기온 상승의 양상이 어느 정도는 측정 방법의 변화에 따른 인위적 산물일 가능성이 제기된 것이다. 이에 따라서 논문에 치명적인 결함이 있다고 주장하는 비판적인 검토 결과들이 발표되었다. 기후 문제를 제쳐놓고 보면,

이 검토 결과에서도 곤충의 수가 크게 감소했다는 논문의 핵심 발견에는 변함이 없다. 그러나 그 설명을 둘러싼 논쟁은 지금도 계속되고 있다.

당분간 우리 행성의 미래 기후는 여전히 우리 손에 달려 있다. 우리는 이미 기후를 심각하게 변화시켜왔지만, 단호하게 행동한다면 더이상 악화되지 않게 막을 수도 있을 것이다. 예상되는 금세기 말의 끔찍한 세계 모습은 실현될 필요가 없다. 2016년 전 세계 196개국은 기온 상승을 산업화 이전 수준보다 최대 2도 밑으로, 가능한 1.5도 이하로 억제하는 데에 노력하자는 파리 협약에 서명했다. 그러나 이후 주요 선진국 중에서 약속을 지키기 위해 꾸준히 노력한 나라는 한 곳도 없다. 풍력, 태양력, 파력 등 청정 에너지원의 사용 확대, 고효율 자동차 및 단열 주택 증대 등 기후 변화에 대처하기 위해서 지금까지 기울여온 모든 노력들은 해마다 **더욱 빠른 속도로 계속 증가하는** 이산화탄소 배출량에 고무적인 효과를 전혀 일으키지 못했다.[*] 우리는 이러한 신기술들의 효과를 상쇄하고도 남을 수준으로 전보다 더욱 많은 에너지를 소비하고 있다. 청정 에너지원을 늘림으로써 화석 연료로부터 에너지를 얻을 필요가 줄어들 것이라는 예상과 달리, 지금까지는 일이 그런 식으로 진행되지 않았다. 대신 에너지를 갈구하는 우리 경제는 얻을 수 있는 에너지를 모조리 빨아들일 뿐 아니라, 더 달라고 요구한다.

---

[*] 이 글을 쓰는 2020년 11월 현재, 세계는 코로나바이러스 대유행으로 굳게 문을 닫은 상태이다. 이에 따라 온실가스 배출량이 잠시나마 조금 줄어들 가능성이 높다.

한편 미국은 도널드 트럼프 행정부 시기에 파리 협약에서 탈퇴했다 (다행히 조 바이든이 취임 첫날에 그 조치를 철회했다). 기후행동추적의 웹사이트(https://climateactiontracker.org)를 보면 각국이 기후 변화에 맞서 싸우기 위해서 얼마나 애쓰는지를 확인할 수 있는데, 모로코와 감비아만이 파리 협약을 충실히 이행하고 있다. 애초부터 탄소 배출량이 0에 수렴하는 작은 나라들이다. 미국, 사우디아라비아, 러시아 같은 나라들은 지독히도 노력이 미흡하며, 4도 이상으로 지구를 덥힐 가능성을 높인다(지구의 모든 생물에게 재앙이 될 것이다). 이 세 나라가 세계 최대의 원유 생산국들이라는 점은 우연이 아닐 듯하다. 그 나라들이 내심으로는 기후 변화 문제를 사실상 외면하고 있다고 추측해도 용서받을 수 있을 것이다. 트럼프 정부의 미국은 이런 추측이 사실임을 아주 명확히 보여주었다. 흥미롭게도 러시아는 다른 이유로 기후 변화의 위협을 무시한다. 현재 러시아의 많은 항구는 겨울이 되면 바다가 얼어서 사용이 불가능하지만, 곧 얼어붙지 않는 기간이 더 늘어나거나 1년 내내 얼어붙지 않게 될 것이다. 게다가 현재로서는 너무 추워서 작물 생산에 적합하지 않은 북쪽의 드넓은 땅들이 경작에 적합한 곳으로 변할 것이다. 이 경우 미국의 밀 생산량이 줄어들기 시작할 때, 러시아가 그 틈새를 메울지도 모른다. 우리는 블라디미르 푸틴이 조만간 기후 변화 대책에 도움을 주리라는 기대를 버려야 한다.

파리 협약의 근본적인 문제는 이행을 강제할 수단이 전혀 없다는 점이다. 배출량을 줄이는 일을 각국의 선택에만 맡기며, 이행하지 않는다고 해도 아무런 불이익이 없다. 정부는 얼마든지 쉽게 장기적인 약속을 할 수 있다. 나중에 어떤 의무를 이행해야 하든 그 일은 다른 정치인이 맡을 것이기 때문이다. 1992년 리우 생물다양성 협약을 살펴보기만 해도 이를 분명히 알 수 있다. 파리 협약과 거의 똑같이 196개국이 서명한 생물다양성 협약에서 각국 정부는 2020년까지 세계 생물다양성 상실을 멈추기로 약속했다. 그러나 실제로 1992-2020년은 적어도 6,500만 년에 걸친 세월 중에서 지구의 생물다양성 상실이 가장 극심하게 이루어진 시기였다. 지구를 구하려면 각국 정부의 공허한 약속에 의지해서는 안 된다.

잎맥을 자르는 제왕나비

북아메리카의 제왕나비는 아름다움뿐만 아니라, 캐나다에서 멕시코의 월동지까지의 장거리 이주로 유명하다. 그러나 애벌레도 나름의 놀라운 행동을 한다. 그들은 유액 식물의 잎을 먹는다. 유액 식물은 잎에 상처가 나면 끈끈한 하얀 수액이 흘러나오는 식물을 가리킨다. 이 수액은 라텍스라고도 한다.

많은 식물들이 라텍스를 만드는데, 그중에는 채취하여 고무를 만드는 데 쓰이는 종류도 있다. 자연에서 라텍스는 두 가지 목적이 있다. 피딱지처럼 작용하여 상처를 막고 말리며, 잎을 뜯어먹으려고 드는 모든 초식 동물에게 달라붙고 독성을 일으킨다. 라텍스는 많은 곤충을 물리치는 데에 큰 역할을 한다. 그러나 제왕나비 애벌레를 비롯한 몇몇 곤충은 이 방어 수단을 이길 방법을 찾아냈다. 애벌레는 단순히 잎의 밑동을 가로지르면서 씹는다. 라텍스가 흐르는 잎맥을 끊어서 라텍스가 스며나오게 만든다. 그러고 나면 방어 수단을 잃은 잎을 마음껏 갉아먹을 수 있다.

제12장
반짝이는 지구

한밤의 지구를 찍은 놀라운 위성 사진을 본 적이 있을 것이다. 공중에 매단 크리스마스트리의 방울처럼, 수십억 개의 전등 덕분에 주황색으로 빛나는 땅덩어리의 윤곽이 드러난 사진이다. 북아메리카, 유럽, 인도, 중국, 일본은 특히 축제의 장처럼 환하다. 모든 도시가 눈에 보이며, 대도시가 가장 밝다. 그리고 대부분의 해안선을 따라 개발의 자취가 띠처럼 뻗어 있다. 극지 근처의 얼어붙은 황무지, 드넓은 사막, 아마존과 콩고의 남아 있는 우림을 제외하고는 진정으로 컴컴한 땅은 거의 없다. 우리가 밤에 비추는 빛의 양은 해마다 2-6퍼센트씩 증가한다고 추정된다. 매일 인구는 약 22만5,000명씩 늘어난다. 이는 매일 밤 도시 하나가 새로 생기는 것과 비슷하다. 우주에서 보이는 불빛이 하나 더 늘어나는 셈이다.

독일에서 진행된 연구에서 곤충을 채집했던 자연보전구역들은 대부분 도시 지역과 꽤 가까이 붙어 있다. 설령 보전구역에서 밝은 불빛이 직접 보이지는 않는다고 할지라도, 도시 상공에서 보이는 산란된 빛 오염인 스카이글로skyglow는 광원에서 수백 킬로미터 떨어진 곳에서도 볼 수 있다. 일부 과학자들은 빛 오염이 곤충 수의 급감에 한몫을 했다고 주장해왔다. 그 설명은 설득력이 있을까?

빛 오염이 곤충에 어떤 해를 끼칠 수 있을지 생각해보자. 무척추동물의 60퍼센트 이상은 야행성이며, 그들 대부분은 별이나 달의 빛을 단서로 삼아서 길과 방향을 찾는다. 인공조명은 나비와 나방처럼 날아다니는 곤충들을 꾄다. 그들은 방향을 잃고 빛을 향해 다가감으로써 불타거나 다치고, 헛된 비행에 지쳐서 포식자의 공격에 취약해진다. 나는 여러 해 전에 오스트레일리아 열대 지역의 한 야영지에서 화장실로 향하는 길을 밝히기 위해 기둥에 낮게 달아놓은 전등이 일으킨 효과를 생생하게 기억한다. 밤이 되면 모든 전등의 아래에 통통한 사탕수수두꺼비가 적어도 한 마리는 웅크리고 있다가, 끝없이 몰려들어서 전등을 새까맣게 뒤덮는 곤충들을 덮치고는 했다. 스페인에서도 나는 굶주린 도마뱀붙이들이 조명의 불빛에 달려드는 곤충들을 잡아먹는 광경을 보았다. 거미는 때로 야외등 위나 아래에 집을 짓고, 거미집에는 파리 같은 작은 곤충들이 빽빽하게 달라붙어 있다. 박쥐도 혼란에 빠져 모여드는 곤충들을 덮쳐서 낚아챈다. 사탕수수두꺼비, 거미, 박쥐, 도마뱀붙이가 없는 아침에 나가보면 살아남은 곤충들은 가로등 기둥이나 근처 벽에 멍하니 모습을 드러낸 채로 달라붙어 있다. 그 손쉬운 먹이를 식충성 조류들이 잡아먹는다. 이 책을 읽는 나방 채집가는 동이 트기 전에 덫을 비워야 한다는 사실을 알아차릴 것이다. 그렇지 않으면 굴뚝새나 박새가 덫으로 기어들어서 아침 식사를 만끽할 테니까. 그후에는 날개 무더기만이 남을 것이다.

곤충이 왜 밤에 불빛에 이끌리는지는 결코 완전히 설명된 적이 없다. 어찌되었건 나방은 본래부터 달까지 날아가려고 들지 않는다. 몇 가지 이론들이 경쟁하고 있는데, 가장 인기가 있고 설득력이 있는 주장은 곤충이 이주 시에 달을 통해서 길을 찾는다는 발상에 토대를 두고 있다. 직선으로 장거리를 나아가려는 곤충은 달과 일정한 각도로 날 것이고, 일종의 생체 시계를 통해서 달이 밤하늘에서 움직이는 양상과 시간 경과에 맞춰서 조금씩 각도를 조정할 것이다. 벌은 꽃밭을 옮겨다닐 때 비슷한 방식으로 태양을 이용한다. 그 이론에 따르면, 야행성 곤충은 밝은 불빛을 달이라고 착각하는데, 불빛이 수천 킬로미터 떨어져 있지 않고 가까이 있어서 직선으로 날 때 불빛과의 각도가 아주 빨리 변한다. 이를 보완하기 위해서 곤충은 불빛을 향해 곡선을 그리며 날게 되고, 점점 나선을 그리며 돌다가 이윽고 전등에 부딪친다.* 이 설명과 무관하게, 인공조명이 해마다 수십억 마리의 무수한 곤충들에게 때 이른 죽음을 안겨준다는 데에는 의문의 여지가 없다. 모든 불빛은 밤마다 풍경 속의 곤충들을 꾸준히 빨아들이는 집단 "흡수원"이다.

우리의 불빛은 더 은밀한 문제들도 일으킬 가능성이 높다. 일부 곤

---

* 내 이전 책 『정원 정글The Garden Jungle』에 이 이론과 그밖의 경쟁 이론들이 더 상세히 나와 있다.

충은 불빛에 달려들지 않을지도 모르지만, 그래도 방향을 잃을 수는 있다. 쇠똥구리는 하늘에서 은하수의 흐릿한 빛줄기를 감지할 수 있고, 쇠똥을 굴릴 때 그 빛의 도움을 받아서 방향을 잡고 직선을 유지한다. 쇠똥을 굴리는 도중에 인공조명을 만나면 어떤 혼란이 일어날지 우리는 아직 알지 못한다. 아마 가장 중요한 사실은 주로 낮에 활동하는 종들을 포함하여 대다수의 곤충이 빛을 생체 시계를 다시 맞추는 중요한 단서로 삼는다는 점일 듯하다. 많은 생물은 낮의 길이를 단서로 삼아서 한살이의 다음 단계로 넘어간다. 한 해의 적절한 시기에 겨울잠에서 깨어나거나, 알을 낳는 식이다. 일부 곤충은 매달 달이 가장 밝을 무렵에 섭식 활동을 왕성하게 하거나 피한다. 하루살이는 보름달이 뜰 때 성체가 된다. 한살이의 이런 시기 선택은 대단히 중요하다. 기껏해야 몇 시간 또는 며칠을 사는 하루살이가 엉뚱한 시기에 성체가 된다면 어떤 일이 벌어질지 생각해보라. 그러면 짝짓기를 할 상대가 없어서 번식 잠재력을 실현하지 못한 채 홀로 죽을 것이다. 빛 오염이 이런 곤충의 한살이에 어떤 영향을 미칠지는 과학적 연구가 거의 이루어진 적이 없다. 밝은 불빛 근처에 사는 곤충이 가로등을 보름달이나 뜨는 해로 착각하여 시기를 잘못 맞추는 재앙이 빚어질 가능성은 커 보인다.

몇몇 색다른 곤충들에게는 인공조명이 짝을 찾는 데에 지장을 줄 가능성이 매우 높다. 반딧불이는 짝을 꾀기 위해서 불빛을 반짝인다. 북방반딧불이의 암컷은 꽁무니에서 매혹적인 초록 불빛을 내며, 수컷은 그 유혹에 저항할 수 없다. 수백만 년 동안 그들은 밤의 어둠 속에서 그 반짝이는 불빛을 쉽게 알아볼 수 있었지만, 지금은 인류가 만든 훨씬 밝은 빛과 경쟁해야 한다. 수컷에게는 도시의 밝은 불빛에 이끌리는 일이 재앙이 될 것이다.

인공조명이 일으키는 위험은 사용한 조명의 종류에 따라서 달라질 가능성이 높다. 나방 채집가들은 오래 전부터 자외선을 많이 방출하는 조명이 나방을 꾈 가능성이 가장 높다는 사실을 알고 있었다. 최근까지 유럽의 가로등은 주로 자외선을 많이 뿜어내는 고압 나트륨등이나 수은등이었다. 현재 그런 등들은 에너지 절약을 위해서 LED로 대체되고 있는데, LED는 대개 가시광선의 스펙트럼 전체인 백색광을 내고 자외선은 거의 방출하지 않는다. 이러한 점이 곤충에게는 희소식처럼 들릴지도 모르겠으나, 실제로 LED가 뿜어내는 파장들의 비율은 아주 다양하다. "주광색cool white"은 짧은 파장의 빛인 파란빛을 더 많이 뿜는데, 이런 유형은 기존 나트륨등보다 곤충에게 더 매혹적으로 보이는 듯하다. 설상가상으로, 반응 양상은 곤충 집단마다 다른 듯하다. LED에는 나트륨등보다 나방과 파리가 더 많이 꾀고 딱정벌레는 덜 꾀는 경향이 있다.

인공조명이 곤충 세계에 죽음과 혼란을 일으키는 원인이라는 데에는 의문의 여지가 없지만, 개체군 수준에서도 실제로 중요한 영향을 미칠까? 으레 그렇듯이, 우리는 답을 알지 못한다. 비행하는 곤충을 대상으로, 대규모로 흡족할 만한 야외 실험을 설계하는 일은 쉽지 않다. 조명이 있고 없는 서식지들을 여러 곳 정해서 각각의 서식지를 시간별로 꼼꼼하게 지켜보는 방법이 이상적이겠지만, "무조명" 서식지는 불빛이 흘러들지 않도록 아주 멀리 떨어져 있어야 할 테고, 콩고 한가운데처럼 아주 외진 곳에서 실험을 수행하는 것이 아니라면 산란광이 여전히 문제가 될 수도 있다. 연구비 지원 신청을 할 만한 실험이겠지만, 나는 조만간 누군가가 연구비를 지원받을 가능성은 낮다고 본다.

끈적거리는 반디버섯파리

뉴질랜드의 한 동굴에는 아라크노캄파 루미노사라는 학명의 별난 동물이 산다. 사람들에게 아주 인기가 있어서 이 작은 동물을 보러 수많은 관광객들이 줄지어 몰려든다. 동굴 천장에 매달려 있는 이 동물은 부드러운 청록색 불빛을 반짝거린다. 그리고 마치 별로 가득 찬 하늘 아래 서 있는 것 같은 착각을 불러일으킬 만큼 아주 많다.

반디버섯파리는 그 지역에서는 반딧불이라고 불리기도 하지만, 실제로는 유럽이나 아메리카, 열대에 사는 반딧불이와 무관하다. 진짜 반딧불이는 딱정벌레에 속하는 반면, 이 동굴의 벌레는 버섯파리의 일종이다. 다만 대다수의 버섯파리가 이름 그대로 버섯을 먹고 사는 것과 달리, 이 벌레는 포식자이다. 애벌레—파리의 유충이므로 구더기라고도 부를 수도 있다—는 알에서 부화하자마자 불빛을 깜박이기 시작한다. 스스로 실을 자아서 동굴 천장에 집을 지은 뒤, 실을 수십 가닥 밑으로 늘어뜨린다. 각 실에는 끈적한 방울들이 달려 있다. 이 방울은 애벌레가 깜박이는 불빛에 따라서 마치 실에 꿰인 진주들처럼 빛난다. 날아다니는 작은 곤충들은 이 불빛에 혹해서 다가왔다가 방울에 달라붙는다. 애벌레는 실을 먹으면서 잡아당겨 아직 꿈틀거리는 곤충을 먹어치운다.

제13장

침입

현대 세계에서 많은 생물들이 사람의 손을 통해서 고향으로부터 세계 각지의 새로운 곳으로 옮겨졌다. 의도적인 경우도 있지만, 우연히 옮겨진 사례들이 훨씬 많다. 가령 시궁쥐와 곰쥐는 배에 몰래 올라탔다가 대양의 가장 외딴섬에 이르기까지 전 세계로 퍼졌다. 역사적으로 보면 의도적으로 도입된 종도 많은데, 딱히 타당한 이유가 없었던 경우도 있다. 찌르레기는 1890년 유진 시펄린이라는 영국인이 북아메리카에 들여왔는데, 지금은 매우 유해동물 취급을 받는다(반면 안타깝게도 영국에서는 수가 감소했다). 그는 멋쟁이새, 종달새, 되새, 나이팅게일도 들여왔지만 퍼뜨리는 데에 실패했다. 셰익스피어의 열렬한 독자였던 시펄린은 그의 작품 어딘가에 언급된 이 새들을 모두 들여오려고 했다. 지금 우리 눈에는 괴짜처럼 보일지도 모르지만, 19세기에는 재미로 외래종을 들여오는 일이 매우 유행했다. 아메리카, 오스트레일리아, 뉴질랜드의 이른바 "순응 협회들"은 그런 행위를 적극적으로 장려했다.

변덕스러운 이유로 도입되는 종들이 있는 반면, 사냥, 식량, 여흥을 위해서 들여온 종들도 있었다. 오스트레일리아에 들여온 토끼는 토끼답게 마구 불어나서 생태계와 경제에 재앙 수준의 피해를 입혔다. 영국 유형자들이 소일거리 삼아서 붉은 사냥 재킷을 입고 말을 탄 채 사냥개들을 몰고 다닐 수 있도록 들여온 여우는 사냥개에게 쫓기면서도 먹이인 토끼가 이미 널려 있는 데에 힘입어서 번성했다. 여우가 계속 토끼만 잡아먹었다면 모든 일이 잘 풀렸겠지만, 당연하게도 여우는 토착 야생생물들에게도 입맛을 들였다. 그들은 특히 큰빌비(여우 때문에 지금은 멸종 위기에 처해 있다)와 작은빌비(1950년대에 멸종했다)처럼 땅에 사는 유대류에게 눈독을 들였다.

뉴질랜드에는 식민지 정착민들이 사냥할 만한 동물이 전혀 없었다. 육상 포유류는 원래 없었고, 거대한 모아는 유럽인들이 들어오기 전에 이미 마오리족이 다 잡아먹었다. 그래서 유럽 정착민들은 무려 7종이나 되는 사슴을 들여왔다. 붉은사슴, 대륙사슴, 다마사슴, 흰꼬리사슴, 물사슴, 루사사슴, 와파티였다. 이에 더해서 유럽인들은 알프스와 히말라야의 산양도 들여왔다. 이 가운데 붉은사슴은 특히 큰 무리로 불어나서 풀을 마구 뜯어먹으며 환경에 상당한 피해를 입혔다.

20세기에는 해충 방제를 위해서 일부러 포식성 종들을 많이 들여왔지만, 일이 계획대로 풀리지 않을 때가 많았다. 아마 가장 유명한 사례는 사탕수수두꺼비일 것이다. 사람들은 사탕수수 재배에 피해를 입히는 해충을 잡아먹기를 바라면서 사탕수수두꺼비를 남아메리카에서 오스트레일리아로 들여왔다. 그러나 안타깝게도 어느 누구도 두꺼비에게 그 일을 해야 한다고 설명하지 않았기 때문에, 두꺼비는 해충 대신 오스트레일리아의 토착 곤충들을 잡아먹기로 마음먹었다. 이 울퉁불퉁한 피부의 두꺼비들은 엄청나게 불어나서 오스트레일리아 동부 전역을 뛰어다니면서 갈색 물결을 일으키고 있다. 현재 사탕수수두꺼비는 2억 마리가 넘는다고 추산된다.

덜 알려진 사례로는 붉은늑대달팽이가 있다. 미국 남부가 원산으로 다른 민달팽이와 달팽이를 뒤쫓아가서 잡아먹는 이 날쌘 동물(달팽이 기준으로)은 1950년대에 아프리카왕달팽이를 방제하기 위해서 하와이로 건너갔다. 원래는 왕달팽이도 식용으로 들어간 종이었는데(우리는 정말로 복잡한 먹이그물을 짜고 있다), 사람들의 손에서 탈출하여 작물을 먹어치우고 있었다. 그러나 붉은늑대달팽이는 왕달팽이를 방제하는 데에는 거의 관심이 없었고, 대신 나무를 기어올라가서 더 맛있는 토종 나무달팽이들을 먹어치웠다. 그 결과 몇 년 지나지 않아서 토종 달팽이 8종이 사라졌다.

지금은 그렇게 의도적으로 동물을 도입하는 행위를 금지하는 나라들이 많지만, 제10장에서 이야기했듯이 우리는 지금도 벌을 계속 전 세계로 옮기고 있다. 또 우리는 정원에 심을 이국적인 식물을 찾아서 전 세계로 눈을 돌리는 듯하다. 그 결과 아주 많은 식물이 이 나라 저 나라, 이 대륙 저 대륙으로 옮겨가고 있다. 정원 식물이 주요 침입종이 될 수 있다. 영국에서는 진달래류, 호장근, 큰돼지풀, 히말라야물

봉선이 잘 알려진 사례들이다. 그런 식물이 옮겨질 때에는 식물의 질병이나 해충도 함께 옮겨질 위험이 있다. 오스트레일리아에 들어온 도금양녹병이 한 예이다. 이 남아메리카 곰팡이병은 고무나무, 병솔나무, 차나무 등 오스트레일리아의 많은 토착 관목을 공격하고 죽이며, 2010년 오스트레일리아에 들어온 이래로 생태계를 유린해왔다. 마찬가지로 아시아에서는 그다지 눈에 띄지 않고 대개 별 해도 끼치지 않는 회양목명나방은 2007년에 우연히 유럽에 유입되어 지금은 원예용 회양목 울타리와 희귀한 야생 회양목에 극심한 피해를 입히고 있다. 해충이나 질병은 일단 고향을 벗어나면 자신이 본래 진화했던 생태계, 즉 그들의 숙주가 기나긴 세월 동안 적응한 생태계에서보다 훨씬 더 파괴적인 효과를 일으키며, 보통은 제거할 방법이 전혀 없다.

　동식물을 의도적으로 옮기지 않는다고 해도, 온갖 상품의 교역이 세계적인 규모로 이루어지고 있으므로 외래종이 우연히 들어오는 일은 일어나기 마련이다. 예를 들면, 일부 침입종은 선박 컨테이너에 숨어서 밀항한다. 썩덩나무노린재*는 1998년 아시아에서 출발한 기계류 화물에 숨어서 아메리카로 들어온 것으로 추정되는데, 겨우 15년 사이에 미국 전역으로 퍼졌다. 방패 모양의 이 커다랗고 얼룩덜룩한 갈색 곤충은 사과, 살구, 벗나무 등 여러 작물의 수액을 빨아먹으며 과일에 흠집과 얼룩을 남겨서 판매할 수 없게 만든다. 과일나무와 몇

---

* 썩덩나무노린재는 모습 때문에 영국에서 방패벌레shield bug라고 불리는 곤충인 노린재과—진딧물의 친척—에 속한다. 생김새가 가문의 문장이 그려진 방패와 비슷하며, 방해를 받거나 공격을 받으면 악취 물질을 분비하므로 아메리카에서는 별 인기가 없다.

몇 채소류에 큰 피해를 입히는 해충으로서, 한 해 작물에 약 3,700만 달러의 피해를 입힌다. 앞에서 말한 장수말벌은 중국에서 수입하는 도자기 화물에 숨어서 프랑스에 들어온 것으로 추정되며, 그후로 서유럽에 널리 퍼졌다. 부정확하면서 선정적인 기사를 쓰는 언론들은 장수말벌이 인간을 위협한다고 주장하기도 했는데, 이는 헛소리이다. 그러나 그들은 커다란 곤충들의 주요 포식자이고, 양봉업자에게는 안된 일이지만, 특히 꿀벌을 잡아먹는다. 벌통을 찾아내면, 장수말벌 일벌들은 계속 찾아와서 꿀벌을 잡아 자신들의 집으로 데려간다. 이윽고 꿀벌의 수는 서서히 줄어든다.

신선 식품의 세계적인 거래에 힘입어서 식품 화물에 숨어 들어오는 해충도 있다. 가령 2008년에 캘리포니아에서 처음 발견된 일본의 벗초파리는 길이가 겨우 3밀리미터이며, 약간 덜 익은 과일에 알을 낳아 과일이 익을 때면 안에 구더기가 가득해지게 만든다. 이 종은 1년에 13세대까지 불어날 수 있으므로, 엄청나게 불어날 잠재력을 지닌다. 체리, 베리류, 복숭아, 포도 등 껍질이 부드러운 과일을 좋아하며, 미국에 들어온 첫 해에 과일 업계에 무려 5억 달러의 피해를 입혔다고 추산된다. 캘리포니아 데이비스에 거주하는 내 친구는 해마다 정원에 있는 나무에서 맛있는 체리를 몇 바구니씩 땄다. 그러나 벗초파리가 들어온 뒤로는 먹을 수 있는 체리를 한 알도 찾아내지 못한다. 모든 체리에서 구더기들이 꿈틀거리고 있기 때문이다.

이 모든 것이 곤충의 감소와 무슨 관계가 있는지 의아할 수도 있다. 이런 곤충들 중 상당수는 너무나 잘 살아가고 있으니까. 그러나 당연하게도 침입자가 일으키는 변화는 곤충을 비롯한 토착 야생생물들에게 심대한 악영향을 미칠 수 있다. 장수말벌과 사탕수수두꺼비 같은 일부 침입자는 곤충 포식자이다. 아메리카에서 퍼진 모기송사리를 예로 들어보자. 이 물고기는 모기 방제를 위해서 전 세계에 도입되었다. 하지만 모기송사리는 모기 유충뿐 아니라 다른 수생곤충들도 닥치는 대로 잡아먹는다. 뉴질랜드에 도입된 쥐를 비롯한 설치류는 토착종인 자이언트웨타(느릿느릿 움직이며 날지 못하는 이 커다란 귀뚜라미는 현재 거의 멸종 위기에 처해 있다)에게 큰 위협이다. 아시아에서 온 무당벌레는 영국 토착 무당벌레의 수를 대폭 줄였다. 붉은불개미와 아르헨티나개미처럼 우연히 도입된 개미 종은 토착 곤충들, 특히 다른 개미들에 심각한 영향을 미칠 수 있다. 아르헨티나개미*는 이름에서 짐작할 수 있듯이 본래 남아메리카에 살지만, 유럽 남부, 미국, 일본, 남아프리카, 오스트레일리아, 대양의 많은 섬들, 심지어 이스터 섬 같은 외딴곳에까지 퍼졌다. 이 개미는 침입한 지역에 사는 개미 종들을 거의 완전히 전멸시킴으로써, 씨 산포散布 감소(일부 토착 개미는 씨를 퍼뜨린다) 등 생태계에 연쇄 효과를 일으킨다. 캘리포니아 남부에서는 토착

---

* 아르헨티나개미는 많으면 수백 킬로미터에 걸쳐서 조 단위의 개체들로 이루어지는 "거대 군집"을 형성한다는 점에서 독특하다. 이들이 다른 모든 개미 종을 압도하고 이길 수 있는 이유를 이것으로 설명할 수 있을지도 모른다. 대다수 개미 종에서 군집들은 영토를 지키려는 성향이 강하며 죽기 살기로 서로 싸우고는 한다. 어떤 의미에서 개미에게 최악의 적은 말 그대로 다른 개미이다. 반면 아르헨티나개미는 유전적 다양성이 없으며, 같은 군집의 구성원과 다른 군집의 구성원을 구별할 수가 없다. 따라서 집단 전체가 많은 여왕을 지닌 다소 조화로운 하나의 단위처럼 행동한다. 유럽에서 한 거대 군집은 포르투갈에서 이탈리아까지, 대서양 연안과 지중해 연안을 따라서 6,000킬로미터에 걸쳐서 퍼져 있다.

개미의 수가 대폭 줄어들면서 희귀한 뿔도마뱀의 개체수도 급감하고 있다. 개미만 먹는 이 포식자는 안타깝게도 아르헨티나개미는 그다지 먹고 싶지 않은 듯하다.*

장수말벌 같은 외래 경쟁자나 포식자의 전파가 다른 곤충들의 삶에 직접적인 영향을 미친다면, 식물 해충의 전파는 공격을 받는 식물과 연관이 있는 종에게 간접적인 영향을 준다. 잘 알려진 사례로는 느릅나무시들음병이 있다. 느릅나무는 한때 영국, 유럽 북서부, 북아메리카의 상당 지역에서 가장 흔하면서 아름드리로 자라는 나무에 속했다. 영국느릅나무는 높이 약 45미터까지 자라며, 컨스터블의 「남서쪽에서 본 솔즈베리 대성당」 같은 영국의 전형적인 풍경화에 흔히 등장한다. 유럽 대륙에서 느릅나무가 병드는 징후는 수관樹冠에서 죽는 가지들이 나타나면서 1910년에 처음 보고되었다. 1921년 네덜란드 연구진은 아시아에서 온 곰팡이가 이 병을 유발한다는 사실을 알아냈고, 덕분에 네덜란드 느티나무병Dutch elm disease이라는 그다지 도움이 되지 않는 영어 이름이 붙었다. 목재 화물을 통해서 유럽에 들어온 듯한 이 병은 나무에 구멍을 뚫는 다양한 토착 딱정벌레들을 통해서 이 나무 저 나무로 옮겨진다. 1928년에는 유럽에서 북아메리카로 전파되었는데, 이번에도 통나무 화물을 통해서였다. 유럽에서 일어난 초기 대발생 때에는 증상이 약하고 나무가 죽는 경우가 거의 없었지만,

---

* 아르헨티나개미 같은 종이 본래 서식지에서 다른 종들과 비교적 조화롭게 사는 듯 보이는 이유를 궁금해한 적이 있을 것이다. 그 이유는 본래 서식지에서는 기나긴 세월을 다른 종들과 함께 적응해서 살아왔고, 새 지역에 침입할 때에는 본래 서식지에서 수를 억제하던 포식자와 병원체로부터 벗어났기 때문일 것이다.

1967년에 선박 건조용으로 영국으로 들여온 캐나다 목재를 통해서 일본으로부터 더 병원성이 강한 균주가 유입되었다. 그 결과 10년 사이에 영국에서만 2,500만 그루가 죽었다. 나는 1965년에 태어났는데, 어릴 때 가지만 앙상하게 남은 죽어가거나 죽은 나무들이 가득했던 풍경을 생생하게 기억한다. 이 병은 작은 식물은 공격하지 않기 때문에, 영국느릅나무는 산울타리로 심은 어린 나무 형태로는 살아남는다. 그러나 성숙한 나무는 영국에 거의 남아 있지 않다.

느릅나무 같은 주요 식물 종의 전멸은 그와 연관된 곤충들의 삶에 지대한 영향을 미칠 수밖에 없다. 영국에서 느릅나무와 관련을 맺고 있던 곤충은 100종이 넘었다. 그중 가장 잘 알려진 2종을 꼽자면 까마귀부전나비와 검은다리들신선나비이다. 전자는 현재 아주 희귀해졌고 후자는 1960년대 이후로 영국에 자생하는 종의 형태로는 존재하지 않게 되었다. 느릅나무와 관련 있는 곤충들의 비참한 상황은, 이 곰팡이를 퍼뜨리는 딱정벌레들을 겨냥한 농약으로 이 병의 전파를 억제해보려는 좋은 의도의 조치들 때문에 더욱 악화되었을 것이다. 1950-1960년대에 미국에서는 DDT와 그 친척인 디엘드린을 1년에 세 번씩 느릅나무에 살포했다. 그 결과 숲에 사는 많은 새들이 죽었다. 조사되지는 않았지만, 아주 많은 곤충들도 사라졌을 것이 거의 확실하다.

느릅나무 이야기는 물푸레나무의 사례에서도 재현되고 있는 듯하다. 물푸레나무도 아시아에서 들어온 곰팡이병에 시달리고 있다. 이 곰팡이는 아시아의 물푸레나무 종도 자연적으로 감염시키지만 거의 해를 끼치지 않는다. 2006년에 정식으로 기재되었지만, 우리는 이 곰 팡이가 폴란드에서 처음 나무들이 죽어가는 증상이 목격된 1992년 경에는 유럽에 도착했다고 본다. 유럽 대륙에서 이 병이 규명되고 물 푸레나무에 상당한 위협을 가한다는 사실이 알려진 뒤에도, 영국은 2012년까지 유럽에서 물푸레나무 묘목을 계속 수입했다. 처음으로 감염된 나무가 발견된 시기는 그해였고, 발견 장소는 수입한 묘목을 심은 곳 주변이었다. 그러자 정부는 수입 금지 조치를 내리는 동시에 10만 그루가 넘는 수입 묘목을 없애라는 명령을 내렸지만, 곰팡이는 이미 퍼진 뒤였다.

다행히도 물푸레나무 중 일부, 아마 약 5퍼센트는 이 병에 내성을 지닌 듯하다. 따라서 대부분이 죽기는 했지만 적어도 내성 개체의 후 손을 다시 심을 수는 있다. 문제는 불행히도 이 개체들도 아시아에서 우리를 향해 다가오고 있는 듯한 또다른 감염병에 전멸될 가능성이 있어 보인다는 점이다. 서울호리비단벌레라고 불리는, 녹색 금속 광 택이 나는 아름다운 작은 딱정벌레 때문이다. 이 곤충은 2002년부터 북아메리카 전역에서 수천만 그루의 물푸레나무를 파괴해왔다. 2013 년에는 모스크바 서쪽 약 250킬로미터까지 진출했고, 연간 약 40킬로 미터의 속도로 퍼지면서 호시탐탐 유럽으로 들어올 기회를 노리고 있 는 듯하다. 서식스의 우리 집 정원에는 멋지게 자란 물푸레나무가 두 그루 있는데, 현재 둘 다 죽어가고 있으며 앞으로 여러 해에 걸쳐 서서 히 죽어가는 모습을 지켜보아야 할 것이다. 느릅나무가 사라졌을 때 처럼, 물푸레나무의 소실도 야생생물에게 영향을 미칠 것이 확실하다. 지금까지 물푸레나무에는 무척추동물 239종과 지의류地衣類 548종이 산다고 알려졌다. 그중 무척추동물 29종과 지의류 4종은 물푸레나무에서만 살기 때문에, 이런 생물들은 심각한 타격을 입을 것이다. 예를 들면 애벌레 시기에 물푸레나무를 먹는 중띠밤나방은 1968년부터 2002년 사이에 영국 물푸레나무의 수가 74퍼센트 줄어든 탓에 영국에서 "취약" 종으로 분류되어 있다.

토착 곤충은 외래 침입 식물의 전파로도 악영향을 받을 수 있다. 곤충의 먹이가 되는 숙주 식물이 외래종에게 밀려나기 때문이다. 미국의 국립공원 중에서 105만 헥타르 이상은 침입종인 잡초로 뒤덮여 있다. 버펄그라스와 갈풀 같은 풀, 민들레, 수레국화, 프랑스국화 등 유럽에서 흔한 야생화들이 대표적이다. 아시아의 칡도 미국 남부 주 전역에서 토착 숲을 잠식하고 있다. 마찬가지로 남아메리카의 예쁜 관목인 란타나는 현재 오스트레일리아 동부의 국립공원에서 넓은 숲을 이루고 있다. 늘 그렇다고는 할 수 없겠지만, 외래 식물의 효과는 대개 부정적이다. 침입한 식물이 절지동물(곤충, 거미, 갑각류 등)에 미치는 영향을 살펴본 논문들을 전반적으로 검토한 텍사스 A&M 대학교의 앤드리아 리트는, 외래 식물이 심하게 침입한 지역에서 절지동물 종이 줄어들었다는 결과를 내놓은 연구가 48퍼센트를 차지하는 반면, 증가했다는 결과를 내놓은 연구는 17퍼센트임을 확인했다. 때로 외래 식물과 외래 꽃가루 매개자가 동맹을 맺기도 한다. 오스트레일리아에서 란타나와 유럽푸른지치는 주로 서양꿀벌을 통해서 꽃가루받이를 한다. 나는 태즈메이니아에서 캘리포니아 원산인 나무루퍼너

스와 유럽엉겅퀴의 꽃가루를 꿀벌과 서양뒤영벌이 둘 다 옮기는 것도 관찰했다. 이 외래 식물과 벌은 양쪽 다 혜택을 보지만, 아마 그곳에 원래 살던 토착 식물과 꽃가루 매개자는 피해를 보았을 것이다.

우리는 계속해서 동식물과 질병의 분포 양상을 서툴게 재편하면서 세계의 동물상과 식물상을 대규모로 단순화하고 균질화할 위험을 일으키고 있다. 이는 세계 모든 곳에서 똑같이 강인한 종들만이 살아갈 위험을 초래한다. 토착 식물들은 외래 병원체에 유린당하고, 침입하는 잡초와의 경쟁에서 밀리고, 외래 해충에게 먹힘으로써 점점 줄어들고 있다. 토착 곤충은 숙주 식물이 사라지면서, 또 외래 포식자에게 먹히거나 외래 질병에 감염되거나 더 우월한 경쟁자에게 밀려서 덩달아 사라진다. 하와이와 뉴질랜드 같은 세계 몇몇 지역에서는 토착 동식물 군집이 아예 통째로 사라지고 그 자리가 전 세계에서 온 뒤죽박죽으로 섞인 종들로 대체되어왔다. 세계 무역이 확대됨에 따라서 우연히 이루어지는 동식물의 이동도 더 늘어날 수밖에 없겠지만, 우리는 오스트레일리아와 뉴질랜드를 사례로 삼아서 그 위험을 줄이려는 노력에 더욱 힘을 쏟을 수 있다. 두 나라는 현재 외래종 침입을 막기 위해서 더 엄격한 검색과 격리 조치를 취하고 있다.

낯선 곳을 방문해서 본 적이 없는 나비, 새, 벌, 꽃을 보는 일이 내게는 여행의 가장 큰 기쁨 중 하나이다. 어디를 가든 다른 곳에는 없는 토착 야생생물이 살고 있다. 이 지리적 다양성이야말로 우리 행성이 그토록 경이로운 생물다양성을 지탱하는 방법 중 하나이다. 우리 행성의 각 지역에서 독특하게 조합된 동식물들이 진화하기까지 수백만 년이 걸렸지만, 우리는 고작 200년 사이에 그것들을 엉망진창으로 만들었다. 이미 한 짓은 되돌릴 수 없지만, 노력을 통해서 앞으로의 침입 빈도를 대폭 줄일 수는 있다. 그럼으로써 고초를 겪고 있는 생물다양성에 가해지는 압력을 줄일 수 있다.

주홍박각시

주홍박각시는 맛있고 통통해서 많은 새들이 배고프다고 칭얼대는 새끼에게 물어다주려고 애쓰는 먹이이다. 이에 따라 주홍박각시는 놀라울 만큼 다양한 위장 수단을 진화시켜왔다. 많은 호랑나비 애벌레는 새똥을 닮은 흑백 덩어리처럼 생겼다. 나뭇가지와 아주 흡사한 애벌레도 많다. 재주나방 애벌레는 작을 때에는 개미를 닮았고, 좀더 크면 앉아 있는 거미처럼 보인다(이 점은 조금 기이한데, 많은 새들이 거미도 잡아먹기 때문이다). 애리조나의 푸른자나방 애벌레는 두 가지 모습을 취할 수 있다. 봄에는 자신이 먹는 참나무 꽃차례와 놀라울 만큼 비슷하고, 꽃차례가 떨어진 뒤인 여름에는 나뭇가지를 닮은 모습을 하고 있다. 내가 좋아하는 나방은 주홍박각시인데, 아마 어릴 때 분홍바늘꽃을 뜯어먹는 애벌레를 찾고는 하던 기억 때문일 것이다. 이 커다란 갈색 애벌레는 다 자라면 코끼리 코와 조금 비슷해 보인다. 영국에는 코끼리가 없으니 그다지 좋은 위장술이 아니라고 생각할지도 모르겠다. 그러나 위협을 느끼면, 이 애벌레는 몸 앞쪽을 부풀리면서 치켜든다. 그러면 눈동자까지 갖춘 한 쌍의 눈알무늬가 확 드러나고, 상대는 뱀이 고개를 쳐들고 있다는 인상을 받는다.

제14장

알려진 모르는 것과 모르는 모르는 것

나는 2002년에 도널드 럼즈펠드가 사담 후세인이 대량 살상 무기를 공급했다는 증거가 있느냐는 질문을 받았을 때, 이해할 수 없는 헛소리를 내뱉는 모습에 껄껄 웃음을 터뜨린 일을 생생하게 기억한다. "우리는 알려진 모르는 것이 있다는 사실을 압니다. 우리가 모르는 뭔가가 있다는 사실 말이죠. 하지만 모르는 모르는 것도 있습니다. 모른다는 사실을 모르는 것이지요." 당시 나는 그가 바보라고 생각했지만, 돌이켜보니 그가 타당하면서 중요하다고 할 만한 사실을 지적했다는 생각이 든다. 그는 우리가 모르는 일이 일어나려고 하지만 우리가 합리적으로 예견할 수 있는 상황과, 일어날 수도 있지만 우리의 과거 경험을 토대로 예견할 수 없는 상황을 구분하고 있었다. 곤충에게 해를 끼친다고 우리가 알고 있는 요인들(알려진 아는 것)은 많으며, 해를 끼친다고 합리적으로 예상할 수 있지만 타당한 자료가 부족한 것들(알려진 모르는 것)은 훨씬 더 많다. 또 우리가 미처 생각도 하지 못했거나 현재의 과학 지식 수준을 넘어서지만 언젠가는 발견될 수도 있고 그렇지 않을 수도 있는 요인들(모르는 모르는 것)도 당연히 있을 것이다.

내가 럼즈펠드의 헛소리에 넘어갔다는 생각이 드는 독자도 있을 테니, 몇 가지 사례들을 들어보기로 하자. 곤충의 감소를 이야기할 때, 알려진 모르는 것은 새로운 농약, 채굴이나 산업 공정에서 유출된 수은 같은 중금속 등 인류가 만드는 다른 수많은 오염 물질의 영향이 포함될 수 있다. 해마다 우리는 농약, 약, 방화제, 유화제, 방청 페인트, 보존제, 염료 등등 아주 다양한 목적으로 14만4,000가지의 인공 화합물을 약 3,000만 톤씩 제조하고 있다. 그중에는 전 세계 환경으로 퍼진 것이 많다. 최근에 수심이 1만 미터를 넘는 마리아나 해구의 바닥에 사는 갑각류(게, 새우 등)에서도 PCBpolychlorinated biphenyl와 PBDEpolybrominated diphenyl ethers가 고농도로 들어 있다는 사실이 발견되었다(쌓여 있는 비닐 봉지들과 함께). 대부분의 오염 물질은 곤충, 다른 야생생물, 심지어 인간에게도 어떤 영향을 미칠지 전혀 연구가 되어 있지 않다. 이 심해에 사는 게들은 PCB 함량이 높아도 괜찮을 수도 있고, 그렇지 않을 수도 있다. 그들은 연구하기에 가장 쉬운 생물이라고 할 수 없을 것이다. 적어도 이 화학 물질 중 일부는 어디에서든 일부 곤충에게 영향을 미치고 있다고 여기는 편이 타당해 보인다. 과학자들이 아직 조사할 시간을 내지 못한 화학 물질들이 아주 많은데, 과학이 미처 따라갈 수 없을 만큼 새로운 화학 물질들이 계속 등장하고 있다. 이것들은 우리가 아는(적어도 어느 정도는) 화학 물질이지만, 우리는 그것들이 해로운지 여부를 아직 알지 못한다. 따라서 알려진 모르는 것들이다.

교통이 곤충의 삶에 미치는 영향도 알려진 모르는 것들 가운데 하나이다. 예전부터 도로변이나 회전 교차로에는 으레 야생화를 심었다. 그런 꽃들은 아름다워 보이고, 크고 작은 도시들을 잇는 꽃이 만발한 서식지를 많이 제공할 수 있다. 그러나 한편으로 이 전략에는 두 가지 명백한 단점이 있다. 첫째로 이런 꽃들에 이끌리는 곤충은 지나가는 차량에 치일 수 있으며, 둘째로 오염 물질에 피해를 입을 수 있다. 이런 꽃들은 유익하기보다는 해를 끼칠 가능성이 더 높지 않을까? 나는 전에 이 연구를 하겠다고 연구비 지원을 신청했다가 거부당했다(아마 옳은 결정이었을 것이다. 내가 제안한 연구 방법이 적합하다고 나 스스로도 완전히 확신한 것 같지가 않았으니까). 꽃가루 매개자를 연구한 과학 논문이 최근 들어서 수천 편씩 쏟아지고 있지만, 이 문제를 규명하려고 시도한 사례는 거의 찾아볼 수 없다. 답은 도로마다 다르겠지만, 어쨌거나 도로변의 꽃이 전체적으로 어떤 효과를 낳는지를 우리는 아예 모른다. 교통사고가 일어날 위험은 주행 속도에 따라 달라질 것이 틀림없다. 내가 가르치는 대학교 가까이에는 브라이턴으로 이어지는 루이스 도로의 중앙 분리대를 따라 멋진 야생화 화단이 조성되어 있다. 이 도로의 제한 속도는 시속 50킬로미터이지만, 교통 혼잡이 심해서 차가 거의 정체되어 있을 때가 많으므로, 곤충이 차량에 치일 가능성이 희박하다고 예상할 수 있다. 달팽이도 다치지 않고 화단에 다다를 가능성이 꽤 높을 것이다. 한편 하루의 대부분에 차들이 시속 130킬로미터로 쌩쌩 달리는 A27 양방향 도로변에도 아름다운 화단이 조성되어 있다. 요즘은 앞 유리에 곤충이 "철썩" 부딪히는 일이 적은 이유가 곤충 자체가 적기 때문이라고들 하지만, 어느 정도는 자동차가 보다 공기역학적으로 설계되고 교통량 자체가 증가했기 때문일 수도 있다. 빨리 움직이는 차량의 바로 뒤에 차량들이 잇달아 달리면서 도로에 있는 곤충들을 싹 쓸어갈 수도 있기 때문이다. 배기가스가 미치는 영향도 아직 잘 모른다. 납이 함유된 휘발유는 곤충에게 어떤 피해를 입혔을까? 연구실에서 실험한 결과에 따르면, 무연 휘발유의 배기가스도 보상을 주는 꽃의 향기를 배우고 기억하는 벌의 능력에 지장을 주며, 디젤유의 배기가스는 꽃의 향기를 직접적으로 훼손함으로써 벌이 선호하는 꽃의 향기를 맡기 어렵게 만든다. 루이스 도로의 중앙 화단에 있는 벌은 빠른 차에 치여 죽을 가능성이 낮을지도 모른다. 그러나 양쪽 차선에서 거의 꼼짝도 못하는 차량들에서 배출되는 가스는 아마 벌이 가장 좋은 꽃을 찾아내어 꿀과 꽃가루를 효율적으로 모으는 데에 지장을 줄 것이다. 그들이 모은 먹이가 심하게 오염되어서 유충을 죽일 수도 있지 않을까? 우리는 알지 못한다.

비슷한 맥락에서, 대기의 입자 오염 물질이 곤충에게 미치는 영향도 조사된 적이 없다. 입자 오염 물질, 즉 공기에 떠다니는 작은 먼지 알갱이들은 차량 배기가스에 섞여 나오고, 차량이 일으키는 먼지, 발전소 같은 여러 산업 활동, 화산 분출과 산불(자연적인 산불이든 기후 변화로 야기된 산불이든 간에)로도 발생한다. 입자 오염 물질은 사람의 건강에 심각한 피해를 준다고 알려져 있으며, 2016년에만 420만 명의 조기 사망을 초래한 것으로 추정된다. 사람이 공중의 입자 오염 물질을 흡입하면 뇌졸중, 심장병, 폐쇄폐병과 암, 지능 장애 등 온갖 질환이 발생한다. 곤충도 호흡을 해야 하지만, 우리와는 다른 방식으로 호흡한다. 곤충은 공기가 들어왔다가 나가는 허파 대신, 몸 양쪽의 옆구리를 따라서 숨구멍이 죽 있다. 숨구멍은 곤충의 신체 조직들을 구불구불 지나가는 공기로 채워진 더욱 작은 관들의 망으로 이어져 있다. 박각시나방이나 뒤영벌처럼 몇몇 큰 곤충은 필요하다면 강제로 공기를 빨아들이고 내보낼 수 있지만, 대개는 산소가 확산되어 들어오고 이산화탄소가 확산되어 나가는 과정에 의지한다. 입자(때로는 유독한 물질의 입자)가 몸에 들어와서 이 관을 막으면 해로우리라는 사실이 직관적으로 명백하게 이해되지만, 놀랍게도 이 점을 과학적으로 연구한 사례는 전혀 없는 듯하다.

대기 입자 오염 문제에서 가장 첨예한 논쟁이 벌어지는 활동 가운데 하나는 항공기 배기가스를 통해서 의도적으로 먼지를 흩뿌리는 것이다. 이는 빗방울의 씨앗을 뿌리거나 햇빛을 반사시킴으로써 날씨를 조작하기 위해서 시행되는데, 이런 기법을 지구 공학geo-engineering이라고 한다. 2015년에 나는 킬 대학교의 크리스 엑슬리와 수행한 소규모 연구 결과를 발표했다. 우리는 영국 뒤영벌의 조직에 알루미늄 농도가 유달리 높아서 유해할 정도라는 사실을 알아냈다. 알루미늄은 사람의 경우 알츠하이머병 등 다양한 질환과 관련이 있다고 여겨져왔다. 우리는 벌의 몸에 든 알루미늄이 어디에서 왔는지 짐작도 하지 못했다. 논문이 발표된 직후, 몇몇 사람들이 내게 연락을 해왔다. 그들은 그것이 "켐트레일" 이론을 뒷받침하는 증거임이 확실하다고 주장했다. 정부와 항공 업계가 기후를 조작하기 위해서 세계적인 음모를 꾸민다는 이론이었다. 그들의 출발점은 비행운, 즉 비행기가 뒤에 남기는 수증기 자취가 자연히 흩어져서 사라지기 마련인데 1995년경부터는 사라지는 데에 걸리는 시간이 길어진 듯하다는 점이었다. 그들은 그 이유가 대기업이나 정부가 사람들 혹은 환경을 조작하기 위해서 집어넣은 화학 물질이 가득하기 때문이라고 주장한다. 민간 항공기의 대부분 또는 전부가 화학 물질이 든 통을 실으며, 화학 물질을 뿜어내는 장치를 달고 있다고 믿는 듯하다. 그들에 따르면 알루미늄과 황산 같은 화학 물질은 지상으로 비처럼 쏟아지면서 곤충, 나무, 심지어 사람까지 죽인다.

나는 콜로라도 볼더에 가는 김에 한 비행운 음모 이론가와 만나는 데에 마지못해 동의했다. 그녀는 지극히 제정신이고 합리적인 듯 보였으며, 매우 친절하게도 내게 맛있는 맥주를 몇 잔 사주었다. 우리는 한 술집의 야외 뜰에 앉아서 그녀가 건넨 사진들을 살펴보았다. 기이하게 인위적으로 보이는 구름들을 찍은 사진이었는데, 그녀는 그것들이 비행운의 산물이라고 했다. 또 그녀는 주차장 가장자리의 잎이 누렇게 시든, 다소 건강하지 못한 나무들을 추가 증거로 제시했다. 때는 잎이 자연히 시드는 9월이었기 때문에, 그런 주장이 그다지 설득력 있게 느껴지지는 않았다. 그럼에도 나는 흥미를 느꼈고, 과학 문헌을 검색했다. 그리고 많지 않은 검색 결과들 가운데에서 미국의 두 곤충학자가 쓴 논문을 하나 찾아냈다. 마크 화이트사이드와 마빈 헌던은 정황 증거를 통해서 석탄 비산재(석탄 화력 발전소에서 나오는 폐기물로, 중금속을 비롯한 다양한 독성 물질이 들어 있다)가 북아메리카에서 비행운으로 쓰이고 있으며, 그것이 곤충이 죽어 사라지는 주된 원인이라고 주장했다.

비행운 이론의 지지자들은 일반적으로 괴짜 취급을 받는데, 그럴 만도 하다. 그들이 제시하는 규모의 음모를 비밀리에 진행할 수 있다고 믿는 일 자체가 불합리하기 때문이다. 이는 지구가 편평하다는 주장만큼이나 설득력이 떨어진다. 그러나 지구 공학 자체는 현실성이 있다. 지구 공학은 소규모로 실험이 이루어져왔으며, 더 큰 규모의 실험도 계획되어 있다. 2017년 하버드 대학교는 2,000만 달러를 들여서 기후 변화에 맞서는 수단으로서 물, 탄산칼슘, 산화알루미늄을 상층 대기에 뿌리는 소규모 실험을 시작하겠다고 발표했다(그 실험은 2019년 초에 시행될 계획이었지만, 그로부터 1년이 더 지난 이 글을 쓰는 현재까지도 어떻게 진행되고 있는지 전혀 찾을 수 없다). 일부 기후학자들은 이 연구가 과연 적절한지 회의적이다. UN 기후 변화 정부 간 협의체의 보고서를 작성하는 주요 저자 중 한 명인 케빈 트렌버스는 이렇게 말했다. "지구 공학은 해답이 아니다. 태양 복사선의 유입량 감축은 날씨와 물 순환에 영향을 끼치며, 가뭄을 촉진한다. 또한 불안정한 상황을 조성하여 전쟁을 야기할 수 있다. 부작용이 많다. 그리고 우리의 모형들은 그 결과를 예측하기에는 부족하다." 그것이 좋지 않은 착상이라는 점은 꽤 분명해 보이지만, 우리 모두에게 영향을 미칠 수 있는 인류의 많은 기술처럼(인공지능의 개발 같은) 그것도 규제하기가 어렵다. 이론상 작은 국가 하나가 세계 전체의 기후를 바꿀 수도 있다. 기후 변화의 파괴적인 효과가 일어나기 시작할 때, 지구 공학이 재앙을 피할 최후의 필사적인 수단으로 쓰일 것이라고 상상하기는 어렵지 않다. 그러나 그 수단은 상황을 개선하기는커녕 더 악화시킬지도 모른다. 그것이 곤충에게 어떤 영향을 미칠지 우리는 추측만 할 수 있을 뿐이다. 도널드의 말처럼, 이는 알려진 모르는 것이다.

곤충에게 위험을 가할 수 있는 현대 기술들은 다수 존재하지만, 증거가 확정적이지 않거나 아예 부족한 사례들이 많다. 전자기장은 모든 전기 회로에서 발생하며, 우리는 개미 같은 곤충이 전자기장을 검출할 수 있다는 사실을 안다. 마찬가지로 꿀벌의 인지 능력은 고압선 주위에서 생기는 강력한 전자기장에 지장을 받는다는 점도 알고 있다. 벌(그리고 아마 다른 많은 곤충들)은 길을 찾을 때 지구 자기장의 도움을 받는다. 뒤영벌과 꿀벌 같은 사회성 벌들에게는 집으로 가는 길을 정확히 찾아낼 수 있는 능력이 매우 중요하다. 집을 찾지 못하면 얼마 가지 못해 죽을 것이다. 시골을 지나가는 고압선이 일으키는 전기장이 어떻게 그들의 항법 능력에 영향을 미칠까? 전기장이 벌의 행동에 상당한 교란을 일으킬 수 있어 보이지만, 아무도 이에 대해서 연구하지 않았다.

전기 장치 주변의 고정된 전자기장이 비교적 국지적인 영향을 미친다면, 전파 중계소, 와이파이 기기와 휴대전화에서 나오는 무선 주파수의 전자기 복사는 어디에서나 쉴 새 없이 우리 몸을 통과한다. 감마

선과 X선처럼 진동수가 커서 생체 조직에 몹시 해로운 전자기 복사에 비하면 이런 전파는 에너지가 낮다. 그러나 기술 발전과 대역폭 수요가 기하급수적으로 증대되면서 전파 복사에 노출되는 시간은 점점 늘어나고 있다. 새로운 5G 기술은 더 높은 주파수인 30－300GHz의 전자기 복사를 사용한다. 전자레인지에서 나오는 진동수와 똑같다. 사실, 이 주파수는 이전까지 통신에 쓰인 적이 없는 대역이다. 이 주파수의 파장은 멀리 나아가지 못하기 때문에, 5G 기술은 도로를 따라 일정한 간격으로 작은 중계기 수십만 대를 설치해야 하며, 2025년까지 전 세계에 1,000억 대가 넘는 중계기가 설치될 것으로 예상된다. 휴대전화와 아주 가까운 신체 부위는 이 복사선에 아주 약간 데워진다. 마이크로파를 방출하는 새로운 5G 중계기 가까이에서는 이 효과가 더 강해질 것이다.

강연과 인터뷰를 통해서 벌의 감소 문제에 공개적으로 관여해왔기 때문에, 나는 벌이 사라지는 이유에 대해서 나름의 이론을 세운 괴짜들과 종종 마주친다. 비행운 음모론자들이 그렇듯이 그들은 설득력 있는 증거를 거의 또는 전혀 갖추고 있지 않을 수도 있다. 그럼에도 그들은 자신의 이론을 열정적으로 믿는다. 뇌종양과 백혈병 같은 다양한 암을 포함하여 벌과 사람의 다양한 질병들이 휴대전화에서 나오는 신호에 노출되어 생길 수 있다고 주장하는 이들도 있다. 실제로 나는 휴대전화나 와이파이 기기에서 방출되는 듯한 전자기 복사에 노출되면 몸이 아프다는 이른바 "전자기 과민성 증후군"이 있다고 확신하는 사람들도 만났다. 그런 이들에게는 안타깝게도, 그런 주장을 뒷받침할 과학적 증거는 빈약해 보인다. 휴대전화 사용이 암을 일으키는지를 평가하려는 대규모 역학 연구가 많이 이루어져왔는데, 대부분은 그렇지 않다는 쪽으로 결론을 내렸다. 약하게 연관되어 있다는 연구도 일부 있기는 하지만, 그 영향이 아주 강할 리는 없다. 그렇다면 이미 명확히 검출되었을 테니까. 2011년 세계보건기구에 소속된 국제 암 연구기관은 전문가들에게 모든 가용 증거를 검토해달라고 의뢰했다. 그들은 휴대전화 이용이 "사람에게 암을 일으킬 가능성이 있다"고 결론을 내렸지만, 기존 논쟁에서 사실상 한 발도 나아가지 못했다.

통신의 전자기 복사가 곤충이나 다른 야생생물에게 어떤 영향을 미칠지를 이해하려는 노력은 훨씬 덜 이루어졌다. 한 연구는 스페인 바야돌리드 시의 여러 지역에서 전자기 복사의 세기와 참새의 개체수 사이에 아주 강한 부정적 관계가 있다는 흥미로운 이론을 내놓았는데, 연구진은 이 결과를 통해서 유럽 전역의 도시 지역에서 최근 참새 수가 대폭 감소한 이유를 설명할 수 있다고 주장했다. 그러나 이런 유형의 상관관계 연구는 결정적이지 않다. 전자기 복사의 세기와 연관된 다른 인과적 요인들이 있을 수 있기 때문이다. 가장 명백한 사실은 전기 장치들이 더 많은 곳에는 사람들이 더 많으며, 참새들이 겁을 먹고 그런 곳을 피했을 수도 있다는 점이다. 꿀벌 집에 휴대전화를 두자 일벌들의 "피리 부는piping" 소리가 증가했다는 연구도 있다. 대개 벌집 안에 문제가 생겼을 때 삐이삐이 하고 내는 고음의 소리이다. 그러나 이런 연구는 비판을 받았다. 재현성이 떨어지며, 무엇보다 벌집 안에 휴대전화를 둔다는 것 자체가 그다지 현실적이지 않은 시나리오이기 때문이다.

　가장 우려되는 사항 가운데 하나는 이 분야의 연구가 너무나 부족하다는 점이다. 우리는 세계적인 무선 통신망을 구축함으로써, 일종의 재현된 적이 없는 거대한 실험을 하고 있다. 급속하게 불어나는 무선 주파수 복사에 지구의 거의 모든 생물을 노출시키는 실험이다. 심지어 우리는 그 결과를 100퍼센트 확신하지 못한다. 5G는 모든 도시 거주민들이 더 높은 에너지의 마이크로파에 만성적으로 노출된다는 사실을 의미한다. 나는 소셜 미디어에서 5G 중계기 아래에 꿀벌 수십 마리가 죽어 있는 모습을 찍은 동영상을 본 적이 있다. 물론 그것은 설득력 있는 과학적 증거가 아니며, 위조되었을 수도 있다. 코로나바이러스 대유행 같은 현상은 없고, 코로나19가 허구이며, 그 모든 증상들이 5G 때문이라고 굳게 믿는 이들의 연락도 종종 받았다. 전부 분명히 헛소리이며, 진지하게 받아들이면 위험할 수도 있다. 이는 인간이 스스로를 몹시 심란하게 만드는 망상에 사로잡힐 수 있음을 확인해준다. 그러나 일부 사람들이 제정신이 아니라고 해서 5G가 사람이나 야생생물의 건강에 아무런 영향도 끼치지 않는다는 의미는 아니다. 내가 보기에는 더 나아가기 전에 이 점을 제대로 조사하는 것이 현명한 태도인 듯하다. 4G 기술도 이미 꽤 놀랍다. 지구의 거의 모든 사람이 사소하면서 무의미한 것들로 가득한 영상들을 엄청난 속도로 내려받을 수 있게 하니까. 소셜 미디어를 새로고침하면 때로 2초가 걸린다는 사실이 그렇게 큰 문제일까? 5G를 전면적으로 확대하기 전에 몇 년쯤 시간을 들여서 안전성을 좀더 연구할 수는 없을까?

알려진 모르는 것의 모호한 세계를 떠나기 전에, 가장 논란이 많은 문제를 언급하지 않으면 태만함을 자인하는 꼴이 될 것이다. 바로 유전자 변형 생물genetically modified organism, GMO이 일으키는 위험이다. GMO는 한 생물의 유전자를 다른 생물의 DNA에 끼워넣어 우리가 의도적으로 DNA를 변형한 생물이다. GMO가 엄청나게 위험한 "프랑켄슈타인 괴물"이라고 보는 이들도 있는 반면, 우리가 받아들여야 할 유망한 기술이라고 보는 이들도 있다. 대개 농약 이용에 반대하는 운동을 벌이는 이들은 GMO도 마찬가지로 위험하면서 "부자연스러운" 기술이라고 주장한다. 유전자 변형 작물이 친척인 야생 종과 교배를 함으로써, 삽입된 유전자가 다른 종에게로 번질 위험 등 진정으로 우려되는 사항들도 분명히 있다. 가령 삽입된 유전자가 제초제 저항성을 제공한다면, 잡초를 방제하기가 훨씬 어려워진다. 반면 GM 작물은 엄청난 혜택도 제공할 수 있다. 가뭄을 더 잘 견디거나 영양가가 더 높은 작물을 만들 수도 있다. 어떤 작물이 곤충의 공격에 더 저항하도록 만들 수 있다면 농약을 쓸 필요가 없어질 것이고, 그러면 야생생물도 혜택을 볼 수 있다. 개인적으로 나는 GM 기술을 버려야 한다고 생각하지 않는다. 그러나 지금까지 대부분의 GM 작물은 사람이나 환경에 혜택을 제공한다기보다는 수익을 올리겠다는 명확한 목표를 가지고 대기업이 개발했다. "라운드업-레디" 작물이 좋은 사례이다. 라운드업(글리포세이트 계열 제초제)을 만드는 회사인 몬산토가 개발했기 때문이다. 라운드업 이용량은 그 작물을 도입하면서 대폭 늘어났는데, 이는 분명히 환경은 물론이고 사람들에게도 해로울 가능성이 매우 높다(제8장 참조). 게다가 대체로 GM 작물은 기존 작물과 수확량은 거의 또는 전혀 차이가 없으면서, 농민이 구입해야 하는 종자는 상당히 비싸다. 한마디로, 나는 GM 기술이 친절한 기관의 수중에 있다면 이로운 도구가 될 가능성도 있지만, 안타깝게도 현재로서는 그렇지 않다고 생각한다.

유익함의 여부가 보다 불확실한 유전자 기술들도 곧 등장하려는 듯하다. 최근 앞으로 생물다양성에 위협이 될 가능성이 있는 것들 가운데 최근에 두드러지는 것은 새로운 RNA 기반* "유전자 침묵" 농약이다. 작물에 뿌린 이 농약을 해충이 먹으면 유전자 발현 양상이 달라진다. 해충의 유전자라면 무엇이든 이런 방법으로 사실상 "침묵시킬" 수 있다. 유전자의 활동을 차단한다는 의미이다. 건강이나 번식에 중요한 유전자의 활동을 막는다면, 해충은 죽거나 번식할 수 없다. 이에 따라 이론상으로는 특정 해충이 지닌 특정한 유전자를 표적으로 한 아주 다양한 농약을 만들 수 있다. 비슷한 유전자를 지니지 않는 한 다른 곤충들은 해를 입지 않을 것이다. 그러나 우리가 지금까지 유전체 서열을 해독한 생물은 전체 생물의 극히 일부에 불과하므로, 어느 생물에 해충과 똑같은 유전자가 있는지를 알기란 쉽지 않다. 그런 농약이 우리 유전자의 발현을 차단하지 않게끔 확실히 할 수는 있을지 몰라도, 우리가 의지하거나 우리 몸속에 사는 이로운 미생물에게 피

---

* RNA는 리보핵산을 뜻한다. RNA는 DNA(데옥시리보핵산)의 사촌이며, 거의 같은 식으로 유전 정보를 저장할 수 있다.

해를 끼치지 않는다고 과연 확신할 수 있을까?

마지막으로 모르는 모르는 것을 말해주고 싶지만, 당연히 그럴 수는 없다. 내가 뭔가를 떠올린다면, 그것은 즉시 알려진 모르는 것이 된다. 우리가 미처 알아차리지 못한 방식으로 곤충의 건강에 해를 끼치는 인간 활동들이 많을 가능성이 농후하다. 의도하지 않은 결과를 과학자들이 살펴볼 겨를이 없을 만큼 새로운 기술들이 빠르게 개발되고 활용되고 있다. 아마 곤충에게 영향을 미치는데도 우리가 이해하지 못한 자연 요인들도 많을 것이다. 우리가 아직 발견하지 못한 질병의 종류도 많을 것이다. 그런 것들이 바로 럼즈펠드가 말한 "모르는 모르는 것"에 해당한다. 물론 정의상 이들은 당분간 모르는 것으로 남아 있을 것이다. 그래도 그런 것들이 우리 무지의 심연 속에 불길하게 숨은 채 존재하고 있으리라는 점은 매우 확실하다.

정전기를 이용하는 뒤영벌

벌은 곤충 세계의 지적인 거인이다. 태양과 지구 전자기장을 나침반으로 사용하고, 이정표들의 위치를 기억하며, 어느 꽃이 가장 많은 보상을 제공하고 어느 꽃에서 가장 효율적으로 보상을 얻을 수 있는지를 학습하면서 장거리를 날아다닐 수 있다.

나는 뒤영벌이 꽃에 의도하지 않은 냄새 자취를 남기며, 다른 개체들이 그 희미한 냄새를 맡고서 꽃에 내려앉을 가치가 있는지 여부를 판단한다는 사실을 발견했다. 새 자취가 남은 꽃은 곳간이 텅 비어 있을 가능성이 높다. 최근에 벌에게 또다른 초능력이 있다는 연구 결과가 발표되었다. 벌이 정전하를 검출함으로써 유용한 정보를 얻을 수 있다는 것이다. 우리가 카펫 위를 걸을 때 양전하가 몸에 축적되듯이, 벌도 하늘을 날 때 양전하가 몸에 충전된다. 반면에 꽃은 음전하를 띠는 경향이 있다. 그래서 벌이 꽃에 다가가면 음전하를 띤 꽃가루가 꽃에서 튀어올라서 벌에게 달라붙는다. 벌이 꽃에 내려앉으면 벌의 음전하와 꽃의 양전하는 상쇄된다. 이는 벌이 막 들렀다가 떠난 꽃에는 벌의 냄새 자취가 남아 있을 뿐 아니라, 음전하도 적다는 뜻이다. 뒤영벌의 몸에 난 미세한 털은 정전기에 빳빳이 일어서므로, 벌은 정전하를 검출할 수 있다. 꿀을 찾아다니는 벌이 비어 있는 꽃에 내려앉는다면 소중한 1-2초를 낭비하는 셈이 될 것이다. 정전기에 털이 일어서는 것은 꽃이 비어 있는지 여부를 알려주는 추가 단서가 된다.

제15장

1,000번 찔려서 죽다

그렇다면 현대 세계에서 곤충이 직면한 온갖 스트레스 요인들 중에서 과연 무엇이 곤충의 감소를 일으키는 주된 원인일까? 범인이 누구일까? 물론 전부 다가 답이다. 소설 『오리엔트 특급 살인*Murder on the Orient Express*』에서 주인공인 명탐정 에르퀼 푸아로는 희생자가 12명에게 12번 찔렸다고 결론을 내린다. 소설에 등장하는 인물들 거의 전부가 범인인 셈이다. 곤충의 감소는 내가 지금까지 기술한 모든 요인들 때문에 일어난다. 서식지 상실, 침입종, 외래 질병, 다양한 농약, 기후 변화, 빛 오염에다가 우리가 아직 알아차리지 못한 인위적인 요인들까지 관여한다. 어느 한 요인이 일으키는 일이 결코 아니다. 애거사 크리스티의 소설에서 희생자인 라쳇은 한두 번 찔렸다면 살아남았을 수도 있지만, 12번이나 찔리고서는 살아남을 수 없었을 것이다. 누가 가장 깊이 찔렀는지를 놓고 논쟁을 벌일 수는 있겠지만, 이는 그다지 생산적인 논쟁이 아니다.

물론 이 비유에는 한계가 있다. 몹시 인기가 없던 한 열차 승객이 살해된 사건과 달리, 곤충의 몰락은 수십 년에 걸쳐서 지구 전체에서 진행되어왔기 때문이다. 다양한 요인들이 조합되어서 각기 다른 시간과 장소에서 저마다 다른 종에게 영향을 미쳤을 가능성이 높다. 중요한 점은 곤충에게 해를 끼치는 스트레스 요인들 중 상당수가 각각 독립적으로 작용하는 것이 아님을 현재 우리가 알고 있다는 사실이다. 앞에서 특정한 유형의 살균제가 곤충 자체에는 거의 무해하지만 곤충의 몸속 미생물의 해독 작용을 차단할 수 있다는 점을 살펴본 바 있다. 곤충이 살균제와 살충제에 함께 노출된다면, 살충제는 1,000배까지도 더 독성을 띨 수 있다. 마찬가지로 꿀벌을 직접 죽이지는 못할 만큼 아주 소량의 네오니코티노이드 살충제도 면역계를 손상시키며, 그 결과 벌의 몸에 있던 바이러스가 빠르게 증식하여 숙주를 죽이는 듯하다. 이런 살충제는 벌의 자기 체온과 군집의 온도를 조절하는 능력에도 지장을 주는 것으로 보인다. 건강한 꿀벌은 너무 덥거나 추우면 알아서 몸을 식히거나 덥히는데, 살충제를 소량 투여하면 그런 능력이 떨어진다. 따라서 살충제는 열파를 견디는 벌의 능력을 떨어뜨릴 수 있다. 뒤영벌 집에 네오니코티노이드를 소량 살포하면, 알과 유충에게서 안정적인 온도를 유지하는 능력이 떨어진다. 살균제와 제초제는 벌의 장내 미생물상을 바꿈으로써, 간접적이고 복잡한 방식으로 건강과 질병 저항성에 영향을 미친다. 이 모든 사례들에서 두 스트레스 요인이 따로 작용할 때보다 함께 작용할 때에 효과는 더욱 증대된다.

지금까지 나는 두 스트레스 요인의 상호 작용만을 언급했다. 여기에서 멈추는 주된 이유는, 과학이 다룰 수 있는 수준이 대개 그 정도이기 때문이다. 가령 살충제가 벌에게 미치는 영향을 살펴보는 좋은 실험은 벌이나 벌 집단 전체를 다양한 용량으로 해당 살충제에 노출시키는 것일지도 모른다. 가령 새 화학 물질 X가 벌 군집에 미치는 효과를 조사하고 싶다고 하자. 우리는 군집별로 먹이에 화학 물질 X를 1, 5, 10, 50ppb로 섞어주는 방식을 택할 수 있다. 또 모든 군집은 실험을 할 때마다 조금씩 다르게 반응하므로, 각 용량별로 적어도 3개 군집을 실험하지 않으면 결과를 통계적으로 분석할 수가 없다. 따라서 용량별로 "반복" 실험을 할 필요, 즉 몇 개의 군집을 실험할 필요가 있다. 작은 효과를 검출하려면 용량별로 10개 군집을 조사하는 편이 이상적일 것이다. 이에 더해 화학 물질이 섞이지 않은 건강한 먹이를 투여한 "대조군"도 필요하다. 여기까지만 해도 50개 군집이 필요하다. 만일 한 병원체의 효과를 살펴보고 그것이 화학 물질 X와 어떻게 상호 작용하는지 조사하고 싶다면, 실험의 규모는 최소 2배로 늘어날 것이다. 각 제초제 용량별로 20개의 군집이 필요하기 때문이다. 그중 절반은 병원체에 노출시키고, 절반은 노출시키지 않는 식이다. 그러니 이제 총 100개의 군집이 필요하다. 여기에 세 번째 요인을 추가할 경우 실험 규모는 다시 2배로 확대될 것이다. 이렇게 하다 보면 결국 막대한 예산과 엄청난 인력을 동원할 수 있는 과학자 외에는 실험이 불가능한 상황에 다다른다. 그러나 현실 세계의 곤충은 줄곧 여러 스트레스 요인들에 시달린다. 경작지에 사는 꽃등에를 상상해보라. 꽃등에는 봄에 유채류 꽃들을 돌아다니면서 여러 농약에 노출된다. 꽃이 지고 나면 먹을 것이 거의 없어지므로, 굶주리고 중독된 상태로 밭을 떠나서 더 멀리 날아간다. 그들은 송전선의 전자기장을 지나서 길섶의 화단으로 향한다. 오가는 차량에 치일 뻔하고 디젤 매연을 들이마시면서 말이다. 그런 와중에 꽃등에의 면역계는 오염된 꽃에서 얻은 낯선 질병과 싸우느라 바쁠 수도 있다. 앞에서 노출된 살균제 때문에 장내 미생물들이 죽었기 때문에 그 일은 더욱 힘겨워진다. 간신히 알을 낳는다고 해도, 알은 침입종인 무당벌레에게 먹히거나 여름 열파로 죽을지도 모른다. 우리는 이 모든 스트레스 요인들이 어떻게 상호 작용을 할지 거의 알지 못하지만, 이런저런 식으로 꽃등에가 죽거나 자식을 거의 남기지 못한다고 해도 놀랄 필요가 없다.

제왕나비는 복잡하게 상호 작용하는 다수의 요인들이 곤충의 생존에 어떻게 영향을 미칠 수 있는지 잘 연구되어 있는 사례이다. 북아메리카의 아름다우면서 장엄한 곤충의 수가 급감하자, 원인을 찾아내기 위해서 수많은 연구가 이루어졌다. 가장 먼저 후보로 꼽힌 요인은 제초제인 글리포세이트와 디캄바 사용량의 증가이다. 이 둘은 유전자 조작으로 제초제 내성을 띠는 옥수수와 콩이 개발된 덕분에 사용량이 증가했다. "정상" 작물을 재배하는 농민은 잡초를 제거하겠다고 제초제를 마구 살포할 수가 없다. 작물까지 죽을 위험이 있기 때문이다. 반면 제초제에 내성을 띠게 한 GM 작물을 심은 농민은 작물에 직접 제초제를 양껏 뿌릴 수 있다. 이 경우 작물에는 해를 끼치지 않은 채 잡초를 모조리 제거할 수 있다. 이로써 갑작스럽게 농민은 밭에서 잡초를 거의 다 제거한 채로 작물을 기를 수 있게 되었다. 문제는 제왕나비 애벌레가 유액 식물만 먹는다는 점이다. 이런 식물은 예전에는 경작지에 흔한 잡초였지만, 이제는 많은 경작지에서 사라졌다. 즉 제왕나비의 먹이가 줄어들었다는 뜻이다.

그러나 스탠퍼드 대학교에서 최근에 나온 연구 결과는 그 외에 다른 원인이 더 있음을 시사한다. 유액 식물은 유독한 카르데놀리드 cardenolide를 생산하여 초식동물로부터 자신을 방어한다. 제왕나비 애벌레는 이 화학 물질에 내성을 띠도록 진화했고, 이 물질을 자신의 몸에 저장하여 포식자가 잡아먹기 꺼리게 만든다. 이들은 선명하게 대비되는 노란색과 검은색 경고 띠무늬로 자신은 맛이 없다고 광고한다. 애벌레 몸속의 카르데놀리드는 또다른 역할도 한다. 오프리오키스티스 엘렉트로스키르하라는 발음하기도 어려운 이름의 단세포 기생생물을 억제하는 데에 도움을 주는 것이다. 이 기생생물은 애벌레의 창자를 손상시키는데, 이렇게 될 경우 애벌레는 죽거나, 살아서 성체가 되어도 날개가 기형이어서 살아남을 가능성이 거의 없다. 생태학자 레슬리 데커는 높은 이산화탄소 농도 조건에서 키운 유액 식물에는 이 기생생물을 막는 효과가 떨어지는 다른 카르데놀리드를 생성한다는 사실을 알아냈다.

환경 보전 단체들은 제왕나비의 수가 늘어나도록 정원에 유액 식물을 심어달라고 주민들에게 권한다. 가장 흔히 기르는 유액 식물은 금관화이다. 멕시코 원산인 이 식물은 제왕나비가 주로 먹는 북아메리카 유액 식물보다 카르데놀리드 함량이 높다. 애벌레가 견딜 수 있는 상한선에 놓인다. 루이지애나 주립 대학교의 맷 폴딘은 이 유액 식물을 조금 더 높은 기온에서 재배하면 카르데놀리드 함량이 더 많아져서 제왕나비가 먹을 수 없게 된다는 사실을 발견했다. 폴딘은 한 인터뷰에서 이렇게 말했다. "이런 독소의 골디락스 영역이 있어요. 너무 독하지 않으면서 너무 약하지도 않은 영역이지요. 기후 변화가 지속되면 유액 식물은 이 전환점을 지나서 골디락스 영역을 벗어날 수도 있습니다."

기후 변화로 인해서 제왕나비는 예전보다 캐나다의 더 북쪽까지 올라가고 있다. 이는 해가 갈수록 가을에 멕시코로 돌아오는 이주 거리가 더 멀어짐을 의미한다. 따라서 기후 변화는 먹이 식물의 질과 연간 이주 거리의 연장이라는 이중의 효과를 통해서 제왕나비에게 미묘한 영향을 끼칠 가능성이 높다.

제왕나비는 월동지에 돌아와서도 그리 편하지가 않다. 캘리포니아에서는 지난 5년 사이에 제왕나비 월동지 20곳이 인간 활동으로 파괴되었으며, 다른 곳들도 택지 개발의 위협을 받고 있다. 멕시코의 시에라마드레 산맥의 월동지들은 삼림 파괴와 채굴로 위험에 처해 있다. 이런 지역들을 보전하고자 애쓰는 주요 인물들 중 한 사람인, 벌목꾼이었다가 환경 지킴이가 된 오메로 고메스 곤살레스는 2020년 1월 나비 관광 안내인인 라울 에르난데스 로메로와 함께 수상쩍게 살해되었다.

제왕나비의 감소를 일으키는 것은 이런 명백한 요인들과 미묘한 요인들의 조합이다. 제왕나비를 연구하는 생태학자들은 나비의 개체수가 어떤 중대한 문턱값 아래로 떨어져서, 제왕나비가 필연적으로 멸종으로 나아가는 전환점에 가까워졌을 수 있다고 본다. 여행비둘기가 그랬듯이, 한때 아주 흔했던 이 곤충도 조만간 영원히 보지 못하게 될 수도 있다.

최근 들어 꽃등에, 제왕나비, 꿀벌, 사람 같은 동물—심지어 사회성 곤충 군집 같은 "초유기체"까지—의 건강을 "회복력resilience"이라는 관점에서 살펴보는 것이 유행이 되었다. 이는 스트레스나 교란을 겪은 뒤에 회복하는 능력을 뜻한다. 이 모든 존재들은 안정한 평형 상태를 유지하려고, 현재 상태를 유지하려고 애쓰는 메커니즘을 갖추고 있다. 인체나 벌집이 너무 더워지면, 최적 상태로 되돌리려는 메커니즘이 작동한다. 우리는 땀을 흘리고 그늘을 찾는다. 벌은 집에 부채질을 해서 더 시원한 공기를 순환시킨다. 몸에 영양분이 부족해지면 우리는 배고픔을 느끼고 더 먹는다. 벌 군집은 저장된 먹이가 줄어들면 일벌을 더 많이 내보내서 먹이를 구해오도록 한다.

여기에서 한 생물의 건강을 깊고 좁은 그릇의 바닥에 놓인 구슬이라고 상상해보자. 스트레스 요인은 구슬을 그릇의 중앙에서 옆으로 밀어올리지만, 구슬은 곧 다시 중앙으로 돌아온다. 이제 온갖 스트레스를 받을 때마다 그릇이 점점 얕아진다고 하자. 그러면 구슬은 중앙에서 옆으로 더 쉽게 밀리고 돌아오는 속도도 느려진다. 이윽고 구슬은 편평한 접시에 놓이게 되고, 살짝만 밀려도 가장자리 너머로 굴러나간다. 우리 몸이 열파, 질병, 독소, 부상 같은 스트레스 요인을 접할 때마다 몸은 회복하기 위해서 에너지를 쓰는데, 곧바로 다른 스트레스를 받을 경우 대처하는 능력이 저하된다(그릇이 점점 얕아진다). 우리가 중독되고 굶주리고 감염에 시달린다면, 열파는 우리를 끝장낼 마지막 스트레스가 될 수도 있다. 이 개념은 전체 개체군, 심지어 생태계에도 적용될 수 있다. 이 둘은 모두 제한된 수준의 회복력을 보이는 경향이 있다. 바다에서 어류를 일부만 잡으면 개체군은 다시 회복되지만, 너무 많이 잡으면 남은 생존자들이 너무 적어서 개체군이 존속하지 못하고 붕괴할 것이다. 바다가 오염되거나 주요 산란지가 파괴되면 그럴 가능성은 더 높아질 것이다. 우림에서 나무 몇 그루를 베면, 곧 새로운 나무가 자라나서 빈자리를 채움으로써 회복될 것이다. 하지만 모든 나무를 베면 흙이 씻겨나가서 숲이 다시 형성될 수 없게 되고, 대신에 듬성듬성 관목이 자라는 빈약한 초원이 들어설 것이다. 야생생물이 풍부한 맑은 호수는 비료에 오염되면 반복적으로 독성 조류가 대량으로 발생하고 생물다양성이 아주 낮은 탁한 상태가 거의 영구히 지속될 수 있다.

우리 행성은 지금껏 우리가 일으킨 변화의 눈보라에 놀라울 만큼 잘 대처해왔지만, 앞으로도 계속 그러리라고 가정하는 것은 어리석은 짓이 될 것이다. 실제로 지금까지 멸종한 종은 비율로 따지면 적지만, 지금 있는 야생종들은 거의 다 개체수가 예전보다 대폭 줄어든 상태이며, 조각나고 질 낮은 서식지에서 인간이 일으키는 온갖 문제들에 시달리면서 살아간다. 우리는 아직 생태계를 제대로 이해하지 못한다. 따라서 고갈된 우리 생태계에 회복력이 얼마나 남아 있을지, 즉 넘어서는 순간 필연적으로 붕괴할 수밖에 없는 전환점에 얼마나 가까이 다가갔는지를 예측할 수가 없다. 파울 에를리히의 "비행기의 리벳" 비유를 빌리자면, 우리는 날개가 떨어져나가는 시점에 가까이 와 있을 수도 있다.

변변찮은 도롱이벌레

도롱이벌레는 잘 알려져 있지 않지만 전 세계에 퍼져 있는 나방 집단이다 (주머니나방). 애벌레가 실을 자아서 낙엽이나 잔가지를 모아 붙여서 도롱이를 쓴 양 보호 껍데기를 만드는 습성이 있어서 이런 이름이 붙었다. 연못에서 흔히 보는 날도래도 같은 전략을 쓴다. 도롱이벌레는 종마다 껍데기를 만드는 데에 사용하는 재료가 다르므로, 도롱이만 보고서도 어느 종인지 알 수 있는 사례도 많다.

가장 특이한 종은 달팽이집도롱이벌레로, 흙과 자신의 배설물로 달팽이 껍데기와 놀랍도록 닮은 아름다운 나선형 도롱이를 만든다. 도롱이벌레는 도롱이 밖으로 머리를 내밀어서 잎이나 지의류를 뜯어먹으며, 다 자라면 도롱이 안에서 번데기가 된다. 나방 성체는 입 부위가 퇴화했으며, 며칠밖에 살지 못한다. 수컷은 날개가 있어 암컷을 찾아 날아다니는 반면, 암컷은 한자리에 머무른다. 짝짓기를 할 때에는 암컷이 잠깐 도롱이 밖으로 기어나오거나, 수컷이 배를 도롱이 안으로 집어넣는다. 암컷은 도롱이 안에서 알을 낳자마자 죽는다. 정말로 아주 밋밋한 삶을 살아가는 듯하다. 암컷은 몇 센티미터 이상 움직이는 법이 없기 때문에, 도롱이벌레가 퍼지는 속도가 아주 느릴 것이라고 생각할지 모르겠다. 그러나 이들은 곤충 치고는 아주 특이한 분산 수단을 두 가지 가지고 있다. 첫째, 짝짓기를 한 뒤 알을 품은 암컷이 도롱이를 찢고 쪼아대는 새에게 먹히는 것이다. 알은 껍질이 아주 튼튼해서 새의 소화계를 그대로 통과한다. 블랙베리 같은 열매의 씨앗이 그대로 통과하는 것과 마찬가지이다. 이 경우 어미가 먹힌 곳에서 수 킬로미터 떨어진 장소에서 배설물에 섞여 알이 나올 수 있다. 둘째, 많은 도롱이벌레는 어린 거미와 같은 방식을 쓴다. 첫 유생 단계에서 실을 자은 뒤 그 실에 매달려 바람을 타고 풍선처럼 떠가는 것이다.

제4부

우리는 어디로 가고 있을까?

나는 아이가 3명인데, 아이들이 빈약하고 피폐해진 지구를 물려받으리라고 생각하니 몹시 우려스럽다. 산업 혁명 이래로 부모는 자녀가 평균적으로 자신보다 더 나은 삶을 살 것임을 알았고, 따라서 안심하고 미래를 기대할 수 있었다. 나는 이제 더 이상 그렇지 못하지 않을까 두렵다. 오늘날 미래는 불확실하다. 우리 문명이 해체되기 시작했다는 명확한 징후가 있다.

물론 우리의 21세기 문명은 메소포타미아 문명이나 로마 문명처럼 앞서 무너졌던 문명과 근본적으로 다르다. 우리는 트위터에서부터 핵무기와 지구 공학, 유전 공학에 이르기까지 그들이 상상할 수조차 없었을 기술을 가지고 있다. 아마 우리는 이런 기술을 우리 자신을 구하는 데 쓸 수도 있고, 우리의 몰락을 재촉하는 데 쓸 수도 있을 것이다. 그러나 로마인들도 아마 자신들이 꽤 영리하다고 생각했을 것이고, 자신들의 문명이 붕괴하리라고는 상상도 하지 못했을 것이다. 그럼에도 그들은 종말을 맞이했다. 나는 우리 앞에도 암흑기가 놓여 있을지 모르며, 이 임박한 격변의 한가운데에 늘 우리 주변에서 살고 있는 작은 동물들의 운명이야말로 대재앙이 임박했음을 보여주는 대표적인 사례라고 생각한다. 곤충 말이다.

제5부에서는 어떻게 하면 우리가 방향을 바꾸어서 더 낫고 더 환경 친화적이고 더 깨끗한 세계, 생명이 약동하는 세계로 나아갈 수 있는지 내 나름의 전망을 보여주고자 한다. 그러나 그 전에 우리가 유한한 지구를 무모하게 계속 착취한다면 우리 아이들이 어떤 세계를 물려받게 될지 살펴보기로 하자.

제16장

미래에서 본 현재의 모습

나는 몹시 피곤하며, 깨어 있으려 애쓰고 있지만 눈이 계속 감긴다. 오전 3시 정각인데도 날씨는 아직도 꽤 덥다. 후덥지근하고 고요한 밤이 으레 늦게까지 이어지고 있다. 귀뚜라미 울음도, 부엉이 소리도 전혀 들리지 않는다. 나는 총을 무릎에 올려놓은 채 낡은 나무 의자에 앉아 있다. 안에서 방석을 가져올 수도 있었지만, 너무 편하면 아마 잠이 들 것이다.

반달의 빛에 의지하여 상자형 텃밭에서 자라는 채소들을 알아볼 수 있다. 파, 파스닙, 당근, 비트, 2미터 넘게 솟아오른 뚱딴지, 제멋대로 기어나간 애호박과 호박 줄기와 거의 다 익은 호박들이 보인다. 그 너머에 우리의 자그마한 과수원이 있다. 사과, 배, 복숭아, 천도복숭아가 가지들에 거무스름하게 매달려 있다. 4-5월의 몇 주일 동안 우리는 손으로 하나하나 꽃가루를 옮겼다. 세 손주들은 원숭이처럼 사과

나무와 배나무의 높은 가지로 기어올라가서 꽃가루를 옮겼다. 꽃을 떨어뜨리거나 가지를 부러뜨리지 않도록 조심하면서. 일부 나무와 달리 사과나무는 꽃이 다른 사과 품종의 꽃가루를 받아야만 열매를 맺으므로, 각 나무의 꽃에 난 꽃밥을 솔로 조심스럽게 쓸어서 꽃가루를 잼 병에 담은 뒤, 다른 품종의 꽃에 난 암술머리에 묻혀야 한다. 우리는 내 부친의 낡은 페인트붓을 쓴다. 다른 시대에 수채화를 그리던 귀한 검은담비의 털로 만든 붓이다.

해마다 우리는 시기에 맞춰서 각 작물에 똑같은 일을 한다. 호박, 애호박, 덩굴강낭콩의 꽃가루를 꼼꼼히 손으로 옮긴다. 애호박은 꽃가루받이를 할 암꽃이 적어서 쉽다. 하지만 덩굴강낭콩은 훨씬 더 손이 많이 간다. 우리는 해마다 겨울에 뿌리 채소—당근, 파, 파스닙—를 일부 그대로 땅에 남겨두고 다음 해에 꽃을 피우게 한다. 그리고 손으로 꽃가루를 옮긴 뒤, 씨를 수확해 말려서 그다음 해 봄에 뿌린다. 이 일은 체계적이면서 효율적으로 해야 한다. 배불리 먹느냐 굶주리느냐의 문제이기 때문이다. 우리는 굶주리는 시기인 겨울과 초봄까지 저장해두고서 먹을 수 있는 과일과 채소를 재배하는 일에 치중하고 있다. 호박은 1월 말이면 변색되기 시작하지만, 흐물흐물하게 뭉개진 것까지 계속 먹는다. 사과는 도둑맞지 않도록 다락에 보관하는데, 대개 2월 말까지는 멀쩡하다. 해마다 겨울 기온이 올라가서 상황이 점점 나빠지는 듯하지만. 아무튼 늦은 시기까지 사과를 먹을 수 있는 좋은 해는 거의 없다. 이곳 영국 남부의 기후가 너무 따뜻해졌기 때문이다. 새로운 기후에서 올리브, 아몬드, 무화과, 천도복숭아는 더 잘 자라지만, 우리 과수원에는 많지 않다. 미래를 내다보았어야 하는데, 기후 변화를 예견하고서 적어도 30여 년 전에 심었어야 했는데 그러지 못했다.

3월과 4월은 가장 힘든 달이다. 작년에 수확한 작물을 거의 다 먹었는데, 봄 작물은 대부분 아직 수확할 수 없다. 보라색 싹 브로콜리는 바로 이 시기에 꽃이 피므로 딱 좋으며, 우리는 그것에다가 쐐기풀 싹, 민들레 뿌리, 왕바랭이, 별꽃 같은 봄나물, 창고에 남은 곰팡이 슨 채소를 곁들여서 요리해 먹는다. 자작나무와 서양보리수의 새싹은 샐러드에 섞어서 양을 늘린다. 아이들은 투덜거리지만, 그것이 최선의 방법이다.

너무 늦다 보니 이제 이렇게 야간 불침번을 서기가 버겁다. 나는 21세기에 들어선 직후에 태어났고, 내년에 팔순이 된다. 피로가 쌓인 뼈는 따뜻한 날씨에도 아프고, 겨울에는 통증이 더욱 심해진다. 모기가 귓가에서 윙윙거리는 소리가 들려서 그 보이지도 않는 곤충을 찰싹 친다. 모기는 예전보다 훨씬 더 늘어났다. 번성하는 듯 보이는 몇 안 되는 곤충이다. 모기를 잡아먹는 박쥐는 전혀 없으며—수십 년째 한 마리도 보지 못했다—여름이면 폭우가 내려서 모기가 번식할 물웅덩이가 곳곳에 생긴다. 따뜻한 날씨 덕분에 번식 속도도 빠르다. 최근에 동네에 말라리아 환자들도 발생했다. 말라리아는 유럽을 통해서 북쪽으로 계속 확산되고 있고, 영국에는 2060년대에 들어왔다. 약을 구하기가 어려워서, 말라리아모기에 물리기만 해도 치명적일 수 있다.

부친은 유용하면서 아름다운 생물들은 다 사라지고 해충들은 득실거리니, 너무나 얄궂은 일이라고 말씀하고는 하셨다. 집파리를 잡아 먹을 제비도 칼새도 다 사라졌기 때문에, 여름이면 집파리가 어디에 나 우글거린다. 민달팽이도 전보다 흔해졌다. 무족도마뱀, 고슴도치, 딱정벌레 등 그들을 잡아먹던 동물들이 사라졌기 때문이다. 진딧물 도 여름이면 채소와 과일나무에 득실거린다. 그래서 콩 작물은 아예 완전히 죽어버리고 과일도 익다 말고 떨어질 때가 많다. 내가 젊었을 때에는 무당벌레, 꽃등에, 병대벌레, 집게벌레 등이 이 해충을 잡아먹 었다. 언제나 가장 먼저 사라지는 것은 먹이사슬의 위쪽에 있는 동물 들이다. 애초에 개체수가 더 적고 번식 속도도 느리기 때문이다. 호랑 이, 북극곰, 부채머리수리는 자신들의 먹이인 사슴, 물범, 원숭이보다 훨씬 전에 사라졌다. 진딧물, 가루이, 민달팽이, 모기, 집파리 같은 해 충들은 더 빨리 번식하기 때문에, 더 빨리 진화하면서 농약에 내성을 띠고 기후 변화에 적응할 수 있었다. 안타깝게도 벌과 무당벌레는 그 들을 따라가지 못했다.

손목시계를 다시 들여다본다. 시간이 거의 지나지 않은 듯하다. 아 들이 4시 정각에 교대를 할 예정이니 조금만 더 버티면 된다.

나는 지금까지 많은 변화가 일어나는 것을 지켜보았다. 10대 때에 는 모든 것이 풍족했다. 모두가 그랬다. 적어도 서양 세계는 그랬다. 당시에는 슈퍼마켓에 식품이 가득 쌓여 있었다. 패션후르츠, 파인애 플, 망고, 아보카도, 심지어 금귤과 리치 등 전 세계에서 온 별난 과일 들까지 1년 내내 잔뜩 쌓여 있었다. 지금 생각하면 미친 세상이었던 듯하다. 우리는 그 모든 것을 당연시했다. 식품 가격이 워낙 저렴했기 때문에 으레 필요한 양보다 더 많이 샀고, 그중 상당량은 냉장고에서 오래되어 상해서 버려졌다. 길가의 쓰레기통은 플라스틱 포장지로 넘쳤는데, 그것들은 산더미처럼 쌓인 기저귀 및 망가진 플라스틱 장난감과 함께 땅에 판 거대한 구덩이에 묻혔다. 아마 분해되지 않은 채 그곳에 계속 남아 있을 것이다. 그 시절을 떠올리자니, 파인애플이 가장 먹고 싶다. 자르면 달콤한 즙이 똑똑 떨어지는 브라질에서 온 노랗게 익은 파인애플. 당연히 초콜릿도. 정말 그립다. 초콜릿이 어떤 맛인지를 손주들에게 설명하려고 해보지만, 당연히 불가능하다. 당시 사람들은 비만이 유행병이 될 정도로 음식을 많이 먹었고, 전 세계에서 자초하여 당뇨병에 걸리는 열풍이 불었다. 지금은 살진 사람을 찾아보기도 어렵다.

소변을 봐야 할 것 같다. 뻣뻣한 몸을 의자에서 일으켜 절뚝거리면서 퇴비통으로 향한다. 무릎이 삐걱거린다. 총을 통 옆에 기대어 놓는다. 통은 목재를 대충 잘라서 만든 커다란 상자로, 안에는 긁어모은 낙엽, 음식물 쓰레기, 잡초뿐 아니라 화장실에서 퍼낸 우리의 배설물, 닭장에서 긁어모은 닭똥 등 구할 수 있는 온갖 유기물들이 들어 있다. 텃밭 주위로 이 통이 약 12개 놓여 있다. 거기에 소변을 보면 영양소, 특히 귀한 인산염이 추가될 뿐 아니라, 퇴비화 과정도 촉진된다. 2040년대에 마침내 석유 화학 산업이 무너지자, 저렴한 인공 비료를 얻기가 불가능해졌다. 결국 옛날 방식으로 돌아가서 작물에 뿌릴 비료를 만들어야 했다. 모든 유기물을 긁어모아 쌓은 뒤 퇴비로 만들어서 흙에 뿌렸다. 땅이 척박해지도록 농사를 지어서 전적으로 화학 물질 투입에 의지했던 기존의 많은 농민들은 더 이상 작물을 재배할 수 없게 되었고, 결국 농사를 포기했다. 10월에 우리는 인근 숲으로, 아니 그나마 남은 숲의 쪼가리로 가서 낙엽을 긁어 담아온다. 마지막 빙하기 이래로 수천 년 동안 토종 참나무는 영국에서 가장 흔한 나무였지만, 변화무쌍하고 예측할 수 없는 양상을 띠는 기후에 대처하지 못했다. 2042년에 가뭄이 많은 참나무가 죽었고, 지금은 거의 다 죽고 없다. 앙상하게 남아서 썩어가는 참나무 가지와 줄기는 이 지역 풍경의 두드러진 특징이 되었다. 다행히 우리 집에서 겨우 몇 미터 떨어진 곳에서 시작되는 가장 가까이에 있는 숲에는 유럽밤나무가 꽤 많다. 밤나무는 기후 변화에 더 잘 견뎌왔다. 밤은 먹는 즐거움을 안겨주며, 밤나무 잎은 모아서 퇴비를 만드는 데에 쓴다. 부친이 70년 전에 이 시골집과 텃밭을 구매한 이래로 우리가 줄곧 하는 일이다. 부친은 건강한 토양의 가치를 알았고 채소밭의 유기물 함량을 높여서 거무스름하고 기름진 흙이 두껍게 쌓이도록 했다. 부친이 그렇게 하지 않았다면, 현재 0.8헥타르의 땅에서 우리 식구 12명이 먹을 식량을 수확할 수 없을 것이다.

돌아와서 의자에 앉으려는데 정적을 뚫고서 울타리에서 뭔가가 부스럭거리는 소리가 난다. 토끼였으면 하는 마음이다. 부친의 시대에는 밤이면 텃밭에 토끼들이 우글거렸지만, 지금은 토끼를 보기가 힘들다. 토끼 고기가 귀한 대접을 받으니까. 다람쥐도 대부분 잡아먹혔고, 쥐도 마찬가지이다. 나는 총을 들어서 총구를 겨냥하지만, 예전과 달리 시력이 나빠져서 소리를 낸 것이 무엇인지 보이지 않는다. 남은 탄약통은 수십 개뿐이고 더 구할 가능성은 거의 없기 때문에 아깝게 낭비할 수는 없다. 이 22구경 총을 산 것은 30대 때였다. 상점에서 파는 고기의 가격이 점점 더 올라가던 시기였다. 총은 주로 비둘기와 토끼처럼 식단을 보충할 사냥감을 잡는 용도였다. 나는 이 총을 세심하게 간수해왔다. 내 가장 귀중한 소유물 중 하나임이 입증되었으니까. 하지만 총알을 구할 수 없다면 무용지물일 것이다. 허풍을 치는 용도 외에는 말이다. 아무튼 지금은 소리를 내는 존재가 울타리를 기어오르려는 사람이 아니기를 바랄 뿐이다. 우리 텃밭은 산사나무 울타리가 빽빽하게 둘러져 있고, 부친은 거기에 철조망까지 둘러놓았지만, 그럼에도 밤에 울타리를 자르고 들어와서 우리의 수확물을 훔치려는 도둑이 가끔 나타난다.

이곳은 예전에 아주 부유한 고장이었다. 그러나 지금 주민들은 감자 몇 알에 목숨을 던질 것이다. 이런 징조는 오래 전부터 있었지만, 상황이 실제로 나빠지기 시작한 것은 2040년대부터였다. 당시에 어떤 일들이 벌어졌는지 제대로 이해하는 사람은 아무도 없다. 그런 지식과 기술을 갖춘 세계적인 문명이 붕괴하고 있다고는 아무도 믿지 못했다. 이전 문명들도 무너졌으니, 그렇게 놀랄 필요까지는 없어야 마땅했다. 사실 지금까지 출현했던 모든 문명은 붕괴했다. 전성기에 로마 제국에서 살던 이들도 그들의 방대하면서 효율적인 문명이 북쪽에서 온 야만적인 부족에게 정복되고 장엄한 도시들이 폐허와 아수라장이 되리라고는 상상도 할 수 없었을 것이다. 역사는 위대한 문명이 출현했다가 사라진다고 말한다. 한나라, 마우리아, 굽타, 메소

포타미아 제국은 전성기에 고도로 발전된 복잡하면서 매우 정교한 체계를 갖추고 있었지만 모두 무너졌고, 오늘날 살아가는 대부분의 사람들은 그런 문명이 존재했다는 사실조차 알지 못한다.

오래 전, 내가 태어나기도 전인 1960-1970년대에 과학자들은 우리가 기후를 위험하게 바꾸고 있으며, 토양과 강과 바다를 오염시키고 있고, 생물이 우글거렸던 아름다운 열대림을 파괴하고 있다고 경고하기 시작했다. 1992년 전 세계의 과학자 1,700명은 "인류에게 보내는 경고" 성명서를 발표했다. 그들은 인류가 중요한 토양을 침식시키고 척박하게 만들고, 오존층을 파괴하고, 공기를 오염시키고, 우림을 없애고, 바다에서 남획을 하고, 산성비를 내리게 하고, 바다에 오염된 "죽음의 해역"을 만들고, 종을 유례없는 속도로 멸종시키고, 중요한 지하수를 고갈시키고, 당시까지 측정할 수 있는 수준으로 기후를 변화시킴으로써 재앙을 향해 가고 있다고 설명했다. 그들은 다소 통명스럽게 경고했다. "인류 전체가 비참한 상황에 빠지는 일을 피하려면, 지구와 지구에 사는 생명의 청지기라는 우리 지위에 큰 변화가 필요하다." 그들은 온실가스 배출량을 줄이고 화석 연료를 퇴출시키며, 삼림 파괴를 줄이고, 생물다양성 급감 추세를 되돌려야 한다고 촉구했다.

그러나 각국 정부는 거의 귀를 기울이지 않았고, 대부분의 사람들도 마찬가지였다. 25년 뒤인 2017년, 과학자들은 증가하는 인류가 지구에 미치는 피해를 줄이는 일이 거의 전혀 진척되지 않았다고 지적하면서 다시금 경고 성명을 발표했다. 이번에는 2만 명이 넘는 과학자가 서명을 했고, 내 부친도 함께했다. 책장 어딘가에 당시 성명서의 사본이 보관되어 있다. 과학자들은 오존층과 산성비 문제는 어느 정도 개선되었지만, 다른 문제들은 훨씬 더 악화되어왔고, 새로운 문제들까지 발생했다고 지적했다. 그들은 새 성명서에 위기가 얼마나 심각해지고 있는지 상세히 논의했다. 첫 성명서가 나온 뒤로 25년 동안 1인당 민물 자원은 25퍼센트가 감소했다. "죽음의 해역" 수는 60퍼센트 증가했다. 야생 척추동물의 수는 30퍼센트가 더 줄었다. 이산화탄소 배출량은 연간 약 220억 톤에서 360억 톤으로 약 60퍼센트 증가했다. 기온은 약 0.5도 상승했다. 메탄을 배출하는 반추동물 가축의 수는 약 32억 마리에서 39억 마리로 늘어났고, 인구는 약 55억 명에서 75억 명으로 증가했다. 그들은 기후 변화가 고삐 풀린 과정이 될 위험이 있으며, 6,500만 년 전에 공룡을 전멸시킨 5번째 대량 멸종 사건에 이어서 우리가 6번째 대량 멸종 사건을 부추기고 있다고 경고했다. "곧 너무 늦어서 추락 궤도에서 벗어날 수 없는 시기가 올 것이다. 시간이 바닥나고 있다. 우리는 모든 생물을 지닌 지구가 우리의 유일한 집임을 하루하루의 삶에 그리고 우리의 제도에 새겨야 한다." 그러나 아무도 귀를 기울이지 않았다.

같은 해에 곤충학자들은 내 부친의 도움을 조금 받아서 덫에 잡힌 독일 자연보전구역 곤충들의 생물량(곤충의 무게)이 2016년까지 26년 동안 76퍼센트 줄어들었다는 자료를 발표했다. 연구진은 곤충이 계속 줄어든다면 생태계가 무너지기 시작할 것이라고 경고했다. 곤충은 수많은 중요한 역할을 수행하기 때문이다. 과학자들의 경고는 주목을 받지 못했지만, 이 연구는 언론의 주목을 받았고 곧 전 세계 언론에 소개되었다. 당시 나는 10대였는데, 부친이 라디오와 신문의 기자들과 쉴 새 없이 전화 인터뷰를 하던 모습을 기억한다. 부친은 곤충 수의 감소가 우리 모두에게 재앙이 될 수 있는 이유를 끈기 있게 설명했다. 그러나 이처럼 방송과 지면을 통해서 화제가 되었음에도, 정치인도 어느 누구도 의미 있는 행동을 취하지 않았다.

우리는 왜 행동하지 못했을까? 우리 인간은 큰 그림을 파악하는 능력이 떨어지는 듯하다. 우리는 기후 변화, 멸종, 오염, 토양 침식, 삼림 파괴 등을 인식하고 있지만, 그것들이 결합된 영향력이 얼마나 파괴적일지는 이해하지 못했다. 인류에게 보내는 두 번의 경고 성명서를 작성한 과학자들조차 이 점을 제대로 인식하지 못했다. 과학자들은 칸막이를 치고서 자신의 분야에만 집중하는 경향이 있다. 기후 변화를 연구하는 과학자들은 기후 교란의 영향을 경고했고, 생물학자들은 생물다양성 상실의 결과를 말했고, 수산학자는 어족 자원의 고갈에 주목했으며, 생태독성학자는 중금속 중독이나 플라스틱 오염을 이야기하는 식이었다. 이 모든 과정들이 서로 얽힐 때에 어떤 상승효과가 나타날지 올바로 예측할 수 있었던 사람은 아무도 없었다.

위기를 피하지 못한 이유가 정치 체제 탓이었을 수도 있었다. 정치인이 장기 계획을 세우기보다는 다음 선거에 초점을 맞추게 만들기 때문이다. 거대 다국적 기업들이 정치인이나 심지어 국가 전체보다 훨씬 강한 힘을 휘두르도록 허용하고, 사람이나 환경에 부과하는 비용에는 개의치 않은 채 오로지 자신들의 이익을 최대화하는 쪽으로 세계를 변형시키는 탐욕 기반의 자본주의 체제 탓을 한 이들도 많았다. 내가 보기에 탐욕스러운 이들은 경제 성장이 끝없이 이어진다는 거의 보편적인 신념뿐 아니라, 경제 성장과 번영이 상호 연관되어 있어서 경제가 성장을 계속하는 한 생명도 해가 갈수록 나아지리라는 가정에도 힘을 입었다. 또 많은 이들은 기술이 우리의 문제를 해결하리라고, SF 영화에서처럼 미래에는 우리가 은하 전체로 퍼지리라고도 믿었을 것이다. 지구의 자원을 다 쓰면, 화성을 개척하면 될 터였다. 그러나 1960년대 이래 달까지 간 적조차 없었는데 그 방면에서 진척이 제대로 이루어질 리가 없었다.

대다수 과학자들이 하지 말라는 경고를 보냈음에도, 일부는 햇빛을 반사하고 구름 형성을 촉진하는 화학 물질을 대기에 뿌림으로써 지구 공학적인 방법으로 병들어가는 기후를 치료하려고 시도했다. 그러나 기후는 너무나 복잡해서 그런 식으로 조절할 수 없다는 사실이 드러났다. 그들의 노력은 오염 문제를 더 악화시킴으로써 날씨를 더욱 예측 불가능하게 만들었다. 공기에서 이산화탄소를 추출하는 기계도 개발되었지만, 문제의 규모에 비해서 추출할 수 있는 양은 딱할 만큼 미흡했다. 탄소를 포획하는 더 확실한 오래된 기술—대규모로 나무를 심고 토양을 보살피는 것—은 등한시되었다. 오히려 기후 변화와 산불 발생 빈도 증가의 도움을 받으면서 의도적으로 삼림을 파괴하는 활동이 더욱 활발하게 진행되었다. 부친은 2020년대에 과학자들이 사라지는 벌 대신 작은 비행 로봇으로 작물의 꽃가루를 옮기려는 시도까지 했지만, 벌에 비해서 값도 비싸고 굼떠서 결국 포기했다고 말했다. 심지어 유전 공학적으로 농약에 저항성을 지닌 꿀벌을 만들려는 시도도 있었지만, 이 "초꿀벌"은 질병 저항력이 떨어진다는 예기치 않은 부작용이 있었다. 그래서 오래가지 못했다.

2020년대 초에 코로나바이러스가 세계적으로 유행하면서 경제가 파탄나고 너무나 많은 이들이 목숨을 잃었다. 이는 식용과 약재용으로 야생생물을 거래하다가 사람이 새로운 질병원과 밀접한 접촉을 함으로써 발생한 직접적인 결과였다. 그리고 그 10년 동안 예측했던 대로 기후 변화는 격렬하게 가속되었고, 여전히 무시되었다. 미국 동부와 카리브 해는 반복해서 허리케인에 난타당했고, 오스트레일리아, 캘리포니아, 지중해의 많은 지역은 산불에 잿더미가 되었다. 스칸디나비아 숲도 불타기 시작했고, 아한대의 이탄층에 불이 붙어 땅속으로 번지면서 더욱 많은 온실가스가 대기로 뿜어졌다. 이런 산불로 생기는 매연, 공장과 차량에서 나오는 오염 물질이 결합된 스모그로 해마다 수백만 명이 목숨을 잃었다. 기후 난민들이 임시 난민촌에 모여들면서 질병이 발생할 더욱 이상적인 조건이 형성되었다.

동의하지 않는 사람들도 있겠지만, 2030년대에는 이미 너무 늦은 상황이었다. 해수면이 거침없이 상승하면서 제방 등 침수를 막는 시설을 으레 넘기 시작했다. 이러한 현상은 강해진 폭우와 폭풍우 때문에 더욱 심해졌다. 세계 주요 도시 중 상당수가 침수로 황폐해졌다. 런던, 자카르타, 상하이, 뭄바이, 뉴욕, 오사카, 리우데자네이루, 마이애미도 물에 잠겼다. 세계적인 유행병으로 취약해진 상태였던 경제는 계속 새로 설치해야 하는 제방 건설 비용을 감당할 수 없었다. 제방은 대부분 콘크리트로 만들었는데, 콘크리트를 만드는 과정에서도 이산화탄소가 계속 배출되었다. 보험사들은 재난의 규모가 커지면서 파산했고, 손해보험 자체도 아예 사라졌다. 한 지역 전체가 물에 잠긴 곳도 많았다. 방글라데시의 넓은 지역이 물속으로 사라졌고, 몰디브, 플로리다의 대부분, 잉글랜드 소택 지대도 사라졌다.

기후 변화는 우리 인간이 어떤 조치를 취하든 멈출 수 없는 지경에 이르렀다. 과학자들이 "양의 되먹임 고리"라고 부르는 것 때문이었다. 극지방의 얼음 면적이 줄어들면 태양 에너지를 반사하는 비율도 줄어들어서 더 따뜻해지고, 그 결과 얼음이 더 녹는 식이다. 북극 지방의 영구동토층이 녹으면서 땅에 갇혀 있던 엄청난 양의 메탄이 대기로 방출되었다. 메탄은 이산화탄소보다 훨씬 더 강력한 온실가스이다. 날씨 양상이 바뀌면서 아마존은 강수량이 줄어들었고, 그 결과 마지막까지 남아 있던 우림도 시들어 사라졌다. 5,500만 년 된, 지구에서 가장 풍부했던 생태계가 마침내 파괴되었다. 예전에 숲을 유지했던 얕은 토양은 바스라져 먼지가 되었고, 그 과정에서 더욱 많은 온실가스를 방출했다.

우리에게 가장 중요한 사실은 인류를 먹이는 세계의 능력이 저하되기 시작했다는 것이다. 2040년대에 북아메리카의 밀 경작 지대에 잇달아 여름 가뭄이 찾아오면서 이 곡물이 안정적으로 공급될 가능성이 급감했다. 한편 아프리카에서는 사하라 사막이 남쪽으로 확장되면서 경작이 불가능해졌다. 무수한 농민이 떠나야 했지만, 그들이 갈 만한 곳도 거의 없었다. 적도 아프리카는 기온이 너무 올라가는 바람에 거의 사람이 살 수 없는 곳이 되어 있었다. 한편 전 세계에서 곤충 꽃가루 매개자의 수가 급감하면서 아몬드, 토마토, 라즈베리부터 커피와 초콜릿에 이르기까지 곤충이 꽃가루를 옮기는 작물들의 수확량도 줄어들기 시작했다. 해충은 수십 년 동안 뿌려진 농약들에 점점 내성을 띠게 되었고, 기온이 올라가면서 더 빨리 번식을 할 수 있게 되었다. 그 결과 해충이 점점 심각하게 대발생했다. 무당벌레, 꽃등에, 풀잠자리, 딱정벌레 같은 포식성 곤충, 즉 해충의 천적은 오래 전에 경작지에서 전멸했다. 가축에게 투입하는 약물과 농약이 똥에도 섞이면서 쇠똥구리와 똥파리는 점점 그런 물질에 대처하지 못해 줄어들었고, 그 결과 동물 배설물이 쌓인 방목지는 풀이 자라지 못할 지경이 되었다. 똥을 분해할 곤충이 없으니 풀도 줄어들었고, 똥에 든 알을 통해서 창자 기생충이 퍼지자 상황은 더욱 악화되었다.

이 정도로도 부족한 듯, 약 100년 동안 집약적인 경작이 이루어진 토양이 점점 얕아지고 척박해져갔다. 많은 흙이 쓸려 내려가거나 산화되어 흩날려 사라졌다. 그나마 남은 토양도 만성적으로 오염된 상태였다. 예전에 토양을 건강하게 유지하는 데에 기여했던 지렁이 같은 작은 동물들은 모조리 사라졌다. 캘리포니아 센트럴밸리처럼 더 덥고 건조한 지역에서는 수십 년간 작물에 물을 대주던 우물이 전부 말라버렸고, 세계의 주요 강들은 여름에 물을 너무 많이 대는 바람에 더 이상 바다까지 흘러가지 않았다.

열대 바다의 산호초는 기온 상승에 유달리 민감했다. 산호초는 수온이 오르면 하얗게 변한 뒤 죽는다. 내가 태어나기 전에 부모님은 오스트레일리아 해안의 그레이트배리어리프에서 스쿠버다이빙을 배웠는데, 물속에 들어갈 때마다 형형색색의 놀라울 만큼 다양한 생물들을 보았다. 그런데 내가 열다섯 살이었던 2016년, 고작 1년 사이에 그레이트배리어리프의 절반이 죽었다. 2035년경에는 세계의 산호초가 거의 다 죽었다. 식용으로 잡는 많은 물고기의 산란장과 보육실이 사라진 것이다. 한편 더 차가운 물에서는 상업용 트롤 선단이 어획량을 제한하려는 각국 정부의 노력을 조롱하면서 필사적으로 생선을 찾아다닌 끝에 세계의 주요 어종들이 전부 자취를 감추었다. 2050년경에는 바다에서 거의 모든 생선이 사라졌고, 먹을 수 없는 해파리 떼만 남았다. 어류가 멸종된 바다에서는 해파리만 번성하고 있다.

아마 각국 정부가 증거들에 귀를 기울이고 협력했다면, 2035년까지도 늦지 않게 문명을 구할 수 있었을지 모른다. 안타깝게도 인류가 정말로 자원과 전문성을 결합하여 유례없이 가장 중대한 도전 과제에 대처해야 했던 바로 그 시기에, 인류는 이성에게서 등을 돌렸다. 식품 가격 상승, 생활 수준 저하, 실업률 증가, 선진국으로 밀려드는 난민의 증가는 거리 소요 사태, 항의 집회, 극단적 정치인의 선출로 이어졌다. 국제 연대는 고립주의, 민족주의 정책에 밀려났다. 각국은 인류의 이익이나 우리가 공유하는 지구의 이익보다 자국의 이익을 앞세웠다. 어획량 할당 협정이나 기후 변화 대응 협약 같은 것들은 휴지 조각이 되었고, 국제 원조도 쪼그라들었다. 과학자들은 조롱과 불신의 대상이 되었고, 증거도 무시되었다. 진리는 가장 크게 소리치거나 구매할 돈을 지닌 사람이 정의했다. 우리가 진리 이후의 세계에 들어섰다고 말하는 이들도 있었다. 그 말이 무슨 뜻이든 말이다. 그 단어는 아주 인기를 끌었고, 2016년『옥스퍼드 영어 사전*Oxford English Dictionary*』이 선정한 "올해의 단어"가 되었다.

환경 붕괴의 충격은 개발도상국에 훨씬 직접적으로 가해졌다. 홍수, 화재, 기근으로 10억 명이 넘는 사람들이 가난해지고 집을 잃고 절망적인 상황에 빠졌다. 인류가 결코 상상할 수 없었던 규모인 수백만 명이 기근으로 사망했고, 많은 이들이 길을 떠나면서 보다 선선한 북쪽과 남쪽으로 대규모 이주가 일어났다. 내전과 국가 간 충돌이 발생했고, 사람들이 자신이 받는 고통을 다른 누군가의 탓으로 돌리려고 들면서 점점 더 극단적이고 외국인을 혐오하는 교리가 채택되었다. 그 결과 인종 및 종교의 칸막이가 세워졌다.

인구 밀도가 더 높은 선진국은 오랫동안 수입 식품에 의지해왔다. 2018년 영국은 필요한 식품의 약 절반을 생산했다. 2040년경에는 이 복작거리는 섬에 거의 8,000만 명이 살았고, 계속해서 농경지를 택지로 개발했다. 남은 농경지의 작물 수확량이 지속적으로 감소하면서 수입 식품이 차지하는 비중은 60퍼센트를 넘겼다. 기근으로 많은 개발도상국이 피폐해지기 시작한 뒤에도, 영국은 여전히 그런 나라들에서 식품을 수입했다. 그들이 살 수 없는 가격으로 식품을 살 만큼 부유했기 때문이다. 그러나 시간이 흐르면서 세계적으로 식량 생산량이 급감하면서, 아무리 높은 가격을 불러도 식품을 구입하기가 어려워졌다. 슈퍼마켓 선반은 비기 시작했고, 각 가정에서는 가능한 한 많이 식품을 쌓아놓았다. 영국 도버 외곽의 난민촌과 지중해의 거의 모든 항구에 있는 난민 수용 시설은 많은 이들의 분노를 불러일으키는 원흉이 되었다. 사람들은 항의했다. 우리도 굶주리고 있는데, 우리가 이들을 먹여야 할 이유가 어디 있냐고.

21세기 초의 한 특징이었던 극단적인 불평등도 엄청난 분노를 야기했다. 가난한 이들은 굶주리기 시작했고 거리에는 노숙자가 점점 늘어나는 반면, 부자들은 여전히 아주 안락하게 살 수 있었다. 그러나 결국에는 그들이 가진 부의 원천도 훼손되었다. 해수면이 상승하고 벌이 사라지자, 주가가 떨어지고 헤지펀드도 파산하고 은행도 문을 닫았다. 이윽고 초인플레이션으로 돈은 거의 휴지 조각이 되었다. 모두가 가난해졌다. 우리는 우리 문명과 정치인들이 그토록 전념하던 경제 성장의 토대가 바로 건강한 환경이라는 사실을 잊고 있었다. 벌, 토양, 쇠똥구리, 지렁이, 깨끗한 물과 공기 없이는 어느 누구도 식량을 생산할 수 없고, 식량이 없다면 경제도 없다.

우리 문명은 결코 갑작스럽게 붕괴한 것이 아니다. 수십 년에 걸쳐서 서서히 해체된 쪽에 가깝다. 오랫동안 우리는 어떤 일이 벌어지고 있는지를 제대로 이해하지 못한 채, 그저 곧 발전이 재개되리라고 여기면서 시간을 허비했다. 영국의 기대 수명은 1850년에는 40세에 미치지 못했지만 2011년에는 80세를 넘는 수준으로 160년 동안 꾸준히 연장되었다. 그러나 그 뒤로는 멈췄다. 기록이 시작된 이래 처음으로, 기대 수명은 서서히 짧아지기 시작했다. 사회의 가난한 이들부터였지만, 당시에는 관심을 기울이는 이들이 거의 없었다. 이후 생활 수준이 떨어지고 보건 의료 서비스가 소리 없이 붕괴되면서 수십 년에 걸쳐서 기대 수명이 서서히 짧아졌다. 병원은 늘어나는 고령층 비율, 2020년대의 비만 및 그와 관련 있는 당뇨병 같은 만성 질환들의 유행, 2030년대의 항생제 내성 세균의 반복되는 대발생으로 허덕였다. 2040년대가 되자 학교, 병원, 도로도 무너지기 시작했다. 경찰, 간호사, 교사는 아무리 기다려도 봉급이 들어오지 않는 상황에 처했고, 급여가 들어온다고 해도 가족을 부양하기에는 턱없이 모자란 수준이었다. 도시화가 진행되고 1,000년 뒤 사람들은 갑자기 도시를 떠나기 시작했다. 침수나 식량 부족 때문이었다. 법과 질서는 붕괴되었고, 사람들은 기회가 있을 때마다 뭐든지 줍고 훔치고 약탈하기 시작했다. 난민들이 굶주리다 못해 난민촌을 탈출하면서 혼란은 더욱 가중되었다. 이윽고 전기가 끊기는 일도 잦아지기 시작했다. 처음에는 몇 시간, 나중에는 며칠씩 끊기다가 이내 아예 복구되지 않았다. 힘든 해였다. 냉동고를 가득 채웠던 식품들도 전부 상하고 말았다.

수돗물 공급은 좀더 오래 유지되었지만, 아주 오래는 아니었다. 나는 양수장에도 전기 공급이 끊겼을 테니 수돗물이 끊기는 것은 시간 문제일 뿐이라고 추측했다. 가장 가까운 하천은 우리 집에서 약 800미터 떨어져 있었는데, 어쨌거나 심하게 오염되어 있었다. 그래서 나는 형제들과 함께 더 깨끗한 물을 얻기 위해서 우물을 팠다. 무거운 월드 점토층을 5미터쯤 파들어가자 비로소 물을 머금은 사암층이 나왔다. 허리에 무리가 갈 만큼 힘들고 위험한 작업이었다. 우리는 우물을 어떻게 파는지 잘 몰랐고 벽을 받칠 벽돌도 없었기 때문이다. 아무튼 기나긴 여름 가뭄 동안에는 하염없이 계속해서 식물에 물을 주어야 한다. 나는 손주들에게 예전에는 호스로 정원에 물을 뿌렸다는 이야기를 들려주곤 한다. 그리고 전원을 켜기만 하면 알아서 마법처럼 물을 뿌리는 스프링클러 이야기도.

그런 시대가 지나고, 나는 지금 여기 어둠 속을 살피고 있다. 누군가를 쏘겠다고 위협을 가할 일이 없기를 바라면서. 우리는 그렇게 지독한 일을 한 적이 없다. 우리는 운이 좋았다. 꽤 조용한 지역에서 살고 있고, 재배할 작은 땅도 있다. 지금 시골집에 빼곡히 모여 있는 3대에 걸친 식구들을 먹일 만큼 크면서, 지킬 수 있을 만큼 작은 면적이다. 지난 몇 년 사이에 상황은 조금 나아지기 시작했다. 2050년에는 지구에 약 100억 명이 살고 있었지만, 2080년인 지금은 훨씬 더 적을 것이 틀림없다. 아무도 세고 있지는 않지만 말이다. 수십억 명이 사망했다. 대부분은 굶어 죽었고, 콜레라와 장티푸스의 대발생, 항생제 내성 세균과 말라리아와 대량 학살 전쟁의 확산도 한몫을 했다. 지금은 세계의 다른 지역에서 어떤 일이 벌어지고 있는지 알기 어렵지만, 이곳에는 지난 몇 년 동안 침입자가 거의 출현하지 않았다. 예전에 굶주린 채 시골을 떠돌면서 뭐든지 닥치는 대로 주워 먹던 이들은 거의 다 사라졌다. 아마 사망했을 것이다.

언뜻 움직임이 보이는 순간 내 늙은 심장은 쿵쿵 뛴다. 그러다가 사람이라고 보기에는 형체가 너무 작다는 사실을 깨닫자 안도감이 밀려온다. 그런데 뭐지? 작고 검은 무엇인가가 울타리에서 풀밭으로 기어온다. 설마?

내 눈을 믿을 수가 없다. 고슴도치이다. 어둠 속에서 절로 헤벌레 웃음이 지어진다. 10대 시절 이래로 고슴도치를 본 적이 없는데. 오래 전에 모두 사라진 줄 알았는데, 기적처럼 한 마리가 여기 남아 있다. 민달팽이를 찾아서 풀 사이를 뒤적거리고 있다. 세계가 서서히 회복되고 있음을 보여주는 한 징후가 아닐까? 그러고 보니, 하천이 최근에 약간 맑아진 듯한 느낌도 받았다. 더 이상 농약도 화학 비료도 없고, 매연을 뿜어내는 공장도 없으니까. 나비를 본 것이 몇 년 전이었기는 하지만, 올해는 손녀에게 처음으로 공작나비를 보여줄 수도 있을 것 같다. 호랑이, 코뿔소, 판다, 고릴라, 코끼리는 오래 전에 사라졌기 때문에, 지금은 신화 속 짐승이나 다름없다. 손녀가 결코 보지 못할, 이야기책 속의 동물이다. 그러나 머지않아 벌이 돌아오는 모습은 보게 되지 않을까?

주기매미

매미는 진딧물의 거대하면서 조금 못생긴 친척이다. 양쪽으로 멀찍이 떨어진 두 눈에 얇은 막으로 된 커다란 날개를 지니며, 대개 따뜻한 날씨에 나무줄기에 앉아 있다. 매미는 몸길이가 2.5센티미터를 넘고 일부 열대 종은 그보다 2배 이상 크기도 하다. 이 통통한 몸에는 속이 빈 공명통이 들어 있다. 수컷은 이 공명통의 도움을 받아서 곤충 중에서 가장 큰 소리를 낸다. 찌르르 반복되는 소리는 최대 110데시벨에 이르며, 1킬로미터 남짓 떨어진 곳에서도 들을 수 있다. 짝을 꾀기 위해서 내는 소리이다. 매미는 많은 종이 있는데, 북아메리카 동부에 사는 주기매미라는 몇몇 종류는 아주 긴 한살이를 산다. 성체는 종에 따라서 13년이나 17년마다 출현하며, 유충은 땅속에서 살아간다. 볼품없는 이 갈색 굼벵이는 땅속에서 나무뿌리의 수액을 빨아먹으며, 성장 속도가 아주 느리다. 이들은 어두컴컴한 땅속에서 몇 년이 흐르는지를 계속 세다가 겨우 며칠 사이에 한꺼번에 땅위로 올라와서 성체가 되는데, 1헥타르에 100만 마리가 넘게 나오기도 한다. 사람들이 겁에 질려 피신할 정도로 교외 텃밭에 수많은 구멍이 숭숭 날 때도 있다. 성체는 몇 주일밖에 살지 못하며, 다시 13년이나 17년이 지나야 출현한다. 과학자들은 이들이 이렇게 오래 땅속에 머물다가 한꺼번에 출현하는 한살이가 포식을 피하기 위한 색다른 전략이라고 생각한다. 안전을 도모하기 위해서 한꺼번에 많이 몰려나온다는 것이다. 곤충을 먹는 새들이 양껏 먹어치운다고 해도, 매미는 수가 워낙 많기 때문에 대부분 살아남는다. 잔치가 13년이나 17년마다 한 번 벌어지므로, 매미를 잡아먹는 새들은 개체수를 그렇게 오래 유지할 수가 없다.

제5부

우리는 무엇을 할 수 있을까?

아직 너무 늦지 않았다. 지금까지 지구에서 멸종한 곤충, 더 나아가 생물은 비율로 따져보면 적은 수준이다. 매일같이 종이 사라지므로 더 많은 종이 사라지리라는 점은 분명하지만, 우리가 진정으로 노력한다면 수십 년 사이에 기후변화라는 거인을 멈출 수 있을 것이고, 그러면 생물다양성 상실을 중단시키거나 나아가 다양성을 회복시킬 수도 있을 것이다. 우리와 이 지구를 공유하는 놀라운 야생생물의 대부분을 구할 수 있을 것이다. 그들 자신을 위해서도, 그리고 우리 후손을 위해서도 바람직한 일이다. 특히 곤충은 호랑이나 코뿔소에 비해서 빨리 번식할 수 있다. 그들이 평온하게 살 장소를 제공하고 우리가 그들에게 가하는 온갖 압력을 일부 줄이기만 한다면, 그들은 금방 회복될 수 있다. 대다수의 곤충은 먹이사슬의 토대 가까이에 있으므로, 곤충의 회복은 조류, 박쥐, 파충류, 양서류 같은 동물 집단들의 회복을 위한 선결 조건이다. 크고 작은 온갖 수많은 생물들과 함께 살아가는 활기차고 푸르고 지속 가능한 미래를 만들 기회는 아직 있다.

그런 미래를 만들기 위해서 가장 먼저 해야 할, 그리고 아마도 가장 힘들 과제는 대중을 참여시키는 것이다. 곤충이 중요하다고, 그리고 곤충에게 우리의 도움이 필요하다는 사실을 이런저런 방법으로 납득시키는 일이다. 사람들은 자신의 운명과 관련짓지 않는 한 곤충을 돕지 않을 것이다. 그러나 모두를 참여시킬 수 있다면, 그후에는 일이 수월하게 진행될 것이다.

제17장

환경을 이야기하기

곤충의 감소를 멈추고 추세를 역전시키려면, 아니 나아가 우리가 직면한 모든 주요 환경 위협에 대처하려면, 대중에서부터 농민, 식품 유통업자를 비롯한 다양한 영업자, 지역 당국과 중앙 정부의 정책 결정자에 이르기까지 여러 층위에서의 행동이 필요하다. 한마디로, 우리 모두가 행동에 나서야 한다. 우리가 이 난국에 빠진 것은 모두의 해로운 행동들이 복합적으로 작용한 결과이므로, 빠져나오려면 모두가 힘을 모아야 한다. 내가 보기에 현재 환경 문제에 열정적으로 참여하는 이들은 전체 인구 중에서 그다지 많지 않은 듯하다. 따라서 이 과제를 달성하는 일은 쉽지 않을 것이다. 이곳 영국의 최근 선거와 브렉시트 논쟁에서 환경 현안이 진지하게 논의되는 사례는 거의 찾아보기가 어려웠다.*

---

* 2019년 12월 영국 선거 때 어느 쪽이 나무를 더 많이 심겠다는 공약을 내놓을 수 있는지를 놓고 정당들 사이에서 입찰 전쟁이 벌어졌다. 환영할 만한 일이지만, 충

21세기에 인류가 직면한 가장 큰 문제들 중 상당수가 지구의 유한한 자원을 지속 불가능하게 과다 이용하는 것과 관련이 있다는 증거가 압도적으로 많음에도 그렇다. 임박한 물 부족, 토양 침식, 오염, 생물다양성 위기는 전 세계에서 열띤 논의의 주제가 되어야 한다. 그것들이 경제와 우리의 건강에 지대한 영향을 미칠 뿐 아니라, 대다수가 고집스럽게 외면하고 있기 때문이다. 우리는 지금 모래에 머리만 파묻은 타조나 다름없다.

재미로 동물을 사냥하는 일이 지극히 정상적이고 받아들일 수 있는 취미 생활이라고 여길 만큼, 아직도 우리는 자연 세계의 비참한 상황을 제대로 인지하지 못한 상태이다. 영국만 해도 해마다 꿩 3,500만 마리를 키워서 방사한다. 소수의 사람들이 이 반쯤 길들여진 어리숙한 동물을 뒤쫓으면서 사냥하는 짓을 즐길 수 있도록 하기 위해서이다.* 그러나 재미로 동물을 죽이는 짓을 용납하기에 우리 인구는 너무 많다(그리고 곧 더욱 늘어날 것이다). 우리는 어떻게든 모두가 환경을 존중하도록 설득하고, 쓰레기를 버리고 동물을 죽이고 환경을 오염시키는 행동을 사회적으로 용납해서는 안 된다고 자라는 아이들을 가르쳐야 한다. 주말 오락용으로 꿩과 거위를 살육하는 짓이 즐겁고 좋

분한 검토 없는 구호에 그칠 뿐 제대로 이행될 가능성은 매우 낮아 보였다.

* 엽조류를 키우는 일은 대단히 비효율적이며 환경에 해롭다. 기르는 꿩의 약 60퍼센트, 즉 약 2,100만 마리는 사냥당하기 전에 질병, 굶주림, 교통사고로 죽거나 여우 같은 포식자에게 잡아먹힌다. 따라서 이는 이런 포식자들의 수를 부자연스러울 정도로 불림으로써 생태계에 다른 연쇄 효과를 일으키는 데 기여할 가능성이 있다.

은 일이라고 여겨지는 시대인데, 과연 어떻게 사람들을 설득할 수 있을까?

물론 나만이 이런 좌절을 느끼는 것은 아니다. 2017년에 184개국의 2만 명이 넘는 과학자(나도 포함하여)가 "인류에게 보내는 세계 과학자들의 경고 : 두 번째 알림"이라는 성명서에 서명했다. 이 경고문은 꽤 직설적이다. 무엇보다도 "특히 문제되는 것은 재앙을 가져올 수 있는 기후 변화의 현재 궤도이다"라고 명시한다. "우리는 대량 멸종 사건을 일으키고 있다.……약 5,400만 년 만에 발생 중인 이 6번째 대량 멸종 사건으로 현재의 많은 생명체들은 금세기 말까지 전멸하거나 적어도 멸종 위기에 내몰릴 수 있다." 대체로 과학자들은 신중한 편이다. 우리 2만 명은 이것이 인류 전체가 이목을 집중해야 할 문제임을 전 세계에 알리는 선언문에 이름을 올렸다. 그러나 대다수는 이 경고를 듣지 못했고, 관심을 보인 사람은 더욱더 적었다. 그러나 한편으로는 다수의 젊은이들을 비롯한 일부 사람들이 자신들의 미래를 빼앗기고 있다는 사실에 경각심을 가지기 시작했음을 보여주는 징후도 있었다. 바로 멸종 저항 운동이다. 그들은 시간이 줄어들고 있으며, 그레타 툰베리 같은 이들이 정치적 영향력을 발휘할 자리에 다다를 만큼 나이를 먹을 때면 이미 너무 늦으리라는 사실에 좌절과 분노를 느낀다. "생태 불안eco-anxiety"이라는 새로운 심리 장애도 등장했는데, 환경 위기를 걱정하는 사람들이 점점 늘어나면서 장애로 인정되기 시작했다. 최근에 그레타 툰베리는 이렇게 말했다. "어른들은 계속 말합니다. 우리는 젊은이들에게 희망을 줄 의무가 있다고요. 하지만 나는 희망을 원하지 않아요. 여러분이 희망을 가지기를 바라지 않습니다. 공포에 질리기를 원합니다."

반면 세계 인구의 대다수는 이 문제에 티끌만큼도 관심을 기울이지 않은 채, 그저 지금까지 하던 대로 행동한다. 나는 세계 인구의 90퍼센트 이상이 환경 문제를 전혀 생각하지 않은 채 하루하루 살아간다고 추측한다. 우리는 카드 빚, 자녀 교육, 노부모 돌봄, 좋아하는 운동 팀이 올 시즌에 탈락할지를 걱정한다. 모두 지극히 이해할 수 있는 직접적인 관심사들이다. 이것들은 남극 빙원의 균열이나 영양소 순환 실패, 토양 침식, 기후 변화, 꽃가루 매개자 수 감소 등으로 세계 작물 수확량이 줄어들기 시작할 가능성처럼 모호하면서 멀리 있는 것 같은 위협보다 훨씬 피부에 와닿는다. 환경을 몹시 걱정하는 우리 같은 사람들조차 자전거를 탈 수도 있는데 차를 몰거나, 겨울에 가족과 함께 비행기를 타고 햇살 가득한 휴가지로 떠나고 싶은 유혹에 굴복한다. 우리 대다수는 자동차나 비행기를 너무 많이 이용하지 말아야 한다는 사실을 잘 알지만, 겨울에 느끼는 따뜻한 햇살의 유혹, 차를 몰고 직장이나 상점을 갈 때의 편리함은 거부하기가 쉽지 않다. 장을 볼 때, 우리는 1킬로그램에 16파운드나 하는 방목해서 키운 유기농 닭을 구입해야 한다는 사실을 알지만, 10파운드에 3마리를 한 묶음으로 파는 비좁은 닭장에서 키운 값싼 닭이 가성비가 훨씬 좋다는 점도 안다. 가격에만 초점을 맞추고 환경 비용이나 동물 복지 비용은 외면하는 한 말이다. 제멋대로 하도록 놔두면, 우리는 대체로 게으르고 자기중심적인 존재가 된다. 많은 이들이 여전히 운전을 하면서 창밖으로 무심코 쓰레기를 던지기 때문에, 통행량이 많은 도로의 가장자리에는 플라스틱 쓰레기가 널려 있다. 그저 주차한 뒤에 쓰레기통에 집어넣는 일이 귀찮기 때문이다. 나라면 기꺼이 망신을 줄 그런 이들도 환경 문제가 심각하다는 말을 틀림없이 들었겠지만, 그들은 언젠가 자신들의 자녀가 플라스틱 쓰레기가 무릎까지 차오른 세상에서 살 수도 있다는 말에 별 신경을 쓰지 않는다.

아마 그런 이들은 기후 변화가 인위적인 현상이 아니라고 여전히 적극적으로 부정하는 소수의 사람들과 마찬가지로 가망이 없을 것이다. 그러나 대다수는 그저 상황의 심각성을 제대로 이해하지 못했을 뿐인 매우 좋은 사람들이다(나의 바람은 그렇다). 그들은 재활용품을 분리 배출할 만큼 의식이 있고, 다음에 차를 바꿀 때 전기/휘발유 하이브리드 차를 구입할까 하는 생각도 한다. 다만 지금까지 하던 대로 생활하고, 앞으로도 상황이 달라지지 않으리라고 여길 뿐이다.

핵심 도전 과제는, 하루하루 생활하면서 접하는 직접적인 문제들에 비해서 환경 현안이 중요하지 않다고 여기는 대다수의 사람들을 참여시킬 방안을 찾는 일이다. 나는 무엇이 최선인지를 여러 해 동안 고심해왔지만, 아직 완전히 흡족한 결론에 도달하지 못했다. 과학자로 살아오면서 지금까지 벌과 그들의 감소 원인을 다룬 많은 과학 논문을 썼지만, 그것만으로는 이룰 수 있는 것이 거의 없다는 사실을 오래전부터 실감했다. 과학 논문은 대개 소수의 동료 학자들만 읽을 뿐이니까. 따라서 나는 더 폭넓은 대중에게 다다르고 내심으로는 소수의 불신자들도 끌어들이면 좋겠다는 목표를 가지고 벌, 나아가 곤충에 관한 대중 과학책을 집필하기 시작했다. 이런 책들을 출간하면서 매우 흡족했지만, 한편으로 조금 좌절을 느끼기도 했다. 나의 책을 구입하는 이들이 대부분 이미 벌 문제에 관심이 있던 사람들임을 알았기 때문이다. 어쩌다가 벌에 전혀 관심이 없던 사람이 우연히 내 책을 집어들었다가 흥미를 가지게 될 수도 있지만, 그런 일은 아주 드물 것이다. 나는 초청을 받을 때마다 참석해서 온갖 부류의 사람들을 대상으로 대중 강연을 했다. 대개 1년에 40회쯤 했는데, 그중에는 양봉가 협회, 야생생물 보호 협회, 정원사 단체, 서드에이지 대학교, 도서 전시회와 과학 축제 등이 있었다. 그러나 강연을 듣는 사람들은 대개 이미 곤충이나 환경에 관심이 있었다. 나는 잡지와 소셜 미디어에 글을 쓰고, 라디오, 때로는 텔레비전 인터뷰도 하지만, 거대한 돔 안에서 이미 개종한 이들을 대상으로 설교하고 있을 뿐, 바깥에 있는 사람들에게는 닿을 수 없다고 느낀다.

우리는 어떻게 이 돔을 터뜨릴 수 있을까? 여기에서 "우리"라고 한 이유는 이 책을 집어든 사람이라면 어른거리는 환경 위기를 이해하고 거기에 맞서 싸우는 일에 적어도 조금은 이미 관심을 가지고 있음이 거의 확실하기 때문이다. 여기까지 읽었으니 당신 또한 이미 개종자라고 가정하겠다.

아마도 우리는 표적을 인구 통계학적으로 살펴보아야 할 듯하다. 변화를 일으킬 힘을 가장 많이 지닌 사람들은 누구일까? 이 목록의 가장 위쪽에 정치인들이 놓인다는 점은 분명하다. 조금만 상상력을 발휘하면 진정한 녹색 정부는 심오한 긍정적인 변화를 일으킬 수 있기 때문이다. 그보다는 힘이 꽤 약하지만, 지방 의회와 정부 역시 의지를 발휘한다면 많은 변화를 일으킬 수 있을 것이다. 그러나 안타깝게도 나는 현재의 정치인들이 실제로 그런 영향을 미칠 가능성을 다소 회의적으로 본다. 얼마 전, 웨스트민스터에서 벌의 중요성에 관해 강연을 해달라는 요청을 받았다. 38도38 Degrees라는 운동 단체가 주최한 행사였는데, 하원의원 80명이 참석한다는 약속을 받고서 강연을 하기로 했다. 유력한 정치인들에게 영향을 줄 좋은 기회처럼 보였기 때문에, 나는 무척 흥분했다. 막상 가보니 현실은 실망스러웠다. 그 자리에 실제로 참석해서 20분짜리 짧은 강연을 끝까지 들은 사람은 젊은 비서관 10여 명과 하원의원 1–2명뿐이었다. 다른 의원들은 커다란 벌 포스터 앞에서 요란뻑적지근하게 줄지어 사진을 찍은 뒤, 앞쪽에서 곤충에 관해서 떠들어대는 사람에게는 손톱만큼도 관심을 보이지 않은 채 떠났다. 환경 문제를 좀더 이해하기 위해서 20분조차 낼 수 없는 천박한 이들에게 환경이 그들의 최우선 순위가 되어야 한다고 어떻게 설득할 수 있을까? 영국에서는 녹색당에 투표하는 것이 확실한 해결책이다. 다수 대표제에서는 헛된 수고처럼 보일 수 있지만, 충분히 많은 이들이 녹색당을 찍으면 다수당도 주목할 것이고, 그들의 표를 얻기 위해서 녹색 정책을 채택할 것이다. 물론 이 전략은 녹색당을 찍는 이들이 충분히 많을 때에만 효과가 있다. 현재로서는 그렇지 못하기 때문에 환경과 관련된 핵심 현안에 이목을 집중시키기는 어렵다.

청원은 정책에 영향을 미치기 위해서 시도하는 방법으로 아주 많이 활용되어왔다. 영국 정부는 자체 청원 웹사이트를 운영하고 있으며, 청원 서명자가 1만 명을 넘으면 서면 답변을 하고, 10만 명을 넘으면 토의 의제로 올린다고 약속한다. 청원에 서명해달라는 요청은 소셜 미디어에 넘쳐나며, 트위터, 인스타그램, 페이스북의 반향실에서 계속 울려퍼지고 있다. 비록 최근에는 다소 청원 피로를 느끼지만, 나 역시 여러 해 동안 많은 청원에 참여해왔음을 기꺼이 인정하겠다. 다만 청원이 큰 효과가 있는지에 관해서는 조금 회의가 든다. 서명자가 1만 명이 넘는 청원에 대한 정부의 서면 답변은 대개 진부하며, 의미 있는 조치가 전혀 뒤따르지 않는다. 서명인이 10만 명이 넘으면 청원자는 큰 승리를 이룬 양 느끼겠지만, 이후에 이루어지는 토의란 대개 해당 청원이 어떤 내용인지 거의 모르는 정치인 10여 명이 의회 뒷방에 모여서 두 시간 동안 잡담을 나누다가 진토닉을 마시러 떠나는 식으로 이루어진다. 나는 네오니코티노이드의 환경 위해성을 다루는 토의가 그런 식으로 진행되는 장면을 지켜본 적이 있었다(불면증에 시달린다면, 의회 텔레비전 채널에서도 이런 광경을 볼 수 있다). 얻을 것이 전혀 없는 경험이었다. 참가자들이 해당 주제를 초보적인 수준으로밖에 이해하지 못하고 있다는 사실은 토의가 시작될 때부터 여실히 드러났다. 복잡하면서 전문적인 주제인데도 말이다. 게다가 그런 토의 자체는 정책 결정에 아무런 영향도 미치지 못한다. 청원이 시간 낭비라는 말이 아니라—사실 청원에 서명하는 데에는 시간이 거의 들지 않는다—너무 많은 것을 기대하지 말라는 이야기이다. 자신의 마음에 드는 청원의 서명 인원이 특정 수준을 넘어서면 사람들이 할 일을 다했다고 느낄 위험도 있다. 얼마나 많은 사람이 서명을 하든, 청원에 서명하는 행위만으로는 지구를 구할 수 없다. 그것은 그저 회피 행동일 뿐이다.

다소 좌절스러울 수도 있으니 여기에서 희망도 약간 주기로 하자. 청원이 실제 행동으로 이어진 고무적인 사례가 하나 있다. 2019년 1-2월, 독일 바이에른의 주민들은 독일 곤충의 대규모 감소를 밝힌 크레펠트 연구에 자극을 받아서 한 청원에 앞다투어 서명했다. 청원서는 경작 방식을 근본적으로 바꿔서 곤충 친화적 서식지 연결망을 조성할 수 있도록 그 주의 자연보호법을 구체적으로 이러저러하게 고치자는 내용을 4쪽에 걸쳐 담고 있었다. 제안들은 급진적이었다. 경작지의 최소 30퍼센트는 유기농으로 경작하고, 주 면적의 13퍼센트는 자연을 위해서 떼어놓으며, 하천 주위는 폭 5미터의 완충 지대를 설정하고, 모든 산울타리와 나무를 법으로 보호하자는 등의 내용이었다. 손가락만 까딱여서 편하게 온라인으로 서명을 할 수 있는 영국의 청원 방식과 달리, 독일의 청원은 물리적인 서명을 요구한다. 따라서 사람들은 추운 겨울 날씨에 줄을 서서 서명을 했고, 몇 시간씩 대기하는 일도 벌어졌다. 심지어 벌 흉내를 낸 복장을 한 사람도 많았다. 아마 체온 유지에도 도움이 되었을 것이다. 결국 거의 200만 명이 서명을 했다. 유권자의 최소 10퍼센트가 서명을 하면 주 의회에 상정되는데, 그 기준을 훨씬 넘어선 것이다.

바이에른의 집권당은 기독교사회연합으로, 환경 문제에 신경을 덜 쓰는 전통적인 우익 보수 정당이다. 당은 농업 로비 단체의 지원을 받아서 청원 기각을 시도했다. 그러나 풀뿌리 운동의 압력은 더욱더 거세졌고, 4월 3일에 마침내 법안이 통과되었다. 그 청원을 받아들이는 것이 최선의 전략임을 깨달았는지, 기독교사회연합의 지도자 마르쿠스 죄더는 해당 법안이 "유럽 전체를 통틀어 가장 포괄적인 자연보호법"이라고 자랑스럽게 선언했다. 나아가 그는 새 법의 효력이 발생함으로써 새로운 정부 일자리가 100개 창출될 것이고, 5,000만–7,500만 유로의 예산이 집행될 것이라고 선언했다. 흥미롭게도, 기독교사회연합 내에서 환경 의식을 갖춘 편인 요제프 괴펠은 이렇게 말했다. "우리는 생명의 다양성을 보전하는 일을 통해서 보수주의를 재발견해야 한다." 나는 다른 지역의 보수적인 정치인들도 이런 정서情緖를 받아들이기를 바란다.

바이에른의 개혁에 자극을 받아서 독일 연방 정부도 행동에 나섰다. 환경부 장관 스베냐 슐체는 2019년 2월에 곤충 보호를 위해서 연간 1억 유로의 예산을 편성하고, 그중 4분의 1은 곤충 감소 연구를 지원하는 데에 쓰일 것이라고 발표했다. 그녀의 계획에는 글리포세이트(제8장에서 살펴보았듯이 벌의 질병과 사람의 발암 위험 증가와 관련된 악명 높은 제초제)를 전국에서 금지하는 내용도 포함되어 있었다. 한편 브란덴부르크, 바덴뷔르템베르크, 노르트라인베스트팔렌 주는 생물다양성을 지원할 새로운 근거를 마련하기 위해서 나름의 국민 투표를 계획하고 있다. 또한 독일의 정치인들은 현재 EU의 공동 농업 정책을 통해서 배분되는 대규모의 농가 보조금 중 상당액을 보전 쪽에 할당하고자 노력하고 있다. 적어도 독일에서는 정치인들이 마침내 이 문제를 해결하는 데에 참여한다는 희망을 품을 근거가 있다.

영국도 아직 독일을 따라잡을 방법이 있는 듯하다. 영국의 청원 제도는 독일과 같은 법적 권한이 없으며, 풀뿌리 운동도 바이에른에서처럼 엄청나게 많은 사람들의 서명 참가 열풍을 불러일으킬 만큼 강하지 않다. 『침묵의 봄』의 고향인 미국에서도 환경 운동은 트럼프 정부가 환경 법령을 철회하고 미국 환경청의 예산 삭감을 막지 못했다.

정치에 영향을 미치기 위해서 스스로 정치인이 되는 방법도 고려할 법하지만, 나는 아직 이런 극단적인 수단까지는 시도하지 않았음을 고백해야겠다. 안타깝게도 환경 전공자들 중에서 정치에 뛰어드는 사람은 거의 없는 듯하다. 내가 확인한 바에 따르면, 현재 영국 하원 의원 중에서 과학, 공학, 기술, 의학 분야의 학위가 있는 사람은 650명 가운데 26명에 불과하다. 생물학, 생태학, 환경 과학 학위가 있는 사람은 1명도 없다. 그러니 영국에서 환경 현안을 놓고 정치 논쟁이 거의 벌어지지 않는 것도, 벌어진다고 해도 거의 제대로 알지 못한 채 진행되는 것도 놀랄 일이 아니다. 정치에 뛰어들고 싶고 생태 지식을 조금 갖추었다면, 정치를 직업으로 삼을 생각을 해보기를 바란다.

정치인을 참여시키기는 쉽지 않을지 모르지만, 인구 통계학적으로 다음 우선순위에 있는 아동은 그보다 덜 힘들 것이다. 아동을 환경 문제에 참여시키기 위해서는 먼저 아이들을 만나야 한다. 마을 회관이나 지역 강당에서 벌이나 야생생물 정원 가꾸기를 주제로 강연을 할 때면, 머리가 하얗거나 벗겨진 노인들만이 듣고 있을 때가 많다. 내 강연의 청중 가운데 90퍼센트는 은퇴자가 아닐까 싶다. 노인들을 폄하하려는 의도는 아니지만(나도 곧 그중 한 사람이 될 테니까), 우리 모두는 머지않아 세상을 떠날 것이다.* 정말로 미래를 바꾸고자 한다면, 아이들을 참여시키고, 어떻게든 아이다운 방식으로 벌레에 열정을 가지도록 장려하는 일이 대단히 중요하다. 아이들이야말로 앞서 이루어진 의사 결정의 결과를 평생 접하면서 살아갈 이들이자, 남아 있는 세계를 구할 이들이다.

10대 청소년은 참여시키기가 훨씬 어려울 수 있다(그리고 여러 측면에서 실제로 그렇다). 하지 않는 편이 낫다는 판단이 들었음에도 어쩔 수 없이 중고등학생들에게 벌에 관한 강연을 할 때가 있는데, 대개 그들은 뜨뜻미지근한 반응을 보인다. 휴대전화를 들여다보거나 서로 속삭이거나 종이를 뭉쳐 던지면서 장난 치는 아이들이 으레 있다. 아무리 웃긴 농담을 하고 몹시 흥미로운 사실을 보여주어도 그들의 이목을 사로잡지는 못한다. 대학생들도 별반 다르지 않다. 나는 대학에 소속되어 있는 터라, 해마다 고등학교를 갓 졸업한 보통 만 18세의 신입생들을 맡고는 한다. 그리고 항상 그들을 데리고 교정을 산책한다. 곳곳에 작은 숲과 꽃이 핀 풀밭과 몇 군데 연못도 있는 꽤 푸르고 상쾌한 곳이다. 걷는 동안 나는 그들의 눈앞에 나뭇잎을 흔들거나, 흔한 새를 가리키면서 이름을 아는지 물어보는 등 배경지식을 어느 정도 갖추고 있는지 파악한다. 심란하게도 대부분은 매일같이 접하는

---

* 여기에서 노년층이 보전 단체에서 기부금을 내는 회원의 대부분을 차지하고 있으며, 자원봉사 및 기록 같은 업무에 더 많이 참여하는 등 보전 세계에서 대단히 중요한 역할을 한다는 점을 말해두어야겠다.

이런 생물들이 무엇인지 거의 알지 못한다. 아마 50퍼센트는 살짝 머뭇거리다가 울새나 대륙검은지빠귀 같은 흔한 영국 새의 이름을 말할 수 있겠지만(하지만 대부분은 대륙검은지빠귀를 갈까마귀나 찌르레기라고 잘못 말할 것이다), 푸른박새나 굴뚝새를 알아보고 이름을 제대로 말할 수 있는 학생은 손에 꼽는다. 개버즘단풍나무나 물푸레나무처럼 흔한 나무를 알아볼 수 있는 학생도 드물다. 가장 우려되는 점은 이 학생들이 모두 생태학을 공부하겠다고 대학교에 입학했다는 사실이다. 18세 학생들의 자연사 평균 지식이 얼마나 빈약한지를 생각하면 걱정이 앞선다.

동식물의 이름을 아는 일이 왜 중요하다는지 의아할 수도 있다. 로버트 맥팔레인이 『잃어버린 단어들*The Lost Words*』에서 주장하듯이, 이름은 단지 단어에 불과하지 않다. 어떤 의미에서 이름은 그 이름이 붙은 생물의 정령을 불러내는 주문이기도 하다. 멧노랑나비를 알아보지 못하면, 그 나비가 눈앞을 지나가도 아마 알아차리지 못할 것이다. 이름을 모르니 자신에게는 존재하는 대상이 아니며, 그 나비가 멸종한들 알아차리지도 못하고 개의치도 않을 것이다. 2007년과 2012년에 『옥스퍼드 주니어 사전*Oxford Junior Dictionary*』은 자연 관련 단어를 다수 삭제함으로써 논란을 야기했다. 도토리, 고사리, 수달, 물총새, 이끼, 블랙베리, 초롱꽃, 마로니에, 까치, 토끼풀 같은 단어들이 현대 세계의 아이들과 그다지 관계가 없다며 사전에서 제외되었다. 심지어 "콜리플라워"도 없어졌다. 여전히 매일같이 접하는 음식임에도, 굳이 아이들이 알 필요가 없는 단어라고 판단한 듯하다. 나는 한 세대 전체가 자연이 아예 존재하지 않는 세계에서 자라고 있는 것은 아닐까 우려된다. 이런 상황은 어떤 일이 있어도 막아야 한다.

따라서 시작점은 초등학교가 되어야 한다. 그리고 대다수 중고등학교보다 초등학교가 강연을 훨씬 재미있어한다. 앞에서 말했듯이, 어린이는 천성적으로 자연에 끌리는 경향이 있다. 10대에 들어서기 전이 특히 그렇다. 그 시기의 아이들은 남의 시선을 신경 쓰지 않으며, 우리 모두가 타고나지만 대부분 나이를 먹으면서 잊어버리는 자연 세계를 향한 경이감을 아직 간직하고 있다. 초등학교 한 학급의 아이들에게 포충망과 채집 상자를 주고서 운동장이나 풀이 웃자란 풀밭에 풀어놓으면, 아이들은 흥분해서 신나게 소리치면서 민달팽이, 지네, 집게벌레, 딱정벌레를 잡으려고 몇 시간이고 여기저기 바쁘게 돌아다닐 것이다. 안타깝게도 대부분의 아이들은 이런 기회를 결코 누리지 못한다.

영국에서는 보통 만 11세에 중학교에 진학한다. 그들이 현재 배우는 생물학 과목에는 생태와 환경이 조금 포함되어 있지만, 거의 주의를 기울이지 않는 정도이고 가르치기도 너무나 밋밋하게 가르치는 듯하다. 여왕 학교 조사단의 일원으로서 영국의 생태학 교육 현황을 조사한 P. R. 부스는 일찍이 1979년에 이렇게 씁쓸한 결론을 내렸다. "학교에서 과연 생태학을 얼마나 가르치고 배우는지 의심스럽다. 16세 학생들의 대다수는 생태학을 거의 또는 전혀 공부한 적이 없으며, 18세 학생들의 다수는 설령 생물학 A 레벨(심화 과정)을 수강했다고 해도 생태학을 거의 배우지 않는다." 이후 상황은 더욱 악화되어왔다.

생물학 A 레벨에서 생태학이 차지하는 비율은 1957년에 12퍼센트였다가 2017년에는 9.5퍼센트로 줄어들었고, 같은 기간 동안 야외 실습에서도 12퍼센트에서 1퍼센트로 감소했다. 그나마 남은 야외 실습 때에도 생태적 기울기를 따라 방형구(일정한 크기로 만든 사각형 틀)를 설치하여 그 안에 어떤 식물들이 있는지 조사하는 등, 왜 하는지 모를 실습을 할 때가 많다. 나의 큰아들과 작은아들은 생물학 GCSE(영국의 중등교육 자격시험. A레벨은 대입 시험이다/옮긴이)와 A 레벨을 둘 다 수강했지만, 실망스럽게도 생태학 과정이 지루했다고 한다.

왜 이렇게 잘못되어갈까? 야외 실습 부족이 문제의 근본적인 원인인 듯하다. 천이遷移, 경쟁, 영양 단계 같은 생태학 개념은 교실에서 배우면 지루하지만, 야외에서 해당 지식에 박식한 사람에게 배우면 정말로 생생하게 와닿는다. 아마 더 중요한 문제는 일부 교사들이 흔한 생물을 알아보지도 못하는 등 생태학 지식이 거의 없다는 사실에 있을 것이다. 이는 무지의 악순환을 낳는다. 지식이 부족한 교사는 학생들을 데리고 자연으로 나가기를 꺼릴 것이다. 어떤 경우건, 많은 학교들이 도시에 위치하며 흥미로운 야외 실습지를 접하기가 어렵다.

생태학 교육의 더 일반적인 문제점은 그 과목이 복잡하고 혼란스럽다는 데에 있다. 나는 곤충과 식물의 상호 작용을 평생 연구했지만 우리가 이해하고 있는 부분이 그리 많지 않다는 사실을 뼈저리게 느낀다. 간단한 실험이 명확한 결론에 다다르기는커녕 더 많은 질문들을 불러일으키는 사례가 흔하다. 사실 그렇기 때문에 생태학이 더욱 흥미롭지만, 가르치는 사람의 입장에서는 힘겨울 수밖에 없다.

어떻게 하면 이런 상황을 개선할 수 있을까? 어떻게 해야 아이들이 자연 세계의 아름다움과 경이로움, 중요성을 제대로 인식하고 주요 환경 현안들의 기본 내용을 이해하면서 자랄 수 있을까?

내가 꿈꾸는 이상적인 세계에서는 자연을 배우는 일이 학교 생활을 시작하는 만 5세부터 만 15세까지 모든 아이들이 통과하는 교과 과정의 일부이다. 이 세계에서 아이들은 일찍부터 지렁이의 중요성을 배우고, 해마다 땅을 파면서 어떤 지렁이가 사는지를 알아보는 등 지렁이 조사 활동을 한다. 또 토양, 퇴비화, 영양소 순환도 배운다. 현미경으로 곰벌레와 윤충도 살펴본다. 연못에 발을 담그고 들어가서 도롱뇽도 잡고, 흔한 나비와 새의 이름도 배우고, 잎을 비벼보면서 토착 나무의 이름도 알아본다. 교실에는 개미집, 곤충 사육통, 식충 식물이 있고, 물달팽이, 물방개, 잠자리 애벌레처럼 아마 지역 연못에 서식하는 종들이 살아가는 수족관도 있다. 또한 모든 학교의 주변에는 쉽게 갈 수 있는 녹지 공간이 있다. 아이들은 그곳에서 식물을 키우고, 채소를 기르는 법도 배우고, 어떤 벌과 나비가 꽃가루를 옮기는지도 관찰한다. 그 공간 중 일부는 자연적으로 유지되도록 관리된다. 학교 부지 내에 그런 공간을 마련할 수 없다면, 지방 정부의 협조를 얻어서 조금만 걸으면 갈 수 있는 곳에 적절한 땅을 마련한다. 신설 학교에는 모두 자연을 위한 공간이 마련된다.

내가 꿈꾸는 이 세계에서는 학생들이 슈퍼마켓에서 파는 식품이 어디에서 오는지를 이해할 수 있도록 모든 학교가 자연 친화적 농장과 결연을 맺는다. 농가 보조금 중 일부는 농민이 그런 결연을 맺고 학교와 정기적으로 교류하는 데에 쓰인다. 학생들은 우리가 호흡하는 산소부터 먹는 제품에 이르기까지 우리의 모든 것이 자연에서 나오며, 우리가 자연의 일부임을 배운다.

나는 중고등학교에서 자연을 공부하는 시간을 따로 마련해야 하며, 자연사를 GCSE 자격 시험 과목에 포함시켜야 한다고 주장한다. 녹색당의 유일한 하원의원인 캐럴라인 루커스는 전부터 후자를 계속 요구해왔다. 나는 충분한 전문 지식을 갖춘 교사가 부족하다는 점이 자연사를 학교에서 정식 과목으로 채택하는 데에 가장 큰 장애물일 것이라고 말해왔다. 그 방향으로 나아가기 위해서 정부는 초등학교 교사들, 심화 수준에서 중고등학교 교사들이 연수를 받도록 지원해야 할 것이다. 또 생태학을 전공한 대학 졸업생에게 1년 동안의 교육 과정 이수 후에 교사 자격증을 준다면, 전문 지식을 갖춘 이들을 중고등학교 교사로 끌어들일 수 있을 것이다. 이 모든 일에는 예산이 필요하다. 하지만 미래 세대에게 우리 지구의 가치를 인식시킬 수 있다면 그 정도 비용은 얼마든지 지불할 수 있지 않을까?

정치인과 아동 외에, 우리가 참여시켜야 할 이들이 또 누가 있을까? 물론 답은 모든 사람들이다. 정원사도 엄청난 도움을 줄 수 있고, 지방 공공용지를 관리하는 이들도 그럴 수 있다. 이 이야기는 다음 장에서 자세히 다루기로 하자. 농민과 식품 업계도 뒤에서 살펴보자. 모든 사람이 일상에서 내리는 무수한 사소한 결정들은 긍정적으로든 부정적으로든 곤충, 나아가 우리 환경에 직접적 또는 간접적으로 영향을 미친다. 우리 모두는 지구를 구할 책임을 져야 한다. 그런데 어떻게 해야 수많은 사람들이 관심을 가지고, 그럼으로써 행동을 바꾸도록 설득할 수 있을까?

이것이 벅차고, 더 나아가 불가능한 목표처럼 보일 수도 있다. 그러나 나는 사실 그 목표가 보이는 것보다 가까이 있을 수도 있다고 추측한다. 말콤 글래드웰은 베스트셀러 『티핑 포인트 *The Tipping Point*』에서 단 몇 사람이 군중의 행동을 바꿀 수 있고, 어떤 개념이나 신념, 행동이 일단 어떤 문턱, 전환점을 지나면 들불처럼 번져나가는 티핑 포인트가 있다고 주장한다. 1명이 2명을 끌어들이고 그 2명이 각각 2명을 끌어들이는 식으로 이어지는 다단계 판매처럼, 그 대의가 무엇이든 많은 이들이 순식간에 그쪽으로 돌아선다. 멸종 저항 운동의 출현, 채식주의의 확산, 바이에른 주민 약 200만 명이 추운 날씨에 기꺼이 줄을 서서 곤충을 위한 청원에 서명을 했다는 사실은 모두 생각이 변하고 있음을 말하는 징후들이다. 기후 변화도 여기에 한몫을 하고 있다. 지난 몇 개월 사이에 영국 요크셔 주민들은 난생처음 접하는 엄청난 침수 사태를 겪었다. 한 번도 잠긴 적 없는 지역들까지 물에 잠겼다. 또 오스트레일리아 동부는 역사상 최악의 산불에 시달렸다. 이런 극단적인 사건들의 강도와 빈도는 기후 변화를 부정하는 견해를 설 곳이 없게 만들고 있다. 데이비드 애튼버러의 최신 텔레비전 시리즈들인 「블루 플래닛 2 Blue Planet 2」, 「우리의 지구 Our Planet」, 「7대 세계 Seven Worlds」는 모두 탁월한 영상미를 보여주었는데, 그가 앞서서 찍은 영상들보다 훨씬 더 강력했다. 나는 자신들이 토해낸 비닐봉지와 고무장갑에 에워싸인 앨버트로스 새끼들이나 하얗게 변해가는 산호초를 눈앞에서 지켜볼 때, 바다코끼리가 본래 타고 다니던 해빙이 다 녹아 사라지는 바람에 어쩔 수 없이 기어올랐던 절벽에서 떨어지는 모습을 볼 때 눈시울이 뜨거워졌음을 고백해야겠다. 그것은 자연 다큐멘터리에서 우리가 흔히 보던 매혹적이고 감미롭고 원시적인 자연 세계가 아니라, 인간의 영향에 유린당한 자연이었다. 나는 제작진이 그렇게 가슴 아픈 장면들을 기꺼이 담고자 한 것은 사람들에게 우리 자신이 지금 어떤 피해를 미치고 있는지를 보고자 하는 욕구가 있음을 깨달았기 때문이라고 생각한다. 예전에는 오직 경이로운 동물들을 찍은 멋진 장면만을 보고자 했는데 말이다.

나는 티핑 포인트가 아주 가까워졌다고 생각한다. 한 사람을 설득하도록 노력하자. 자신의 가족이나 가까운 친구나 직장 동료를. 누구인지는 중요하지 않다. 벌이 식량 공급에, 심지어 아침 커피에 얼마나 중요한 역할을 하는지 등 벌을 말머리로 삼아서 이야기를 꺼낼 수도 있다. 우리 각자가 한 사람을 설득하고, 그 사람이 또 한 사람을 설득하는 식으로 일을 진행하면, 머지않아 온 세계가 참여하게 될 것이다. 어느 누구도 혼자서는 결코 할 수 없지만, 함께한다면 할 수 있다. 마지막으로 힘을 모을 때이다.

지킬 앤 하이드 메뚜기

사막메뚜기는 그저 몸집이 큰 메뚜기이다. 세계의 따뜻한 거의 모든 지역에 살며, 평소에는 무해하고 대체로 홀로 생활한다. 대개 위장하기 좋은 녹색이나 갈색을 띠고, 거의 한곳에 머물면서 다양한 식물의 잎을 뜯어 먹는다. 짝을 찾을 때를 제외하면, 이들은 동족을 거의 무시하거나 아예 피한다. 그러다가 한바탕 폭우가 쏟아져서 식물이 생장하기 좋은 조건이 조성되면 모든 것이 달라진다. 먹이가 많아지면서 사막메뚜기도 수가 크게 불어날 수 있다. 개체수가 불어나기 시작할 때 종종 그렇듯이, 어린 메뚜기들은 뛰어다니다가 서로 부딪친다. 이런 촉각 자극은 메뚜기들의 몸과 행동에 놀라운 변화를 일으킨다. 이들은 선명한 색깔을 띠게 되고(대개 검은색과 노란색), 움직임도 활발해진다. 또한 적극적으로 서로를 찾아나서면서 군거성群居性을 가지게 되고, 이윽고 대규모 무리를 짓는다. 독립 생활을 하는 사막메뚜기는 독소가 든 식물을 피하지만, 군거성 메뚜기는 독을 지닌 식물을 적극적으로 찾아 먹으며 독소를 몸에 저장한다. 이 독 때문에 포식자는 이들을 기피한다. 이들은 빨리 자라고 빨리 번식한다. 무리도 빠르게 커져서 2,000억 마리까지 불어나기도 한다. 1제곱킬로미터에 8,000만 마리가 우글거리고, 날 때면 하늘을 새까맣게 뒤덮는다. 이런 조건에서 군거성 메뚜기는 몇 분 사이에 식생은 물론 작물도 모조리 뜯어먹으면서 계속 이동한다. 이들은 선사시대부터 작물을 초토화했다. 사막메뚜기 떼는 고대 이집트의 상형 문자로 된 기록에도,『성서』와『코란』에도 등장한다. 20세기에는 사막메뚜기 떼가 출현하는 횟수가 줄어들었지만, 2020년에 엄청난 무리가 아프리카, 중동, 아시아의 상당 지역을 휩쓸었다. 이렇게 크게 불어났다가 줄어드는 전략을 통해서 사막메뚜기는 어른거리는 곤충 "종말"을 피할 수 있을지도 모른다.

제18장

도시를 푸르게

우리는 기후 변화, 열대림 파괴, 빙하가 녹으면서 일어나는 북극곰의 몰락처럼 거대하고 세계적인 보전 현안 앞에서 무력감을 느낄 때가 많다. 우리가 개인적으로 취하는 행동은 너무나 미미하고 너무나 분산되어 있기 때문에 어떤 가시적인 변화도 일으키지 못하는 것처럼 보일 수 있으며, 우리가 어떤 직접적인 영향을 미친다고는 상상할 수 없는 멀리 떨어진 곳에서 사건이 펼쳐질 때도 많다. 다행히 곤충 보전은 누구나 직접 참여할 수 있고, 가시적인 변화를 불러올 수 있는 형태의 일이다. 북극곰과 달리 곤충은 늘 우리 주변에서 살아간다. 우리의 정원, 도시 공원, 텃밭, 묘지, 도로변, 철도변, 회전 교차로 중앙 화단 등 더 곤충 친화적으로 만들기가 비교적 쉬운 곳들에 서식한다. 영국은 정원 면적이 약 50만 헥타르에 달하며, 이는 자연보전구역의 전체 면적보다 더 넓다. 게다가 앞으로 건축 예정인 주택 단지들이 있으므로 더 늘어날 것이다. 정원은 이런 녹색 공간들을 통해서 서로 연결되며, 마을과 크고 작은 도시들은 도로변, 철도변, 하천 둑으로 서로 이어진다. 영국만 해도 도로변의 길이가 약 40킬로미터에 달한다. 그러니 크고 작은 도시와 마을, 정원을 벌이 윙윙거리며 돌아다니는 곤충 친화적 서식지 연결망으로 구축할 기회가 있다.*

정원사가 취할 수 있는 가장 확실한 조치는 꽃가루 매개자 친화적인 꽃을 심는 것이다. 아주 쉬우며, 비록 100퍼센트 신뢰할 수는 없다고 해도 권장할 수 있는 꽃들이 많다. 꽃가루 매개자 친화적인 식물들의 목록도 많이 나와 있다. 영국에서는 왕립 원예 협회가 발표한 목록이 온라인에 공개되어 있는데, 가장 포괄적이고 신뢰할 수 있다. 식물원에서는 보통 벌 그림을 곁들인 꼬리표를 붙여서 꽃가루 매개자 친화적인 식물이라는 사실을 표시한다. 대체로 북반구 온대 지역에서는 라벤더, 로즈메리, 마조람, 컴프리, 개박하, 타임, 제라늄(친척 식물인 펠라르고늄과 혼동하지 말기를 바란다. 펠라르고늄은 남아프리카에 사는 혀가 긴 파리를 통해서 꽃가루받이를 하는 쪽으로 적응했기 때문에 영국 토착 곤충에게는 무용지물이다)처럼 예전 시골집 정원에 흔히 심던 화초와 허브로 정원을 채우는 것도 나쁘지 않다. 여유가 있다면 토착 야생화도 함께 심자. 서유럽에서는 디기탈리스, 에치움, 광대수염도 탁월한 선택이며, 그밖에도 많은 식물이 있다. 일부 토착 식물은 아름다운 꽃을 피우며, 나비 애벌레의 먹이 식물이기도 하다. 가령 영국에서 서

---

* 텃밭과 도시의 녹지를 "다시 야생화하는" 방법을 더 자세히 알고 싶다면, 내 책 『정원 정글』을 읽어보시라.

양벌노랑이와 꽃냉이는 각각 유럽푸른부전나비와 유럽갈고리나비 애벌레의 먹이이다. 아프리카봉선화, 베고니아, 피튜니아, 팬지처럼 철에 따라서 화단에 으레 바꿔 심는 식물들은 피하자. 이런 식물들은 크고 화려한 꽃을 얻기 위해서 집중적으로 교배한 산물인데, 그 과정에서 향기와 꿀이 사라지거나, 곤충이 들어갈 수 없을 만큼 꽃 모양이 심하게 변한 종들이 많다. 따라서 예쁘지만 곤충에게는 무용지물인 경향이 있다. 또 장미, 벚나무, 접시꽃, 매발톱 같은 식물들의 겹꽃 품종들도 피하자. 꽃가루 대신에 꽃잎을 더 만들도록 한 돌연변이이기 때문이다.

정원이 아주 작다고 해서 절망하지 말자. 베란다나 옥상도 벌과 꽃등에 같은 꽃가루 매개자에게 먹이를 줄 수 있다. 나는 도심 건물의 10층에 뒤영벌이 시간 약속이라도 한 양 일정한 시간마다 나타나서 도시 정글의 어딘가에 숨겨진 집으로 먹이를 옮기는 모습을 본 적도 있다. 화분에 심은 마조람이나 골파 같은 몇몇 허브는 요리에 맛을 더하는 동시에 곤충을 꾈 수 있다.

집에 잔디밭이 있다면, 잔디 깎는 횟수를 줄이는 것만으로도 정원을 곤충의 낙원으로 만들 수 있다. 이 경우 연료와 시간도 아낄 수 있으며, 얼마나 많은 꽃이 피어나는지 놀랄 수도 있다. 미나리아재비, 데이지, 민들레, 토끼풀, 꿀풀, 서양벌노랑이는 잔디밭에서 흔히 자라지만, 잔디를 계속 깎으면 꽃이 필 겨를이 없다. 2주일쯤 깎지 않고 두면, 이내 꽃봉오리가 올라와서 펼쳐지고 곤충들이 몰려들 것이다.

물론 깔끔이 정원사에게는 이런 잔디밭의 꽃이 손으로 잡아 뽑거나 제초제를 뿌려서 제거해야 할 "잡초"이다. 반면 나는 왜 예쁜 꽃 한 송이도 피지 못할 만큼 완벽하게 균일한 푸른 잔디밭을 가꿔야만 직성이 풀리는 사람들이 있는지 도무지 이해가 되지 않는다. "잡초"라는 개념은 오로지 우리 머릿속에만 있는 것이다. 누군가에게는 잡초가 다른 누군가에게는 아름다운 야생화가 된다. 어떻게든 데이지나 토끼풀 같은 "잡초"가 맞서서 없애야 할 적이 아니라 잔디밭에 바람직한 식물로 보이도록 시각을 바꾸면, 우리는 아주 많은 시간, 돈, 스트레스를 줄일 수 있을뿐더러 자연에도 도움을 주게 된다.

이와 관련지어서 우리는 정원을 무농약 구역으로 만들 수도 있다. 사실 정원에는 농약을 뿌릴 필요가 아예 없다. 대체 왜 아이들이 뛰어노는 곳에 독을 뿌리고 싶어하는가? 이 말은 내 경험에서 나온 것이다. 운 좋게도 나는 꽃, 과일, 채소, 야생생물이 가득한 0.8헥타르의 정원을 소유하고 있으며, 그 생물들은 인공 화학 물질이 전혀 없는 가운데 적절히 조화를 이루며 살아간다. 진딧물이나 가루이가 몇 마리 보인다면 그냥 놔두자. 풀잠자리, 무당벌레, 집게벌레, 꽃등에, 푸른박새의 먹이이니까. 그들은 아마 곧 먹힐 것이며, 그렇지 않다고 해도 별 해를 끼치지 않을 것이다. 어떤 식물에 해충이 계속 우글거린다면, 그것은 그 식물이 행복하지 않다는 확실한 신호이다. 그냥 자신의 정원 조건에 더 적합한 식물을 재배하는 쪽을 택하라.

정원을 무농약 공간으로 만들고 싶다면, 지역 농원에서 판매하는 예쁜 꽃을 살 때에 주의를 기울여야 한다. 안타깝게도 "벌 친화적"이라는 꼬리표가 붙은 것까지 포함하여 농원에서 파는 식물들은 대부분 살충제 등의 농약 처리가 되어 있으며, 그런 물질은 종종 식물에 남아 있다. 이 사실은 우리 연구실이 2017년에 영국 종묘점에서 파는 식물을 골라서 농약 검사를 시행한 결과 드러났다. 벌 친화적이라는 꼬리표가 붙은 식물 중 97퍼센트에는 적어도 1개 이상의 농약이 들어 있었고, 네오니코티노이드 살충제가 검출된 것도 70퍼센트에 달했다. 후자는 현재 대부분 금지되었지만, 다른 살충제로 대체되었다는 쪽에 기꺼이 내기를 걸겠다. 유기농 종묘점에서 구입하는 편이 훨씬 나으며(온라인에서도 찾을 수 있다), 아니면 씨로 직접 기르거나 친구나 이웃과 식물을 교환하는 방법도 있다. 또 이런 대안들은 많은 원예 식물을 기르는 데에 쓰이는 이탄 기반의 퇴비, 투입되는 비료, 담아서 파는 플라스틱 화분(대부분 결코 재사용되지 않는다)과 관련된 환경 비용도 줄여준다.

이왕 하는 김에, 지역 당국에 동네 공원과 도로변 화단에 농약을 뿌리는 일을 중단하라고 청원서를 쓸 수도 있다. 심지어 농약 살포를 완전히 중단하라고 촉구할 수도 있다. 30년 전, 캐나다 퀘벡의 허드슨이라는 소도시(인구 5,135명)는 농약을 금지한 최초의 도시가 되었다. 금지 조치는 준 어윈이라는 지역 의사의 헌신적인 노력 덕분에 실현되었다. 환자들에게 생긴 건강 문제들이 정원에 마구 뿌리는 농약과 연관이 있다고 확신하게 된 그녀는 6년 동안 시 의회가 열릴 때마다 참석하여 이 문제를 제기했다. 이윽고 의회가 시 경계 내에서 모든 화학 물질 농약을 금지하는 조례를 통과시키면서, 그녀의 끈기 있는 노력은 결실을 맺었다.

이후 토론토와 밴쿠버 같은 주요 도시들을 비롯하여 캐나다 전역의 170개 시가 허드슨의 뒤를 따랐고, 캐나다 10개 주 가운데 8개 주가 도로변 화단 등에 대한 농약 살포를 전면 금지했다. 준 어윈 덕분에 현재 캐나다인 3,000만 명은 무농약 지대에서 살고 있다. 일본에서 벨기에, 미국에 이르기까지 전 세계의 여러 소도시들도 그 뒤를 따랐다. 프랑스는 그 생각을 진지하게 받아들여 900개 소도시가 "무농약 마을"을 선언했고, 이에 정부도 2020년부터 농업 이외의 용도로 농약을 사용하는 일을 전면 금지하기에 이르렀다. 지금은 등록된 농민만이 농약을 구매할 수 있다.

영국에서는 이 운동을 받아들이는 속도가 다소 더뎠다. 브라이턴, 브리스틀, 글러스턴베리, 루이스, 런던의 해머스미스&풀럼 자치시 등 영국의 많은 도시 주민들은 지역 당국에 농약 사용을 중단하라고 요구해왔지만, 가정에서의 사용을 제한하고 싶은 마음은 전혀 없는 듯하다. 프랑스의 도시 지역 전체가 농약을 전혀 쓰지 않고 관리를 할 수 있다면, 우리도 분명히 본받을 수 있지 않을까? 내게는 그렇게 하는 데 거의 또는 전혀 아무런 문제도 없어 보인다. 농약 제조업자나 유통업자가 아니라면 말이다. 물론 장점은 도시의 생물다양성이 더 높아지고, 우리나 우리 아이들이 정원이나 지역 공원에서 놀 때 그런 독소―발암 물질도 포함된다―에 노출될 일이 전혀 없다는 것이다.

정원사가 관리하는 정원을 좀더 야생적으로, 그리고 좀더 생물이 풍부하도록 만들기 위해서 취할 수 있는 사소한 조치들은 많다. 연못은 잠자리, 소금쟁이, 물맴이 같은 온갖 곤충과, 운이 좋다면 영원, 개구리, 두꺼비 같은 양서류가 모이는 경이로운 곳이다. 작은 연못도 생명이 가득하고, 새가 물을 마시고 목욕할 장소를 제공한다. 퇴비 더미를 쌓아서 직접 유기 폐기물을 재활용하면 톡토기에서 곰벌레, 노래기, 쥐며느리에 이르기까지 온갖 작은 동물들에게 살 곳을 제공할 수 있고, 아주 기름진 퇴비를 얻어서 농원에서 비닐 포대에 담긴 퇴비를 살 필요도 없어질 것이다. 여유가 있다면, 직접 씨를 뿌려서 야생화 꽃밭을 만들거나 사과나무, 벚나무, 버드나무, 라임나무 같은 꽃나무를 심자.

마지막으로 정원에 몇몇 곤충의 집을 제공해보고자 시도할 수도 있다. 종묘점에서는 별 쓸모없는 온갖 "벌레 호텔"을 판다. 한 예로는 흔히 판매되는 나비 겨울잠 상자가 있는데, 미국 펜실베이니아 주립 대학교의 과학자들이 2년 동안 그런 상자 40개를 대상으로 야외 실험을 실시한 결과, 나비는 그 안으로 1마리도 들어가지 않았다(거미는 꽤 많이 들어 있었다). 반면에 독립 생활을 하는 벌 종들에게 집을 제공하는 용도로 만든 "벌 호텔"은 놀라울 만큼 효과가 있다. 붉은털뿔가위벌과 가위벌 같은 종들은 그저 수평으로 난 구멍만 있으면 그곳을 집으로 삼는다. 그런 벌들을 위한 호텔은 쉽게 만들 수 있다. 나무 토막에 지름 6-10밀리미터의 구멍을 드릴로 뚫거나 대나무를 한 다발 묶어놓으면 된다. 호텔 안에서 어떤 일이 일어나는지 엿볼 수 있도록 창을 낸 멋진 디자인의 제품도 판매되고 있는데, 어른들뿐 아니라 아이들의 흥미를 끌기에 아주 좋은 제품이다. 벌 호텔의 투숙자는 주변에 어떤 벌이 있는지에 따라서 들쑥날쑥한데, 방이 꽤 많이 찰 수도 있다.

만실이 되는 사례도 종종 있다. 또 플라스틱 우유병 같은 물건으로 작은 연못을 만들어서 "꽃등에 물웅덩이"를 마련해줄 수도 있다. 물을 채워서 잔디나 잎을 조금 뜯어다가 넣은 뒤, 아름다운 꽃등에가 와서 알을 낳기를 기다리면 된다.

물론 복작거리고 도시화된 현대 세계에서는 실외 공간이라고 할 만한 것을 가지지 못한 사람들이 많다. 그런 사람에게는 이런 정원 가꾸기 어쩌고저쩌고 하는 이야기들이 좌절감을 불러일으킬 수도 있다. 그러나 그런 사람들 역시 참여할 방법이 있다. 가령, 스코틀랜드 스털링에 있는 주말 환경보전주의 단체 온더버지On the Verge의 사례를 따를 수도 있다. 그들은 주말에 잘 깎인 잔디밭을 찾아다니면서 어디든 야생화 씨를 뿌린다. 물론 주인의 허락은 받는다. 스털링과 그 이웃 지역인 클라크매넌셔의 도로변, 회전 교차로, 공원, 학교 교정 등에는 현재 82곳의 야생화 꽃밭이 조성되어 있다. 심지어 교도소 구내에도 있다. 우리 연구실의 열정 넘치는 대학생인 로나 블랙모어는 이 야생화 꽃밭을 조사해서 주변의 바짝 깎은 잔디밭과 비교하는 일을 하고 있다. 로나는 이런 꽃밭이 원래 있던 잔디밭보다 꽃이 25배, 뒤영벌이 50배, 꽃등에가 13배 더 많다는 사실을 알아냈다. 모든 크고 작은 도시들에서 비슷한 활동이 벌어져서, 우리가 사는 도시 곳곳에서 야생화 꽃밭을 볼 수 있다면 멋지지 않을까?

범위를 좀더 넓혀보자. 대부분의 지역 당국은 야생생물이 풍부하게 살아갈 수 있지만 현재는 그렇지 못한 땅을 많이 소유하고 있다. 따라서 그들을 설득하여 참여시킬 수 있다면 엄청난 잠재력을 지니게 된다. 공원은 꽃가루 매개자 친화적인 꽃들, 야생생물이 가득한 연못, 꽃나무와 과일나무, 벌 호텔과 꽃등에 물웅덩이가 가득한 꽃밭이 될 수 있다. 모든 회전 교차로 한가운데에는 야생화가 가득 피어날 수 있다. 묘지는 신경 써서 관리한다면 야생생물이 아주 풍부한 장소가 될 것이다. 몇몇 오래된 묘지에는 오래된 야생화 꽃밭에 못지 않게 다양한 꽃들이 핀다.* 반면 말끔하게 깎은 잔디밭에 제초제를 꾸준히 뿌림으로써 아주 단정하면서 산뜻한 모습을 유지하는 곳도 많다. 지역 당국은 새 택지 개발을 할 때, 지붕 녹화와 식목을 통해서 자연을 위한 공간을 마련하도록 의무화할 수 있고, 야생생물이 풍부해진 미개발지를 보호할 수도 있다. 도시의 외곽에는 흔히 골프장이 있다. 영국의 골프장 면적은 약 2,600헥타르이다(서리 지역에만 142곳이 있다). 골프장은 보통 페어웨이와 그린이 약 50퍼센트, 풀밭과 숲이 약 50퍼센트를 차지한다. 후자는 많은 야생생물이 서식하기에 아주 좋은 공간이 될 수 있다. 이미 생물다양성이 꽤 높은 곳도 있지만, 외래종 나무를 심고 농약과 비료를 많이 뿌려서 생물다양성이 낮은 곳도 많다. 지역 당국은 새 골프장 설립을 허가할 때 무농약 관리를 의무화하고, 야생화 꽃밭과 토착 나무를 비롯하여 해당 지역에 맞는 토착 식생을 조성하여 모든 러프 구역을 야생생물을 위한 공간으로 관리하도록 조건을 붙일 수 있다. 아마 기존 골프장에도 조금씩 야생을 다시 도입할 수 있을 것이다. 16세기에 골프가 처음 창안되었을 때의 골프장에 더

---

* 신의 땅 돌보기Caring for God's Acre라는 영국 자선 단체는 교회 마당과 묘지의 야생생물을 돌보는 일을 한다.

가까운 모습으로 말이다.

　도시 지역을 녹화하면 곤충, 야생화, 곤충을 먹는 많은 동물은 분명히 혜택을 보겠지만, 그렇게 되었을 때 우리 인간에게 얼마나 이로운지는 아마 덜 와닿을 듯하다. 100여 년 전에 영국 내셔널트러스트의 공동 설립자인 옥타비아 힐은 이렇게 말했다. "맑은 하늘과 자라는 모든 것을 보고 싶은 마음은 모든 사람에게 공통된 근본적인 욕구이다." 미국의 저명한 생물학자 E. O. 윌슨은 『바이오필리아 *Biophilia*』(1984)에서 인간은 자연과 정서적 교감을 나누려는 타고난 본능을 지니며, 이 본능이 충족되지 못할 때에 우리의 행복에 지장이 생길 수 있다고 주장했다. 그로부터 얼마 지나지 않아서 "생태심리학 ecopsychology"이라는 새로운 심리학 분야가 출현했다. 캘리포니아의 시어도어 로작이 이름 붙인 이 분야는 야생과의 상호 작용 감소가 우리의 심리 발달과 행복에 어떤 영향을 미치는지를 탐구한다. 주된 논지는 사회가 자연과 단절되면 개인 생활의 다양한 측면들에 부정적인 영향이 가해지며, 심지어 망상과 정신 이상까지 생긴다는 것이다. 이어서 미국의 작가 리처드 루브는 『자연에서 멀어진 아이들 *Last Child in the Woods*』(2005)에서 회색 도시 환경에서 자라는 많은 아이들이 "자연 결핍 장애 nature deficit disorder"를 겪는다고 주장했다. 이는 야외에서, 자연에서 놀 기회가 부족해서 생기는 다양한 행동 문제들을 가리킨다. 그는 주의력 결핍 장애, 불안, 우울, 환경과 다른 생명체를 존중하는 마음 부족 등의 문제들이 여기에 포함된다고 주장했다. 같은 맥락에서 영국의 환경 운동가 조지 몽비오도 『활생 *Feral*』(2013)에서 인간이 야생의 자연을 경험하려는 원초적인 욕구를 가진다는 아이디어를 제시했다.

이런 이야기들은 모두 대단히 흥미로우며, 자연을 추구하는 욕구를 뒷받침할 강력한 논리처럼 보인다. 그러나 증거는 어디에 있을까? 정기적으로 자연을 접하지 않으면 정말로 불안해지고 우울해지고 망상에 빠지고 정신에 이상이 생길까? 아니면 그저 자신들의 대의를 뒷받침하고자 열망하는 환경론자들의 소망일 뿐일까? 다시 말해서, 사람은 바람에 나부끼는 풀잎도 보지 못하고 새의 노랫소리를 듣지 못해도, 지극히 행복하고 흡족한 삶을 살아갈 수 있을까?

자연을 접하면 이런저런 혜택을 얻는다는 주장들이 전부 치밀한 연구 앞에 버틸 수 있는 것은 아니겠지만, 의학자, 심리학자, 사회과학자, 생태학자 등 다양한 분야의 연구자들이 수행한 많은 경험 연구들은 자연과의 접촉이 정말로 우리에게 폭넓은 혜택을 안겨준다는 점을 명백하게 보여준다. 자연 속을 15분간 걷기만 해도 도심지를 걸은 사람에 비해 주의력과 행복감이 향상된다는 사실이 밝혀졌다. 비록 실제 자연을 접하는 데에는 못 미치지만, 자연을 찍은 동영상을 보기만 해도 상당한 소득이 있었다. 스코틀랜드 도시 거주자들이 인근 녹지에 사는 이들보다 스트레스에 더 예민하게 반응하고, 네덜란드에서 공원이 더 많은 도시 지역에 사는 이들이 불안 장애와 우울증에 덜 걸린다는 연구 결과들도 있다. 캘리포니아에서는 재산 등 다른 요인들을 전부 감안했을 때, 나무가 더 많은 도시에 거주하는 이들이 살이 덜 찌고 당뇨병과 천식을 앓을 가능성이 낮다는 연구 결과가 도출되었다. 녹지가 더 많은 동네에 사는 임신부는 더 건강한 아기를 낳는 경향을 보이며, 벽돌 담으로 가려진 병실보다 녹지가 보이는 병실에 입원한 환자가 더 빨리 회복된다. 또한 녹지로 둘러싸인 집에 살면 아이의 인지 기능과 어른의 정신 건강이 좋아진다. 출근할 때 가상으로 차를 몰고 시골 풍경을 거쳐서 가도록 하면 도시 풍경을 거쳐서 갔을 때보다 직장에서의 스트레스에 더 잘 대처할 수 있었다. 정원사와 주말농장 이용자가 다른 이들보다 삶의 만족도와 자존감이 높으며, 심신도 더 건강하고, 우울과 피로를 덜 느낀다는 연구 결과도 많다. 야생으로 탐사나 야영을 가면 정신 건강의 다양한 측면들과 자연과의 교감 정도가 향상된다. 이런 연구들은 훨씬 더 많이 있지만, 이 정도만 해도 요지가 무엇인지를 충분히 알아들었으리라고 본다. 우리 인간은 푸른 자연을 접하거나 볼 때에 더 건강해지는 듯하다.

이런 증거들이 늘어남에 따라서 뉴질랜드와 오스트레일리아의 의사들, 더 최근에는 영국의 의사들도 일부 환자들에게 기존 약 대신에 "녹색 처방전"을 내주기 시작했다. 녹색 처방전은 대개 공원이나 시골길을 정기적으로 걷거나, 나무 심기 같은 야외 활동에 참여하라는 처방 형식을 취한다. 물론 그 혜택의 상당 부분은 운동 자체에서 나오지만, 자연으로 나가는 것과 결합될 때에 가장 효과가 있는 듯하다. 또한 이는 단순히 체육관에 가라고 권하는 것보다 환자가 따를 가능성이 더 높다.* 일본에서는 의사들이 으레 "삼림욕"(그냥 숲에서 시간을

---

* 유럽과 북아메리카의 사람들은 지난 50년 사이에 활동량이 훨씬 줄어서, 하루에 평균 500칼로리를 덜 쓴다. 주로 책상 앞에 앉아서 일을 하고, 걷거나 자전거를

보내는 것을 말하며 진짜로 목욕을 할 필요는 전혀 없다!)을 권한다. 삼림욕은 면역 기능 증진 등 다양한 건강 혜택을 제공하는 듯하다.

어쩌면 지금까지의 논리에 한 가지 결함이 있음을 알아차렸을 수도 있겠다. 녹지 접근성과 인간의 행복이 관계가 있다는 증거는 많지만, 그 녹지의 질이 어떠한지는 그다지 언급되어 있지 않다. 말끔하게 깎은 쭉 펼쳐진 잔디밭과 측백나무 울타리만으로 충분할까? 이 정도는 인조 잔디와 조화로도 가능하지 않을까? 야생화, 나비, 새가 있다고 마음이 편해지고 혈압이 떨어질까? 생물다양성이라는 측면에서 녹지의 질이 사람의 건강에 긍정적인 영향을 미치는지 여부를 살펴보려고 시도한 연구는 놀라울 만큼 드물다. 그러나 그 소수의 연구들은 대부분 생물다양성이 높을수록 정말로 우리에게 좋다는 결과를 도출했다. 녹지의 식물과 나비 모두 인간 행복의 척도들에 긍정적인 영향을 미치지만, 생물다양성 가운데 인간의 건강과 가장 강한 연관성을 보이는 것은 조류, 특히 명금류의 다양성인 듯하다. 흥미롭게도 영국의 한 연구에 따르면, 정원에서 이름을 아는 새를 볼 때 사람들이 더 기쁨을 느낀다고 한다. 이는 사람들이 직접 알아볼 수 있다면 자연에 더 관심을 가지고 자연과 더 교감할 가능성이 높다는 주장을 뒷받침

타기보다는 차를 몰고 출퇴근하고, 계단을 오르기보다는 승강기를 이용한 결과이다. 영국 정책연구소Policy Studies Institute에 따르면, 1971년에는 7-8세 아동이 홀로 또는 친구들과 함께 걸어서 통학을 했지만, 1990년에는 그런 아동이 10퍼센트 미만으로 줄었으며, 대부분 부모의 차를 타고 통학했다고 한다. 영국에서 활동량이 적은 생활 습관 때문에 생기는 건강 문제와 결근으로 생기는 경제적 손실은 연간 약 100억 파운드에 달한다고 추정된다.

한다.

한 가지 흥미로운 의견은 우리가 생물이 다양한 환경을 접하면 더 다양하고 건강한 미생물군을 접종받게 된다는 것이다. 여기에서 미생물군이란 우리 몸 안팎에 사는 다양한 미생물들을 가리킨다. 어릴 때 이로운 미생물들에 노출되면 면역계 발달에 큰 도움이 되며, 만성 염증 질환에 걸릴 확률이 줄어든다. 평균적으로 도시 거주자는 체내 미생물군이 덜 다양하므로, 인간의 건강과 미생물이 다양한 환경을 접하는 것 사이에 연관성이 있다는 가정도 설득력이 있어 보인다. 또 나무와 관목의 다양성이 높을수록 숲이 빽빽하며 그 결과 공기 오염 물질을 더 잘 걸러낸다는 증거도 있다.

녹지를 접할 수 있도록 하면, 전반적으로 엄청난 건강 혜택을 얻는 것으로 보인다. 생물다양성이 풍부한 지역이라면 이 혜택이 더 클 가능성이 높다. 자연을 잘 알수록 이런 혜택은 더 확대될 수도 있다. 따라서 도시에 자연을 들여오는 일은 양쪽 모두에게 좋은 방법이 될 것이다. 이는 자연에도 좋고 우리에게도 좋다. 모든 정원 여기저기 구석에 작은 풀밭, 꽃피는 관목, 연못, 퇴비 더미, 벌 호텔과 꽃등에 물웅덩이가 있고 토착 야생화와 꽃가루 매개자 친화적인 꽃들이 가득하다고 상상해보라. 이는 작은 곤충 자연보전구역들의 모자이크가 될 것이다. 지역 당국이 참여한다면 여기에 꽃이 만발한 도로변과 회전 교차로의 화단, 꽃피는 가로수, 꽃피는 철도변, 시 자연보전구역, 학교 구내의 자연 구역, 도시 공원 등등이 연결되고, 이어서 사람들로 복작거리는 나라 전역의 서식지들과 이어지는 연결망이 구축될 것이다.

모든 새로운 개발은 처음부터 생물다양성과 주민들의 녹지 접근성을 최대화하도록 설계될 것이다. 나는 우리가 이런 일들을 어렵지 않게 해낼 수 있으리라고 본다. 시 의회와 지역 당국이 농약 사용을 금지하고 꽃가루 매개자에게 도움이 되는 계획을 세우고, 많은 정원사들이 드러나지 않게 자신의 정원을 작은 자연보전구역으로 전환하는 등 이미 진행 중인 부분들이 있기 때문이다.

우리의 도시 지역은 머지않아 사람들만을 위한 장소가 아니라, 사람과 자연이 행복하고 건강하게 함께 살아가는 곳이 될 수 있을 것이다. 그곳은 어디로 눈을 돌리든 푸른 잎과 꽃이 가득하고, 아이들이 뒤영벌의 윙윙거리는 친숙한 소리를 들으며 자라며, 새와 벌의 이름을 배우고 나비가 날갯짓을 할 때마다 반짝이는 아름다운 색깔들에 감탄하는 곳이다.

중복기생 말벌

곤충을 조금 안다면, 포식기생충이라는 말을 아마 들어보았을 것이다. 다른 곤충의 몸 바깥이나 안에 알을 낳아서, 부화한 애벌레가 살아 있는 숙주를 천천히 먹어치우며 자라도록 하는 다양한 말벌과 파리 종을 가리킨다. 곤충은 애벌레의 발달 단계가 거의 끝날 때까지 산 채로 먹힌다.

총채벌도 이런 포식기생충에 속한다. 이들은 몸길이가 0.13밀리미터에 불과해서 곤충 중에서 가장 작으며, 발달 단계 전체가 다른 곤충의 알 안에서 완결된다. 알아서 잘 살아가는 듯 보일지도 모르지만, 포식기생충 중에도 다른 포식기생충에게 공격을 받는 종이 많다. 가령 내 텃밭의 양배추는 배추흰나비 애벌레에게 종종 시달리며, 그럴 때면 나는 몇 시간에 걸쳐서 애벌레를 하나하나 잡는다. 이 애벌레에는 배추나비고치벌이라는 아주 작은 말벌이 기생하는 경우가 많다. 배추나비고치벌은 애벌레의 몸속에 알을 낳는다. 죽은 애벌레 옆에 노란 말벌 고치처럼 보이는 것이 처음으로 한 무더기 모습을 보일 때면 나는 늘 기쁘다. 그들이 나를 돕는다는 사실을 알기 때문이다. 그런데 고치벌 자신도 리시비아 나나라는 기생 말벌의 숙주가 된다. 리시비아도 나비 애벌레의 몸속에 알을 낳고, 깨어난 애벌레는 고치벌 애벌레의 몸속으로 들어간다. 리시비아는 애벌레가 숙주 식물을 뜯어먹을 때에 방출되는 휘발성 냄새를 통해서 애벌레를 찾는다. 놀랍게도 기생충에 감염된 애벌레에게 먹힐 때 식물이 방출하는 냄새는 건강한 애벌레에게 먹힐 때 내는 냄새와 미묘하게 다르다. 그래서 리시비아는 숙주 고치벌 안에 애벌레가 들어 있는지 냄새로 알 수 있다.

제19장

경작의 미래

도시를 자연보전구역들의 거대한 연결망으로 전환한다는 원대한 계획에 너무 흥분하지 말기를 바란다. 세계적으로 도시 지역은 육지 면적의 3퍼센트에 불과하다. 경작지는 그보다 훨씬 많은 약 40퍼센트인데 말이다(나머지 중에서는 극지방의 얼어붙은 땅이 많은 비율을 차지한다). 영국은 국토의 70퍼센트가 농경지이고, 그중 상당 지역은 생물이 서식하기 어려운 곳이어서 야생생물은 늘 힘겹게 살아갈 것이다. 우리 대다수는 산업농이 "세계를 먹여 살릴" 유일한 방법이라고 받아들이는 듯하며, 또 야생생물의 쇠퇴가 그것의 불가피한 부수적 피해라고 암묵적으로 받아들이는 것 같다. 이는 어떤 의미에서 자연과 우리 중에서 선택을 하는 것과 같다. 그리고 물론 우리는 언제나 우리 자신을 선택할 것이다. 그러나 이것이 정말로 양자택일의 문제일까? 식량을 확보하는 동시에 자연을 지탱하는 일이 불가능할까? 나는 우리가 양쪽을 다 할 수 있다고 주장하겠다. 즉 우리는 케이크(또는 당근)를 구해서 먹을 수 있다. 더 나아가 나는 우리가 수확량을 최대화하는 쪽에 초점을 맞춰서 더 집약적인 산업농을 계속 추구한다면, 자연뿐 아니라 궁극적으로 우리 자신도 전멸시키리라고 경고하겠다. 우리의 생존 자체가 건강한 환경에 달려 있기 때문이다.

여기에서 현대 농사 방식의 관점에서 우리가 어떻게 여기까지 왔는지를 돌아보자. 100년 전에는 농장의 규모가 대체로 훨씬 작았다. 각 농가의 밭도 작았고, 가축에 필요한 목초지와 건초지도 군데군데 섞여 있었다. 농민들은 농약을 거의 또는 전혀 사용하지 않았고 합성 비료도 거의 또는 전혀 없었으며, 경작지의 생물다양성은 훨씬 높았지만 수확량은 훨씬 적었다. 1920년부터 극적이면서 전면적인 변화가 일어나기 시작했다. 가령 영국에서는 인구가 꾸준히 증가해서 4,300만 명에서 지금의 6,600만 명으로 약 50퍼센트가 늘어난 반면, 경작자의 수는 약 90만 명에서 지금은 20만 명 미만으로 줄었다. 과수원은 80퍼센트가 사라졌다. 수입 과일에 밀렸기 때문이다. 농장들이 합쳐지고 밭이 점점 커지면서, 산울타리도 약 50만 킬로미터가 사라졌다고 추정된다. 현재 합성 농약과 비료는 으레 모든 밭에 해마다 여러 차례 뿌려지고 있다. 가축의 수는 증가하여 돼지는 2배, 가금류는 4배가 늘었다. 이들은 대부분 실내에서 사육되기 때문에 눈에는 잘 띄지 않는다.

그 어떤 농민 단체도—또는 정치인도, 아니 사실상 그 어느 누구도—책상 앞에 앉아서 이런 변화를 하나하나 기록하지 않았다. 전 세계에서 경작은 시장의 압력, 기계화, 기술 혁신, 계속해서 달라지는 정부 보조금과 대내외 정책과 규제, 화학 물질의 가용성 증가, 엄청난 구매력을 갖춘 슈퍼마켓의 등장, 값싼 식품을 원하는 대중의 수요 증가에 발맞춰서 진화해왔다. 때로 농민들은 그저 망하지 않기 위해서 필요하다면 무엇이든 했다. 그러나 다수의 작은 농가들이 몰락해서 더 큰 농가에 흡수되었다. 농민을 탓하는 일은 무의미하다. 우리의 시골에 일어난 일들과 우리 자신이 현재 이런 상황에 놓인 것은 우리 모두의 책임이다.

더 큰 그림을 보자면, 현대 농업은 엄청나게 비효율적이고 잔혹하며 환경에 피해를 입히는 식량 공급 체계의 일부이다. 세계적으로 우리는 인구를 먹이는 데에 필요한 양보다 약 3배 더 많은 열량을 생산하지만, 그중 약 3분의 1은 낭비하고, 3분의 1은 동물에게 먹인다(그리고 그 동물들은 대개 과밀된 실내의 비인도적인 조건에서 사육된다). 동물에게 먹이는 작물 생산에 쓰이는 경작지 면적과 동물이 풀을 뜯도록 하는 목초지 면적을 더하면, 세계 경작지의 4분의 3은 고기와 유제품 생산에 쓰인다. 나머지 4분의 1의 경작지에서 우리는 곡물과 기름을 과잉 생산하며, 그중 상당량으로 건강하지 못한 탄수화물과 지방이 풍부한 가공 식품―파스타, 피자, 과자, 비스킷 등―을 생산한다. 반면에 충분한 여유가 있어도 세계의 모든 이들이 건강한 식사에 필요한 과일과 채소는 충분히 생산하지 않는다. 그 결과, 전 세계에서 비만과 당뇨가 대유행하고 있다. 지속 가능하면서 환경 친화적인 방식으로 건강한 식품을 전 세계에 공급하는 체계를 새롭게 다시 설계한다면, 현재의 농사 방식과는 닮은 점이 전혀 없을 것이다.

우리가 원하는 이상적인 식량 생산 체계는 무엇일까? 첫째, 우리는 모두가 영양가 있는 식사를 할 수 있을 만큼 충분한 식량을 생산하고, 모두가 그 식사를 누릴 수 있게 유통하며, 어떻게든 모두가 그런 식량을 구입할 능력을 갖추도록 해야 한다. 둘째, 이 체계를 무한정 지속 가능하게 만들어야 한다. 그러면 기후 변화를 일으키거나, 토양 악화를 초래하고, 하천을 오염시키거나, 꽃가루 매개자를 비롯한 야생생물들을 감소시킬 수가 없다. 앞에서 이미 "공유−보전" 논쟁을 다룬 바 있다. "공유론자"는 생물다양성 지원과 식량 생산을 통합하도록 노력하자고 주장하는 반면, "보전론자"는 가능한 한 많은 땅을 자연을 위해서 따로 떼어둘 수 있도록, 가능한 한 수확량을 최대화할 수 있게 일부 지역에서 집약적으로 경작을 하자고 주장한다. 우리의 현행 체계는 전자보다 후자에 가깝다. 단연코 지속 가능하지 않은 방식으로 지구 환경을 계속 악화시키는 고투입 고출력 시스템이다. 우리는 여기저기에 "따로 떼어둔" 고립된 땅—자연보전구역—에 자연을 보전하려고 시도하지만, 자연은 여전히 빠르게 쇠락하고 있다. 독일 자연보전구역의 곤충 개체군 붕괴는 이 접근법이 효력을 발휘하지 못함을 잘 보여준다. 따로 떼어둔 땅이 주변의 황폐화에 영향을 받기 때문이다. 그린란드와 남극 대륙 같은 가장 외딴 곳에 따로 떼어둔 땅조차 기후 변화의 영향을 받고 있다.

나는 보전 철학에 한 가지 근본적인 결함이 있다고 추정한다. 누군가가 수확량을 2배로 늘리는 새로운 밀 품종을 개발한다고 하자. 세계의 밀 농민들이 과연 자기 땅의 절반을 자연에 양도할까? 그렇지 않다. 밀 가격은 폭락할 것이고, 우리는 그 잉여물을 더욱더 낭비하는 방식을 찾아낼 것이다. 동물에게 더 많이 먹이거나 바이오 연료 생산에 더 많이 투입하는 등의 방책이 그렇다. 결국 농민들은 수요를 맞추기 위해서 더욱더 열심히 농사를 짓게 될 것이고, 자연은 전혀 혜택을 보지 못할 것이다.

대신 우리가 보전 경로를 취하면 어떨까? 어떻게 하면 현재의 농사 방식을 진정으로 지속 가능하고 자연을 지원하면서 한편으로 건강한 식량을 충분히 생산할 수 있도록 바꿀 수 있을까? 한 가지 대안은 농민들에게 "병충해 종합 관리IPM"라는 기법을 채택하도록 장려하고 지원하는 방법이다. IPM은 사실 명확히 정의된 접근법이라기보다는 하나의 철학으로, 농약을 최후 수단으로 사용함으로써 농약 사용을 최소화한다는 목표를 제시한다. 레이철 카슨의 『침묵의 봄』에 대한 반응으로 출현했으며, 1970년대에 미국 농무부가 여러 대학교에 연구비를 지원하여 개발했다. 각 대학교는 다양한 작물에 적용할 수 있는 IPM 전략들을 만들었는데, 이것의 목표는 해충의 생물학적 연구, 천적 활성화, 돌려짓기와 저항성 품종 활용 등 다양한 기법을 통해서 해충의 수를 최대한 적게 유지하는 것이었다. 보전 경로에서는 이 모든 수단들이 실패하고 해충의 수가 어떤 문턱값―농약 살포가 비용 효과를 보일 만큼 피해가 일어나는 시점―을 넘어서야만 농민이 농약에 의지하게 된다. IPM의 한 가지 핵심 요소는 농민이 정기적으로 작물에 해충이 얼마나 있는지 세는 "예찰scouting" 활동이다. 예찰 활동이 이루어지면 필요할 때에만 농약을 쓸 수 있어서, 예방용으로, 혹은 그 냥 시기에 맞춰서 뿌리는 일을 피할 수 있다. 내가 대학생이던 1980년 대에는 IPM이 표준 접근법이라고 여겨졌다. EU는 2014년에 모든 농 민이 IPM을 사용하도록 의무화했기 때문에—꽤 늦게야 받아들인 편 이지만 그래도 하지 않는 것보다는 낫다—이론상 모든 농민이 IPM 을 채택해야 한다. 그렇다면 지난 25년 동안 농약 사용량이 2배로 늘 어난 이유는 무엇일까? 문제는 IPM이 제대로 정의되어 있지 않아 EU가 실효성 있게 집행하기가 불가능하다는 데에 있다. 문제를 제기 하면 농민은 그저 자신이 IPM을 하고 있다고 말한다. 돌려짓기 같은 IPM의 한두 가지 요소를 적용하고 있기 때문이다. 그런 한편으로 농 민은 농화학 기업과 그 판매상으로부터 농약 사용을 권유하는 판촉 활동의 폭격을 받고 있다. 최근에 프랑스에서 1,000곳에 이르는 농가 들을 조사한 결과, 대다수의 농가에서 농약 사용량을 대폭 줄여도 수 확량에 아무런 영향이 없으며, 거의 모든 농가가 농약 사용량을 줄임 으로써 소득이 증가하리라는 사실이 드러났다. 우리 모두는 과장 광 고에 쉽게 넘어가는 경향이 있다. 물론 농민으로서는 어느 것을 사지 않아도 되는지 구별하기가 어려울 수 있지만, 그들은 굳이 살 필요가 없는 제품을 과다하게 구입하는 듯하다. 내가 볼 때 모든 IPM 접근법 을 가로막는 근본적인 장애물 하나는 농약 사용 최소화가 농화학 기 업들이 바라는 바와 정반대이며, 그런 기업들이 엄청난 부와 영향력 을 가지고 있다는 데에 있다.

　농사 방식의 방향을 돌리고자 우리가 취할 수 있는 또 하나의 방법은 경작지 가장자리의 생물다양성이 좀 높아지도록 유도하는 것이다. 우리는 수십 년 동안 이 접근법을 탐구해왔다. EU의 농민들은 경작지 가장자리에 야생화나 조류의 먹이 식물을 심거나, 경작지에 종다리 같은 새들이 둥지를 틀 곳을 조금 남겨두는 등의 농업-환경 농법을 실행하면 보조금을 받는다(반면 미국에서는 그런 접근법에 지원되는 예산이 극히 적다). 이 접근법은 IPM을 보완할 수 있다. 농업-환경 접근법은 해충의 천적과 작물 꽃가루 매개자를 늘릴 것이기 때문이다. 영국은 연간 약 5억 파운드를 이런 활동에 지출하는데, 국지적으로는 어느 정도 성공 사례들이 있었으나 전국 규모나 유럽 전체에서는 야생생물의 냉혹한 감소를 멈추지 못했다(그러나 이런 수단들이 없었다면 더욱 악화되었을 것이다). 어느 정도는 그저 이런 접근법들이 아직 충분히 보급되지 않아서일 수도 있지만, 나는 농약을 반복해서 살포하고 비료를 아낌없이 뿌리는 경작지 바로 옆에 자연을 위한 지역을 조성한다는 발상 자체에 근본적인 결함이 있다고도 생각한다. 그런 것들을 뿌리면 당연히 주변의 야생화로도 퍼진다. 또한 종자 피복제로 쓰이는 농약은 토양을 오염시킨다. 나는 작물을 재배하는 방식을 더 근본적으로 바꿀 필요가 있다고 주장하겠다.

아마 보다 매력적인 대안은 유기농 경작을 더 장려함으로써 농약이 환경에 가하는 부담을 줄이는 쪽일 것이다. 유럽에서 유기농이 차지하는 비율은 비교적 적다. 농경지 총면적의 약 7퍼센트인데, 오스트리아가 23퍼센트로 가장 높고, 영국은 겨우 3퍼센트로 바닥을 긴다. 유기농 경작지의 토양이 더 건강하다는 증거는 명확하다. 그곳에는 토양에 탄소가 더 많이 들어 있고, 식물, 곤충, 포유류, 조류가 더 많이 살 수 있다. 그렇다면 왜 유기농을 채택하지 않을까? 종종 제기되는 반론은 유기농의 수확량이 더 적다는 것이다. 그 논리는 전 세계가 유기농을 채택하면 더 많은 땅이 식량 생산에 이용되어야 할 것이며, 그 결과 야생생물에게 부정적인 영향이 가해진다는 방향으로 이어진다. 이 논리의 앞부분은 단연코 사실이다. 즉, 유기농 경작은 수확량이 적은 경우가 많다. 세계적으로 보면 유기농 농법의 수확량이 기존 농법의 80–90퍼센트 수준으로 추정된다. 그러나 앞에서 지적했듯이, 현재 우리는 필요한 양보다 훨씬 더 많은 식량을 생산하고 있으며, 세계에서 생산된 식량의 약 3분의 1은 버려지고 있다. 엄청난 양이다. 음식물 쓰레기를 대폭 줄일 수 있다면, 전 세계는 농약을 포기하고서도 얼마든지 모두를 먹일 수 있다.

선진국 사람들이 현재 몸에 좋은 수준보다 훨씬 더 많이 먹는다는 점을 생각해보라. 우리의 지나친 음식 소비와 좋지 않은 식단은 엄청나게 많은 비용을 숨기고 있다. 현재 영국 성인의 63퍼센트는 과체중, 37퍼센트는 비만이다. 또 2–15세 아동은 거의 3분의 1이 비만이다. 미국은 더 나쁘다. 성인의 72퍼센트가 과체중이고 40퍼센트가 비만이다. 영국 정부는 비만이 당뇨병 등을 통해서 사회에 끼치는 전체 비용이 연간 270억 파운드이고, 2050년경에는 500억 파운드에 이를 것이라고 추정한다. 미국에서 이루어진 비슷한 계산 자료를 보면, 비만 관련 의료비는 1,470억 달러이고, 결근과 조기 사망 등에 따른 그 외의 비용은 660억 달러로 추산된다.

우리는 지나치게 많이 먹을 뿐만 아니라, 세계적으로 과다 생산하는 값싼 곡물과 기름이 풍부한 가공식품을 너무 많이 섭취한다. 또 많은 이들이 우리 자신이나 환경에 건강한 수준보다 고기를 훨씬 많이 먹는다. 곡물을 먹여 키운 쇠고기를 먹는 데에는 사람이 식물을 직접 먹을 때에 필요한 면적보다 약 10배 더 넓은 땅이 필요하며, 온실가스도 약 30배 더 많이 발생시킨다. 이는 유달리 비효율적인 방식이다. 소에게 먹인 식물에 든 단백질 가운데 3.8퍼센트만이 사람이 먹는 동물 단백질로 전환된다. 음식물 쓰레기를 줄이고, 과소비를 덜하며, 실외에서 키운 가축*의 고기를 소량만 먹는 쪽으로 전환할 수 있다면(곡물을 먹인 쇠고기를 아예 없앨 수 있다), 지금보다 경작지가 훨씬 덜 필요할 뿐만 아니라 농약도 아예 쓰지 않으면서 우리는 훨씬 더 건강해질 것이다.

나에게는 이 말이 꽤 매력적으로 들리지만, 나는 우리가 여기에서 더 나아가야 한다고 생각한다. 일부 유기농 농장은 언뜻 보면 기존 농장과 똑같다. 여전히 대규모로 단일 작물을 재배하려고 노력하며, 화석 연료를 많이 소모하는 커다란 농기계를 이용한다. 대규모 단작은 병해충이 번식하기 쉽게 만든다. 유기농 농법을 쓴다고 해도 대규모 밀밭은 생물다양성이 높지 않으므로, 해충과 질병의 대발생을 막

---

* 채식이나 채식 지향 식단을 주장하는 사람들도 있지만, 건강을 위해서, 그리고 야외에서 소규모로 가축을 기르는 편이 지속 가능한 저투입low-input 농법에 기여할 수 있다는 점에서 소량의 육류를 포함한 잡식성 식단이 낫다는 꽤 타당한 논증을 펼칠 수 있다. 가축의 배설물은 유기농 농민에게 중요한 영양소 공급원이며, 풀을 뜯어먹는 가축의 행동은 생물다양성을 높이는 주요 관리 도구가 될 수 있다.

을 천적이 거의 없다. 나는 작물을 재배할 보다 나은 방법이 있다고 보며, 농업이 주말농장으로부터 뭔가를 배울 수 있다고 주장하고 싶다.* 주말농장은 대개 작은 땅에서 다양한 작물을 많이 재배하며, 정돈이 되지 않은 것처럼 보일 때가 많다. 미래 식량 생산의 유명한 모형처럼 보이지 않을 수도 있지만, 조금만 더 살펴보기로 하자.

첫째, 최근 브리스틀 대학교는 영국 전역에서 모은 자료를 토대로 주말농장이 모든 도시 서식지 중에서 곤충의 다양성이 가장 높다는 연구 결과를 내놓았다. 정원, 묘지, 도시 공원보다도 높고, 심지어 도시 자연보전구역보다도 높았다. 주말농장에는 생물들이 우글거린다. 아마 기르는 작물과 꽃이 아주 다양하고, 놀려서 잡초가 자라는 곳도 있고, 오래되어 썩어가는 식물 더미, 과일나무, 덤불, 퇴비 더미, 물웅덩이도 있는 등 뒤죽박죽이라는 특성의 결과일 것이다. 대개 농약을 덜 쓴다는 점도 도움이 된다. 제7장에서 다룬 벌 먹이에 든 농약 연구를 한 베스 니컬스는 최근에 브라이턴 인근 주말농장들의 농약 사용 양상을 조사했는데, 대부분 농약을 거의 또는 전혀 쓰지 않는다고 한다. 우리 대다수는 자신이 먹거나 자녀에게 먹일 작물에는 기존 농장보다 농약을 훨씬 덜 쓴다.

둘째, 베스는 주말농장 참가자들과 협력하여 주말농장의 생산성에 관한 정보도 모았는데, 놀라운 결과를 얻었다. 많은 이들은 1헥타

---

* 이 용어를 잘 모르는 독자를 위해서 설명하자면, 주말농장allotment은 대개 큰 경작지를 지니고 있지 않은 사람들이 소액의 연간 임대료를 내고서 작은 땅을 분양받아서 채소와 과일을 키우는 곳이다. 많은 유럽 국가들에서 인기가 있다. 북아메리카에는 비슷한 방식의 "공동체 농원comunity garden"이 있다.

르당 20톤에 해당하는 작물을 수확했고(영국 주말농장은 대개 신청자당 면적이 40분의 1헥타르이다), 35톤 이상을 생산하는 이들도 소수 있었다. 영국에서 밀과 유채류를 기르는 주요 경작지의 생산량이 1헥타르당 각각 약 8톤과 3.5톤이므로(그중 상당량은 가축 사료로 쓰이거나 우리 몸의 지방을 늘리는 데에 기여하는 가공식품 생산에 사용된다), 주말농장의 수확량이 훨씬 더 낫다. 또 주말농장에서 생산되는 작물은 멀리 옮겨지는 일도 적고, 포장되는 일도 없고, 화학 물질 투입을 최소한으로 하면서 생산된 건강한 과일과 채소라는 점도 명심하자.

셋째, 주말농장의 토양이 농경지 토양보다 대개 지렁이가 더 많고 유기 탄소 함량도 높아서 더 건강하다는 사실도 연구를 통해서 드러났다. 이런 토양은 기후 변화에 대처하는 데에 도움을 준다.

넷째, 네덜란드에서는 주말농장 참가자가 같은 동네 사람들과 비교해서 더 건강한 경향을 띤다는 연구 결과가 발표되었다. 이 결과는 노령층에서 더욱 두드러졌는데, 연구진은 그 이유가 신선한 과일과 채소를 먹기 때문인지, 주말 농사를 지으면서 하는 신체 활동 때문인지, 아니면 참가자들끼리 어울리는 사회 활동 때문인지는 파악하지 못했다. 야외에서 그리고 녹지에서 활발하게 움직이는 활동이 심신 건강에 도움이 된다는 증거가 많다는 점을 생각하면, 그리 놀랍지는 않을 것이다.

요약하자면, 주말농장은 많은 식량을 생산하고, 높은 생물다양성을 지탱하며, 건강한 토양을 지니고, 사람을 건강하게 할 수 있는 것으로 보인다. 즉 어느 모로 보나 바람직한 듯하다. 결국, 식량 생산과 자연 보살피기를 놓고 반드시 양자택일을 해야 하는 것은 아니다.

상황이 이러하니 영국에서 주말농장 신청 대기자가 무려 9만 명에 달한다는 사실이 안타깝기 그지없다. 이런 혜택들을 생각하면, 정부가 더 많은 국유지를 풀어서 사람들에게 임대하는 편이 현명하지 않을까? 현재 영국에서 농가 보조금으로 지불하는 35억 파운드 중 극히 일부라도 주말농장 부지를 구입하는 쪽으로 돌릴 수 있지 않을까? 또 직접 작물을 길러먹는 일(주말농장에서든 자기 텃밭에서든)의 혜택을 알리고, 농사법을 가르치고, 지원을 하고, 무료로 종자를 보급하는 등의 대중 교육 프로그램을 장려하는 쪽으로도 예산을 조금 지원할 수 있지 않을까? 일부 정치인들은 가까운 미래에 주 4일 근무제를 채택하자고 주장하고 있다. 여가 시간이 더 늘어난다면, 아마 직접 과일과 채소를 길러 먹고자 하는 사람들이 더 증가할 것이다.

현재 영국에서는 연간 약 690만 톤의 과일과 채소가 소비되는데, 그 중 77퍼센트는 92억 파운드를 들여서 수입하고 있다. 영국의 기후와 토양이 수입되는 작물 중 상당수를 기르기에 아주 적합하다는 점을 생각하면 충격적인 통계가 아닐 수 없다. 사과를 기르기에 거의 완벽한 땅에 살고 있는데, 왜 우리는 사과의 3분의 2를 수입할까?* 집에서 기른 파를 쉽게 구할 수 있는 시기인 3월에 왜 동네 슈퍼마켓에서는 약 1만 2,000킬로미터 떨어진 칠레에서 수입한 파를 팔고 있을까? 주

---

* 가령 4월에 영국산 사과를 수확하는 것이 불가능하다고 생각할지 모르겠지만, 품종을 잘 고르고 현대 저장 기술을 이용하면 영국에서 얼마든지 1년 내내 아삭거리는 사과를 재배할 수 있다.

말농장 방식으로 관리한다면, 우리가 현재 소비하는 모든 과일과 채소는 겨우 20만 헥타르의 땅(현재 영국 정원 면적의 약 40퍼센트 또는 경작지 면적의 겨우 2퍼센트)에서 충분히 생산할 수 있을 것이다.

물론 현재 1년 내내 슈퍼마켓에서 흔히 판매하는 아보카도, 바나나를 비롯한 이국적인 과일들은 대부분 기를 수 없으며, 집에서 작물을 기를 수 있는 계절도 한정되어 있다. 그러나 우리는 지금보다는 훨씬 더 자급자족할 수 있을 것이다. 예전에 그랬듯이 메뉴를 각 계절에 구할 수 있는 식량에 맞춤으로써 지역에서 제철에 생산되는 신선한 작물들을 더 중시하는 법을 배운다면, 자급자족하는 시기는 더 빨라질 수도 있다. 계속 수입해야 하는 식품도 있겠지만, 그것들이 주로 육로나 해상으로 운송될 수 있을 만큼 충분히 오래 보관이 가능한 산물들이기만 하다면, 수입에 따른 탄소 비용은 비교적 적다.[*] 딸기, 감자, 체리, 완두콩 등 영국의 기후에서 잘 자라는 작물들을 수출함으로써 이런 수입을 상쇄하면, 영국은 전체적으로 과일과 채소의 순 수입국이 되지 않을 것이다.

주말농장과 작은 텃밭에 어떤 특징이 있기에 건강하고 생물이 다양한 환경을 지탱하면서 풍부한 식량을 생산할 수 있는지 살펴보는 일에는 가치가 있다. 관련된 요인들은 많다. 작은 땅에 다양한 작물들이 뒤섞여서 자랄 때, 그 작물들은 병해충에 훨씬 덜 취약하다. 병해

---

[*] 식품의 육상 운송이나 해상 운송은 생산물의 탄소 비용을 비교적 늘리지 않는 반면, 항공 운송(남아프리카에서 포도를 해외로 운송하는 등)은 환경에 훨씬 나쁘며, 줄이거나 없애는 노력을 기울여야 한다.

충이 여러 식물들 중에서 자신이 선호하는 먹이를 찾기가 훨씬 어렵기 때문이다. 또 시기마다 수확하는 작물이 다르므로, 주말농장은 맨 땅이 드러나 있는—경작지에서 작물을 수확한 뒤에 으레 그렇듯이—시기가 거의 없다. 따라서 토양이 침식에 고스란히 노출되지 않는 대신 시간이 흐를수록 유기물이 쌓일 수 있다. 여기에 직접 만든 퇴비를 덮으니 더욱 도움이 된다. 거의 모든 주말농장에는 한 켠에 퇴비 더미가 쌓이기 때문이다. 나무딸기, 대황, 과일나무 같은 다년생 작물의 뿌리도 토양 유지에 기여한다. 무당벌레, 딱정벌레, 꽃등에 같은 작물 해충의 천적도 대개 수가 훨씬 많은데, 다양한 식생이 그들에게 숨을 곳을 많이 제공하므로 설령 해충이 원하는 작물을 찾는다고 해도 오래 번성하지 못한다. 그 결과, 농약을 쓰지 않으면서도 많은 과일과 채소를 기르기가 더 쉽다. 꽃가루 매개자들도 수가 많으며, 그들도 서식지 다양성의 혜택을 보므로 꽃가루 매개자가 부족해서 작물 수확량이 줄어드는 일은 없다. 주말농장 참가자나 텃밭 재배자는 수십 가지 작물을 다닥다닥 붙여서 재배함으로써 한 해에 단 한 차례가 아니라 여러 번 수확을 하며, 그 결과 연간 총 수확량을 증가시킨다. 또한 다양한 작물을 촘촘하게 붙여서 재배할 수 있으므로, 대규모 단작 경작지보다 자연 식물 군락에 훨씬 더 가까운 방식으로 공간을 최대한 활용할 수 있다.

내가 아무리 야심찬 꿈을 꾼다고 해도 모두가 내일 깨어나자마자 주말농장을 신청하거나 정원의 텃밭을 만들려고 절반을 갈아엎으리라고는 상상하지 않는다. 따라서 앞으로도 계속 상업적으로 과일과 채소를 생산할 필요도 있을 것이다. 밀과 유채류 같은 주요 경작 작물과 마찬가지로 영국의 가장 상업적인 과일과 채소도 대개 대규모 단작 형태로 재배하지만, 반드시 그럴 필요는 없다. 주말농장의 확대판과 비슷한 상업적 재배 방식도 있기 때문이다. 퍼머컬처permaculture, 산림 농업agroforestry, 생물역학 농업biodynamic farming이 그런 사례들이다. 이런 방식들은 식량 생산의 대안적이고 비주류적이고 "히피적" 접근법이라고 간주되고는 하지만, 기본적으로 생태적으로 건강한 개념에 토대를 두고 있다. 이 세 접근법은 모두 토양 재생과 지렁이 같은 토양동물의 수와 유기물 증가에 역점을 둔다. 또한 모두 대규모 단작을 하지 않고 다년생 작물과 일년생 작물을 함께 키우는 등 다양한 작물을 이용한다.

산림 농업은 단순히 말해서 나무처럼 목질부가 있는 다년생 식물을 일년생 작물과 함께 기르는 것으로, 수천 년 전부터 다양한 형태로 이루어져왔다. 가장 단순한 방식은 풀을 뜯는 가축이나 닭이 자유롭게 돌아다니는 목초지에 과일나무를 줄지어 심어서 기르는 것이다. 어떤 나무를 심느냐에 따라서 이 방식은 다양한 혜택을 제공한다. 과일이나 견과처럼 먹을 수 있는 산물을 수확하거나, 가축에게 그늘을 제공하거나, 그늘을 좋아하는 작물이 자라거나, 땔감이나 목재를 얻거나, 가축이 뜯을 잎을 제공하거나, 다른 작물에 덮을 낙엽을 얻거나, 침수가 줄어들고 토양이 보존됨으로써 땅에서 물이 더 잘 빠지거나 하는 혜택들이다. 대기의 질소를 고정함으로써 토양 비옥도를 높이는 나무 종도 여기에 포함시킬 수 있다. 열대에서는 커피를 흔히 단작하기 때문에 토양 침식과 심한 병해충 문제에 시달리며, 따라서 농약을 아주 많이 살포할 수밖에 없다. 커피는 본래 그늘에서 잘 자라는 관목이며, 그늘을 드리우는 더 큰 우림 나무rainforest tree와 함께 키우면 훨씬 지속 가능하게 재배할 수 있다. 이 방법을 이용하면 커피 농장에 사는 야생 조류, 포유류, 곤충의 종수가 대폭 늘어나고, 병해충 발생이 줄어들며, 잡초가 감소하고, 꽃가루받이가 더 잘 이루어진다. 게다가 이 "그늘에서 자란 커피"는 환경 친화적이라는 점에서 더 비싸게 판매된다.

퍼머컬처는 설명하기가 좀더 어려우며, 내가 보기에 약간 모호한 감이 있다. 과학이라기보다는 철학처럼, 자연과 맞서는 대신 자연과 함께 일하는 쪽에 초점을 맞추기 때문이다. 물론 나는 진심으로 여기에 찬성하는 바이다. 퍼머컬처는 1970년대에 태즈메이니아 대학교의 과학자 빌 몰리슨이 박사 과정 학생인 데이비드 홈그렌과 함께 창안했다. 몰리슨은 태즈메이니아의 무성한 온대 우림에서 풀을 뜯는 유대류를 관찰하다가 퍼머컬처의 영감을 얻었다. 그가 내놓은 개념은 인류가 기능적으로 복잡하고 상호 연결되어 있으며, 지속 가능한 살아 있는 체계의 일부로서 살아갈 수 있는 환경을 구축할 수 있다는 것이었다. 그는 먼저 개별 지역에 사는 생물들의 기능과 그들의 상호 작용을 지속적이고 사려 깊게 관찰한 뒤, "자연에서 관찰된 패턴과 관계를 모방하면서 지역 주민들에게 필요한 만큼 식량, 섬유, 에너지를 생산하는 경관을 의식적으로 설계하려고" 시도해야 한다고 주장했다. 실용적인 측면에서 보면, 몰리슨이 내놓은 체계는 나무와 관목에서부터 허브와 버섯에 이르기까지 여러 유용한 식물을 야생생물 및 가축과 함께 기르는 것이었다. 나는 몰리슨이 선견지명이 있는 천재였는지 맛이 살짝 간 히피였는지, 아니면 둘 다였는지 잘 모르겠다. 그러나 그의 열정은 단연코 올바른 방향을 향하고 있었다.

생물역학 농업은 오스트리아의 사회 개혁가인 루돌프 슈타이너가 1920년대에 내놓은 개념으로, 본질적으로 초창기 화학 농법을 향한 반발이었다. 슈타이너는 작물과 가축의 건강이 뚜렷하게 나빠지고 있는 상황을 우려했다. 그는 갈수록 많이 사용되는 합성 비료가 그 원인이라고 간주했다. 생물역학 농법은 유기농 농법과 공통점이 많다. 농약 사용을 금지하고 돌려짓기, 경작지의 10퍼센트를 자연을 위해서 떼어놓기, 전반적으로 땅을 돌보고 건강한 식량을 생산하기 등 여러 지극히 분별 있는 농법을 장려하는 것이다.

그러나 생물역학 농업에는 기존 과학의 경계를 넘어서는 측면들도 있다. 예를 들면 생물역학 농민은 쇠뿔에 수정을 으깬 조각들을 채운 뒤 땅에 묻어두거나, 사슴의 방광에 캐모마일 꽃을 채워넣어서 이른바 "활력제preparation"를 만든다. 그리고 사실상 동종요법에 쓰는 수준의 양으로 이런 활력제를 퇴비에 첨가하거나 땅에 뿌린다. 이렇게 말하니 너무 괴상하게 들릴지도 모르겠다. 최근에 나는 운 좋게도 웨스트서식스의 플로 해치Plaw Hatch라는 생물역학 농장을 견학할 기회가 있었다. 마음이 맞는 사람들끼리 함께 운영하는 농장인데, 농장에 거주하는 사람도 많았다. 음식을 축복하는 말로 시작하여 함께 점심 식사를 할 때, 나는 조합원들에게 그들의 농법이 과학적으로 근거가 있는지 의문을 제기했다. 그들이 기분 나빠할까봐 신경이 쓰였는데, 1-2명이 다소 방어적인 자세를 취하면서 활력제에 효과가 있다고 믿는다며 망설이지 않고 대답했다. 더욱 흥미로웠던 점은 몇몇 사람들이 활력제가 사실 효과가 있다고 확신하지는 않지만, 아무튼 그 자체는 별로 중요하지 않다고 말했다는 것이다. 활력제는 1년에 한두 번 공동 참여 행사를 통해서 제조된다. 농장 조합원들은 유대와 단합을 도모하는 활동으로서 함께 꽃을 따 모은다. 활력제가 효과가 있다는 과학적 증거는 전혀 없지만, 마찬가지로 효과가 없다는 증거도 전혀 찾을 수 없다. 나는 이를 검증할 만한 적절한 실험을 해보면 어떨까 하는 생각도 했지만, 연구비를 신청했을 때 이를 진지하게 받아들일 지원 기관이 아마 거의 없지 않을까 싶다. 반면 설령 이런 활력제가 작물 생장에 아무런 기여도 하지 않고 그저 집단의 유대감을 증진하는 역할만 한다고 해도, 그것만으로도 충분하다. 아무튼 기존 협회도 회원들의 단합을 도모하기 위해서 상을 걸고 행사를 개최하니까 말이다.

플로 해치는 약 80헥타르의 면적에서 닭, 양, 돼지, 소를 방목하고, 곡류, 목초, 아주 다양한 채소, 과일, 절화용折花用 꽃을 키우는 진정한 복합 농장이다. 다양한 치즈와 요구르트를 만드는 자체 낙농장도 있고, 모든 제품을 직접 대중에게 판매하는 상점도 있다. 이들이 생산하는 식품은 거의 다 조합원 자신들과 이웃 주민들이 소비한다. 이곳에서는 채마밭 1헥타르에서 연간 20톤이 조금 넘는 과일과 채소가 생산된다. 절화용 꽃 재배에 많은 면적을 할애하고 있는데도 그렇다.

나의 가이드인 탈리의 안내를 받으면서 둘러보는데, 윙윙거리면서 날아다니는 벌과 나비가 꽤 많이 보였다. 과일과 채소를 키우는 곳이 특히 그랬다. 탈리는 어떻게 하면 곤충을 더 많이 끌어들일 수 있을지 무척 알고 싶어했다. 나는 기꺼이 몇 가지 제안을 했지만, 그들이 이미 아주 잘하고 있다는 인상을 받았다.

이런 "대안" 농사법들이 훨씬 더 노동 집약적인 경향을 띤다는 점을 단점으로 지적할 수도 있다. 플로 해치에서는 약 25명이 일하는 반면, 전국 평균을 보면 같은 크기의 농장에서는 약 1.7명이 일한다. 산업농은 농기계에 많이 의지하기 때문에 인력이 많이 필요하지 않다(물론 이 기계화는 농업 공동체 몰락의 주된 원인이다). 생물역학 농업이나 퍼머컬처 농업을 우리 식량 공급의 상당한 비율을 차지할 정도로 확대하려면 훨씬 더 많은 이들을 땅으로 돌려보내야 할 것이다. 그러나 그것이 과연 나쁜 일일까? 앞으로 몇 년 사이에 기술과 인공지능이 발달하면 기존의 많은 직업들이 사라지면서 사람이 남아돌 것이라고 예측된다. 소규모 농업의 확대가 고용을 늘리는 하나의 방법이 될 수 있지 않을까?

세계 각국에서 식량을 수입하지 않으면서 우리의 무너진 세계 식량 체계를 재구성하는 일은 분명히 불가능하다. 그러나 우리는 지역에서부터 시작할 수 있다. 우리 도시 전역과 주위 곳곳에 주말농장과 작고 생산적이며 노동 집약적인 농원/퍼머컬처/생물역학 농장이 흩어져 있어서, 도시 주민들이 먹는 과일, 채소, 달걀, 닭고기의 대부분이 자신이 사는 곳의 몇 킬로미터 이내에서 온다고 상상해보라. 영국에서 이스트앵글리아와 미들랜드 등 곡류와 유채류 같은 경작 가능한 작물을 기르기 적합한 기름진 토양이 있는 시골 지역들은 IPM을 적절히 적용하거나 유기농 농법으로 재배를 하자. 농약 사용량을 대폭 줄이고, 농사를 짓지 않고 묵혀두거나, 질소를 고정하는 토끼풀을 심어서 지력을 회복시키는 것까지 포함하여 더 오랜 기간에 걸쳐 돌려짓기를 하는 등의 방법이 있을 것이다. 규모가 큰 경작지는 탄소를 포획하고 토양을 보호하도록 사이사이에 토착 나무를 줄줄이 심어서 나누자. 지역 농가에서 생산한 작물은 채소 정기 배송이나 농산물 직거래 장터를 통해서 도시로 들어온다. 이 가상의 세계에서 사람들은 자연과 다시 연결되고 건강하고 질 좋고 신선하고 제철에 그 지역에서 생산되는 농산물을 접하는 혜택을 보게 될 것이다.

그런데 어떻게 하면 그런 변화를 가져올 수 있을까? 장애물 하나는 EU가 오래 전부터 공동 농업 정책을 유지해왔다는 점이다. 1962년에 처음 도입된 이 정책은 당시 EU의 전신인 EEC에 가입한 6개국(프랑스, 독일, 이탈리아, 저지대 국가들)의 농업 활성화와 식량 생산 증대를 목표로 삼았다. EU는 2019년에 28개국으로 늘어났는데, 이에 따라서 공동 농업 정책은 사실상 그 50년 동안 유럽 전역에서 경작의 집약화를 추진한 것이나 다름없게 되었다. 소규모 농가들을 파산으로 내몰고 가장 큰 농가에 가장 많은 돈을 지원했기 때문이다. 이 정책은 환경 비용이 얼마든 개의치 않고 수확량을 최대화하는 데에 초점을 맞추었고, 그 결과 때때로 식량의 대량 과잉 생산을 야기했다. 공동 농업 정책은 개발도상국의 농민들에게도 영향을 미쳤다. 유럽에서 보조금을 받아서 값싸게 생산되어 수출되는 식품들과 경쟁해야 했기 때문이다.

많은 혼란과 논쟁 끝에 영국은 최근 EU를 탈퇴했다. 브렉시트를 어떻게 보든 영국은 공동 농업 정책에서 벗어났으며, 이로써 대부분의 야생생물과 토양이 사라지기 전에 시급하게 필요한 근본적인 변화를 일으킬 수 있는, 즉 농업 정책을 전환할 황금 같은 기회를 얻었다. 현재 납세자가 낸 세금 중 연간 35억 파운드*가 농가 보조금으로 지출되는데, 이는 온실가스를 많이 내뿜고, 토양을 망치고, 고지대에서 과잉 방목하고, 고용은 거의 이루어지지 않고, 비료와 농약으로 하천을 오염시키고, 야생생물을 감소시키고, 건강하지 못한 식품을 과잉 생산하는 반면 우리 몸에 좋은 식품은 적게 생산하는 산업농 체계를 지탱하는 데에 쓰인다. 우리가 힘들게 벌어서 낸 세금이 왜 이런 일들을 지원하는 데 투입되어야 한단 말인가? 그러나 이런 보조금 체계가 존재한다는 것 자체는 농업을 다른 방향으로 이끄는 데에 이용할 수 있는 메커니즘이 이미 존재한다는 의미이기도 하다. 이 예산을 해당 지역에서 소비할 식품을 생산하는 것을 목표로 하는 유기농이나 생물역학 농장처럼 진정으로 지속 가능한 경작 방식을 지원하는 쪽으로 돌림으로써, 그런 소규모 농장이 경제적으로 유지되고 더 늘어날 수 있다고 상상해보라. 이 전환은 농약을 쓰지 않는 농민에게 가점을 주

---

* 영국 농가에 지원하는 연간 약 35억 파운드의 이 보조금은 브렉시트 이전인 지난 몇 년 동안 비교적 안정적으로 유지되었지만, 영국이 자체 농업 정책을 수립함에 따라서 앞으로 바뀔 가능성이 높다.

고, 상한선을 정해놓고 소규모 농가일수록 경작 면적에 비해서 더 많은 보조금을 받을 수 있도록 지급 체계를 개정하는 것만으로도 쉽게 이룰 수 있다. 현재 농가당 평균 보조금은 연간 약 2만8,000파운드인데, 일부 대규모 농가는 연간 30만 파운드 이상을 받고 있다.

물론 그런 변화가 영국에서만이 아니라 유럽 전역에서 일어난다면 더욱 좋을 것이다. 영국이 EU에 남아 있었다면, 우리는 EU에도 그런 변화를 촉구할 수 있었을 것이다. 여론이 크게 달라지지 않는 한 27개국의 동의를 얻는다는 것이 쉽지 않겠지만 말이다.

농약과 비료에 대한 과세도 보조금 체계를 개편하기 위한 대안이나 보조 수단으로 정부가 고려할 만하다. 농약과 비료는 환경을 오염시키고 훼손하므로, 사용하는 농민에게 세금을 물리는 것 역시 합당해 보인다. 가령 수돗물 공급 업체들은 수돗물 정화 과정에서 메타알데하이드(민달팽이 제거제에 들어 있는 화학 물질)를 제거하느라 연간 수백만 파운드를 지출하는데, 이 비용은 주민들이 내는 수도 요금에 반영된다. 노르웨이와 덴마크에서 도입한 농약세는 농민에게 농약이 판매되는 시점에 부과됨으로써 농약 사용량을 줄이는 데에 기여하고 있다. 덴마크는 독성이 더 강하고 더 오래 잔류하는 화학 물질에 더 높은 세금을 매기며, 이 방식은 지극히 타당해 보인다.

농화학 물질에 세금을 부과한다면, 세수로 지속 가능한 농법을 연구하고 개발하는 데에 투자할 수 있을 것이다. 집약 농업을 통해서 달성한 현재의 수확량은 수십 년에 걸쳐서 새로운 작물 품종 개발, 재배 기술, 새로운 농약과 그 사용법 개발에 엄청난 자본이 투입된 결과이다. 반면에 유기농 농법이나 대안 농법을 연구하는 데에는 최소한의 투자만이 이루어져왔다. 예전에 영국에는 정부의 지원을 받아서 최선의 경작 방식이 무엇인지를 연구하는 실험 농장이 다수 있었고, 종전 직후인 1946년에는 정부의 주도하에 농가에 자문과 지원을 할 농업 개발 자문기구ADAS가 설립되었다. 그 뒤로 실험 농장은 거의 다 매각되었고, ADAS 역시 규모가 축소되다가 이윽고 1997년에 민영화되었다. 현재 농업 연구 개발의 주된 투자자는 거대 농약 기업들을 비롯한 농산 업체들이며, 농민이 자문을 받을 수 있는 주된 통로 역시 대부분 농약 기업들에서 일하는 농업학자들이다(독립적으로 활동하는 이들도 있지만, 그들이 얻는 정보도 대개 농화학 기업의 제품 판촉 활동에서 나온다). 식량 생산이 우리가 생존하는 데에 필수적이고 우리의 식량 생산 방식이 환경에 심각한 영향을 미친다는 점을 생각하면, 그 문제를 바로잡기 위해서 공공 자금을 투자할 가치가 충분히 있지 않을까? 우리는 정부가 지원하는 실험 농장을 다시 조성하고, 진정으로 지속 가능한 농업을 구축할 방법을 연구하고, 기존 경작 방식의 농약 사용량을 줄일 방법을 연구해야 한다. 텃밭을 가꾸는 사람이나 주말농장 이용자가, 교육 훈련도 뒷받침하는 연구 개발도 전혀 없는 상태에서 1헥타르당 35톤의 식량을 생산할 수 있다면, 과학적 접근법으로 최선의 경작 방식이 무엇인지를 제대로 평가했을 때 무엇이 가능할지를 상상해보라. 연구자들은 어떤 작물들이 함께 잘 자라는지 조사하고, 이런 경작 형태에 가장 적합한 작품 품종을 개발하고, 무당벌레나 집게벌레 같은 유용한 곤충을 늘릴 방법을 실험하고, 시간이 흐르면서 토양의 유기물 함량이 줄어드는 대신에 점점 늘어나도록 하는 최선의 방법이 무엇인지를 알아낼 수 있다. 나아가 생물 역학적 활력제가 실제로 효과가 있는지, 달의 주기에 따라서 씨를 뿌리는 그들의 관습이 효과가 있는지도 조사할 수 있을 것이다(언제나 열린 마음을 가지도록 하자!).

더 지속 가능한 농업으로 옮겨가면 환경에도 이로울 뿐 아니라, 사람의 건강에도 직접적으로 엄청난 혜택이 돌아올 수 있다. 앞에서 건강하지 못하고 심하게 가공된 식품, 주로 곡류, 육류, 당분과 기름으로 이루어진 식품의 과소비가 우리의 건강, 수명, 번영에 어떤 영향을 미쳐왔는지를 언급했다. 전 세계의 보건 의료 서비스는 이미 건강하지 못한 식단의 직접적인 결과인 각종 만성 질환 때문에 엄청난 비용 부담에 시달리고 있다. 또 식품에 함유된 다양한 농약에 만성적으로 노출됨으로써 생기는 장기적인 영향을 둘러싸고 심각한 우려도 제기되고 있다. 제철 유기농 과일과 채소를 훨씬 많이 섭취하고, 육류를 이따금 먹는 기호품으로 대하는 쪽으로 식단을 바꾸도록 사람들을 설득할 수만 있다면, 우리는 훨씬 더 건강해질 것이고, 우리의 경제도 대폭 나아질 것이다. 그러면 그런 농산물을 생산하는 농장을 원하는 수요도 더 늘어날 것이다.

그런 식단 변화는 상향식 풀뿌리 운동을 통해서 확산될 수도 있다. 전 세계의 젊은이들 사이에서 채식주의가 확산되는 것처럼 말이다. 소비자는 아마 세상에서 가장 강력한 집단일 것이다. 그들의 구매를 통해서 전체 식량 체계가 유지되기 때문이다. 우리가 곡물을 먹여서 실내에서 키운 소의 고기나 실내에서 대량 사육한 닭의 고기를 구입하지 않는다면, 그런 사육 방식은 사라질 것이다. 우리가 남아프리카나 칠레에서 비행기로 들여온 포도를 구입하지 않는다면, 슈퍼마켓은 그런 식품을 팔지 않을 것이다. 우리가 지역에서 제철에 수확한 유기농 과일과 채소를 사 먹는다면, 도시 주변에서 유기농 농가가 늘어날 것이다. 사람들이 더 건강할 때 돌아올 크나큰 경제적 혜택을 감안하면, 정부가 아이들에게 일찍부터 건강한 식단의 혜택을 가르치고(『옥스퍼드 주니어 사전』에서 삭제되었다고 해도 콜리플라워가 무엇인지를 가르치는 등), 공중 보건 홍보에 투자하는 등 건강한 생활을 장려하는 홍보 활동을 더 많이 할 가치는 분명히 있다. 1980년대에 정부는 HIV와 에이즈의 위험을 경고하는 홍보 활동을 펼쳤는데, 나쁜 식단이 우리 건강에 미치는 피해에 비하면 그 위협은 비교적 사소했다고 주장할 수도 있다. 또 현재 영국에서 청량음료에 부과하는 "설탕세"처럼, 정부는 유달리 건강하지 못한 식품에 추가로 세금을 매길 수도 있다. 영양가가 거의 없는 모든 초가공식품에까지 이런 세금을 확대하자는 주장을 펼치는 것도 합당하다. 동네 슈퍼마켓에서 파는 대부분의 식품이 거기에 해당할 수도 있겠지만 말이다.

앞에서 보조금과 세금을 어떤 식으로 바꾸면 더욱 지속 가능한 식량 생산을 장려하는 데에 도움이 될 수 있는지를 언급했고, 그런 농가를 지원할 연구 개발과 독립된 자문기관도 필요하다고 말한 바 있다. 이에 더해서 정부가 농민들에게 최신 지식과 연구 결과를 알리는 무료 교육도 제공한다면 도움이 될 것이다. 다수의 전문 분야는 직무 능력을 지속적으로 향상시킬 방안을 의무적으로 마련해야 하지만, 농민에게는 그런 것이 거의 없는 듯하다. 나의 경험상 농민은 다른 누군가가 아니라 다른 농민에게 귀를 기울일 가능성이 훨씬 높다. 따라서 생각을 교환하고 다른 농법이 어떻게 쓰이는지를 볼 수 있는 시범 농장 연결망을 구축한다면 대단히 유용할 것이다.

물론 식량을 재배하는 방식을 바꾸려는 모든 노력은 농민 자신이 받아들여야 한다. 농민들을 참여시키는 일은 분명히 대단히 중요하지만, 그렇게 하기가 까다로울 수 있다. 농민에게 경작은 단순히 직업이 아니라 삶의 방식이며, 다른 대부분의 직업과 전혀 다른 방식으로 정체성의 큰 부분을 차지한다. 예상할 수 있겠지만, 경작이 곤충 감소, 토양 침식, 하천 오염에 일부 책임이 있을 수 있다는 말을 꺼내기만 해도 농민은 방어 반응과 완고한 태도를 보일 수 있다. 특히 영국의 전국농민연합은 농약의 규제와 제한에 강경하게 맞서 싸우고, 농경지의 야생생물이 특히 급격히 감소했다는 뚜렷한 증거조차 반박하면서 이를 철저히 부정하는 입장에 서 있는 듯하다. 환경론자와 농민이 맞서는 사례가 너무나 잦다는 사실은 안타깝다. 우리 모두 동일한 이해관계를 지니기 때문이다. 우리의 건강과 환경에 피해를 입히면서도 대단히 비효율적인 세계 식량 생산 체계가 등장한 것은 농민의 잘못이 아니다. 우리는 정부 정책, 보조금, 슈퍼마켓, 증권 회사, 농화학 산업, 상점에 가서 우리가 하는 선택을 탓할 수도 있다. 한마디로, 우리 모두의 잘못이다. 우리 모두는 농민과 농사가 필요하다. 아니면 굶어죽을 것이다. 우리 모두는 농민이 적절하게 생계를 유지하고 충분히 식량을 생산할 수 있도록 하면서, 토양을 보살피고 탄소 배출을 줄이고 건강한 꽃가루 매개자 수를 늘리는 농법을 실천해야 한다는 공통의 관심사를 가지고 있다. 어떤 농민도 척박하고 고갈된 농장을 자식에게 물려주고 싶지 않을 것이다. 문제를 인식하고 함께 바로잡을 방법을 찾아내는 것이야말로 우리 모두의 공통된 관심사이다.

덫을 만드는 개미

아마존 우림 깊숙한 곳에는 알로메루스 데케마르티쿨라투스라는 작은 개미가 산다. 가장 별난 방법으로 먹이를 잡는 개미이다. 이 개미는 나무 위에 산다. 땅속에 집을 짓지 않고, 히르텔라 피소포라라는 나무가 만드는 특수한 잎 주머니 안에 집을 짓는다. 잎 중에 돌돌 말려서 속이 빈 방을 이루는 것들이 있는데, 여기에서 사는 것이다. 또 이 나무는 개미에게 달콤한 꿀을 선사한다. 꿀은 말린 잎의 밑동에 있는 불룩한 작은 샘에서 나온다. 알려진 바에 따르면 이 개미 종은 곤충 먹이를 잡을 덫을 만든다. 이 식물에 난 털을 자른 뒤, 이것을 자신들이 게워낸 끈끈한 분비물과 일부러 키운 곰팡이 균사와 엮어 스펀지 같은 구조를 만들고, 그것으로 식물 줄기를 완전히 감싼다. 작은 구멍들이 송송 나 있는 이 구조 안에는 수백 마리의 개미가 날카로운 턱을 벌린 채 머리만 살짝 내밀고 숨어 있다. 메뚜기나 나비처럼 커다란 곤충이 운 나쁘게도 이 구조에 내려앉거나 그 위를 걸으면, 개미들은 즉시 다리를 비롯한 몸의 모든 말단 부위들을 턱으로 꽉 문다. 그런 뒤 마치 고문틀에 묶는 것처럼 곤충의 부속지들을 쫙 펼친다. 곤충이 완전히 꼼짝 못하게 되면, 개미들은 구멍에서 쏟아져 나와서 먹이를 섬세하게 해체한 다음 조각을 잎 주머니 안의 집으로 가져간다. 이 식물은 개미들이 이렇게 초식성 곤충을 먹어치우는 데에서 혜택을 보는 듯하다.

제20장

어디에나 있는 자연

영국인은 스스로를 자연 애호가들이라고 생각한다. 이엉을 얹은 시골집에서 살든 도시의 아파트에서 살든, 자신이 "푸르고 상쾌한" 땅과 정서적으로 강하게 연결되어 있다고 여긴다. 전통적으로 대대로 여러 아마추어와 전문가들이 자연 세계에 푹 빠져서 많은 활약을 해오기도 했다. 이 전통은 18세기의 제임스 허턴, 길버트 화이트, 조지프 뱅크스 같은 이들에게까지 거슬러 간다. 오늘날 영국의 직업 생태학자 중에는 세계 최고의 인물들도 있으며, 많은 아마추어 애호가들 또한 다양한 기록 작업을 통해서 야생생물에 관한 데이터를 쌓고 있다. 나비와 벌의 수를 세거나, 연못을 조사하거나, 어떤 새를 목격했는지 알리는 등의 활동을 통해서이다. 브리스틀에 있는 BBC 자연사 제작국은 데이비드 애튼버러와 함께 자연 세계의 비참한 상황을 조명함으로써 세계적으로 찬사를 받은 가장 인상적이면서 아름다운 자연

다큐멘터리 시리즈를 제작해왔다. 또한 왕립 조류보호 협회의 회원 수는 100만 명을 넘으며, 야생생물 트러스트도 회원 수가 약 80만 명에 달한다. 그밖에도 뒤영벌에서 나비, 포유류, 식물에 이르기까지 저마다 다른 야생생물 집단에 초점을 맞춘 단체들도 활발하게 활동하고 있다.

많은 사람들이 자연에 열광하는 덕분에 다양한 유형의 보호구역이 설치되었다. 영국의 국립 자연보전구역은 224곳이고, 총 면적은 9만 4,000헥타르이다. 람사르 협약 등록지(이 국제 조약을 통해서 보호되는 전 세계의 습지), 나투라 2000 지역(Natura 2000 Sites, 유럽 법률로 보호되는 지역) 등 국제법으로 보호를 받는 보전구역도 있다. 또 과학적 특별 관심지역, 특별보전지역을 비롯한 많은 지역 차원의 자연보전구역도 있다. 후자는 왕립 조류보호 협회, 야생생물 트러스트, 숲 트러스트 같은 단체들이 관리한다. 그것으로도 모자라다는 듯이, 명승지, 국립공원, 내셔널트러스트도 있는데, 그중 내셔널트러스트는 25만 헥타르를 관리하고 있다. 전부 합하여 영국 땅의 약 35퍼센트가 이런저런 식으로 보호되어 있다.

이렇게 말하면 우리의 자연이 안전하게 보호를 받고 있고, 우리가 충분히 그것을 보호해왔다는 결론을 내리기 쉬울 것이다. 그러나 앞에서 살펴보았듯이, 야생생물은 빠르게 줄어들고 있다. 최근에 런던 자연사 박물관의 앤디 퍼비스가 이끈 국제 협력 사업단은 세계 1만 8,600곳의 동식물 3만9,000종의 개체수와 다양성 변화 양상을 분석하여 각국의 "생물다양성 온전성 지수"를 계산했다. 여기에서 영국은 조사에 포함된 218개국 중 189위로, 세계에서 가장 자연이 결핍된 나라에 속했다.

무엇이 잘못되었을까? 가장 큰 문제는 위에서 나열한 보호들이 대부분 착시에 불과하다는 점이다. 국립공원과 내셔널트러스트가 소유한 땅의 상당 부분은 집중 관리되는 농경지이며, 대개 농약이 눈보라처럼 살포되고 있다. 즉, 여느 시골 지역과 아무런 차이가 없다. 게다가 환경식품농업부는 최근에 과학적 특별관심지역 중 43퍼센트만이 "양호한 상태"라고 추정했으며, 대부분의 지역은 돌보는 이들이 점검하러 들르는 일조차 거의 없다. 국립 자연보전구역처럼 가장 엄격하게 보호를 받는 지역조차 정부가 적절하다고 판단하면 런던에서 버밍엄을 잇는 HS2 고속 열차 등 새로운 철도를 깔거나 우회 도로를 건설하기 위해서 얼마든지 파괴할 수 있다. 잘 관리되고 개발로부터 보호되어온 자연보전구역들조차 적대적인 환경에 둘러싸인 작은 섬이나 다름없다. 이 지역들은 기후 변화, 침입종, 스며들고 흘러드는 오염 같은 힘들에 포위되어 있다.

미국의 62개 국립공원으로 보호받고 있는 21만 1,000제곱킬로미터의 땅도 비슷한 문제에 시달리고 있다. 사람들은 이런 땅이 인간 활동의 영향을 받지 않은 야생구역이라고 생각하지만, 석유와 천연가스 시추, 침입종에 영향을 받는 곳이 다수이다. 또한 사냥을 허용하는 곳도 아주 많고, 모두 기후 변화의 영향을 받고 있다. 한 예로 에버글레이즈 국립공원은 작물 관개를 위한 과다 양수, 비료와 농약 오염, 버마왕뱀부터 티트리에 이르기까지 무려 1,392종의 침입 생물로 인해서 피해를 입고 있다.

자연을 위한 면적을 따로 떼어놓으려는 시도는 생물다양성 상실을 예방하는 전략으로서 미흡했으며—비록 자연보전구역이 가치가 있다는 점은 명백할지라도—해야 할 일이 훨씬 더 많다는 사실은 분명하다. 환경적 아마겟돈을 향해서 계속 추락할 필요는 없다. 그러나 이 과정을 멈추기 위해서는 현재의 전략들이 먹히지 않으며, 지금까지 했던 대로 계속할 수는 없다는 사실을 인정해야 한다. 우리의 행성을 구하기에 아직 너무 늦지는 않았다. 그러나 그 일을 해내려면 자연과 함께 살아가고, 자연을 가치 있게 여기고 소중히 하며, 모든 생물, 특히 작은 생물들을 우리와 똑같이 존중하는 법을 배워야 한다. 지구의 다른 생물들이 번성하기 위해서는 그들이 우리의 도시와 경작지에서 살도록 초대하고, 자연을 몰아내기보다는 자연과 함께 영양가 있는 동식물을 기를 방법을 찾아내야 한다. 곤충과 그 친척들의 힘을 이용하여 해충을 방제하고, 꽃가루를 옮기고, 토양을 건강하게 할 방법이다. 우리는 더 많은 땅을 자연에 넘길 수 있도록 음식물 쓰레기를 줄이고 육류와 가공식품의 과소비를 줄여서 우리가 지구에 찍는 발자국을 줄여야 한다. 지속 가능한 방식으로 잡은 어류와 풀을 먹여 키운 육류를 소량 추가하는 채식 위주의 식단으로 전환한다면, 인류의 식량 생산에 쓰이는 경작 면적을 대폭 줄이고, 자연에 훨씬 더 많은 공간을 넘겨줄 수 있을 것이다.

이 모든 일을 할 수 있다면, 진정으로 지구의 상당히 많은 땅을 "재야생화할" 수 있다. 앞에서 말한 E. O. 윌슨은 동료인 로버트 맥아더와 함께 1967년에『섬 생물지리학 이론*The Theory of Island Biogeography*』을 집필했다. 시선을 확 사로잡는 제목은 아니지만, 이 책은 작고 고립된 서식지인 섬에는 종이 적은 반면, 서로 연결되어 있는 커다란 섬에는 훨씬 더 많은 종이 살 수 있는 이유를 처음으로 설명했다. 50년 뒤인 2016년, 윌슨은 이 이론을 토대로 더 잘 읽히는 책인『지구의 절반*Half-Earth*』을 저술했고, 우리가 지표면의 절반을 자연에 양보해야 한다고 주장하고 나섰다. 이미 인구가 복작거리면서 100억 명을 향해 나아가고 있고, 모두를 먹이는 데 필요한 열량의 3배 수준으로 식량을 생산하는 현재 상황을 생각하면, 이 주장은 터무니없게 들릴 수도 있다. 그러나 현재의 경작지 중 많은 면적을 떼어내도 여전히 모두를 먹일 만큼 충분한 식량을 생산할 수 있다는 점은 확실하다. 가장 생산성이 낮은 땅을 떼어낸다면 더욱 그렇다.

단순한 사례로, 브라질의 소목장을 살펴보자. 아마존 우림 파괴의 약 80퍼센트는 이 목장주들이 일으킨다. 이 파괴로 해마다 약 3억 4,000만 톤의 이산화탄소가 대기로 방출되고, 가축이 뿜어내는 메탄을 이산화탄소로 환산하면 여기에 2억 5,000만 톤이 추가된다. 이들은 건기에 숲을 없애기 위해서 불을 지르는데, 우기가 되면 드러난 토양 중 상당한 양이 빗물에 씻겨서 강으로 흘러들거나 바람에 날려서 사라진다. 현재 브라질은 1억 9,000만 마리의 소를 키운다고 추정되며, 쇠고기를 전 세계로, 특히 미국, 유럽, 점점 커지는 아시아 시장으로 수출한다. 세계적으로 보면 쇠고기는 우리가 소비하는 열량의 단 2퍼센트를 차지하는데, 세계 농경지의 60퍼센트가 쇠고기 생산에 쓰인다. 소를 기르기 위해서 숲을 태운 아마존 땅 가운데 일부는 소가 한두 해 풀을 뜯고 난 뒤에도 충분히 기름져서 콩을 재배하는 농민들에게 팔린다. 그들이 키운 콩은 주로 미국이나 아시아로 수출되고, 그곳에서 사료로 사용되면서 더 많은 소와 돼지를 키우는 역할을 한다. 나머지 땅은 토양이 아주 얕아서 2년이 지나면 거의 쓸모가 없어진다. 그래서 목장주들은 다시 숲을 없애고 이동한다. 이 체계 전체는 세계를 먹이는 데에 별 기여를 하지 않으며, 세계 기후와 생물다양성에는 엄청난 악영향을 미친다. 우리는 이런 화전 농법을 당장 중단시키고, 남은 아마존 우림을 적절히 보호하고 훼손된 땅을 복원할 방안을 마련할 필요가 있다.

영국에도 생산성이 낮은 경작지가 많다. 그런 땅은 우리보다 자연이 더 잘 활용할 수 있을 것이다. 웨스트서식스의 넵Knepp 계획은 잘 알려진 사례이다. 예전에 경작지와 목초지가 섞여 있는 1,700헥타르의 넓은 땅은 농가 보조금을 받고 있음에도 쇠락해가고 있었다. 토양에 점토가 많이 섞여 있어서 밭을 갈기도 어렵고 그다지 기름지지도 않아 수확량이 적다는 것이 주된 이유였다. 농장주들은 이 땅을 "재야생화하기로" 결정했고, 소, 조랑말, 사슴, 돼지처럼 풀을 뜯는 동물들을 풀어놓고 자연이 알아서 돌아오도록 했다. 거의 20년이 흐른 지금, 이 땅에는 생명이 우글거린다. 나이팅게일, 유럽멧비둘기, 번개오색나비 등 가장 희귀한 새와 곤충이 번성하고 있으며, 큰 동물들의 농약이 섞이지 않은 똥을 먹는 환상적일 만큼 다양한 쇠똥구리도 있다. 영국에는 보조금을 받아도 수확량이 미미해서 수지를 맞추기가 어려운 경작지가 많다. 환경론자 조지 몽비오는 영국 고지대의 상당 지역, 현재 대개 양이나 사슴을 지나치게 많이 방목하거나 붉은뇌조가 모여들도록 주기적으로 불을 질러 태우는 곳들은 자연에 양보하는 편이 더 낫다고 주장해왔다. 이런 지역은 과잉 방목으로 생물다양성이 낮고, 흙이 짓눌려서 물이 땅으로 스며들지 못하고 빠르게 흘러내려서 홍수를 일으킨다. 당연히 이 가축들은 메탄도 내뿜는다.

영국 북서부의 일부 고지대는 예전에 온대 우림으로 덮여 있었다. 이 서식지에는 지의류로 뒤덮이고 뒤틀린 굵은 가지들을 뻗은 참나무 등이 있었는데, 지금은 거의 다 사라졌다. 스코틀랜드의 하일랜드 골짜기에는 이끼가 가득한 장엄한 칼레도니아소나무 숲이 있었다. 큰뇌조, 유럽소나무담비, 야생 고양이가 번성하던 곳이었다. 이곳도 지금은 거의 사라지고 없다. 한편 배수가 안 되는 불투수성 암반이 깔린 다른 고지대들에는 수천 년 동안 쌓인 검은 이탄층이 형성되어 있다. 이런 이탄 지대는 남아 있는 곳도 꽤 많지만, 배수가 잘 되게 하겠다는 잘못된 생각으로 파내는 바람에 대부분 훼손되었다. 이 모든 서식지들은 높은 생물다양성을 지탱하고, 탄소를 포획하고, 하류 지역의 침수를 줄이고, 관광의 기회를 제공할 수 있다. 소량의 육류와 양털을 생산하는 데에 비하면 이런 다양한 사회적 혜택이 훨씬 커 보인다.

유감스럽게도 이런 말은 논쟁을 불러일으켜왔다. 대대로 고지대에서 양을 키워온 농민들은 자신의 땅에서 쫓겨나고 하던 일을 못하게 될까봐 위협을 느낀다. 충분히 이해할 수 있지만, 무엇인가를 대대로 해왔다고 해서 그대로 계속하는 것을 정당화할 수는 없다. 보조금을 지원해야 하고, 환경에 해를 끼친다면 더욱 그렇다. 아무튼 1700년대 말에 탐욕스러운 지주들이 많은 스코틀랜드 소작민들을 강제로 내쫓은 사건과 같은 고지대 퇴거Highland Clearances를 다시 감행하려는 사람은 없다. 어느 누구도 사람들을 자기 땅에서 강제로 내쫓을 수는 없으나, 타협의 여지는 있다. 넵에서 그랬듯이, 소규모의 풀을 뜯는 동물들은 자연보전구역에서 관리 도구로 종종 쓰이며, 생물다양성을 높이는 데에 기여할 수 있다. 넵 방식의 재야생화와 전형적인 축산 활동의 경계가 모호하기는 하다. 넵에서도 가축을 도축하여 고기를 팔기 때문이다. 역사적으로 보면 비교적 소수의 양과 소가 풀을 뜯게 하는 저밀도 방목 활동은 경이로울 만큼 풍부한 식물상을 조성하는 데에 기여했다. 영국의 백악질白堊質 저지대, 프랑스 남부의 석회암 초원, 알프스 산맥의 고지대 초원이 그러했다. 가축 밀도를 적절히 유지하는 것이 핵심이다. 풀을 뜯는 가축의 수를 적게 유지하거나, 많이 뜯어 먹도록 한 뒤에 휴식기를 가지도록 하는 방법이 지역에 따라서 최적의 대안이 될 수 있다. 가축이 뿜어내는 메탄은 야생생물과 토양 건강에 기여하는 공로로 상쇄할 수 있다.

재야생화를 지지하는 많은 사람들은 넵에서 할 수 있었던 것보다 한 단계 더 나아가서 비버처럼 오래 전에 사라진 동물들과 스라소니, 늑대, 곰 같은 커다란 포식자들도 다시 들여오기를 꿈꾼다. 비버는 습지 서식지를 조성해서 하류의 홍수를 줄이는 환상적인 역할을 할 수 있고, 포식자들은 이론상 가축의 수를 줄임으로써 인간이 개입할 필요성을 아예 없앨 수 있다. 대형 포식자가 없는 나라에서 사는 데 익숙해진 영국인들 중에는 늑대를 재도입하자는 말만 꺼내도 까무러칠 이들도 있겠지만, 그렇게 터무니없는 계획은 아니다. 어쨌거나 유럽 대륙의 거의 모든 나라들은 극복할 수 없는 문제에 시달리지 않은 채 농민과 늑대가 공존하고 있기 때문이다. 최근에 유럽에서 가장 인구 밀도가 높은 소국 중 하나인 네덜란드에도 늑대가 다시 돌아왔고, 이웃 나라인 독일에는 늑대 105개 무리의 1,300마리가 인구 8,300만 명과 함께 사는 것으로 추정된다.

스코틀랜드의 재야생화가 이루어진 지역에서 자유롭게 돌아다니는 늑대를 볼 기회를 제공함으로써 얻게 될 관광 혜택은 늑대가 가축에 입힐 피해에 따른 경제적 손실보다 훨씬 클 가능성이 매우 높다. 후자는 얼마든지 보상할 수 있다.

나는 전국의 정원에 야생화, 벌, 새, 나비, 유기농 채소가 가득하고, 도시 지역에 농약을 전혀 치지 않는 세상을 꿈꾼다. 회전 교차로, 도로변, 도시 공원은 야생화와 꽃나무가 자라고, 곤충들이 가득한 세상이다. 처음에 사람들이 땅이 기름진 곳을 골라서 정착함으로써 형성된 우리의 도시들 주변에는 주말농장과 소규모 노동 집약적인 생물 역학 농장, 퍼머컬처 농장이 있다. 그리고 이곳에서 신선한 과일과 채소가 풍부하게 생산되어 곧바로 도시로 들어온다. 벌, 말벌, 꽃등에는 작물의 꽃가루를 옮기고, 무당벌레, 집게벌레, 병대벌레, 풀잠자리 무리는 해충을 없앤다. 더 시골로 가면 농장에는 지금보다 훨씬 많은 나무와 함께 작물이 자라고, 소수의 가축들이 돌아다니며, 농약은 최소한으로 쓰이고, 수확량의 최대화보다 지속 가능성과 토양 건강에 더 초점을 맞춘 농사가 이루어진다. 농민은 독립기관의 연구, 시범 농장, 꾸준한 직업 훈련, 독립적인 자문가들의 지원을 받는다. 많은 농민은 철저히 유기농 농법을 채택하며, 모든 농가에서 농약은 최후의 수단으로 쓰인다. 토양이 척박해서 수확량이 많았던 적이 없던 땅은 넵의 사례를 본받아서 재야생화 계획을 통해 생물다양성이 높은 곳으로 바뀌어 있고, 도시민들은 이곳을 방문하여 야생의 자연을 경험한다. 그 사이사이에 우리의 가장 특별한 장소인 자연보전구역과 과학적 특별관심지역이 성소처럼 놓여 있다. 도로나 공장이나 주택을 건설하고자 하는 인간의 욕구보다 자연에 영구히 우선권을 부여한 지역이다. 이런 곳들은 정부로부터 충분한 예산을 지원받아서 적절히 관리가 이루어진다. 하천도 재야생화가 이루어져 있다. 운하처럼 직선으로 쭉 파서 콘크리트로 덮은 제방은 철거되고, 예전처럼 구불구불 흘러간다. 여름에는 저녁이면 물 위에 하루살이들이 구름처럼 몰려 있다. 비버는 댐을 지어서 새로운 습지를 만들어 생물다양성을 높이고, 하류 지역의 홍수를 줄인다. 더 외진 고지대에는 많은 지역에 야생화가 이루어져서 토착 숲이 다시 우거지고 스라소니, 늑대, 곰이 자유롭게 돌아다닌다. 중요한 것은 이 꿈의 세계에서 인간이 다른 모든 생물의 욕구보다 자신의 욕구를 앞세우지 않는다는 점이다.

이 모든 이야기가 억지스러워 보일 수도 있다. 그러나 상상을 자유롭게 펼칠 수 없다면 꿈이라고 할 수 없지 않을까? 이 가운데 불가능한 것, 아니 어려운 것조차 전혀 없다. 우리는 바꿔야 한다. 자연을 지배하고 철권통치를 시도하는 대신, 우리 자신을 자연의 일부로 여기고 자연과 조화롭게 사는 법을 배워야 한다. 우리의 생존은 자연에 달려 있다. 우리와 이 행성을 공유하는 눈부시게 아름다운 온갖 생명에게 달려 있다.

사마귀붙이

온갖 별난 모습의 동물들로 가득한 곤충 세계에서도 사마귀붙이의 키메라 같은 모습은 눈에 확 띈다.

이 동물의 앞쪽 절반은 사마귀를 쏙 빼닮았다. 먹이를 잡는 힘센 앞다리, 삼각형 머리에 달린 커다란 눈이 그렇다. 이는 과학자들이 "수렴 진화"라고 부르는 것의 놀라운 사례로, 수렴 진화란 가까운 친척이 아닌 두 생물이 공통의 문제를 해결하기 위해서 서로 닮은 모습으로 진화한 현상을 가리킨다. 사마귀붙이의 경우, 지나가는 곤충을 효율적으로 잡을 수 있는 형태가 수렴 진화에 해당된다. 그러나 사마귀붙이의 뒤쪽 절반은 전혀 다른 동물처럼 보인다. 투명한 막으로 된 두 쌍의 날개, 통통하고 부드러운 배는 언뜻 보면 풀잠자리나 날도래와 비슷하다. 물론 그런 동물들을 잘 아는 사람이 볼 때 그렇다는 뜻이다. 몇몇 종은 몸 뒤쪽에 노란색과 검은색의 줄무늬가 있어서 말벌과 흡사하다. 많은 곤충이 그렇듯이, 이들의 한살이도 두드러진다. 사마귀붙이의 애벌레는 늑대거미를 기다리다가 거미가 앞을 지나가면 달라붙는다. 겉에 달라붙기도 하지만, 대개는 허파 속으로 기어들어간다. 이들은 꿰뚫는 구기로 거미의 피림프(혈액)를 빨아먹는다. 거미가 실을 자아서 알주머니를 만들면, 애벌레는 그 안으로 기어들어가서 알을 하나씩 빨아먹으면서 발달 단계를 마무리한다.

안타깝게도 이 별난 곤충은 영국에는 살지 않는다. 대신 유럽 남부, 열대 전역, 북아메리카의 많은 지역에 서식하고 있다.

제21장

모두를 위한 행동 조언

곤충이 감소하고 있다는 사실은 명백하다. 곤충은 건강한 생태계의 기능에 대단히 중요하고 우리의 식량 공급에도 중요한 역할을 하므로, 우리 모두 이 문제를 깊이 우려해야 한다. 곤충의 감소는 지구의 허약한 먹이그물이 찢어지기 시작했음을 보여주는 징후이다. 세인트헬레나 대왕집게벌레와 프랭클린뒤영벌은 이미 구할 수 없지만, 지구의 대다수 생물들은 아직 너무 늦지 않았다. 그들을 구하려면 행동할, 지금 당장 행동할 필요가 있다. 1-2명이 그들을 돕겠다고 애쓴들 성과는 거의 없을 것이다. 많은 사람들이, 사회 각계각층의 모두가 필요하다. 여기까지 읽은 독자라면 책임의 수용이 중요하다는 사실을 깨달았을 것이다. 늘 우리 주변에서 사는 작은 동물들과 우리의 관계를 바꾸려는 노력에 모든 이들이 동참해야 한다는 점을 말이다. 여기에서 우리 모두가 취할 필요가 있는 여러 행동에 관해서 실질적인 조언을 해보겠다. 아주 간단한 것도 있고 조금 힘든 것도 있지만, 모두 분명히 실천 가능하다. 이것은 더 푸르고 더 나은 세계를 위한 선언문이기도 하다.

다음의 행동들은 영국을 기준으로 삼은 것이지만, 대부분은 전 세계의 모든 지역에도 적용된다.

환경 인식 제고

우리는 자연이 우리와 자기 자신을 위해서 하는 일에 가치를 부여하는 사회를 만들 필요가 있다. 그 일은 명백히 우리 아이들에게서 시작해야 한다.

중앙 정부의 행동

- 교사가 자연사를 자신 있게 가르칠 수 있도록 연수 기회를 제공한다. 현재는 자연사를 가르칠 지식을 아예 갖추지 못한 교사들도 많다. 교사가 자기 지역의 교육 센터에서 자연사 단기 집중 강좌를 들을 수 있도록 하면 대단히 좋을 것이다.
- 모든 학교에 안전하게 접근할 수 있는 녹색 공간을 제공하여 아이들이 자연과 상호 작용할 기회를 가지도록 한다. 학교를 더 자연 친화적으로 만들 수 있게 자문과 지원 체계를 구축한다.
- 초등 교과 과정에 자연사 교육을 포함하고, 적어도 매주 한 차례는 야외 수업을 진행한다. 잘하면 모든 아이들이 몹시 기대하는 가장 신나는 수업 시간이 될 것이다.

- 중고등 교과 과정에 자연사를 필수 과목으로 지정한다(영국의 GCSE 등).
- 학교와 자연 친화적 농장 사이에 결연을 맺고 견학 비용을 지원한다. 모든 학생이 연간 적어도 한 번은 농장을 방문하여 식량이 어떻게 생산되고, 농사를 지을 때에는 어떤 문제들과 마주치는지를 배우도록 한다.

모두의 행동

- 지방 선거든 전국 선거든, 가장 강력하면서도 가장 신뢰할 만한 환경 정책을 내놓은 당에 투표한다. 영국의 다수 대표제에서는 녹색당을 향한 투표가 표 낭비처럼 보일 수 있지만, 주류 정당이 녹색당의 표가 늘어나는 것을 본다면 녹색당의 정책을 채택할 것이다.
- 정치인에게 녹색 사업을 지원하라고 촉구하는 편지를 정기적으로 보낸다. 많은 정치인들은 환경 현안에 거의 무지하지만, 우리의 편지가 그들이 알게 되는 계기가 될 수도 있다!
- 동원할 수 있는 모든 수단을 이용해서 널리 알린다. 소셜 미디어에는 엄청난 힘이 있다. 자신이 이용하는 소셜 미디어에 곤충에 관한 흥미로운 이야기, 활동이나 홍보 활동을 올리자. 자신과 다른 이들이 곤충을 돕기 위해서 어떤 일을 하는지 알리고 공유하자. 친구와 이웃에게 정원과 텃밭을 더 곤충 친화적으로 만들고 위에서 말한 행동들도 해보라고 권하자.

도시 녹화

모든 가용 공간에 나무, 텃밭, 연못, 야생화가 가득하며 농약을 전혀 살포하지 않는 녹색 도시를 상상해보자. 우리는 자신이 사는 도시 지역을 그렇게 바꿀 수 있다. 지금 당장 자신의 정원에서부터 시작하자.

정원사와 주말농장 이용자의 행동

- 꿀과 꽃가루가 특히 많은 꽃을 심어서 벌, 나비, 꽃등에 같은 꽃가루 매개자들이 찾아오도록 한다. 이미 좋은 조언들이 많이 나와 있다. 나의 책 『정원 정글』이나 온라인 사이트를 찾아보아도 좋다(shorturl.at/coxP4 같은). 정원 식물을 파는 종묘점에서는 대개 꽃가루 매개자 친화적인 식물에 표시를 해두지만, 그런 식물에는 살충제를 뿌렸을 수 있으니 주의하자. 뒤영벌 보전 트러스트의 비카인드BeeKind는 우리의 정원이 얼마나 벌 친화적인지 알려준다(온라인에서 쉽게 찾을 수 있다).

- 꽃냉이, 서양벌노랑이, 담쟁이, 쐐기풀 등 나비와 나방의 먹이 식물을 심는다.

- 잔디 깎는 횟수를 줄임으로써 잔디밭 또는 잔디밭의 일부에 꽃이 자라도록 한다. 잔디밭에 이미 얼마나 많은 꽃이 살고 있는지 놀랄지도 모른다.

- 나아가 직접 작은 야생화 풀밭을 조성해본다. 그냥 잔디밭의 한 구석을 9월에 깎지 않고 놔둔 채 어떤 일이 일어나는지 지켜보기만 하면 된다. 길게 올라오는 잔디 사이사이에 꽃들이 피어날

것이다. 야생화를 더 심어서 더욱 풍성하게 꾸밀 수도 있다.

- 민들레 같은 "잡초"를 "야생화"로 여기도록 생각을 바꾸고, 잡초가 자랄 수 있도록 함으로써 잡초 제거에 들이는 많은 시간을 아낀다. 민들레, 취나물, 돼지풀, 쥐손이풀 같은 "잡초"는 꽃가루 매개자를 끌어들이기에 좋은 꽃을 피운다.

- 나무판으로 만든 울타리는 몇 년 지나면 당연히 썩고 부서지는데, 그럴 때 토착 식물들을 섞어 심어서 산울타리를 만든다. 산울타리는 멧돼지 같은 야생동물이 드나들 수 있고, 고슴도치와 꽃가루 매개자에게 먹이를 제공하며, 자라면서 탄소를 흡수하고, 다시 교체할 필요가 없다.

- 벌 호텔을 사거나 만든다. 아이들과 함께하면 재미있는 경험이 된다. 만드는 방법은 온라인에 많이 있다(shorturl.at/hAKLQ 등). 나무토막에 드릴로 지름이 약 8밀리미터인 구멍을 수평으로 줄줄이 뚫거나, 대나무를 한 다발 묶기만 하면 된다. 벌이 호텔방 안에서 무엇을 하고 있는지 들여다볼 수 있는 창이 난 벌 호텔도 판다.

- 연못을 파고서 잠자리, 물맴이, 도롱뇽, 소금쟁이가 얼마나 빨리 모여드는지 지켜본다. 오래된 싱크대나 물이 새지 않는 통을 재활용해서 만든 작은 연못에도 많은 생물이 살아갈 수 있다. 동물이 물에 빠졌다가도 쉽게 빠져나올 수 있도록 비탈길도 꼭 만들어두자.

- "꽃등에 물웅덩이"를 조성해둔다. 꽃등에가 번식하는 작은 수생

서식지이다. 꽃등에 물웅덩이를 만드는 방법은 온라인에 있다 (https://www.hoverflylagoons.co.uk/).

- 유통 비용이 전혀 들지 않는 건강한 과일과 채소를 직접 기른다. 상추나 당근을 직접 길러 먹을 때마다 돈도 절약되고 다른 곳에서 재배하여 포장하고 운반하는 데에 드는 모든 환경 비용을 없앨 수 있다.

- 과일나무를 심는다. 작은 정원에 적합한 작은 나무도 구할 수 있다. 베란다나 옥상의 커다란 화분에서 키울 수 있을 만큼 작은 것도 있다. 과일나무는 꽃가루 매개자에게는 꿀과 꽃가루, 우리에게는 신선한 과일을 제공한다. 사과나무, 배나무, 자두나무, 모과나무, 살구나무, 뽕나무, 복숭아나무, 무화과나무 등 맛있는 과일이 열리는 나무들을 고를 수 있다.

- 정원에 농약을 쓰지 않는다. 실제로 필요하지도 않다. 해충이 생겨도 그냥 놔두면 대개 머지않아 무당벌레, 꽃등에 애벌레, 풀잠자리가 와서 잡아먹을 것이다. 화초에 계속 해충이 생긴다면, 환경에 맞지 않는 식물을 기른다고 보면 된다. 잡초는 야생화라고 받아들이거나, 손으로 뽑거나, 낡은 카펫처럼 뚫고 나올 수 없는 것으로 덮어서 제거할 수 있다.

- 함께 잘 자라는 식물들을 심어서 꽃가루 매개자를 끌어들이거나 해충의 천적을 끌어들인다. 가령 만수국은 토마토의 가루이를 막는 데, 보리지는 딸기의 꽃가루 매개자를 끌어들이는 데 도움이 되는 듯하다.

- 자연을 위한 "야생" 공간을 마련한다. 이곳은 전혀 손대지 않는 공간이다. 나름의 작은 재야생화 계획을 수행하자.
- 구석에 잘라낸 나뭇가지나 줄기를 쌓아서 그대로 썩어가도록 놔둔다. 곰팡이가 자라고 다양한 작은 분해자 동물들이 살아갈 곳이다.
- 퇴비 더미를 쌓고 음식물 쓰레기를 재활용한다. 이는 나름의 비옥한 퇴비를 만드는 한편으로, 지렁이 쥐며느리, 노래기 등이 살 곳을 제공한다.

중앙 정부의 활동

- 겐트, 포틀랜드, 토론토 같은 여러 대도시와 프랑스의 사례를 본받아서 도시 지역에서의 농약 사용을 금지한다. 프랑스는 2017년에 공공 녹지에 대한 농약 살포를 금지했고, 2020년부터는 등록된 농민 외에는 농약을 살 수 없도록 조치했다. 이는 가정에서는 더 이상 농약을 칠 수 없고, 종묘점, 잡화점, 슈퍼마켓에 가도 선반에 농약이 줄줄이 놓여 있는 광경을 볼 수 없다는 의미이다. 프랑스 전역이 그렇게 할 수 있다면, 다른 나라들도 할 수 있다. 농약행동 네트워크는 뜨거운 거품으로 포장도로의 잡초를 제거하는 등 지역 당국이 이용할 수 있는 대안들을 상세히 조언하고 있다. 그러나 나는 포장도로 틈새에서 잡초가 자랄 수 있도록 하고, 깔끔 강박증에서 벗어나자고 말하고 싶다.
- 반려동물의 벼룩이나 개미를 없애기 위해서 네오니코티노이드

살충제나 피프로닐(둘 다 매우 강력한 살충제이다)을 뿌리는 일을 금지한다. 이 두 화학 물질은 하천 수질 검사에서 흔히 발견되는데, 반려동물에게 뿌린 것이 흘러들기 때문이다. 반려동물의 벼룩은 대개 깔개를 정기적으로 세탁함으로써 방제할 수 있다. 벼룩은 유충 단계에 깔개에서 서식하기 때문이다. 그래도 안 될 때에는 디메티콘 같은 실리콘 기반 무독성 치료제를 사용할 수 있다.

- 야생생물이 실질적이고 눈에 띄게 늘어나는 자연 풍부화 개발을 표준으로 삼고, 모든 새로운 개발이 자연 회복에 가시적으로 긍정적인 기여를 하도록 새로운 법령을 마련한다. 이런 개발계획에는 야생생물을 위한 서식지 확보와 서식지 연결성 향상, 주말농장 등 주민 공동 이용 공간을 비롯한 녹지 접근성 확보, 효과적인 물 관리와 오염 및 기후 변화 억제 방안도 들어가야 한다. 영국 정부는 25개년 환경계획을 통해서 이미 "주택 단지와 기반 시설 등을 개발할 때에 환경 순증 원칙을 포함시키도록" 했으며, 국가 도시계획 지침을 통해서 "생물다양성의 가시적인 순증純增"을 확보하도록 했고, 최근 들어서는 생물다양성 순증 확보 방안까지 제시하고 있다. 이런 조치들은 실효성 있는 집행 수단을 갖추지 않으면 소용이 없을 것이다. 새로운 개발을 시행할 때, 자연 친화적 건물 인증 표시 등 정식 인증을 신청하고 받도록 노력하게 만들 방안을 마련해야 한다.
- 옥상이 있는 새 건물에는 꽃가루 매개자 친화적인 식물을 심는

다. 지붕 녹화도 여기에 해당된다. 가뭄에 잘 견디고 곤충 친화적인 식물을 선별하는 연구도 필요하다.

- 새로 설립되는 모든 골프장이 토착 꽃나무를 심고 꽃이 많은 풀밭을 조성하는 등 생물다양성을 높일 가능성을 최대화하는 법령을 제정한다.
- 주민들에게 텃밭과 주말농장에서 기르는 채소가 건강, 환경, 경제 면에서 다양한 혜택을 제공한다는 사실을 알리는 홍보 활동을 시행한다. 현재의 농업 보조금 중 아주 적은 비율을 텃밭이나 주말농장을 새로 시작하려는 이들을 위한 무료 교육과 채소 종자 무료 제공 등의 지원 활동에 투자하자.
- 빛 오염을 줄이는 조치를 취한다. 대다수의 도시는 밤에 크리스마스트리처럼 빛나며, 일부 사무실과 도로는 별 이유도 없이 밤새도록 불을 켜둔다. 동작 감지 조명을 설치하면 주변에 아무도 없을 때 실내와 실외의 조명을 끌 수 있다. 가림판을 이용해서 가로등과 경기장의 불빛이 필요한 곳만 비추고 다른 곳으로 새어나가지 않도록 하자. 어느 파장의 빛이 야생생물을 덜 혼란스럽게 하는지를 조사하는 연구를 지원하는 일도 대단히 중요할 것이다.

지방 정부의 행동

- 중앙 정부가 나서지 않는다면, 자체적으로 도시 지역의 농약 사용을 금지한다.

- 공원에 야생생물 구역을 조성한다. 이곳은 풀밭, 연못, 꽃가루 매개자를 위한 식물 식재, 벌 호텔 등을 갖춘 공간이다("정원사의 행동" 참조).
- 길가와 공원에 라임나무, 밤나무, 마가목, 가막살나무, 산사나무 같은 토착 꽃나무를 심는다.
- 공원 등 도시 녹지에 꽃가루 매개자에게는 꽃, 사람에게는 과일을 제공할 과일나무를 심는다.
- 도로변과 회전 교차로의 풀 깎는 횟수를 줄여서 야생화가 꽃을 피울 수 있도록 하고, 벤 풀은 제거한다(그냥 놔두면 다른 식물이 자라지 못할 수도 있다). 가능하다면 야생화 씨들을 적절히 조합하여 뿌리자. 모든 새 도로변에는 자동적으로 야생화 씨들을 섞어서 뿌리도록 하자.
- 도시 변두리에 땅을 매입하거나 임대하여 주말농장을 조성한다. 도시 내에서도 적당한 공간이 있으면 이용하자. 주말농장도 도시에서 꽃가루 매개자 다양성이 가장 높은 지역이며, 포장과 운송 비용을 전혀 들이지 않으면서 건강하고 신선한 과일과 채소를 공급하고, 주말농장 이용자의 건강도 증진시킨다는 증거가 최근에 발표되었다(일석삼조).

모두의 행동
- 지방 의회 의장에게 지역 공원과 포장도로에 농약 살포 금지, 도로변 화단 관리, 지역 녹지에 야생화 풀밭 조성 같은 지역적인

현안을 제기하는 편지를 보낸다.

- 앞에서 언급한 온더버지 등과 같은 지역 단체에 참여하거나 모임을 만들어서, 도로변이나 회전 교차로처럼 도시 지역의 버려지거나 남는 공간에 야생화 씨를 뿌리고 꽃이 가득한 서식지를 조성하는 활동을 한다.

식량 체계 바꾸기

우리 모두는 먹어야 하기 때문에 식량을 생산하고 유통하는 일은 가장 기본적인 인간 활동에 속한다. 우리가 그 일을 하는 방식은 우리 자신의 복지와 환경에 지대한 영향을 미쳐왔으므로, 그 일이 올바로 진행되도록 투자할 가치가 있다는 점은 분명하다. 무엇보다 시급한 일은 여러모로 문제를 일으키는 현행 체계를 철저히 살펴보는 것이다. 우리는 더 많은 사람들을 고용하고, 토양 건강을 돌보고 생물다양성을 지탱하면서 건강한 식량을 지속 가능한 방식으로 생산하는 데 초점을 맞춘 활기찬 경작 부문을 확대할 수 있다.

중앙 정부의 행동

- 농가 보조금을 개편한다. 현재 각국의 보조금(연간 30억 파운드)은 주로 경작지 면적을 토대로 분배되기 때문에 규모가 가장 큰 농장들이 보조금의 상당 비율을 차지한다. 이런 보조금을 가장 영양가 있는 식량(과일과 채소 등)을 생산하고, 진정으로 지속 가능한 방식으로 경작을 하고, 땅의 최소 10퍼센트를 자연에 할애

하는 농장에 지원하는 방향으로 돌릴 수 있다. 작은 농장이 단위 면적당 더 많은 보조금을 받으면, 살아남기가 더 수월해질 것이다. 생물역학 농장과 퍼머컬처 농장을 포함하여 유기농 농장은 상당한 지원을 받게 될 것이다. 이때 농가당 지원액에 상한선을 두기로 하자.

- 농약을 최후의 수단으로 여김으로써 농약 사용량을 최소화하는 해충 관리 방식인 IPM을 명확히 정의한 뒤, IPM을 의무화하는 법을 제정한다(EU는 이미 제정했지만, 실효성이 없다).

- 농약과 비료의 사용량, 작물당 사용 횟수를 대폭 줄인다는 목표를 세운다. 최근 발표된 프랑스의 한 연구에 따르면, 농약은 불필요하게 많이 살포되거나 기껏해야 일어날 가능성이 낮은 사건에 보험을 드는 방식으로 쓰이고 있으며, 따라서 농민이 어떤 농약을 사용하지 않고서도 농사를 지을 수 있는지를 파악하는 데에 도움을 주는 독립된 기관의 자문과 지원이 필요하다.

- 영국은 적어도 EU만큼 농약을 엄격하게 규제해야 한다. 앞으로 농약 규제가 훨씬 느슨한 나라(미국 등)와 교역을 하면 농약 규제를 더 완화하라는 요구가 나올 수도 있다.

- 오염의 장본인에게 그 행동에 따른 비용을 전부 부담시킨다는 전제하에 농약세와 비료세를 도입한다(노르웨이와 덴마크는 이미 시행하고 있다). 덴마크 방식은 각 화학 물질이 환경에 얼마나 피해를 주는지를 토대로 세금을 매긴다. 다른 나라들에서도 대부분 같은 농약을 사용하므로, 이는 유용한 모형이 될 수 있다.

또 콩 작물을 돌려짓기 하도록 경제적 유인책을 제공하면 비료 사용을 줄일 수 있다.

- 농약세로 거둔 세금은 독립된 자문기관을 설립하여 농민들에게 농약 사용을 줄일 방법을 가르치고, 각 농장에 맞는 적절한 IPM 방식을 개발하여, 유기농 등 더 지속 가능한 농법으로의 전환을 돕는 일에 쓴다.

- 모든 농민이 농약 사용 기록을 제출하도록 의무화함으로써 쉽게 접근할 수 있는 데이터베이스를 구축하고, 모든 농약 사용 양상을 투명하게 공개한다. 이는 농약이 환경과 인간의 건강에 미치는 영향을 연구하는 데에도 도움이 될 것이다.

- 산림 농법, 퍼머컬처, 유기농, 생물역학 농법 등 현재 최소한의 투자만 이루어지고 있지만 풍부한 생물다양성을 지탱하면서도 매우 생산적일 수 있는, 지속 가능한 농법의 연구 개발을 지원한다.

- 기량을 향상시키고 새 기술을 배울 기회를 가지도록, 농민들에 대한 지속적인 전문 교육 및 지원 체계를 마련한다. 여기에는 개인 간 학습을 지원하는 내용도 포함해야 한다. 더 지속 가능한 농법을 적극적으로 조사하여 그 지식을 공유할 방안을 마련하면 농민들에게 혜택이 돌아가기 때문이다.

- 2025년까지 적어도 경작지의 20퍼센트는 유기농 경작을 한다는 목표를 세운다(오스트리아는 이미 23퍼센트이다). 그리고 유기농으로 옮겨가는 농민에게 충분한 경제적 지원을 제공한다.

- 모든 경작지가 10헥타르 미만이 되도록 하고, 그보다 큰 경작지는 산울타리(고유의 나무 종들을 섞어서 조성한)로 분할하도록 보조금을 지급한다. 이런 분할은 생물다양성을 증진시킬 뿐 아니라, 홍수와 토양 침식도 줄여줄 것이다.
- 산울타리는 높이와 폭이 최소 2미터가 되도록 하고, 100미터마다 다 자란 나무를 적어도 한 그루씩 심도록 한다.
- 바이오 연료 작물을 지원하지 않는다. 과학적 증거들은 집약 경작되는 바이오 연료 작물로 연료를 만드는 것보다 지속 가능한 에너지를 이용하는 방법이 훨씬 낫다는 사실을 시사한다.
- 영국에 있는 대부분의 고지대, 저지대의 불모지처럼 식량 생산에 거의 기여하지 않는 한계 농지를 대규모로 재야생화하는 사업을 지원한다.
- 비행기로 수입되는 식품에 세금을 부과하여, 그 돈을 지속 가능한 농법을 지원하는 데에 투자한다.
- 지역에서 재배하는 제철 신선 식품을 먹고 육류 소비를 줄일 때, 환경과 건강에 혜택이 돌아온다는 사실을 대중에게 널리 알리는 운동을 지원한다.

지방 정부의 행동

- 지역 식품망과 농산물 직거래 시장 이용을 장려하고 지원함으로써 농민이 생산물을 직접 소비자에게 판매하기 쉽게 만든다.

농민의 행동

- 문제가 있음을 인식하고 정부 주도 사업, 보전기관, 소비자와 함께 문제 해결에 적극적으로 나선다. 좋든 싫든 경작은 다른 대부분의 인간 활동과 마찬가지로 21세기를 맞아 빠르게 변해야 할 것이다. 지금까지 하던 대로 행동하는 것은 대안이 아니다. 오로지 전통적이라는 이유로 "전통" 농사법만을 계속 유지하는 것도 마찬가지이다. 농민은 빨리 적응하려는, 식량을 생산할 대안 농법을 생각하고 시험하려는 의지를 가질 필요가 있다. 유기농, 퍼머컬처, 산림 농업 등이 그렇다. 또 지속적인 전문성 계발 기회와 개인 간 학습에도 참여할 준비를 해야 한다. 이는 최신 지식과 개념을 효과적으로 접하고 전파하도록 할 것이다. 보조금을 받아도 거의 수익이 나지 않는 한계 농지에서는 재야생화를 대안으로 고려하자. 그 편이 더 믿을 만하게 수익이 날 수도 있다.

모두의 행동

- 우리의 모든 구매에는 결과가 따른다는 점을 인식한다. 공장식 축산으로 생산된 고기를 산다면, 우리는 환경에 해를 끼치는 행위를 지지하는 것이다. 그렇게 사육되는 동물은 짧고 불편하면서 때로 노골적으로 끔찍한 삶을 산다. 해외에서 항공기로 들여오는 식품을 산다면, 그에 수반되는 탄소 배출에 돈을 대는 것이다. 모든 식품 포장에는 생산과 폐기(심지어 재순환을 할 때에

도) 에너지와 자원이 소비된다. 식품 구입은 윤리적 지뢰밭이 될 수 있다. 그러나 몇 가지 단순한 원칙을 기억하면 도움이 된다.

- 자기 지역의 지속 가능한 생산자를 지원한다. 동네 직거래 장터에서 구입하거나 지역 농산물 정기 배송을 통해서 유기농 식품을 구입하자. 그런 식품이 비싸서 구입할 여유가 없다는 주장이 종종 나오지만, 영국인은 소득 중 10.5퍼센트만을 식품 구입에 지출한다. 100년 전에는 약 50퍼센트였다. 슈퍼마켓까지 차를 몰고 가야 하고, 자신의 시간까지 소모해야 한다는 점을 생각하면, 농산물 정기 배송은 놀라울 만큼 경제적일 수 있다.
- 제철 식품을 구입한다.
- 포장되지 않은 과일과 채소를 구입한다.
- "못생기거나" 흠이 난 과일과 채소도 꺼리지 않는다.
- 지역에서 기른다고 해도 난방을 하는 온실에서 재배하는 것은 피한다. 해외에서 수입하는 식품보다 탄소 발자국이 더 클 수 있다.
- 육류 섭취량을 줄인다. 육류를 하루 식단의 필수 요소가 아니라 이따금 맛보는 특식이라고 생각하자. 닭이 소, 돼지, 양보다 식물성 단백질을 동물성 단백질로 전환하는 효율이 훨씬 높고, 온실가스 배출량도 적다는 점을 명심하자. 붉은 고기를 산다면, 야외에서 풀을 먹여 키운 고기만을 구매하자(대개 포장지에 적혀 있다).
- 식품을 낭비하지 말자. 필요한 양보다 더 많이 사지 말고, 너무

많으면 미리 나누어 잘 보관하자. 음식을 아껴 먹고 남기지 말자. 식품이 상했는지 판단할 때에는 유통기한보다 상식으로 판단하자.

희귀한 곤충과 서식지 보호

중앙 정부의 행동

- 법으로 곤충을 보호하는 조치를 강화한다. 영국에서 1981년에 제정된 야생생물시골법이 보호하는 나비, 나방, 딱정벌레 종은 얼마 되지 않는다. 토착 곤충 2만7,000종 가운데 아주 미미한 비율이다. EU 집행위원회의 서식지 지침EC Directive 92/43/EEC은 영국 곤충 중 중점박이푸른부전나비 단 1종만을 보호한다. 대부분의 곤충은 현재 법적 보호를 전혀 받지 못하고 있다. 한 예로, 영국에서 가장 희귀한 곤충인 소나무꽃등에의 마지막 개체군은 법적 보호를 전혀 받지 못한 채 민간 임업 활동으로 위협을 받고 있다. 희귀한 곤충도 희귀한 새나 포유동물 못지않게 대우를 받아야 한다. 작다고 해서 중요하지 않은 것은 아니다.

- 내추럴 잉글랜드Natural England처럼 야생생물 보전 활동을 하는 정부기관에 적절한 예산을 지원한다. 이 기관은 "현재와 미래 세대의 혜택을 위해서 자연 환경이 보전되고 강화되고 유지되도록 하는" 일을 맡고 있다. 내추럴 잉글랜드는 과학적 특별관심지역의 상태를 감시하고 유지하며, 수질 오염을 완화하고, 보전 계획 수립에 자문을 제공하며, 농업-환경 농법을 보급하고,

(기이하게도) 오소리 수를 줄이는 등 많은 일을 수행한다. 그러나 최근 몇 년 동안 예산이 대폭 삭감되면서 활동에 심각한 차질이 빚어져왔다.

- 국립 및 지역 자연보전구역과 과학적 특별관심지역 등 아직 자연이 풍부하게 남아 있는 곳들을 모두 신성불가침 지역으로 여긴다. 그런 귀중한 곳들은 얼마 남지 않았다. 정부가 보호 조치를 해제하고 오래된 숲과 저지대 관목림을 도로 건설이나 다른 어떤 개발을 위해서 불도저로 밀도록 허가하는 것만으로도 모조리 사라질 것이다. 때로 개발을 진행하려는 구실로 나무를 더 많이 심겠다는 등의 피해 저감 조치를 내놓기도 하지만, 그런 면피용 조치로 고대 숲처럼 희귀한 서식지를 다시 만들 수 없다는 사실은 자명하다.
- 어느 곤충이 어디에서 가장 위협을 받고 있는지 등을 정확히 알 수 있도록 모니터링 계획에 예산을 충분히 지원한다. 거기에는 분류학자, 즉 곤충을 식별하는 전문 지식을 갖춘 과학자를 양성하는 일도 포함되어야 한다. 분류학은 수십 년째 쇠락하고 있다. 이는 현재 다수의 곤충 종을 식별할 수 있는 전문가가 심각하게 부족하다는 사실을 의미한다.
- 곤충 감소의 원인을 알아내는 연구를 지원한다. 우리가 이해하지 못한 요인들이 많이 있다. 곤충에게 해를 끼치는 다양한 스트레스 요인들 사이의 복잡한 상호 작용이 특히 그렇다.
- 기후 변화와 생물다양성 상실을 다루는 국제적인 사업에서 주

도적인 역할을 함으로써, 다른 나라들이 따를 모범 사례가 된다. 특히 열대의 삼림 파괴를 막을 세계적인 계획을 세울 필요가 있다. 야생생물이 풍부하던 서식지를 오래 전에 대부분 없앤 국가들에 사는 부유한 서양인들이 가난한 나라들에 환경을 돌보라고 강연하는 행위는 위선적이라는 말이 흔히 들린다. 지극히 타당한 지적이다. 그러나 그 파괴의 상당 부분은 생계를 유지하려고 애쓰는 가난한 이들이 아니라 다국적 대기업의 소행이다. 누가 그런 짓을 저지르든, 우리는 힘을 모아서 그런 행위를 중단시킬 방법을 찾아내야 한다. 더 부유한 국가가 그런 노력에 필요한 비용을 더 많이 부담할 준비가 되어 있음은 거의 확실하다.

모두의 행동

- 지역 보전 단체나 보전에 힘쓰는 여러 전국 단체에 참여한다. 우리가 지불하는 회비는 그들의 활동에 도움을 줄 것이다. 시간이 있다면 더 적극적으로 참여하자. 그들의 목표를 지원하거나 자원 봉사 활동에 참가하자.
- 야생생물 기록자가 된다. 나비나 꽃가루 매개자 모니터링 사업에 참여할 수도 있다. 곤충의 수 변화를 알려주는 가치 있는 자료 수집에 도움을 줌으로써, 보전 전략 수립에 기여할 수 있다.

감사의 말

지난 세월 나와 함께 일한 많은 박사 과정 학생들과 박사후 연구원들에게 고맙다는 말을 전한다. 물론 우리가 밝혀낸 것은 극히 일부에 불과하지만, 곤충의 흥미진진하고 내밀한 삶을 자세히 밝혀내는 일에 함께한 이들이다. 또 『사라진 뒤영벌을 찾아서』의 원고가 출판할 가치가 있다고 판단하고, 이어서 이 책을 쓰도록 나를 설득한 저작권 대리인 패트릭 월시에게도 감사한다. 그리고 그 누구보다도 여덟 살 때의 내가 잼 병에 나방 애벌레, 노래기, 집게벌레, 쥐며느리, 귀뚜라미 등 온갖 작은 동물들을 담아서 집안 가득 진열할 수 있도록 허락하고 장려해주신 부모님께 감사드린다.

더 읽어볼 만한 책이나 논문

각 장에서 다룬 주제를 더 깊이 알고 싶은 독자를 위해서 읽을 만한 책들을 골랐다. 현재 우리가 이해하고 있는 곤충 감소의 증거를 제시하고 추세를 역전시키려면 어떻게 해야 하는지를 말한 주요 과학 논문도 포함시키고자 했다. 안타깝게도 이런 논문은 대개 일반인을 대상으로 쓴 것이 아니고, 전문 용어가 너무 많아서 읽기 어려운 것들도 있다. 그렇지만 전문가가 아니라고 해도 어렵지 않게 논문의 핵심을 이해할 수는 있을 것이다. 유료로 제공되는 바람에 접근하기가 어려운 논문도 있긴 하지만, 대부분은 리서치게이트Researchgate 웹사이트를 통해 초록을 검색할 수 있으며, 거기에 실린 전자우편 주소를 통해서 저자에게 직접 사본을 요청할 수도 있다.

제1장

Gould, S. J., *Wonderful Life: Burgess Shale and the Nature of History* (Vintage, London, 2000)

Grimaldi, D. and Engel, M. S., *Evolution of the Insects* (Cambridge University Press, Cambridge, 2005)

Wilson, E. O., *The Diversity of Life* (Penguin Press, London, 2001)

제2장

Ehrlich, P. R. and Ehrlich, A., *Extinction: The Causes and Consequences of the Disappearance of Species* (Random House, New York, 1981)

Garratt, M. P. D. et al., 'Avoiding a bad apple: insect pollination enhances fruit quality and economic value', *Agriculture, Ecosystems and Environment* 184 (2014), pp. 34–40

Garibaldi, L. A. et al., 'Wild pollinators enhance fruit set of crops regardless of honey bee abundance', *Science* 339 (2013), pp. 1608–11

Kyrou, K. et al., 'A CRISPR–Cas9 gene drive targeting *doublesex* causes complete population suppression in caged Anopheles gambiae mosquitoes', Nature Biotechnology 36 (2018), pp. 1062–6

Lautenbach, S. et al., 'Spatial and temporal trends of global pollination benefit,' *PLoS ONE* (2012), 7:e35954

Losey, J. E. and Vaughan, M., 'The economic value of ecological services provided by insects', *Bioscience* 56 (2006), pp. 3113–23

Noriega, J. A. et al., 'Research trends in ecosystem services provided by insects', *Basic and Applied Ecology* 26 (2018), pp. 8–23

Ollerton, J., Winfree, R. and Tarrant, S., 'How many flowering plants are pollinated by animals?' *Oikos* 120 (2011), pp. 321–6

제3장

Engel, M. S., *Innumerable Insects: The Story of the Most Diverse and Myriad Animals on Earth* (Sterling, New York, 2018)

Fowler, W. W., *Biologia Centrali-Americana*; or, Contributions to the knowledge of the fauna and flora of Mexico and Central America, *Porter,* Vol. 2 (1894), pp 25–56

Hölldobler, B. and Wilson, E. O., *Journey to the Ants* (Harvard University Press, Harvard, 1994)

Strawbridge, B., *Dancing with Bees: A Journey Back to Nature* (John Walters, London, 2019)

Sverdrup-Thygeson, A., *Extraordinary Insects: Weird. Wonderful. Indispensable. The Ones Who Run Our World* (HarperCollins,London, 2019)

McAlister, E., *The Secret Life of Flies* (Natural History Museum, London, 2018)

제4장

Bar-On, Y. M., Phillips, R. and Milo, R., 'The biomass distribution on Earth', *Proceedings of the National Academy of Sciences* 115 (2018), pp. 6506–11

Butchart, S. H. M., Stattersfield, A. J. and Brooks, T. M., 'Going or gone: defining "Possibly Extinct" species to give a truer picture of recent extinctions', *Bulletin of the*

British Ornithological Club 126A (2006), pp. 7–24

Cameron, S. A. et al., 'Patterns of widespread decline in North American bumble bees', *Proceedings of the National Academy of Sciences* 108 (2011), pp. 662–7

Casey, L. M. et al., 'Evidence for habitat and climatic specialisations driving the long-term distribution trends of UK and Irish bumblebees', *Diversity and Distributions* 21 (2015), pp. 864–74

Forister, M. L., 'The race is not to the swift: Long-term data reveal pervasive declines in California's low-elevation fauna', *Ecology* 92 (2011), pp. 2222–35

Fox, R., 'The decline of moths in Great Britain: a review of possible causes', *Insect Conservation and Diversity* 6 (2012), pp. 5–19

Fox, R. et al., *The State of Britain's Larger Moths* 2013 (Butterfly Conservation & Rothamsted Research, Wareham, Dorset, 2013)

Fox, R. et al., 'Long-term changes to the frequency of occurrence of British moths are consistent with opposing and synergistic effects of climate and land-use changes', *Journal of Applied Ecology* 51 (2014), pp. 949–57

Goulson, D., 'The insect apocalypse, and why it matters', *Current Biology* 29 (2019), R967–71

Goulson, D. et al., 'Combined stress from parasites, pesticides and lack of flowers drives bee declines', *Science* 347 (2015), p. 1435

Grooten, M. and Almond, R. E. A. (eds), *Living Planet Report – 2018:Aiming Higher*, WWF, Gland, Switzerland, 2018)

Hallmann, C. A. et al., 'More than 75 per cent decline over 27 years in total flying insect biomass in protected areas', *PLoS ONE* 12 (2017), e0185809

Hallmann, C. A. et al., 'Declining abundance of beetles, moths and caddisflies in the Netherlands', *Insect Conservation and Diversity* (2019), doi: 10.1111/icad.12377

Janzen D. and Hallwachs, W., 'Perspective: Where might be many tropical insects?' *Biological Conservation* 233 (2019), pp. 102–8

Joint Nature Conservation Committee (2018), http://jncc.defra.gov.uk/page-4236

Kolbert, E., *The Sixth Extinction: An Unnatural History* (Bloomsbury, London, 2015)

Lister, B. C. and Garcia, A., 'Climate-driven declines in arthropod abundance restructure a rainforest food web', *Proceedings of the National Academy of Sciences* 115 (2018), E10397–E10406

Michel, N. L. et al., 'Differences in spatial synchrony and interspecific concordance inform guild-level population trends for aerial insectivorous birds', *Ecography* 39 (2015), pp. 774–86

Nnoli, H. et al., 'Change in aquatic insect abundance: Evidence of climate and land-use change within the Pawmpawm River in Southern Ghana', *Cogent Environmental Science* (2019), doi:10.1080/23311843.2019.1594511

Ollerton, J. et al., 'Extinctions of aculeate pollinators in Britain and the role of large-scale agricultural change', *Science* 346 (2014), pp. 1360–2

Powney, G. D. et al., 'Widespread losses of pollinating insects in Britain, *Nature Communications* 10 (2019), p. 1018

Sanchez-Bayo, F. and Wyckhuys, K. A. G., 'Worldwide decline of the entomofauna: A review of its drivers', *Biological Conservation* 232 (2019), pp. 8–27

Semmens, B. X. et al., 'Quasi-extinction risk and population targets for the Eastern, migratory population of monarch butterflies (Danaus plexippus)', *Scientific Reports* 6 (2016), p. 23265

Shortall, C. R. et al., 'Long-term changes in the abundance of flying insects', *Insect Conservation and Diversity* 2 (2009), pp. 251–60

Seibold, S. et al., 'Arthropod decline in grasslands and forests is associated with landscape-level drivers', *Nature* 574 (2019), pp. 671–4

Stanton, R. L., Morrissey, C. A. and Clark, R.G., 'Analysis of trends and agricultural drivers of farmland bird declines in North America: a review', *Agriculture, Ecosystems and Environment* 254 (2018), pp. 244–54

Stork, N. E. et al., 'New approaches narrow global species estimates for beetles, insects, and terrestrial arthropods', *Proceedings of the National Academy of Sciences* 112 (2015), pp. 7519–23

Van Klink, R., Bowler, D. E., Gongalsky, K. B., Swengel, A. B., Gentile, A. and Chase, J. M., 'Meta-analysis reveals declines in terrestrial but increases in freshwater insect abundances', *Science* 368 (2020), pp. 417–20

Van Strien, A. J. et al., 'Over a century of data reveal more than 80 per cent decline in butterflies in the Netherlands', *Biological Conservation* 234 (2019), pp. 116–22

Van Swaay, C. A. M. et al., *The European Butterfly Indicator for Grassland Species 1990–2013*, Report VS2015.009 (De Vlinderstichting, Wageningen, 2015)

Wepprich, T. et al., 'Butterfly abundance declines over 20 years of systematic monitoring in Ohio, USA', *PLoS ONE* 14 (2019), e0216270

Woodward, I. D. et al., *BirdTrends 2018: Trends in Numbers, Breeding Success and Survival for UK Breeding Birds*, Research Report 708 (BTO, Thetford, 2018)

Xie, Z., Williams, P. H. and Tang, Y., 'The effect of grazing on bumblebees in the high rangelands of the eastern Tibetan Plateau of Sichuan', *Journal of Insect*

Conservation 12 (2008), pp. 695–703

제5장

McCarthy, M., *The Moth Snowstorm: Nature and Joy* (John Murray, London, 2015)

McClenachan, L., 'Documenting loss of large trophy fish from the Florida Keys with historical photographs', *Conservation Biology* 23 (2009), pp. 636–43

Papworth, S. K. et al., 'Evidence for shifting baseline syndrome in conservation', *Conservation Letters* 2 (2009), pp. 93–100

Pauly, D., 'Anecdotes and the shifting baseline syndrome of fisheries', *Trends in Ecology and Evolution* 10 (1995), p. 430

제6장

Barr, C. J., Gillespie, M. K. and Howard, D. C., *Hedgerow Survey 1993: Stock and Change Estimates of Hedgerow Lengths in England and Wales, 1990–1993* (Department of the Environment, 1994)

Ceballos, G. et al., 'Accelerating modern human-induced species losses: entering the sixth mass extinction', *Science Advances* 1 (2015), e1400253

Fuller, R. M., 'The changing extent and conservation interest of lowland grasslands in England and Wales: a review of grassland surveys 1930–84', *Biological Conservation* 40 (1987), pp. 281–300

Giam, X., 'Global biodiversity loss from tropical deforestation', *Proceedings of the National Academy of Sciences* 114 (2017), pp. 5775–7

Quammen, D., *The Song of the Dodo* (Scribner, New York, 1997)

Ridding, L. E., Redhead, J. W. and Pywell, R. F., The fate of seminatural grassland in England between 1960 and 2013: A test of national conservation policy', *Global Ecology and Conservation* 4 (2015), pp. 516–25

Rosa, I. M. D. et al., 'The environmental legacy of modern tropical deforestation', *Current Biology* 26 (2016), pp. 2161–6

Vijay, V. et al., 'The impacts of palm oil on recent deforestation and biodiversity loss', *PLoS ONE* 11 (2016), e0159668

제7장

Bernauer, O. M., Gaines-Day, H. R. and Steffan, S. A., 'Colonies of bumble bees (*Bombus impatiens*) produce fewer workers, less bee biomass, and have smaller mother queens following fungicide exposure', *Insects* 6 (2015), pp. 478–88

Dudley, N. et al., 'How should conservationists respond to pesticides as a driver of biodiversity loss in agroecosystems?' *Biological Conservation* 209 (2017), pp. 449–53

Goulson, D., 'An overview of the environmental risks posed by neonicotinoid insecticides', *Journal of Applied Ecology* 50 (2013), pp. 977–87

Goulson, D., Croombs, A. and Thompson, J., 'Rapid rise in toxic load for bees revealed by analysis of pesticide use in Great Britain', *PEERJ* 6 (2018), e5255

Hladik, M., Main, A. and Goulson, D., 'Environmental risks and challenges associated with neonicotinoid insecticides', *Environmental Science and Technology* 52 (2018), pp. 3329–35

McArt, S. H. et al., 'Landscape predictors of pathogen prevalence and range contractions in US bumblebees', *Proceedings of the Royal Society B* 284 (2017), 20172181

Millner, A. M. and Boyd, I. L., 'Towards pesticidovigilance', *Science* 357 (2017), pp. 1232–4

Mitchell, E. A. D. et al., 'A worldwide survey of neonicotinoids in honey', *Science* 358 (2017), pp. 109–11

Morrissey, C. et al., 'Neonicotinoid contamination of global surface waters and associated risk to aquatic invertebrates: A review', *Environment International* 74 (2015), pp. 291–303

Nicholls, E. et al., 'Monitoring neonicotinoid exposure for bees in rural and peri-urban areas of the UK during the transition from pre- to post-moratorium, *Environonmental Science and Technology* 52 (2018), pp. 9391–402

Perkins, R. et al., 'Potential role of veterinary flea products in widespread pesticide contamination of English rivers', *Science of the Total Environment* 755 (2021), p. 143560

Pezzoli, G. and Cereda, E., 'Exposure to pesticides or solvents and risks of Parkinson's disease', *Neurology* 80 (2013), p. 22

Pisa, L. et al., 'An update of the Worldwide Integrated Assessment (WIA) on systemic insecticides: Part 2: Impacts on organisms and ecosystems', *Environmental Science and Pollution Research* (2017), doi.org/10.1007/s11356-017-0341-3

Sutton, G., Bennett, J. and Bateman, M., 'Effects of ivermectin residues on dung invertebrate communities in a UK farmland habitat', *Insect Conservation and Diversity* 7 (2013), pp. 64–72

UNEP (United Nations Environment Programme), *Global Chemicals Outlook: Towards*

Sound Management of Chemicals (UNEP, Geneva, 2013)

Wood, T. and Goulson, D., 'The Environmental risks of neonicotinoid pesticides: a review of the evidence post-2013', *Environmental Science and Pollution Research* 24 (2017), pp. 17285-325

Yamamuro, M. et al., 'Neonicotinoids disrupt aquatic food webs and decrease fishery yields', *Science* 366 (2019), pp. 620-3

제8장

Albrecht, H., 'Changes in arable weed flora of Germany during the last five decades', 9th EWRS Symposium, 'Challenges for Weed Science in a Changing Europe', 1995, pp. 41-48

Balbuena, M. S. et al., 'Effects of sublethal doses of glyphosate on honeybee navigation', *Journal of Experimental Biology* 218 (2015), pp. 2799-805

Benbrook, C. M., 'Trends in glyphosate herbicide use in the United States and globally', *Environmental Sciences Europe* 28 (2016), p. 3

Benbrook, C. M., 'How did the US EPA and IARC reach diametrically opposed conclusions on the genotoxicity of glyphosate-based herbicides?' *Environmental Science Europe* 31 (2019), p. 2

Boyle, J. H., Dalgleish, H. J. and Puzey, J. R., 'Monarch butterfly and milkweed declines substantially predate the use of genetically modified crops', *Proceedings of the National Academy of Sciences* 116 (2019), pp. 3006-11

Gillam, H., https://usrtk.org/monsanto-roundup-trial-tacker/monsantoexecutive-reveals-17-million-for-anti-iarc-pro-glyphosate-efforts/ (2019)

Humphreys, A. M. et al., 'Global dataset shows geography and life form predict modern plant extinction and rediscovery', *Nature Ecology and Evolution* 3 (2019), pp. 1043-7

Motta, E. V. S., Raymann, K. and Moran, N. A., 'Glyphosate perturbs the gut microbiota of honeybees', *Proceedings of the National Academy of Sciences* 115 (2018), pp. 10305-10

Portier, C. J. et al., 'Differences in the carcinogenic evaluation of glyphosate between the International Agency for Research on Cancer (IARC) and the European Food Safety Authority (EFSA)', *Journal of Epidemiology and Community Health* 70 (2015), pp. 741-5

Schinasi, L. and Leon, M. E., 'Non-Hodgkin lymphoma and occupational exposure to agricultural pesticide chemical groups and active ingredients: A systemic review and

meta-analysis', *International Journal of Environmental Research and Public Health* 11 (2014), pp. 449–527

Zhang, L. et al., 'Exposure to glyphosate-based herbicides and risk for non-Hodgkin lymphoma: a meta-analysis and supporting evidence', *Mutation Research* 781 (2019), pp. 186–206

제9장

Carvalheiro, L. G. et al., 'Soil eutrophication shaped the composition of pollinator assemblages during the past century', *Ecography* (2019), doi.org/10.1111/ecog.04656

Campbell, S. A. and Vallano, D. M., 'Plant defences mediate interactions between herbivory and the direct foliar uptake of atmospheric reactive nitrogen', *Nature Communications* 9 (2018), p. 4743

Hanley, M. E. and Wilkins, J. P., 'On the verge? Preferential use of road-facing hedgerow margins by bumblebees in agro-ecosystems', *Journal of Insect Conservation* 19 (2015), pp. 67–74

Kleijn, D. and Snoeijing, G. I. J., 'Field boundary vegetation and the effects of agrochemical drift: botanical change caused by low levels of herbicide and fertiliser', *Journal of Applied Biology* 34 (1997), pp. 1413–25

Kurze, S., Heinken, T. and Fartmann, T., 'Nitrogen enrichment in host plants increases the mortality of common Lepidoptera species', *Oecologia* 188 (2018), pp. 1227–37

Zhou, X. et al., 'Estimation of methane emissions from the US ammonia fertiliser industry using a mobile sensing approach', *Elementa, Science of the Anthropocene* 7 (2019), p. 19

제10장

Alger, S. A. et al., 'RNA virus spillover from managed honeybees (*Apis mellifera*) to wild bumblebees (*Bombus* spp.)', *PLoS ONE* 14 (2019), e0217822

Darwin, C., *On the Origin of Species* (John Murray, London, 1859)

Fürst, M. A. et al., 'Disease associations between honeybees and bumblebees as a threat to wild pollinators', *Nature* 506 (2014), pp. 364–6

Goulson, D., 'Effects of introduced bees on native ecosystems', *Annual Review of Ecology and Systematics* 34 (2003), pp. 1–26

Goulson, D. and Sparrow, K. R., 'Evidence for competition between honeybees and bumblebees: effects on bumblebee worker size', *Journal of Insect Conservation* 13 (2009), pp. 177–81

Graystock, P., Goulson, D. and Hughes, W. O. H., 'Parasites in bloom: flowers aid dispersal and transmission of pollinator parasites within and between bee species', *Proceedings of the Royal Society B* 282 (2015), 20151371

Manley, R., Boots, M. and Wilfert, L., 'Emerging viral disease risks to pollinating insects: ecological, evolutionary and anthropogenic factors', *Journal of Applied Ecology* 52 (2015), pp. 331–40

Martin, S. J. et al., 'Global honeybee viral landscape altered by a parasitic mite', *Science* 336 (2012), pp. 1304–6

제11장

Caminade, C. et al., 'Suitability of European climate for the Asian tiger mosquito *Aedes albopictus*: recent trends and future scenarios', *Journal of the Royal Society* Interface 9 (2012), pp. 2708–17

Kerr, J. T. et al., 'Climate change impacts on bumblebees converge across continents', *Science* 349 (2015), pp. 177–80

Lawrence, D. and Vandecar, K., 'Effects of tropical deforestation on climate and agriculture', *Nature Climate Change* 5 (2015), pp. 27–36

Loboda, S. et al., 'Declining diversity and abundance of High Arctic fly assemblages over two decades of rapid climate warming', *Ecography* 41 (2017), pp. 265–77

Pyke, G. H. et al., 'Effects of climate change on phenologies and distributions of bumblebees and the plants they visit', *Ecosphere* 7 (2016), e01267

Rochlin, I. et al., 'Climate change and range expansion of the Asian tiger mosquito (*Aedes albopictus*) in Northeastern USA: Implications for public health practitioners', *PLoS ONE* 8 (2013), e60874

Wallace-Wells, D., *The Uninhabitable Earth* (Penguin, London, 2019)

Warren, M. S. et al., 'Rapid responses of British butterflies to opposing forces of climate and habitat change', *Nature* 414 (2001), pp. 65–69

Wilson, R. J. et al., 'An elevational shift in butterfly species richness and composition accompanying recent climate change', *Global Change Biology* 13 (2007), pp. 1873–87

제12장

Bennie, T. W. et al., 'Artificial light at night causes top-down and bottom-up trophic effects on invertebrate populations', *Journal of Applied Ecology* 55 (2018), pp. 2698–2706

Dacke, M. et al., 'Dung beetles use the Milky Way for orientation', Current Biology 23 (2013), pp. 298–300

Desouhant, E. et al., 'Mechanistic, ecological, and evolutionary consequences of artificial light at night for insects: review and prospective', Entomologia Experimentalis et Applicata 167 (2019), pp. 37–58

Fox, R., 'The decline of moths in Great Britain: a review of possible causes', Insect Conservation and Diversity 6 (2012), pp. 5–19

Gaston, K. J. et al., 'Impacts of artificial light at night on biological timings', Annual Review of Ecology, Evolution and Systematics 48 (2017), pp. 49–68

Grubisic, M. et al., 'Insect declines and agroecosystems: does light pollution matter?' Annals of Applied Biology 173 (2018), pp. 180–9

Owens, A. C. S. et al., 'Light pollution is a driver of insect declines', Biological Conservation 241 (2019), p. 108259

van Langevelde, F. et al., 'Declines in moth populations stress the need for conserving dark nights', Global Change Biology 24 (2018), pp. 925–32

제11장

Farnsworth, D. et al., 'Economic analysis of revenue losses and control costs associated with the spotted wing drosophila, Drosophila suzukii (Matsumura), in the California raspberry industry', Pest Management Science 73 (2016), pp. 1083–90

Goulson, D. and Rotheray, E. L., 'Population dynamics of the invasive weed Lupinus arboreus in Tasmania, and interactions with two non-native pollinators', Weed Research 52 (2012), pp. 535–542

Herms, D. A. and McCullough, D. G., 'Emerald ash borer invasion in North America: history, biology, ecology, impacts, and management', Annual Review of Entomology 59 (2014), pp. 13–30

Kenis, M., Nacambo, S. and Leuthardt, F. L. G., 'The box tree moth, Cydalima perspectalis, in Europe: horticultural pest or environmental disaster? Aliens: The Invasive Species Bulletin 33 (2013), pp. 38–41

Litt, A. R. et al., 'Effects of invasive plants on arthropods', Conservation Biology 28 (2014), pp. 1532–49

Lowe, S. et al., 100 of the World's Worst Invasive Alien Species. A Selection from the Global Invasive Species Database (IUCN Invasive Species Specialist Group, 2004)

Martin, S. J., The Asian Hornet (Vespa velutina) – Threats, Biology and Expansion (International Bee Research Association and Northern Bee Books, 2018)

Mitchell, R. J. et al., *The Potential Ecological Impacts of Ash Dieback in the UK* (JNCC Report 483, 2014)

Roy, H. E. et al., 'The harlequin ladybird, *Harmonia axyridis*: global perspectives on invasion history and ecology', *Biological Invasions* 18 (2016), pp. 997–1044

Suarez, A. V. and Case, T. J., 'Bottom-up effects on persistence of a specialist predator: ant invasions and horned lizards', *Ecological Applications* 12 (2002), pp. 291–8

제14장

Balmori, A. and Hallberg, Ö., 'The urban decline of the house sparrow (*Passer domesticus*): a possible link with electromagnetic radiation', *Electromagnetic Biology and Medicine* 26 (2007), pp. 141–51

Exley, C., Rotheray, E. and Goulson D., 'Bumblebee pupae contain high levels of aluminium', *PLoS ONE* 10 (2015), e0127665

Jamieson, A. J. et al., 'Bioaccumulation of persistent organic pollutants in the deepest ocean fauna', *Nature Ecology & Evolution* 1 (2017), p. 0051

Leonard, R. J. et al. 'Petrol exhaust pollution impairs honeybee learning and memory', *Oikos* 128 (2019), pp. 264–73

Lusebrink, I. et al., 'The effects of diesel exhaust pollution on floral volatiles and the consequences for honeybee olfaction', *Journal of Chemical Ecology* 41 (2015), pp. 904–12

Malkemper, E. P. et al., 'The impacts of artificial Electromagnetic Radiation on wildlife (flora and fauna). Current knowledge overview: a background document to the web conference', A report of the EKLIPSE project (2018)

Shepherd, S. et al., 'Extremely low-frequency electromagnetic fields impair the cognitive and motor abilities of honeybees', *Scientific Reports* 8 (2018), p. 7932

Sutherland, W. J. et al., 'A 2018 horizon scan of emerging issues for global conservation and biological diversity', *Trends in Ecology and Evolution* 33 (2017), pp. 47–58

Whiteside, M. and Herndon, J. M., 'Previously unacknowledged potential factors in catastrophic bee and insect die-off arising from coal fly ash geoengineering', *Asian Journal of Biology* 6 (2018), pp. 1–13

제15장

Decker, L. E., de Roode, J. C. and Hunter, M. D., 'Elevated atmospheric concentrations of carbon dioxide reduce monarch tolerance and increase parasite virulence by altering the medicinal properties of milkweeds', *Ecology Letters* 21 (2018), pp.

1353–63

Di Prisco, G. et al., 'Neonicotinoid clothianidin adversely affects insect immunity and promotes replication of a viral pathogen in honeybees', *Proceedings of the National Academy of Sciences* 110 (2013), pp. 18466–71

Goulson, D. et al., 'Combined stress from parasites, pesticides and lack of flowers drives bee declines', *Science* 347 (2015), p. 1435

Potts, R. et al., 'The effect of dietary neonicotinoid pesticides on nonflight thermogenesis in worker bumblebees (*Bombus terrestris*)', Journal of Insect Physiology 104 (2018), pp. 33–39

Scheffer, M. et al., 'Quantifying resilience of humans and other animals', *Proceedings of the National Academy of Sciences* 47 (2018), pp. 11883–90

Tosi, S. et al., 'Effects of a neonicotinoid pesticide on thermoregulation of African honeybees (*Apis mellifera scutellata*)', *Journal of Insect Physiology* 93–94 (2016), pp. 56–63

제16장

Ghosh, A., *The Great Derangement: Climate Change and the Unthinkable* (University of Chicago Press, Chicago, 2017)

Lewis, S. and Maslin, M. A., *The Human Planet: How We Created the Anthropocene* (Pelican, London, 2018)

Ripple, W. J. et al., 'World scientists' warning to humanity: A second notice', *Bioscience* 67 (2017), pp. 1026–8

Wallace-Wells, D., *The Uninhabitable Earth*, op. cit.

제17장

Booth, P. R. and Sinker, C. A., 'The teaching of ecology in schools', *Journal of Biological Education* 13 (1979), pp. 261–6

Gladwell, M., *The Tipping Point: How little things can make a big difference* (Back Bay Books, New York, 2002)

Morris, J. and Macfarlane, R., *The Lost Words* (Penguin, London, 2017)

Ripple, W. J. et al., 'World scientists' warning to humanity: A second notice', *Bioscience* 67 (2017), pp. 1026–8

Tilling, S., 'Ecological science fieldwork and secondary school biology in England: does a more secure future lie in Geography?' *The Curriculum Journal* 29 (2018), pp. 538–56

제18장

Aerts, R., Honnay, O. and Van Nieuwenhuyse, A., 'Biodiversity and human health: mechanisms and evidence of the positive health effects of diversity in nature and green spaces', *British Medical Bulletin* 127 (2018), pp. 5–22

van den Berg, A. E. et al., 'Allotment gardening and health: a comparative survey among allotment gardeners and their neighbours without an allotment', *Environmental Health* 9 (2010), p. 74

Blackmore, L. M. and Goulson, D., 'Evaluating the effectiveness of wildflower seed mixes for boosting floral diversity and bumblebee and hoverfly abundance in urban areas', *Insect Conservation and Diversity* 7 (2014), pp. 480–4

Cox, D. T. C. and Gaston, K. J., 'Likeability of garden birds: importance of species knowledge and richness in connecting people to nature', *PLoS ONE* 10 (2015), e0141505

D'Abundo, M. L. and Carden, A. M., '"Growing Wellness": The possibility of promoting collective wellness through community garden education programs', *Community Development* 39 (2008), pp. 83–95

Goulson, D., *The Garden Jungle, or Gardening to Save the Planet* (Vintage, London, 2019)

Hillman, M., Adams, J. and Whitelegg, J., *One False Move: A Study of Children's Independent Mobility* (Policy Studies Institute, London, 1990)

Lentola, A. et al., 'Ornamental plants on sale to the public are a significant source of pesticide residues with implications for the health of pollinating insects', *Environmental Pollution* 228 (2017), pp. 297–304

Louv, R., *Last Child in the Woods; Saving Our Children from Nature Deficit Disorder* (Algonquin, Chapel Hill, NC, 2005)

Maas, J. et al., 'Morbidity is related to a green living environment', *Journal of Epidemiology and Community Health* 63 (2009), pp. 967–73

Monbiot, G., *Feral: Rewilding the Land, Sea and Human Life* (Penguin, London, 2014)

Moss, S., *Natural Childhood: A Report by the National Trust on Nature Deficit Disorder* (2012). Available online: http://www.lotc.org.uk/natural-childhood-a-report-by-the-national-trust-onnature-deficit-disorder/

Mayer, F. S. et al., 'Why is nature beneficial?: The role of connectedness to nature', *Environment and Behavior* 41 (2009), pp. 607–43

Pretty, J., Hine, R. and Peacock, J., 'Green exercise: The benefits of activities in green places', *Biologist* 53 (2006), pp. 143–8

Rollings, R. and Goulson, D., 'Quantifying the attractiveness of garden flowers for pollinators', *Journal of Insect Conservation* 23: 803–17

Waliczek, T. M. et al. (2005), 'The influence of gardening activities on consumer perceptions of life satisfaction', *HortScience* 40 (2019), 1360–5

Warber, S. L. et al., 'Addressing "Nature-Deficit Disorder": A Mixed Methods Pilot Study of Young Adults Attending a Wilderness Camp', *Evidence-Based Complementary and Alternative Medicine* (2015), Article ID 651827

Wilson, E. O., *Biophilia* (Harvard University Press, Cambridge, MA, 1984)

참고문헌

Badgley, C. E. et al., 'Organic agriculture and the global food supply', *Renewable Agriculture and Food Systems* 22 (2007), pp. 86–108

Baldock, K. C. R. et al., 'A systems approach reveals urban pollinator hotspots and conservation opportunities', *Nature Ecology & Evolution* 3 (2019), pp. 363–73

van den Berg, A. E. et al., 'Allotment gardening and health: a comparative survey among allotment gardeners and their neighbours without an allotment', *Environmental Health* 9 (2010), p. 74

Edmondson, J. L. et al., 'Urban cultivation in allotments maintains soil qualities adversely affected by conventional agriculture', *Journal of Applied Ecology* 51 (2014), pp. 880–9

Gerber, P. J. et al., *Tackling Climate Change Through Livestock – A Global Assessment of Emissions and Mitigation Opportunities* (Food and Agriculture Organisation of the United Nations, Rome, 2013)

Goulson, D., *Brexit and Grow It Yourself (GIY): A Golden Opportunity for Sustainable Farming* (Food Research Collaboration Food Brexit Briefing (2019), https:// foodresearch.org.uk/publications/grow-it-yourself-sustainable-farming/

Hole, D. G. et al., 'Does organic farming benefit biodiversity?' *Biological Conservation* 122 (2005), pp. 113–30

Lechenet, M. et al., 'Reducing pesticide use while preserving crop productivity and profitability on arable farms', *Nature Plants* 3 (2017), p. 17008

Nichols, R. N., Goulson, D. and Holland, J. M., 'The best wildflowers for wild bees', *Journal of Insect Conservation* 23 (2019), pp. 819–30

Public Health England, 'Health matters: obesity and the food environment' (2017), https://www.gov.uk/government/publications/health-matters-obesity-and-the-food-environment/health-matters-obesity-and-the-food-environment-2

Seufert, V., Ramankutty, N. and Foley, J. A., 'Comparing the yields of organic and conventional agriculture', *Nature* 485 (2012), pp. 229–32

Willett, W. et al., 'Food in the Anthropocene: the EAT-*Lancet* Commission on healthy diets from sustainable food systems', *The Lancet* 393 (2019), pp. 447–92

제20장

Herrero, M. et al., 'Biomass use, production, feed efficiencies, and greenhouse gas emissions from global livestock systems', *Proceedings of the National Academy of Sciences* 24 (2013), pp. 20888–93

Monbiot, G., *Feral, op. cit.*

Newbold, T. et al., 'Has land use pushed terrestrial biodiversity beyond the planetary boundary? A global assessment', *Science* 353 (2016), 288–91

Purvis, A. et al., 'Modelling and projecting the response of local terrestrial biodiversity worldwide to land use and related pressures: the PREDICTS project', *Advances in Ecological Research* 58 (2018), pp. 201–41

Tree, I., *Wilding: The Return of Nature to a British Farm* (Picador, London, 2019)

Wilson, E. O., *Half-Earth: Our Planet's Fight for Life* (Norton, New York, 2016)

옮긴이의 말

똑같은 경고도 너무 자주 들으면 식상하게 느껴지곤 한다. 레이철 카슨이 『침묵의 봄』을 이야기한 이래로 반세기가 지나는 동안, 세상은 농약과 오염, 기후 변화, 멸종 같은 말에 둔감해져왔다. 이따금 재난이나 문제가 생길 때마다 다시 화제로 떠오르곤 하지만, 다시 생각 저편으로 밀어두곤 한다.

곤충의 감소라는 문제도 그렇다. 저자는 이 책에서 곤충이 얼마나 놀라운 존재인지, 이 지구의 생물들과 인류의 생존에 얼마나 중요한 역할을 하는지를 이야기한다. 마찬가지로 자주 들어본 이야기라고 한 귀로 흘려들을지도 모르겠다. 저자에게 인터뷰를 하자는 라디오 방송의 사회자가 한 말처럼, 곤충이 사라지면 좋은 게 아니냐고 반문할 수도 있다. 그런 말을 할 때 우리 머릿속에 떠오르는 것은 모기와 파리, 바퀴 같은 성가신 해충들이다.

그러나 그런 질문 자체는 우리가 곤충을 얼마나 모르고 있는지를 아주 잘 드러낸다. 인구가 늘어나고, 인류의 손길과 발길이 자연을 정복하고, 원시 자연이란 더 이상 없다고 주장하는 이들이 나올 만치 지구 전체가 인류의 손에 변형된 상황에서 이는 우리의 시야가 얼마나 인간 중심적이 되었는지를 잘 보여주는 사례이다. 그 모든 것이 사실은 다른 모든 생물, 특히 곤충에게 의지하고 있음을 깨닫지 못하거나 외면하고 있음을 말해준다.

이 책에서 저자는 우리가 그나마 환경을 생각할 때 멸종, 특히 눈에 잘 띄는 큰 동물의 멸종에 초점을 맞춘다고 지적한다. 그 결과 놓치는 것이 있다. 눈에 잘 띄지 않는 작은 생물들, 특히 곤충의 멸종이 얼마나 중요한지를 보지 못하게 된다. 게다가 저자는 멸종에만 초점을 맞추다가는 또다른 중요한 문제를 놓친다고 본다. 바로 개체수 감소이다. 곤충의 개체수 감소는 인류의 생존과 직결되는데, 그 문제를 사람들이 제대로 이해하지 못한다고 한탄한다. 꿀벌의 감소가 대표적인 사례이다. 꿀벌은 멸종되지 않았지만, 이미 개체수 감소로 우리의 삶에 지대한 영향을 미치고 있다.

수십 년에 걸쳐 곤충을 연구한 사람답게 저자는 곤충의 멸종과 감소 문제를 확실한 근거를 가지고 자세히 설명한다. 그런 한편으로 아직 늦지 않았다고 말한다. 그러면서 곤충을 회복시킬 다양한 방법들을 제시한다. 개인이 실천할 수 있는 방법부터 국가와 사회가 할 수 있는 방법까지 이야기한다. 이 책을 읽는 독자라면 누구나 쉽게 할 수 있는 일들도 있다.

최근에 우리나라에서도 꿀벌이 대규모로 사라지는 현상이 계속 나타나고 있다. 원인은 다양하겠지만, 안타깝게도 농업 관련 정부 기관들은 주된 원인 중 하나인 농약 문제는 언급하지 않으려고 기를 쓴다. 바로 그런 태도 자체가 꿀벌의 몰락을 부추긴다는 저자의 말에 귀를 기울이면 좋을 듯하다.

2022년 가을

이한음

찾아보기